卅立回眸

上海炎黄文化研究会三十年

上海炎黄文化研究会 主编

上海社会科学院出版社
SHANGHAI ACADEMY OF SOCIAL SCIENCES PRESS

第四卷
杏坛留声

赵宏 李志茗／编

编委会

顾问

周慕尧　杨益萍

委员(以姓氏笔画为序)

马　军　王源康　孔庆然　朱丽霞
刘　平　刘梁剑　杨剑龙　杨锡高
李志茗　汪　澜　陆　廷　陈志强
陈忠伟　金　波　郑土有　赵　宏
曹金荣　巢卫群　潘为民

序

上海炎黄文化研究会自 1994 年 4 月成立,迄今已走过三十年的历程。

三十年来,在上海市社联的指导下,在老会长陈沂、庄晓天、周慕尧、杨益萍等领衔的历届理事会的悉心耕耘下,研究会聚集起一大批沪上人文学科的专家学者及热心于中华优秀传统文化普及传播的各界精英。一代代"炎黄人"秉持"炎黄特色、时代特征、上海特点"的理念,不懈探索,勇于创新,勠力同心,无私奉献,开展了诸多具有鲜明时代特色和文化价值的研讨普及活动,研究会的凝聚力和社会影响力随之不断提升。自 2005 年以来,我会连续六次蝉联"上海市社会科学优秀学会"称号;2019 年 10 月,经市社联推荐,我会被评为"全国社科联先进社会组织"。

人说"十年磨一剑",上海炎黄文化研究会的三十年,可谓磨了"三把剑"。

这第一把剑,是围绕中华传统文化和上海城市历史文脉展开学术研究,这是我们的立会之本。三十年来,我们围绕研究会的定位,坚持办好每年的"重头戏"学术年会;同时在市社联的倡导推动下,携手多个兄弟协会,于十年前创办了"多学科视野"研讨活动(迄今已举办了十届)。近年,我会与上海孔子文化节组委会合作,创办了辐射长三角地区的"儒商论坛"(迄今已成功举办四届)。这些研讨和论坛活动,紧扣当前社会和学术热点,深入探讨在特定历史条件下,中华优秀传统文化如何赓续传承、焕发生命活力,如何为新时代社会、经济、文化、生态文明建设提供智慧和滋养,进而为民族复兴大业赋能助力。与此同时,我会下属各个专业委员会也策划组织了不少小型多样的研讨活动,为会员发挥各自学术专长搭建了平台。

第二把剑,是优秀文化的传播普及活动。三十年来,本会及下属专业委员会开展了众多丰富多样、面向基层和社会公众的文化活动,其中不少活动已形成品牌效应。我会每年都有活动入选市社联的"科普周"项目,上海炎黄文化宣讲团、上海炎黄书画院和孔子文化专业委员会承办的"儒商论坛"还在市社联评优活动中先后获得"上海市社科特色活动奖"。我会青少年专委会参与的"恒源祥文学之星"中国中学生作文大赛已连续举办十九届,是中国目前最具影响力的作文大赛之一,每年全国参赛学生达2 000万名左右,大赛已载入上海大世界基尼斯"中国之最"纪录。炎黄文化宣讲团拥有"炎黄文化大讲堂"和"海浪花讲坛"两大演讲系列,前者对应传统文化主题,后者突出上海历史文化特色。宣讲团创办十多年来依托本会专家资源,先后推出"历史与当下:中国传统文化的智慧""炎黄论坛:追寻上海历史文脉""浦江红韵——中国共产党百年奋斗史""1925红色经典阅读沙龙""话说苏州河""海派文化的前世、今生与未来"等多个系列宣讲活动。炎黄书画院聚集了本市近百位知名书画家,仅2015年以来,就先后举办了包括八届"源于生活·五月画展"在内的二十个不同主题的艺术展览。近年来,书画院坚持"源于生活"的创作理念,先后以"绿色申城""灯塔""画说苏州河"为题,组织画家采风和创作,用画笔描绘新时代城市风貌和市民精神面貌的变化,传递中华文化的博大精深,相关主题展览产生了很好的社会反响。本会下属孔子文化专委会、庄子文化专委会、汉字书同专委会和炎黄诗社等也各展其长,陆续举办了众多面向社会、面向基层的有特色、有影响力的活动,在学术团体利用自身专业资源参与社会公共文化服务方面做出有益的尝试。本会会刊《炎黄子孙》和会报《海派文化》在挖掘传统文化瑰宝及上海城市记忆,做好炎黄文化研究普及成果的传播方面也做出突出贡献,成为中华优秀传统文化及上海文脉传承传播的特色载体。

  第三把剑,是上海炎黄文化研究会三十年形成的优良传统和精神品格。其核心是对中华优秀传统文化的挚爱,及对传承传播优秀文化的执着,是无私、忘我的志愿精神和奉献精神。加入研究会大家庭之后,我一直在思考一个问题,上海炎黄文化研究会是一个非营利的社会团体,参与研究会活动,无名无利,还要搭上许多时间和精力,可为什么大家始终热情不减,倾力投入,还乐此不疲?在老会长杨益萍此次撰写的纪念文章中,我找到了答案。他回忆当年接棒之时,前任会长、老领导周慕尧说:"祝贺新班子当选,祝贺什么呢?祝贺你们获得了为大家服务的机会,祝贺你们成为光荣的志愿者。"而他自己为研究会服务十余年,感触最深的也正是"源远流长的志愿精神、奉献精神"。这一精神"始自我们的先辈,始自研究会创始人,也体现在众多会员身上。它形成为一种传统,代代传承,不断发扬光大"。我想,研究会之所以历经三十年却生生不息,始终保持着创新意识和创造活力,队伍不断壮大,活动平台不断拓展,影响力不断提升,其精神密码,就是"挚爱、执着、志愿、奉献"这八个字所代表的传统和品格,正因为它已沉淀为上海炎黄会的基因,成为全体会员的共识和自觉,才使得研究会的事业得以薪火相传,弦歌不辍。

三十年,三把剑,是时代的馈赠,也是前辈和一代代炎黄人呕心沥血、接力锻造磨砺的结果。为了将这些宝贵的精神财富继承下来,传递下去,值上海炎黄文化研究会成立三十年之际,本届理事会授权秘书处编辑这本《而立回眸:上海炎黄文化研究会三十年》。

此书由五卷本构成。其中《如歌岁月》是一本有关研究会三十年历史的纪念文集。书中集纳了由《炎黄子孙》《海派文化》发起的"走过三十年"会庆征文的成果,三十多篇回忆文章,从各个角度记录了研究会及下属机构、专业委员会不寻常的成长历程;同时还整理收录了我会"历届理事会和领导班子名单""三十年大事记""《简报》总目录"及"历年所获荣誉"等内容,尝试对研究会历史做一全景回溯。

《文论撷英》是一本学术论文集,重点遴选了近十年本会学术年会,及携手沪上兄弟学会共同举办的"多学科视野"研讨活动的部分论文。论文集展现了本会专家学者的学术风采和研究实力,承载着上海炎黄文化研究会以学术立会,深入开展中华优秀传统文化研究的丰厚成果。

《报刊双馨》是本会《炎黄子孙》和《海派文化》的文章精选集。这一刊一报,一直被视为我会传扬炎黄精神、赓续上海文脉的窗口和名片,在办刊办报过程中,得到会内外众多名家名笔的支持和帮助。精选集凝聚着作者和编者的心血和付出,也是本会三十年足迹的见证。

《杏坛留声》是本会炎黄文化宣讲团的演讲集,编者从宣讲团创办十年来的数百场讲座中精挑细选,并适当向近年讲座倾斜,精选出三十篇有代表性、典型性的宣讲稿。每篇讲稿还特意标示出讲座的时间、地点,从中可以看出,炎黄文化宣讲团所秉承的走进基层民众开展普及教育、弘扬中华优秀传统文化、振奋民族精神的宗旨理念。

《墨彩华章》荟萃了本会炎黄书画院近十年的创作成果,每一个篇章都是艺术家们对生活的深情诠释,每一幅画作都承载着他们对生活的热爱和对真善美的追求。艺术家们用画笔讲述中国故事,传播中华文化,展现了新时代中国艺术家的担当与使命。本卷图文并茂,在编排上与其他几卷略有区别,为的是凸显书画院特有的艺术特色,让人赏心悦目。

　　本书不仅记录了时光的印痕,更记载了炎黄人奋进的脚步,它是上海炎黄文化研究会发展历程的缩影,是一份珍贵的历史见证。对于所有参与本书编撰工作的同仁而言,这项工作既是对炎黄会三十年走过的历程、三十年积累的文献资料和活动成果的挖掘和整理,也是对研究会优良传统和精神积淀的学习和重温,更是一次向所有参与研究会创办,及为研究会发展做出贡献的前辈和同仁的致敬!令人感动的是,在艰辛烦劳的编撰工作中,大家不辞辛苦,不计报酬,不计较个人得失,在有限的时间里投入了大量的时间和精力,在他们身上,我们看到了"挚爱、执着、志愿、奉献"所代表的研究会精神品格的延续,这恰恰是最令人欣慰的。在此,我谨代表本届理事会,对所有参与本书编撰工作的同仁表达由衷的感谢和真诚的敬意!

　　回首三十年前,上海炎黄文化研究会诞生在改革开放大潮涌动之时,一批德高望重的前辈学者和社会精英发起创办了研究会,他们的初心,是想借中华优秀传统文化的研究和传播,为民族复兴大业树德立魂,提供更多的精神滋养和智慧启迪。三十年后的今天,我们又一次站在历史关节点上,全面深化改革的大幕已经拉开,如何让中华优秀传统文化在"推进中国式现代化"的进程中发挥更大作用,成为摆在我们面前的新课题、新挑战。相信新一代炎黄人在学习继承前辈光荣传统的同时,将不辱使命,不断创新进取,推动上海炎黄文化研究会续写新的华章。

汪　澜

2024 年 12 月

目 录

序 ·· 汪　澜 001

儒学与传统文化

让礼仪回归家教 ·································· 陈卫平 003
儒学精粹与现代管理 ······························ 左　飚 014
生活的艺术
　　——中国传统文化中的处世和社交智慧 ········ 胡申生 026
中国传统节庆的当代承续的意义
　　——解读传统节庆中的文化密码 ·············· 陈勤建 034
老上海过年的那些传统习俗 ························ 仲富兰 046

海派文化及其传衍

海派文艺的前世今生 ······························ 陈　东 061
漫谈海派文化 ···························· 李伦新　秦来来 072
上海历史文脉与博物馆的发展 ······················ 陈燮君 081
上海文化、上海文学与20世纪中国文学 ·············· 杨剑龙 091
申城红色记忆与海派文化 ·························· 朱少伟 105
90诞辰：上海百乐门的轨迹 ························ 马　军 114
壮丽的蝶变
　　——百年上海惊艳建筑 ······················ 王唯铭 120
宝成桥
　　——有温度的城市景观 ······················ 汤啸天 132

上海马路的海派味道
　　——漫谈永不拓宽的上海马路 ······ 惜　珍　139
分享《繁花》，体验上海
　　——现象级电视剧《繁花》的叙事美学 ······ 王雪瑛　149

精彩纷呈的海派艺术

海派收藏的前世今生 ······ 祝君波　159
艺术苏河：吴昌硕在核心现场 ······ 王琪森　174
声音的魅力
　　——漫谈译制片配音 ······ 孙渝烽　185
海派滑稽艺术的前世今生 ······ 王汝刚　195
闲话上海闲话 ······ 钱　程　203
我的昆曲+ ······ 赵津羽　213
都市文化摇篮的"海派木偶戏" ······ 何筱琼　220

求学·阅读·成长

求学十部曲 ······ 邓伟志　231
阅读的美好境界 ······ 赵丽宏　241
童心浪漫耀诗坛
　　——圣野百岁与童诗创作八十年 ······ 周晓波　256
我是世界的："新青年"的"新"境界 ······ 黄向辉　271

古今名人逸事

解构与重塑
　　——司马懿历史形象再思考 ······ 朱子彦　281
从上海圣约翰走出的文化名人 ······ 汪　澜　289
海上名人趣谈 ······ 王晓君　298
作家小故事　文学大情怀 ······ 修晓林　307

附录　上海炎黄文化宣讲团讲座一览表（2020—2024年） ······ 314

本卷编后记 ······ 324

儒学与传统文化

让礼仪回归家教

陈卫平

陈卫平　华东师范大学教授
2020年8月21日演讲于中建八局上海分公司

当今社会流行的"家教",是以给孩子请家庭教师补习文化知识为内涵的。其实,在中国本来的传统中,评价某个人是否有家教,主要不是指文化知识,而是指道德修养,其外在的表现就是行为举止是否合乎礼仪,通俗地讲就是懂礼貌或懂礼数。传统家教的名著《颜氏家训》就贯穿着礼仪教育,其礼仪家教十分系统,早晚实行奉养父母的温清之礼,行走言谈都要合乎礼仪的要求,神色安详,谦恭谨慎。颜之推编撰这本家训,是为了使这样的家教门风得以传承,"整齐门内,提撕子孙"。中华民族以礼仪之邦而著称。孟子说:"天下之本在国,国之本在家,家之本在身。"(《孟子·离娄上》)礼仪家教正是儒家修身的第一课,是构建中华民族礼仪之邦的基点。现在重振礼仪之邦已成为培育践行社会主义核心价值观的重要课题,只有让礼仪回归家教,中华民族礼仪之邦的传统才能得到继承和发扬。

一、礼仪之邦：儒学价值观制度化的产物

中华民族成为礼仪之邦，是儒学价值观制度化的产物。这是礼仪家教作为构建礼仪之邦基点的前提。

孔子主张"道之以德，齐之以礼"(《论语·为政》)，即以礼治国，这一主张在汉代以后一直主导着中国社会。儒家之礼仪集中表现于"三礼"即《周礼》《仪礼》《礼记》三部经典，内容包罗了政治制度、宗教仪式、法典刑律、道德规范、日常生活准则等。广义的制度是指组织人类共同生活、规范和约束个体行为的一系列规则，儒家之礼仪正可以这样的制度概念予以概括。对于价值观念之"仁"和制度规范之"礼"的关系，孔子认为前者必须通过后者才能得以普遍实现："克己复礼为仁。一日克己复礼，天下归仁焉"(《论语·颜渊》)。因此，礼仪的实施就是儒家价值观制度化的落实，礼仪之邦就是在这落实的历史进程中形成的。

显然，礼仪之邦形成的历史起点是儒学价值观成为主流价值观；而这又是通过确立礼仪即儒学价值观制度化而实现的。儒学价值观成为主流价值观无疑是在汉代。但这并非如一般人们印象中那样简单：汉武帝采纳了董仲舒"独尊儒术"的建议，于是儒学三纲五常的价值观就得到了确立。历史的事实是：汉武帝宣示"独尊儒术"的53年以后，在公元前81年召开的盐铁会议上，官位仅次于丞相的御史大夫桑弘羊和贤良、文学等儒生展开激辩，前者批驳后者的儒家重"仁义"的价值观，并明显地占据了上风。这表明儒学价值观即使在最高领导层内也没有得到普遍认同。盐铁会议是在汉昭帝时召开的，继汉昭帝之后的汉宣帝还是强调："汉家自有制度，本以霸王道杂之，奈何纯任德教，用周政乎？"(《汉书·元帝纪》)

历史从西汉演进到东汉，公元79年召开了白虎观会议。这距盐铁会议已经有近百年之遥。陈寅恪认为根据这次会议编撰的《白虎通义》标志着儒家三纲五常价值观通过制度化而得以确立。在他看来，儒学价值观在汉代以后的有效确立，不在其思想学说之精深（就此而言不如佛道），而在其社会历史过程中的制度化："儒者在古代本为典章学术所寄托之专家。李斯受荀卿之学，佐成秦治。秦之法制实为儒家一派学说之所附系。《中庸》之'车同轨、书同文、

行同伦'（即太史公所谓"至始皇乃能并冠带之伦"之"伦"）为儒家理想之制度，而于始皇之身，而得以实现之也。汉承秦业，其官制法律亦袭用前朝。遗传至晋以后，法律与礼经并称，儒家《周官》之学说悉采入法典。夫政治社会一切公私行为，莫不与法典相关，而法典实为儒家学说之具体实现。故两千年来华夏民族所受儒家学说之影响，最深最巨者，实在制度法律公私生活之方面，而关于学说思想方面，或转有不如佛道二教者。"所谓"制度法律公私生活之方面"，就是指儒家礼仪对于政治制度、法律制度和生活制度的影响，这说明儒家价值观依托礼仪而成为制度化的存在，由此深入地左右了中国社会。这同时也使中国成了礼仪之邦。

汉代儒生认为儒学要成为主流价值观，必须通过礼仪而使其制度化，由此奠定了儒学价值观制度化的基础和礼仪之邦的基础。汉初的陆贾、贾谊、公孙弘等提出，汉朝要长治久安，必须吸取秦朝"不施仁义"导致二世而亡的教训；确立儒家仁义价值观则必须依靠礼仪："道德仁义，非礼不成；教训正俗，非礼不备；分争辨讼，非礼不决；君臣、上下、父子、兄弟，非礼不定；宦学事师，非礼不亲；班朝治军、莅官行法，非礼威严不行；祷祠祭祀、供给鬼神，非礼不诚不庄。"（贾谊：《新书·礼》）因此，公孙弘制订了朝廷和宗庙的礼仪，他的弟子撰成后来被收入《礼记》的《王制》。贾谊草拟了易服色、改正朔等礼仪制度，但未被采纳。在这前后不断有人提出同样的建议，但在浓厚的黄老之学氛围中均遭到失败。不过，汉代儒生由此意识到，只有通过礼仪将儒学价值观制度化，儒学才能成为主流。董仲舒秉承这样的理念，在提出"独尊儒术"的同时，再次要求制订易服色、改正朔的礼仪制度，得到汉武帝的赞同。但"是时上方征讨四夷，锐志武功，不暇留意礼文之事"（《汉书·礼乐志》），因而制礼的实际工作进展不大。董仲舒之后，一方面王莽建明堂等，"制度甚盛"（《汉书·王莽传》），把汉儒的制礼推向高潮；另一方面戴德、戴圣等对《仪礼》《礼记》的整理，以及后来刘向、刘歆父子推崇《周礼》为周公致太平之书等，使得礼仪的制订更具操作性、可行性和权威性。由此我们可以明白何以直至白虎观会议，才标志着儒学价值观作为主流价值观得到广泛认同，是因为经过汉儒上述持续不断的礼仪建设，它显示了"由单纯的理论体系到制度体系的跨越具有决定性意义"。在汉代文献中，可以看到不少地方官员以礼仪建设使得儒家价值观因此制度化而得到落实的记载。如《后汉书·秦彭传》中说，秦彭"以礼训人……每春秋飨射，辄修升降揖让之仪。乃为人设四诫，以定六亲长幼之礼。有遵奉教化者擢为乡三老"。这也表明了儒学价值观因礼仪得以制度化而影响社会,同时促成礼仪之邦的形成。

家庭礼仪是礼仪的重要部分。如果说礼仪建设是儒家价值观的制度化,那么礼仪家教则是这种制度化的"落小""落细""落实"。所谓"落小",是因为礼仪家教以社会的微小细胞家庭为载体;所谓"落细",是因为礼仪家教渗透于日常生活细节中;所谓"落实",是因为礼仪家教落实于家庭成员从出生、成长到死亡的生命每一环节。礼仪之邦是儒学价值观制度化的产物,而礼仪家教是这一制度化的落小落细落实,由此礼仪家教成为构建礼仪之邦的基点。

二、礼仪家教:文明的养成与化习惯为德性

礼仪家教作为构建礼仪之邦的基点,就其作为个体德性培养的作用而言,主要是文明养成的最初实践;就其作为个体德性培养的过程而言,主要化习惯为德性的自然而然。

重视礼仪家教对于文明养成的作用,是与中国传统社会以家族为本位的特点分不开的。在以家族为本位的基础上形成的以儒家为主导的传统文化,如著名历史学家钱穆指出的,它有两个西方文化没有的概念,一个是"礼",一个是"族":"在西方语言中没有'礼'的同义词。它是整个中国人世界里一切习俗行为的准则,标志着中国的特殊性。正因为西语中没有'礼'这个概念,西方只是用风俗之差异来区分文化,似乎文化只是其影响所及地区各种风俗习惯的总和。如果你要了解中国各地的风俗,你就会发现各地的风俗差异很大。……然而,无论在哪儿,'礼'是一样的。'礼'是一个家庭的准则,管理着生死婚嫁等一切家务和外事";"中国文化还有一个西方文化没有的概念,那就是'族'",家族的形成是与"礼"所规定的准则从家庭成员延伸到所有亲戚相联系,"只有'礼'被遵守时,包括双方家庭所有亲戚的'家族'才能存在。换言之,当'礼'被延伸的时候,家族就形成了,'礼'的适用范围再扩大就成了'民族'。中国人之所以称为民族,因为'礼'为全中国人民树立了社会关系的准则"。这就是说,由于作为全民族社会关系准则的"礼",首先是以家庭为原点,然后扩展到家族和民族,所以,中国传统的家教就把礼仪放到极其重要和突出的位置了。俗话说:"国有国法,家有家规。"家规的形成和延续无疑是依赖于家教的,各家的家规会有不同,但它们都是以普遍性的"礼"为依据的。因此,

旧时所谓书香门第,在住宅的大门上,往往写着"诗礼传家"四个字,以标榜门风家教。这样的家教传统在孔子那里就已经存在了。《论语·季氏》记载,陈亢问孔子的儿子孔鲤:"你是老师的儿子,一定得到老师特别的传授吧?"孔鲤回答道:"父亲对我的教育,其实和大家是一样的。如果说有单独的传授,那只有两次。有一次,他老人家独自站在庭中,我从他面前走过。他问我:'学诗了吗?'我说:'没有。'他说:'不学习诗,就不会说出有文采的话。'于是我开始学习诗。不久,他又站在庭中,我又从他面前走过,他问我:'学礼了吗?'我说:'没有。'他说:'不学礼,就不能在社会上立足。'于是我又开始学礼。我独自受到父亲教导,就是这两次。"陈亢听后高兴地说:"我问了一件事,却得到了三件事,我知道了诗、礼的用处,知道了君子要求孩子继承的家风是诗和礼。"以后儒家思想被称作"礼教",其中的重要含义就是以礼为教,即通过礼制而实现教化的价值。因此,传统社会把礼仪作为家教的基本内容,并以是否知书达礼来评价某个孩子是否有家教。

在《论语》中孔子几次强调"不知礼,无以立",把对于礼仪的家庭教育看作是孩子将来立足社会的根基,是有见于人和动物的区分。人们呱呱坠地时是自然人,也就是说只具有类似动物的本能,要从这样的自然人成长为被社会所认同的人,就必须按照社会通行的行为准则即礼仪来规范自己。这就是说,家庭礼仪教育是孩子走向文明的第一步。所以,《礼记·冠义》说:"凡人之所以为人者,礼义也。"《礼记·曲礼》说:"鹦鹉能言,不离飞鸟。猩猩能言,不离禽兽。今人而无礼,虽能言,不亦禽兽之心乎?……是故圣人作,为礼以教人,使人以有礼,知自别于禽兽。"认为人与动物的区分不是语言的有无,而是是否有礼。就是说,如果没有礼仪的规范,人只是衣冠禽兽。正是有鉴于此,传统礼仪的有些规定是为了抑制人依然遗留着的动物习性。如《礼记·曲礼》中的如下规定:"毋抟饭,毋放饭,毋流歠,毋咤食,毋啮骨,毋反鱼肉,毋投与狗骨,毋固获,毋扬饭,饭黍毋以箸,毋嚺羹,毋絮羹,毋刺齿,毋歠醢。"取饭时不要把饭抟成团,不要把手中的余饭放回食器,喝汤时不要倾流不止。上菜时舌头不要在口中作声,不要把骨头啃得有响声,不要把咬过的鱼肉放回食器,不要把肉骨扔给狗,不要专吃最好的食物,不要用手扬去饭的热气,吃黍时不要用错餐具,吃羹时不要连羹中的菜都不嚼就吞下去,不要重调主人已经调好的羹,不要当别人面剔牙,不要端起肉酱就喝。如此详尽的规定,是为了使人们自觉意识到,即便吃饭,也应该在端饭举筷之际体现有别于动物的进食习惯。就是说,家庭作为孩子文明养成的最初的摇篮,首先是从养成其合乎礼仪的行动规范开始的。《论语·宪问》记载:有位"阙党童子"常为党正(基层行政单位负责人)传信,孔子见其行为不合乎礼仪,大模大样地与长辈并排同坐和并肩而行,于是断定他只是急于出人头地,成人后无论在学问上还是在品德上都将不足为道:"吾见其居于位也,见其与先生并行也,非求益者也,欲速成者也。"这个童子有如此举止,显然是缺少礼仪家教所致。可见,没有礼仪家教的最初文明养成,孩子很难真正地健康成长。

如上所述,儒家的礼仪建设是为了将其价值观念制度化,因而礼仪教育的目的在于涵养个体的德性。礼仪家教的重要在于使礼仪涵养德性的过程成为化习惯为自然的过程,而不是空洞生硬的说教。

《礼记·乐记》说:"德辉动于内,而民莫不承听;礼发诸外,而民莫不承顺。"道德的光辉从内心萌动,礼的准则表现在仪表上,民众就不会不听从的。这是告诉我们,外在的礼仪教育是为了培养内在的德性。礼仪家教也是如此。人们常常把中国称作"礼仪之邦",这固然是不错的。但是,我们还要进一步说,中国更是"礼义之邦"。这是因为中国传统文明不只是讲究形式上的礼仪,更注重的是"礼"以及与之相联系的"义",就是说,更强调礼所依据和蕴含的道德之义理,因为这是礼之所以成立的伦理基础。所以,《礼记·仲尼燕居》说:"礼也者,理也。"《礼记·乐记》说:"礼也者,理之不可易者也。"前述汉儒编撰的《礼记》就是专门论述礼仪之义理。其首篇取名《曲礼》,意谓礼仪蕴含着迂回曲折的义理,需要认真思考领会。后来《礼记》在"三礼"中的地位越来越高,意味着儒家越来越看重礼仪之义理。其实,孔子早就强调重视礼仪不能停留于玉帛这些举行礼仪时使用的器具:"礼云礼云,玉帛云乎哉?"(《论语·阳货》)但是,"礼义"又是和"礼仪"相联系的:只有从礼仪着手,才能让礼之义理在行动的体验中入耳入脑。儒家的《仪礼》和《礼记》正体现了礼仪和礼义的结合,前者是讲如何做,后者是讲为何要这样做。

礼仪家教是建立在这两者的统一基础上,因为它从培养礼仪的行为习惯入手,达到把礼义内化为德性的目的。道德规范是当然之则,道德教育是要人们懂得这些当然之则的义理,即为何应当如此。但是这对于儿童显然是不太容易明白的。而从行为准则尤其是家庭生活的行为准则入手,对于儿童来说,比较容易达到遵守道德规范的目的。因为在起居、就餐等家庭生活琐事中,每天按照礼仪来规范自己,久而久之就成了习惯,由习惯而成自然,遵守这些习惯仿佛成了他的第二天性,如孔子所说:"少成若天性,习惯若自然。"(《颜氏家训》)于是,就能"从心所欲不逾矩",举手投足似乎并不刻意而为,却合乎礼仪,由此这些礼仪蕴含的道德规范就内化为了人们的德性。如《礼记·曲礼》说:"邻有丧,舂不相;里有殡,不巷歌。"古人舂米,喜欢唱送杵的号子,当邻里有殡伤之事时,应该默舂,不在巷中歌唱。这样的家礼包含着同情他人的同哀之心。宋代朱熹的《家礼》《童蒙须知》、明代屠羲英等的《童子礼》,对衣着、盥洗、洒扫、行走、语言、视听、饮食等的行礼之法都有详细的规定,以此作为家庭礼仪教育的内容。如"凡著衣服,必先提整衿领,结两衽纽带,不可令有缺落"(朱熹:《童蒙须知·衣服冠履第一》),"走,两手笼于袖内,缓步徐行,举足不可太阔,毋得左右摇摆,致动衣服"(屠羲英:《童子礼·行》),这里表现的是约束自我的道德自律精神。再如,"凡弟子须要早起晏眠""凡对父母长上朋友,必自称名;凡称呼长上,不可以字""凡侍长上出行,必居路之右,住必居左",这都表达了尊敬长辈的道德品质。因此,无论是富贵还是贫贱的家庭,如果有效地进行了礼仪教育,就能培养他们良好的品德,"富贵而知好礼,则不骄不淫;贫贱而知好礼,则志不慑"(《礼记·曲礼》)。

  由于儒家的礼仪教育是由养成习惯来培育德性,因而就十分注意生活习俗与礼仪的关系。人们常常把"礼俗"连在一起,这是有一定道理的。因为礼既源于俗,又是对俗的变易。《说文解字》云:"俗,习也。"俗,就是生活习惯。人们在特定的自然环境、社会环境中生活,久而久之,形成了各自的风俗。《礼记·王制》就对东、西、南、北四方的生活风俗作了描述。周公制作礼乐,就是要通过移风易俗来提升社会的文明程度。不过,儒家的移风易俗不是简单地把原来的风俗彻底破除,而是主张"因俗制礼",即尽量利用原有的风俗形式和其中的合理部分,灌注新的精神,加以整理、提升,从而在人们本来熟悉的习俗中受到教化。很多家庭礼仪中也是这样的。比如冠礼,在远古氏族社会时代,曾流行过"成丁礼"。氏族中的未成年人享受氏族对他们的抚育,不用参加生产劳动和战争,但在他们达到成人年龄后,氏族要用一些方法来测定他们是否具备了生产、战争的技能,以确定他们是否能够成为氏族的正式成员。在社会发展的过程中,这样的"成丁礼"在很多地区消失了,而儒家看到了它的合理性,将它加工改造成冠礼。举行冠礼,不仅意味着生理上进入成年人的年龄,而且意味着应当具备与承担成年人社会责任相一致的道德品行。《礼记·冠义》说:"成人之者,将责成人礼焉也。责成人礼焉者,将责为人子,为人弟,为人臣，为人少者之礼行焉。将责四者之行于人，其礼可不重欤？"可见，将原来的成丁礼变易为冠礼，是赋予其提示行冠礼者，从此要践履为人子、为人弟、为人臣、为人少者的德行，担当起自己的社会角色。

三、让礼仪回归家教

自五四以来，传统礼仪在家教中基本上已经退出了。这有着很多原因，如传统礼仪的形式化和烦琐化，与现代社会生活节奏不相适应，还有对于传统礼教封建性的批判，导致人们完全把传统礼仪当作糟粕予以抛弃。同时，由于西方礼仪随着西方文明涌入中国而广泛流行，改行西方礼仪成为"时髦"，还由于西方文明近代以来在全球占据主导地位，学习西方礼仪也成了中国与世界"接轨"的重要方面。于是，人们对于传统礼仪已经很生疏，甚至完全遗忘了。下面的故事可以印证这一点：1925 年正在北京女子师范大学授课的鲁迅收到该校学生许广平的信，鲁迅在回信中称"广平兄"，许广平疑惑不解，在接着的回信中问道："先生之意何居？弟子真是无从知道。不曰'同学'，不曰'弟'，而曰'兄'，莫非也就是游戏么？"其实鲁迅并没有与其开称兄道弟的玩笑，"兄"在传统书信礼仪中，和"同学""弟"一样，也是老师对学生辈的普通称呼。当时离开清朝的推翻只有 14 年，离开五四新文化运动至多也只有 10 年光景，许广平已经完全不知道这一传统师生礼仪的称呼了。现在人们对仍在使用的传统礼仪的称呼的无知，更是比比皆是。如常常有人在正式场合向他人介绍自己妻子时说："这是我的夫人。"依据《礼记·曲礼》，天子的妃子称为"后"，诸侯、大夫、士、庶人的配偶分别称为"夫人""孺人""妇人""妻"。后来人们把他人的配偶称为"夫人"，是沿袭先秦礼仪而来的尊称，因而称自己的妻子为"夫人"，是自大的表现，完全违背了传统礼仪尊重他人的精神。可见，由于传统礼仪不再成为家庭日常教育和学校教育的组成部分，中国作为"礼仪之邦"已经出现了名存实亡的危机。

克服这一危机的起点是继承以礼仪家教的传统，让礼仪回归家教。当年朱熹面对中国传统礼仪遭受佛教巨大冲击时感叹道："呜呼！礼废久矣。士大夫幼而未尝习于身，是以长而无以行于家。长而无以行于家，是以进而无以议于朝廷，施于郡县，退而无以教于闾里、传之子孙。"（《朱子文集》八十三《跋三家礼范》）因此，他专著《家礼》，要求礼仪成为人们年幼时家教的必修课。今天让礼仪回归家教，并非要回归"三礼"乃至汉、唐、宋、明甚至清代的家庭礼仪。从"二十四史"的《礼乐志》的记载来看，传统礼仪有两大发展趋势：一是形式日益烦琐复杂，二是服从皇权和特权的等级性日益明显，而且两大趋势交织在一起，即形式的繁复是为了彰显皇权和特权的等级性。这也反映在家庭礼仪中，从《红楼梦》《儒林外史》等有关描写中不难感受到。那么，今天应当如何让礼仪回归家教呢？

  首先，要将传统礼仪中蕴含的合理思想提炼出来。传统礼仪中有不少值得挖掘的至今仍有价值的思想：如反对把践行礼仪当作外在的形式，而要以内在的德性修养为灵魂，上述的"德辉动于内"而"礼发诸外"的观点就表现了这一点，还有"礼，与其奢也，宁俭"(《论语·八佾》)，即将节俭作为礼仪的根本要求的观点。据《仪礼·士昏礼》记载，即使是作为"礼之本"(《礼记·昏义》)的婚礼虽然隆重，但也相当简朴，不仅夫妇成婚的菜肴仅有数品，而且没有庆贺和举乐的仪式。再如强调礼仪"节"和"文"的观点，即礼是和人的情感相称的，对情感、欲望起着有所节制和文饰美化的双重作用，如《礼记·坊记》所说："礼者，因人之情而为之节文。"《中庸》也说，礼的作用在于，使喜怒哀乐之情"发而皆中节谓之和"。《荀子·礼论》对于礼的解释是："称情而立文，因以群饰。"儒家讲"礼让"，就是注意到礼的节制作用。孔子说："不能以礼让为国，如礼何？"(《论语·里仁》)北宋学者邢昺对此解释道："礼节民心，让则不争。"人们之间的欲望、利益是有矛盾的，这就需要由礼仪予以节制，从而使得人们的行为起到促进人际关系和谐的作用。孔融让梨就是一个典范，这也是传统家教在进行礼仪教育时，经常讲述的故事。儒家礼乐并举，是为了使礼成为美化的艺术形式，从《论语》等古代文献中可以看到，儒家的一些礼仪就是以歌舞、诵诗为载体的，于是人们在艺术的陶冶下认同了礼仪所表现的伦理关系。这些珍贵的思想遗产应当在今天的礼仪家教中发扬光大。

  其次，可以借鉴司马光、朱熹等对传统礼仪简化、改革的经验，把礼仪纳入学校教育中去。隋唐以来，佛、道两教盛行，乡风民俗多为其所化。司马光、朱熹等意识到，如果听之任之，儒家传统的礼仪之邦很有可能不复存在。司马光首先编撰了家庭礼仪的《书仪》和《家范》，对烦琐的传统礼仪进行大刀阔斧的删减，以《仪礼》为本，选择冠、婚、丧、祭四礼作为家庭基本礼仪，同时参酌宋代习俗予以变化。朱熹的《家礼》则在此基础上，进一步使其适用于普通百姓家庭，"虽贫且贱，亦得以大节，略其繁文，而不失其本意也"(《朱子文集》八十三

《跋三家礼范》），由此受到广泛的欢迎，成为进行礼仪家教的教材。我们应当吸取他们的做法，选择与日常生活紧密相关的家庭礼仪，融入一些具有传统色彩的礼仪，使礼仪家教在与时俱进中得到延续，还可以借鉴宋、明、清的韵语化蒙学读物，编写能够朗朗上口的礼仪家教的读本，在中小学推广。

再次，把礼仪家教与培育好家训、好家风结合起来，使礼仪家教更加凝练，也更加个性化。中国传统中，礼仪家教和家训、家风往往是合二为一的，著名的《颜氏家训》《袁氏世范》《朱子家训》《弟子规》，还有上述司马光、朱熹的《书仪》《家礼》等，既是礼仪家教的教材，也是家训、家风的体现。如司马光的《家范》不仅讲述了很多家庭礼仪，而且也宣示了家训："以义方训其子，以礼法齐其家"。这是因为家训、家风的实质就是对礼仪家教提出的行为规范以及所体现的价值观念予以提炼，使其更加凝练生动。同时礼仪家教与家训、家风结合，使得礼仪家教彰显出各家各户的个性，这有助于激发家庭的礼仪自觉，也使得礼仪家教不是千篇一律而具有丰富性。事实上，现在很多地方正在开展的好家训、好家风活动，就是和礼仪家教紧密联系在一起的。

最后，家庭和社区联手，在举办青少年的活动中，融入传统的礼仪。家庭是坐落在一定的社区，礼仪家教的有效性往往和社区的道德熏陶有关，"孟母三迁"讲的就是这个道理。这方面韩国的经验是有启发的。至今韩国大约有234所乡校，与中国传统的民间乡校、社学相类似。这些乡校每逢假期为7岁到14岁的少年开设忠孝礼仪体验课程，学生必须穿着传统韩服上课，学习传统的生活礼节，也为成年人举行传统成年礼仪和传统婚礼，还举办耆老宴并表彰孝行者和善行者。总之，"乡校通过各种中小规模的课程和传统仪式，为当地居民提供实践传统儒家礼节的标准，使得一般韩国人能够体会到儒教的生活方式与儒教的价值观念"。显然，这样的体验课程会加深人们对传统礼仪的理解。射箭在韩国青少年中非常普及，这就和这些乡校把射箭和传统射礼的教育相结合有关。《礼记·射义》说："发而不中，则不怨胜己者，反求诸己而已矣。"这就在射箭的活动中，使青少年体悟射礼中蕴含的什么是君子式的竞争以及如何对待竞争遭遇失败的哲理。

中国正在大力推进城市化的进程，这就更加需要让礼仪回归家教。因为城市化进程不是简单的造城、扩城，也不仅仅是经济的升级更新。它在本质上是社会文明程度提升的过程。城市化的进程，从人口流动来说，是越来越多的家庭进入了城市。因此，随着城市化进程的加速，城市的家庭教育如何与城市文明建设相适应，就成为一个非常需要正视的问题。城市化的进程，就人际关系来说，是越来越多的互不认识的陌生人汇聚在一起，陌生人之间应当以怎样的文明方式进行交往，也成为城市文明建设的重要问题。中国传统社会崇尚礼义，提出了以文明交往的礼仪来养成和体现良好的道德品性，而礼仪教育首先是从家庭教育开始的。这里蕴含着道德建设的传统智慧：在家庭的日常生活场景中，以温情和亲情来塑造道德人格；在以礼仪培养习惯的过程中，使道德行为成为自然而然的行为。就此而言，让礼仪回归家教，就是让道德回归生活、回归自然。这样的智慧应当成为"礼仪之邦"的传统在当代中国复兴的源头活水。

儒学精粹与现代管理

左 飚

左飚 上海海事大学教授 2023年5月12日演讲于上海百金化工集团股份有限公司

  2012年,我刚刚步入儒学的门槛,还没来得及进行系统的研究,便于当年11月应邀在澳大利亚昆士兰国会大厦举办的海外华人论坛,做题为"儒家思想精粹"(The Essentials of Confucianism)的演讲。与会的各界人士的高度肯定和赞扬使我深受鼓舞,真切地感受到儒家思想在海外所享有的崇高地位。回国后,我试图在儒家有关治国理政的论述与西方现代管理的理念中找到共通之处,做一点融通连接的尝试。这一融汇古今、贯通中外的初步探讨立即产生了广泛的社会效应。我曾应邀在大型企业、科研机构、政府部门、外国访华团体和一百多所高校演讲"儒家思想与现代管理"这一论题,深感儒学"墙内开花墙外香"的现象大有改观。对中华优秀传统文化的发掘、梳理、传播和弘扬,正在受到国家和各级各类组织的重视,成为增强文化自信、民族自信和国家文化软实力的有效途径。上海炎黄文化研究会以"研究和弘扬中华优秀文化,振奋民族精神,为构建优秀传统文化传承体系,实现中华民族伟大复兴的中国梦作出贡献"为宗旨,正是这样一个有高度社会责任感的学术组织。感谢上海炎黄文化宣讲团的邀请,使我有机会与以"打造百年基业、铸就金色品牌"为使命的百金集团的朋友们交流学习体会。

儒家思想,是先秦诸子百家学说之一,由孔子创立。儒家思想在孔子学说的基础上不断发展演变,大致经历了先秦儒家、两汉经学、宋明理学、清代朴学、现代新儒学五个阶段,其间吸收、融合了道家、佛教及部分西方哲学的精华,逐渐形成了完整的儒家思想体系,成为中华传统文化的主流意识形态,在中国、东亚乃至世界,产生了深远的影响。以和而不同、开放包容为特征的儒家思想,具有极强的生命力和独特的优势与价值,是中华文明形成并延续发展的重要支撑,是中华民族生生不息、发展壮大的重要滋养。儒家思想关怀人的生命和生活,关注社会教化和国家治理,与其他思想流派既相互竞争又相互借鉴,并在交融中实现新的发展,有着超强的自我更新、自我超越的能力,能够为当代中国治国理政、道德建设和人们认识世界、改造世界,以及解决当代人类面临的共同难题提供有益的启迪。本讲座所探讨的是狭义的、源头上的儒家思想,即以孔子学说为核心的先秦儒家思想。源头上的儒家思想,正统、纯粹、地道、"原汁原味",其本身也博大精深,涉及政治学、伦理哲学、社会学、教育学等多项学术领域。本讲座再度将其窄化,集中研讨先秦儒家思想中有关治国理政并对各类现代组织的管理有所启示的部分论述,以孔子的论述为主,辅以孟子和荀子的论述。儒家思想中所蕴藏的丰富的治理智慧,是推动当今国家治理体制和各类现代组织管理体系现代化的重要思想资源,是当代各类组织管理实践的重要精神指引。

"仁政",是儒家思想关于治国理政的最重要的遗产之一。"仁政"与"暴政"相对应,是以人为核心,以关心人、爱护人、依靠人、信任人为准则的治政理念。先秦儒家的"仁政"思想已相当深刻和全面,包括德治、民本、选贤任能,以及勤政、善政、廉政等理念,已经初步形成了一个完整的理论体系。本讲座撷取德治和民本两个方面,探讨儒家论述中所蕴含的"仁政"思想及其对于现代组织管理的启迪。

一、德治理念

(一)儒家的德治原则:德主刑辅、以德树德

【原作论述】

道之以政,齐之以刑,民免而无耻;道之以德,齐之以礼,有耻且格。

(《论语·为政》)

  君子之守,修其身而天下平。(《孟子·尽心下》)
  以不忍人之心,行不忍人之政,治天下可运之掌上。(《孟子·公孙丑上》)

  本小节的孔孟论述阐明了儒家德治的两条基本原则:德刑兼用,德主刑辅;修其身,以德树德。儒家所说的"德"有两重意义,即治政者的"德"和百姓的"德",治政者必须首先有"德",才能在百姓中树德、崇德、弘德以至循德,实行"德治"。

  孔子关于"道之以政"与"道之以德"的论述,讲清了德法兼治、德治为主的道理。孔子认为,用法纪政令管理人民,用刑罚整治他们的行为,人们会避免刑罚(而不敢为非作歹),但他们不会产生羞耻心;用道德教化引导人民,用礼仪规范他们的行为,人们就会产生羞耻心,并自觉修正自己的行为。上句说明了法治的必要性和局限性,下句凸显了德治的威力。法治可以产生强制性的良好行为,但不能从根本上解决人们的行为问题;德治可以产生自觉性的良好行为,从而从根本上解决人们的行为问题。两句中的关键词"耻",区分了法治的局限和德治的威力。"耻",即羞耻心,也就是守住道德底线的良心。一个人做了坏事良心受到谴责而寝食不安,就表明他有羞耻心,即"有耻";相反,一个人做了坏事却心安理得,若无其事,则表明他没有羞耻心,即"无耻"。法治的结果是"民免而无耻",人们行为的收敛只是为了避免刑罚("民免"),一旦有机可乘便将为所欲为("无耻")。德治的结果是"有耻且格"。格,意为"守规矩"(如"言有物而行有格")和"纠正"(如"格君心之非"),"有耻且格",意思是人们有了羞耻心就能自觉约束并修正自己的行为。显然,在解决人们行为问题的力度上,"有耻且格"比"民免而无耻"强大得多。

  这一德法兼治的理念不仅适用于国家层面的治国方略,而且也适用于一切组织机构的日常管理。国家运用行政手段和法律机制强力反腐,确实起到了很大的威慑作用,但"无耻"之徒一旦拥有权力依然会以身试法,重走腐败之路,这一现象并不鲜见。只有加强德治,变"无耻"为"有耻",才能铲除滋生腐败的土壤。同样,任何组织机构在严格执行规章制度的同时,要重视创建机构文化,以美德引领员工的行为,培养健康向上的价值观,倡导员工以好逸恶劳、骄奢淫逸为耻,以见利忘义、损人利己为耻,凡是违背良心、不合社会规范的事情,绝对不做。唯有做到人人知耻,维护法律和道德底线,方能凝聚人心,实现组织目标。如果管理人员与员工不能"有耻且格",连诚信、善良等道德底线都守不住,岂能奢望组织机构兴旺发达?

被誉为现代管理学之父的彼特·德鲁克(Peter Drucker)在《管理实践》一书中指出:"正义而非强权的治理将激发被治理者主动承担组织目标的实现,培养自律精神,创造最佳业绩。"德鲁克所说的"正义而非强权的治理"也即"德治","自律精神"与"有耻且格"意义相近,现代西方管理学家的这一管理理念与两千多年前孔子的管理理念何其相似乃尔!

孔子的论述阐明了"德主刑辅"的德治原则,而孟子的两条论述则说明了"以德树德"的德治原则,治政者首先必须具备美德,才有可能感化、教化民众,在社会上树立崇德、弘德、立德的风气,真正地实行德治。孟子说:"君子之守,修其身而天下平。"他认为君子的道德操守,从修养自身开始,进而使天下太平,受到百姓的拥戴。孟子还说,"以不忍人之心,行不忍人之政,治天下可运之掌上",更强调了施行德治,会产生良好的治政效果。所谓"不忍人之政",即以怜悯体恤百姓为特征的"仁政",而实施"不忍人之政"的基础是治政者的"不忍人之心",即怜悯体恤百姓的道德操守。孟子相信,具备美德的治政者"治天下可运之掌上",治理国家如同在掌心运转东西那样容易,用今天的话来说,即"易如反掌"。为什么治政会变得那么容易?那是因为治政者"以德树德",产生了道德感化的巨大威力,赢得了民众由衷地拥护和支持。

现代组织的管理纷繁复杂,对内涉及人事管理、财务管理、技术开发、信息管理和危机管理、日常事务管理等,对外要履行对投资者、客户、供应方、政府部门、环境和社会大众的责任,还要应对瞬息万变的市场变化等。应该说,对于现代组织管理者而言,管理要做到孟子所说的"可运之掌上",有相当大的难度。但是,在面对千头万绪的管理责任和事务面前,管理者只要保持清醒的头脑,运用儒家思想关于"德主刑辅"和"以德树德"的德治原则,注重自身的道德修养,便是抓住了问题的关键,就能做到"以一持万",得心应手地管理了。管理,是一种协调他人的活动,是使别人同自己一起实现既定目标的活动过程。"修其身"的巨大威力在于:其一,"孰敢不正",别人都敬畏你,仿效你,不敢不跟着你干;其二,"天下平",别人都拥护你,支持你,自觉地跟着你干。有了这两条,事事有人干,千头万绪的现代管理便可迎刃而解,就能逐步做到"可运之掌上"那么容易了。

（二）从政的条件：尊美屏恶、德先才弼

【原作论述】

子张问于孔子曰："何如，斯可以从政矣？"子曰："尊五美，屏四恶，斯可以从政矣。"子张曰："何谓五美？"曰："君子惠而不费，劳而不怨，欲而不贪，泰而不骄，威而不猛。"子张曰："何谓四恶？"子曰："不教而杀谓之虐，不戒视成谓之暴，慢令致期谓之贼，犹之与人也，出纳之吝，谓之有司。"（《论语·尧曰》）

居天下之广居，立天下之正位，行天下之大道；得志，与民由之；不得志，独行其道。富贵不能淫，贫贱不能移，威武不能屈，此之谓大丈夫。（《孟子·滕文公下》）

孔子在回答子张问题时所作的论述，从"美""恶"正反两个方面阐明了从政者必须具备的素质、风度以及必须掌握的治理策略与具体方法，实际上讲的是从政者的条件。孔子所列的从政者条件中蕴含着德才兼备、以德为主的理念。"德"的本义是恪守某种思想和行为规范的操守、品行，它植根于内心的素养，既是外化为习惯行为的内在品质，也是内化为稳定人格的外部表现，是内外一致的良好观念和行为。"五美"中，"欲而不贪"指的是外化为习惯行为的内在品质，具备了爱人怜物的仁爱之心，必能戒私拒腐，做到一心为公而"不贪"。"泰而不骄"和"威而不猛"指综合了品质、知识、经验感悟和行为习惯所形成的从政者应有的气质和风度，是内化为稳定人格的外部表现：处事泰然，待人宽厚而"不骄"，威武端庄，态度温和而"不猛"。"惠而不费"和"劳而不怨"则指治理中必须掌握的策略与具体方法，是有关"才"的要求，用今天的话来说，就是要懂得知人善任，安排民众做自己喜欢做且有能力做的事情，以充分发挥民众各自的长处和优势，这样既能节省资源，力争"不费"，又能调动积极性，创造"不怨"的和谐局面。

"四恶"指从政者工作中的忌讳和容易发生的失误，从反面论述了立德应防止的趋恶倾向。孔子特别强调，从政者的工作重点是事先对人们的教育、告诫和警示，而非事后的严厉惩罚。不经教育而处以极刑，不加告诫而强令完成任务，不发警示而突然限期，被称为"虐""暴""贼"，这些都是治政的大忌，属"暴政"而非"仁政"，是"霸道"而非"王道"，是造成人心涣散、治理混乱的重大

失误,是从政者缺乏道德修养的外部表现。

　　孔子关于德才兼备、以德为主的选人和用人理念,对于现代组织的管理依然有着借鉴意义。"欲而不贪"是内在品质,是选人和用人的最高标准,要经过相当长时间的考察才能确定候选人是否达到。"泰而不骄"和"威而不猛"是外部表现,较短时间就能了解,甚至一次面试便可发觉端倪。"惠而不费"和"劳而不怨"是管理的策略和方法,被任用者可在试用期通过向有经验的管理者请教及自己的管理实践而逐渐感悟并掌握。在关于"屏四恶"的阐释中孔子所特别强调的事先教育、告诫和警示,在现代管理中显得尤其重要。现代组织的管理者只有重视员工的教育培训,提高他们的能力,并在管理过程中发现问题及时给予告诫和警示,把潜在祸害扼杀在萌芽状态,才能实施高效的管理。

　　综上所述,孔子提出的"五美"和"四恶",既可看作管理者的择人标准,也可看作管理者的治理原则,既有内在素质的要求,也有外显行为的规范,既指明了宏观的战略目标,也提供了微观的战术细则,值得借鉴。

　　第二条引语是孟子的论述,是对孔子关于"五美"论述的重要补充,闪耀着思想和人格力量的光辉。孟子所提倡的从政之道是"居天下之广居,立天下之正位,行天下之大道",也即坚持、树立、践行为政原则的意思。古人从政为官有两种境遇,一种是顺境,称为"得志",即受到赏识,能实现自己的理想;另一种是逆境,称为"不得志",即受到排挤,无法实现自己的理想。孟子认为,对于这两种境遇应该抱有"得志,与民由之;不得志,独行其道"的态度,即在顺境中就与人民一起实现理想,在逆境中就独守正道,也就是"穷则独善其身,达则兼善天下"。"富贵不能淫,贫贱不能移,威武不能屈",是孟子最精彩的论述之一,几千年来,它不仅是为官者检验自己言行的从政原则,而且成为一般志士仁人不畏强暴、坚持正义的座右铭,可谓金声玉振的箴言。

　　如果我们用一句话来概括孟子的这段论述,那就是"护持自己的道德操守"。无论顺境逆境、富贵贫贱、权势高低,从政者都应在自己的内心中稳住"道义之锚",都能守护住自己的道德操守。这一条也应该成为现代组织管理者必须具备的素质条件,在任何情况下都能坚持原则。现代组织管理者坚持原则,应体现为严格自律,带头遵守组织内部各项规章制度,在工作、生活和学习方面高标准、严要求,强化自我约束,做好员工的表率。现代组织管理者坚持原则,也应体现为合理运用职务所赋予自己的权力,始终保持与员工的密切联系,清正廉洁,勤政为民,做到"与民由之",与员工同心协力,实现组织目标。

现代组织管理者坚持原则,还应体现为"富贵不能淫",在利益诱惑面前稳得住,不该做的坚决不做,不该拿的坚决不拿,坚守底线,不失操守,以德树德,使整个组织充满正气,保持良好的精神风貌。

(三) 为政者的德行:正直、自律、包容

【原作论述】

为政以德,譬如北辰,居其所而众星共之。(《论语·为政》)

政者,正也。子帅以正,孰敢不正?(《论语·颜渊》)

仁者如射:射者正己而后发;发而不中,不怨胜己者,反求诸己而已矣。(《孟子·公孙丑上》)

君者仪也,民者景也,仪正而景正。君者盘也,民者水也,盘圆而水圆。(《荀子·君道》)

君子周而不比,小人比而不周。(《论语·为政》)

古人认为北极星是静止不动的,而其他星球则围绕着它转动。《论语·为政》篇开宗明义,用比喻手法阐明了德治的重要性和上佳效果:"为政以德,譬如北辰,居其所而众星共之。"以德治政的人将受到民众的衷心拥护和热烈爱戴,犹如北极星那样居于一方,而满天星斗环绕着它运行。

孔子、孟子和荀子关于"正"的论述,阐明了"正"在治政(管理)中的作用。孔子说,"其身正,不令而行;其身不正,虽令不从",他认为为政者如果自身行为端正,不用发布命令,政事也能推行;如果自身行为不正,即使发布了命令,百姓也不会听从。所谓"正",意为正直、正派、正义、正气,讲正话,做正事,走正路。治政者"身正",可形成至高的威信,如同无声的命令,是治政的基础。孟子和荀子也都强调"正"是为政者的首要品质,他们都运用比喻来推出同样的论断。孟子用的是动态的射箭形象,"射者正己而后发",射箭的人首先要端正自身才有可能射中靶心,喻指为政者必须先正己,而后才能实现治政的目标。荀子用的是静态的形象,"君者仪也,民者景也……君者盘也,民者水也",把为政者比作杆子和盘子,民众比作影子和水,并用"仪正而景正……盘圆而水圆"(杆正影也正,盘圆水亦圆)的道理来阐明为政者的表率作用。

孟子还主张"发而不中,不怨胜己者,反求诸己",如果射不中,也不应归咎于他人,要在自己身上找原因。他强调为政者要严于律己,一旦治理失败,应

反躬自问,自找原因,而不应推诿责任。对于现代组织管理者而言,"身正"和"律己"是管理之本,威信之源,"身正"方能带人,"律己"才可服人。它们又是共生并存的,"身正"必先"律己","律己"必然"身正"。

"周",原义为圆周,即包罗万象、容纳一切的圆圈,引申义为合围合群、大度包容。"周",体现了中华文化包容性的环型特征,被誉为中华第一图、象征中华文明辩证思维核心要素的阴阳双鱼图,便是一个包含阴阳互体的大圆圈。"比",是相对于"周"而言的概念,其甲骨文字体很像两人前后紧随或比肩而行,引申义为结党营私,朋比为奸。孔子的论述"周而不比",主张讲团结,不搞勾结,对于现代组织的管理极其重要。讲团结,则一呼百应,员工齐心协力,能应对各种复杂的局面而完成组织目标;搞勾结,则一盘散沙,员工各谋私利,互相拆台,不仅难以完成组织目标,甚至会导致组织机构的最终解体。

二、民本理念

(一) 为政的民意基础:水能载舟、民信为先

【原作论述】

孔子曰:"……君者,舟也;庶人者,水也。水则载舟,水则覆舟,君以此思危,则危将焉而不至矣?"(《荀子·哀公》)

子贡问政。子曰:"足食,足兵,民信之矣。"子贡曰:"必不得已而去,于斯三者何先?"曰:"去兵。"子贡曰:"必不得已而去。于斯二者何先?"曰:"去食。自古皆有死,民无信不立。"(《论语·颜渊》)

民为贵,社稷次之,君为轻。(《孟子·尽心下》)

失天下也,失其民也;失其民者,失其心也。得天下有道,得其民,斯得天下矣。得其民有道,得其心,斯得民矣。(《孟子·离娄上》)

孔子的第一条论述运用形象的比喻,把君民关系比作舟水关系,劝诫君主要居安思危。其第二条论述把治国三要素"足食"(充足的粮食,相当于现在的经济建设)、"足兵"(充足的军备,相当于现在的国防建设)、"民信"(百姓的信任)中的"民信"放在首位。孟子的第一条论述表达了他的"民贵君轻"思想,第二条论述从正反两个方面阐明了国家兴亡与民心向背的密切关系。这四条论

述集中说明了为政的民意基础,阐发了管理的民本理念。

孟子的"民贵君轻"思想,在君权至高无上的古代政治中,是一个石破天惊的观念,具有强烈的民本主义色彩,如果用今天朴素的语言来形容,无异于"人民万岁"这一句响亮的口号。根据孟子的理论,民意不仅是君主权力正当性的来源,它还是君主力量之所在。孟子的"民贵君轻"观念把民本思想升华到一个相当自觉的政治伦理境界,为现代组织管理的改革提供了有益的思想资源。我国很多组织机构所长期运行的垂直任命制的选拔机制,是强化"官本位"思想的体制性根源。这种机制容易造成管理者只对上负责,而不对下负责,谁发给"乌纱帽"就对谁忠诚的重"官"轻"民"现象。孟子的这一观念不仅对于现代组织管理者克服"官本位"陋习、树立"民本位"思想有着启示作用,而且对于现代组织选拔机制的改革具有借鉴意义。

孔子的两段论述把为政者与普通民众的舟水关系阐述得深刻而又清晰:民信国立,水载舟;民无信国亡,水覆舟。这些论述既是对历朝历代为政者的警示,也是一则富有智慧的预言,为中国王朝兴亡更迭的历史所证实。政治腐败、横征暴敛、田园荒芜、民怨沸腾,往往是王朝更迭的主要原因。得民心者得天下,失民心者失天下,这是颠扑不破的历史真理。为政者应认识到这一点,敬畏民众,慎用民众所赋予的权力。为政者如果能这样想,则时时刻刻都会有危机感,就会严格自律,谨慎为政,即便遇到了危险也能平安渡过,不会造成严重后果,否则朝政倾覆在劫难逃。

孔子关于为政者与人民的舟水关系的理念同样适用于现代组织的管理者与各种利益相关群体(stakeholders),尤其是员工的关系。管理者之"舟"永远离不开员工及其他利益相关群体之"水",没有后者的信任、拥护和支持("载舟"),管理者将无法实施有效的管理,并将面临垮台("覆舟")的危险。

(二) 为政的治民原则:养民也惠、使民也义

【原作论述】

樊迟问仁,子曰:"爱人。"(《论语·颜渊》)

仁者爱人,有礼者敬人。爱人者,人恒爱之;敬人者,人恒敬之。(《孟子·离娄下》)

民之于仁也,甚于水火。水火,吾见蹈而死者矣,未见蹈仁而死者也。(《论语·卫灵公》)

子贡曰:"如有博施于民而能济众,何如? 可谓仁乎?"子曰:"何事于仁,必也圣乎! 尧舜其犹病诸!"(《论语·雍也》)

子谓子产:"有君子之道四焉:其行己也恭,其事上也敬,其养民也惠,其使民也义。"(《论语·公冶长》)

孔子和孟子所使用的"人"与"民"这两个概念,在一般情况下可以通用,泛指"人民""民众""苍生"或"百姓",如仁者爱"人"、博施于"民"等;但在把"人"与"民"这两个概念放在一起对照使用时,则往往"人"指官吏,而"民"指百姓,如"节用而爱人,使民以时"(节省费用,爱护官吏,在适当的时节征调民力)等。当对照中的这两个概念被应用于现代组织管理时,"民"可指组织内的普通员工或社会上的广大民众,"人"可指组织内一把手以外的高、中、基层干部,或企业内董事长或总经理以外的高、中、基层经理或冠以其他名称的管理人员。

在为政者与民众的舟水关系明确以后,为政者是否能取得"民信"就成了为政的关键,这将是本小节探讨的重点。"舟"与"水"、为政者与民众,是互动的两个方面,民众是否"信"为政者,在很大程度上取决于为政者是否"敬事而信"。儒家经典中经常使用的这两个"信"字,含有相对应的两个不同含义:前一个"信"指民众对为政者的态度,即信任、信赖、信托;后一个"信"指为政者对民众的行为和影响,即信用、信誉、信望。前一个"信"是为政者的执政基础,离开了民众的信任、信赖、信托,为政者将面临"覆舟"的危险;后一个"信"是为政者的执政手段,通过自身的信用、信誉、信望,为政者创造了"载舟"的条件。本小节的这几条论述蕴含着这两个"信"的互联互动,探讨了为政者应如何对待民众这一事关存亡的重大问题,并重点阐述了"养民"与"使民"两个方面。

"仁"字是在《论语》中使用频率最高的一个字眼,孔子在不同场合多次解释"仁"的含义,但其最基本的含义是孔子在回答樊迟提问时所说的"爱人",即爱所有的人,尤其要爱身处社会底层的平民百姓。提倡仁政,就是劝勉为政者爱民,这是孔子关于为政的核心理念。爱民,不仅是为政者自身应该具备的一种胸怀、气度和品质,也是为政的一种有效手段。孟子进一步强化了孔子关于仁者爱人的理念,并突出了"爱人者,人恒爱之"的爱的交互性。他认为,为政者爱民众,民众就必然会对为政者以爱相回报,就将产生管理者与被管理者之间的良性互动。

那么,为政者应如何在具体为政过程中实现这一爱民原则呢? 孔子的弟子子贡曾向他提过一个问题"如有博施于民而能济众",即假若有人能给百姓很多好处又能周济大众,能否算得上仁人。孔子对此做了"何事于仁,必也圣乎"的十分肯定的回答,认为能这样做,岂止是仁人,连圣人都称得上了。在本小节所引的第四条论述中,孔子提到春秋时期著名的政治家郑国的为政者子产,对他施政的四种"君子之道"予以高度评价,我们在本小节集中探讨其中的两种:"养民也惠"与"使民也义"。

为政者在处理如何对待民众这一问题上,"养民"和"使民"是相辅相成的两个方面。所谓"养民",就是养育民众,爱护民众,在经济上扶持民众,关心并改善民众的生活;所谓"使民",就是使唤民众,使令民众干活,特别是征调民众从事生产以外的劳役(如军事工程、大型水利工程、宫殿建筑等)。"养民"是"使民"的前提和基础,"使民"是"养民"的目标和结果。"养民"有方,为政者就会得人心,获得"使民"的权威;"使民"有度,为政者就不会失人心,进而完善"养民"的条件(如大型水利工程的建成等)。在"养民"问题上,孔子提倡"养民也惠""博施于民而能济众",鼓励为政者大度施惠,广济众生,要让民众获得实实在在的好处。孔子主张"富民",极其重视民众经济生活的改善,实际上也属于孔子"养民"理念的一部分。在"使民"问题上,孔子力主"使民也义",强调为政者要恪守正义,公平待人,使用劳力要有理有节,避免劳民伤财。

(三)为政的使民艺术:刚柔结合、宽猛相济

【原作论述】

政宽则民慢,慢则纠之以猛;猛则民残,残则施之以宽。宽以济猛,猛以济宽,政是以和。(《左传·昭公二十年》)

子张问仁于孔子。孔子曰:"能行五者于天下为仁矣。""请问之。"曰:"恭、宽、信、敏、惠。恭则不侮,宽则得众,信则人任焉,敏则有功,惠则足以使人。"(《论语·阳货》)

乐民之乐者,民亦乐其乐;忧民之忧者,民亦忧其忧。乐以天下,忧以天下,然而不王者,未之有也。(《孟子·梁惠王下》)

孔子关于"宽猛相济"的第一段论述源自对春秋时代一位杰出政治家子产的为政业绩的评价。孔子称赞子产为"古之遗爱也",他对子产"宽猛相济"的执政理念予以充分肯定,并加以弘扬。孔子用高度概括的语言"宽以济猛,猛

以济宽,政是以和"总结了子产的理念,认为"宽"和"猛"互相弥补、调剂,才能实现社会和谐的至高境界。

"宽猛相济"是一种辩证的为政艺术。所谓"宽",强调道德教化和怀柔手段,是为政中软的一手;所谓"猛",注重严刑峻法和强制手段,是为政中硬的一手。唯有软硬两手结合,并随时势而转化,在动态中寻求平衡,才能做到政事和谐。汉语成语中还有"恩威并重""软硬兼施""刚柔并济"等,表达了与"宽猛相济"相似的意义,由此可看出软硬两手的治理是被广泛认同的治政原则,成为中国历代统治者治国理政的根本手段。

儒家是竭力倡导"仁政"的思想流派,在肯定子产"宽猛相济"这一治政理念的同时,儒家重点关注的是"宽"而非"猛"。在本节所引用的孔子的第二段论述中,孔子所赞誉的五项治政美德"恭、宽、信、敏、惠"(谦恭、宽和、诚信、勤敏、慈惠)中,有"宽"字,而没有"猛"字,而且其他四个字"恭、信、敏、惠"的内涵都与"宽"有关。孔子特别强调"宽则得众"的功效,认为治政宽和将会赢得民众的拥护和支持。在对待治政两手"宽"与"猛"的关系上,孟子更加强调"宽"的作用。他在与齐宣王的对话中说,"乐民之乐者,民亦乐其乐;忧民之忧者,民亦忧其忧",认为为政者如能体察民众的快乐与忧愁,民众也将投桃报李,与为政者同乐共忧。孟子甚至坚信,"乐以天下,忧以天下",始终关心天下百姓的苦乐寒暖,"然而不王者,未之有也",如此宽仁、爱民的为政者还不能赢得百姓的顺服和忠诚是绝无可能的。综上所述,儒家倡导的治政艺术"宽猛相济、宽则得众"的实际含义是:以宽为主,以猛相济,实现宽猛的动态平衡。

现代组织管理者依然可以应用儒家"宽猛相济、宽则得众"的治理艺术。判断一个组织在某一时期用"宽"还是用"猛",可从以下实际出发:其一,视组织的管理现状而定。组织创建初期,人员结构复杂,规章制度不健全,价值观比较混乱,此时宜多用"猛",随着规章制度的建立和健全及企业文化的构建,员工的观念渐趋一致,此时则宜多用"宽"。其二,视管理者的德行和能力而定。正如子产所说,"唯有德者能以宽服民,其次莫如猛",德高望重、能力较强的管理者用"宽"足以服众,道德力量不足、能力较弱的管理者莫如用"猛"。其三,视管理对象的素质而定。管理对象素质高,宜多用"宽";反之,则宜多用"猛"。

生活的艺术
——中国传统文化中的处世和社交智慧

胡申生

胡申生　上海大学教授
2020年9月4日演讲于中建八局上海分公司

中共中央办公厅、国务院办公厅于2017年1月25日印发了《关于实施中华优秀传统文化传承发展工程的意见》，在这份文件中指出："文化是民族的血脉，是人民的精神家园。文化自信是更基本、更深层、更持久的力量。中华文化独一无二的理念、智慧、气度、神韵，增添了中国人民和中华民族内心深处的自信和自豪。"这里提出的"中华文化独一无二的理念、智慧、气度、神韵"这句话，是值得我们认真去学习和领会的。

中华民族文化根脉源远流长，中华文化独一无二的理念、智慧、气度、神韵，成为中国人民的精神标识和文化基因，历经数千年洗礼而依然挺立、生机勃发。这是我们文化自信的根基。中华文化独一无二的理念、智慧、气度、神韵，包含的内容极其丰富。中华优秀传统文化的核心理念包括：天人之学、道法自然、居安思危、自强不息、诚实守信、厚德载物、以民为本、仁者爱人、尊师重道、和而不同、日新月异、天下大同。天下兴亡、匹夫有责的担当意识，精忠报国、振兴中华的爱国精神,崇德向善、见贤思齐的社会风尚,孝悌忠信、礼义廉耻的荣辱观念,都是中华民族的精神力量所在。

今天,我们就中华文化独一无二的"智慧"这一点,来和大家进行交流和探讨。中华文化独一无二的"智慧",体现的范围很广,它包括了国家、社会和个人诸多方面。我们今天在这个讲座中,将聚焦在个人层面,着重讲一下中国文化中的处世和社交智慧。

一、中国传统文化中的"处世与社交"的几种代表思想

(一)"己所不欲,勿施于人"——中国处世与社交的主流思想与智慧

孔子讲"仁",是其最高原则。而体现在处世和社交中更具体的一个层次就是"忠恕"之道,就是说,一个人在做事情时都要以自己为例,替别人设身处地地想一想。根据《论语·里仁》记载,有一天孔子对学生曾参说:"参呀,我的学说贯穿着一个基本观念。"曾参说:"是。"孔子走出去以后,别的学生便问曾参道:"老师的话是什么意思啊?"曾参道:"他老人家的学说,只是'忠'和'恕'罢了。"

孔子的"忠道"是"己欲立人,己欲达达人"。《论语·雍也》:"子贡曰:'如有博施于民而能济众,何如? 可谓仁乎?'子曰:'何事于仁,必也圣乎! 尧舜其犹病诸! 夫仁者,己欲立而立人,己欲达而达人。能近取譬,可谓仁之方也已。'"子贡是孔子的学生,将这段话翻成白话是这样的:子贡问孔子:"假若有这么一个人,广泛地给人民以好处,又能帮助大家生活得很好,怎么样? 可以说是仁道了吗?"孔子回答道:"哪里仅是仁道,那一定是圣德了! 尧舜或者都难以做到呢! 仁是什么呢? 自己要站得住,同时也使别人站得住;自己要事事行得通,同时也使别人行得通。能够就眼下的事实选择例子一步步去做,可以说是实践人道的方法了。"

孔子的"恕道"是"己所不欲,勿施于人"。《论语·颜渊》:"仲弓问仁。子曰:'出门如见大宾,使民如承大祭。己所不欲,勿施于人。在邦无怨,在家无怨。'仲弓曰:'雍虽不敏,请事斯语矣。'"仲弓,即冉雍,孔子的学生。将这段话翻成白话文是这样的:仲弓向孔子请教"仁德"这个问题,孔子回答说:"出门工

作好像去接待宾客,役使百姓好像去承当大祀典,都得严肃认真,小心谨慎。自己所不喜欢的事物,就不强加于别人。在工作岗位上不对工作有怨恨,就是不在工作岗位上也没有怨恨。"仲弓听了以后说:"我虽然迟钝,也要实行您这话。"同样的话,孔子也对子贡讲过。《论语·卫灵公》:"子贡问曰:'有一言而可以终身行之者乎?'子曰:'其恕乎! 己所不欲,勿施于人。'"这是说,有一天子贡问老师:"有没有一句可以终身奉行的话呢?"孔子回答道:"大概是'恕'吧! 自己所不想要的任何事物,就不要加给别人。"

"己欲立而立人,己欲达而达人"和"己所不欲,勿施于人"是儒家为人处世准则一个问题的两个方面,前句是从"欲"的角度来讲,后句是从"不欲"的角度来讲,这两个方面不存在感情色彩的问题,更不存在对立,而是有机不可分地统一在一起,完整组成了儒家的一条道德准则。关于"忠",是指尽己之力为人谋事,忠于职守。据此,宋代朱熹在《四书章句集注》中提出:"尽己之谓忠,推己之谓恕。"后世儒家对忠恕的解释不尽相同,但都有推己及人,即将心比心,设身处地为他人着想之意。以后"忠恕"二字逐渐被连在一起作为一个特定的概念使用,不再分开。两千多年来,"忠恕"一直是儒家道德修养的重要内容,并且对于人际关系的正确处理仍有实际的指导意义。

在孔子的"己欲立而立人,己欲达而达人"和"己所不欲,勿施于人"两句话中,对后世影响更大的是"己所不欲,勿施于人"。它不仅是儒家思想的精华,也是中华民族千百年来所遵循的为人处世之道,是中国处世与社交的主流思想,体现了中国人处世和社交的仁爱之心和智慧。

(二)"礼让"——中国处世和社交的根本

"礼让"是孔子的一个重要思想。《论语·里仁》:"子曰:'能以礼让为国乎? 何有? 不能以礼让为国,如礼何?'"翻译成白话文就是:"孔子说:'能够用礼让来治理国家吗? 这有什么困难呢? 如果不能用礼让来治理国家,又怎么来对待礼仪呢?'"在《论语·学而》中还记载了孔子的处世社交的"温、良、恭、俭、让"。"子禽问于子贡曰:'夫子至于是邦也,必闻其政,求之与? 抑与之与?'子贡曰:'夫子温、良、恭、俭、让以得之。夫子之求之也,其诸异乎人之求之与?'"子禽名叫陈亢。"夫子"是对孔子的尊称。这段话翻成白话是这样的:一天,有一个叫子禽的人向孔子的学生子贡讨教,说:"(孔子)他老人家一到哪个国家,必然听得到那个国家的政事,这是求来的呢? 还是别人主动告诉他的呢?"子贡回答道:"他老人家是靠温和、善良、严肃、节俭、谦让来取得的。他老人家获得的方法,和别人获得的方法,不相同吧。"从这里可以看出,孔子不仅把"礼让"看作是治国的根本,同时也是为人处世社交的根本。

关于处世和社交中的"礼让",中华传统典籍中多有记载,这些记载都阐明了"礼让"作为人生智慧在处世和社交中的作用。

一是"吴太伯让国"的故事。

周文王的祖父太王有三个儿子:太伯、仲雍和季历。太王看出季历的儿子文王有圣人的品质,将来必能光大周国,便想将王位传给季历。但这样做却违背了"立嫡以长"的古训,因此太王犹豫不决。太伯了解了父亲的心思,假说采药,和仲雍逃到南方吴地,按照吴地习俗,文身断发。太王死后,既不奔丧,也不祭祀。季历不得已,只得继位。后传给文王,三分天下有其二。后武王伐纣成功,建立周朝,封太伯之后为吴君。孔子称太伯奔吴之举为"至德","让",但又不能让人看出的"让"。这在我们的为人处世、社交活动中都应该体现这样的"让",这是一种充满智慧的"让"。

二是虞国和芮国争界田的故事。

商朝末年,虞国和芮国为争一块界田引起纠纷,连年不得解决,听说西伯文王仁德公正,两国国君便同去要求仲裁。一进入周境,只见田间"耕者让畔",道上"行者让路"。到了周都,"士让为大夫,大夫让为卿"。两国国君不禁惭愧地说:"咳,到了君子的地方,才知道我们是小人了。"结果,受了感化,互相谦让起来,那块原先被争执的界田,变成了闲田。

三是楚、吴"争桑"的故事。

春秋时期封国很多,楚国东南和吴国交界处长着几棵桑树,两国姑娘都在此采桑。后争执起来互不相让,由乡邑到官府,由官府到朝廷,酿成国与国之间的战争。吴楚从此兵连祸结,一直到伍子胥灭楚。

四是战国时期楚国和魏国"搔瓜"的故事。

楚国和魏国的边境相连,瓜农以种瓜谋生。魏人勤劳,所种之瓜个大且甜美。楚人懒,所种之瓜质量不好,挨了县令批。楚人恼怒,半夜到魏人瓜田搔刮梁人瓜藤瓜蒂,瓜自然死亡。魏人发现要报复。县令宋就知道后不同意报复,反而命令每天晚上去帮助楚人浇瓜。楚人知道后,请求和魏王结识。结果战国中后期,楚国和魏国交好达二十多年。

以上四个故事,第三个楚、吴"争桑",互不相让,结果导致了楚、吴之间的反目成仇,兵戎相见;第四个楚、魏边境瓜农"搔瓜",魏国以德报怨,结果使楚人大为感动,两国瓜农反成好邻居,也使两国边境竟然相安无事多年。

讲到"让",不得不讲讲"六尺巷"的故事。清代桐城人张英,在康熙朝担任宰相。接到家人来信,说隔壁房屋翻修,筑墙时越过地界侵占了张家宅基地,要张英以当朝宰相之威阻止邻家占地行为。结果,张英回信写了四句诗:"千里家书只为墙,让他三尺又何妨?万里长城今犹在,不见当年秦始皇。"家人收到张英来信后,顿时明白的张英"礼让"的苦心,主动将自家的宅墙往内缩减了三尺。这一举动使邻家大为羞愧和感动,立即拆掉原筑宅墙,也往自家门墙紧缩三尺。两家因让宅墙之事和好如初。这就是有名的"六尺巷"故事。至今安徽桐城还留有"六尺巷",全长100米,宽2米,巷道两端立有牌坊,上刻"礼让"二字。"六尺巷"现在为桐城市级文物保护单位。1959年,毛泽东会见苏联驻华大使尤金,还引用过张英的这首"六尺巷"诗。

(三)孟子的"怀仁义以相接"

孟子作为孔子的私淑弟子,继承和发展了孔子的思想。在处世和社交思想方面,也同样以"仁义"为出发点,提出了"怀仁义以相结"的思想。在《孟子·告子下》记载了这样一件事:孟子在石丘这个地方遇见了宋国人宋牼。当时秦国和楚国正在刀兵相见,宋牼想到楚国、秦国见楚王、秦王以"利"劝说楚、秦罢兵言和。针对宋牼将"以利说秦楚之王"罢兵的打算,孟子发表了自己的看法。他说:"先生以利说秦楚之王,秦楚之王悦于利以罢三军之师,是三军之士乐罢而悦于利也。为人臣者怀利以事其君,为人子者怀利以事其父,为人弟者怀利以事其兄,是君臣、父子、兄弟终去仁义,怀利以相接,然而不亡者未之有也。先生以仁义说秦楚之王,秦楚之王悦于仁义而罢三军之师,是三军之士乐罢而悦于仁义也。为人臣者怀仁义以事其君,为人子者怀仁义以事其父,为人弟者怀仁义以事其兄,是君臣、父子、兄弟去利,怀仁义以相接也,然而不王者未之有也。何必曰利。"本文中的宋牼,亦作宋钘,是战国时代的著名学者。在孟子和宋牼这段对话中,谈论的是秦楚两国战争的大事,但表达的包含了国与国之间、人与人之间的相处之道,其中心思想就是无论是国与国还是人与人之间,应该摒弃"怀利以相接"的做法,而是采取"怀仁义以相接"的态度,孟子认为,只有这样,才能无往而不胜。

孟子提出人与人之间应该是"怀仁义以相接"的同时,还提出要"与人为善"。在《孟子·公孙丑上》中有这样一段话:"孟子曰:'子路,人告之以有过则喜;禹闻善言则拜;大舜有大焉,善与人同,舍己从人,乐取于人以为善。自耕稼、陶、渔以至为帝,无非取于人者。取诸人以为善,是与人为善者也。故君子莫大乎与人为善。'"孟子的这段话翻成白话是这样说的:"子路,别人告诉他有错误就高兴;禹听到益的话就下拜;大舜比他们更进一步,同他人一起行善,舍弃自己的不足来顺从他人的长处,乐于吸取他人的优点来为善。他从种庄稼、制陶、打鱼一直到当上天子,没有一件善行不是吸取他人的。吸取他人的优点来为善,就是与人为善。所以,君子没有比与人为善更突出的地方了。""君子莫大乎与人为善",也成为中华民族在处世和社交中的一条准则。

(四) 庄子的"缘督以为经"

在思想学术方面,庄子继承了老子的思想,并有所发展。老、庄的思想和孔、孟差别很大,在待人接物、社交处世方面,庄子提出了一个特别的观点,即"缘督以为经"。在《庄子·养生主》中有这样一段话:"为善无近名,为恶无近刑,缘督以为经,可以保身,可以全生,可以养亲,可以尽年。""缘",是顺着、沿着的意思;"督",是指中间、中央;"经",这里是指准则。将这段话译成白话,就是:"做善事不要贪图名声,干坏事也不至于身就刑辱。沿着不左不右的中间行事,并以此为准则,那么就可以保全身形,可以保全生道。可以孝养父母,可以得尽天年。"庄子这番话,表面上谈的是生理上的养生问题,实际上在讲人生的处世之道。他的意思是在处世和社交中,不求得福,但求免祸,在人际关系的缝隙中讨生活。这是庄子最根本的处世与社交的态度。

庄子为了表达他的思想,善用比喻。在《庄子·山木》中,作者讲了一个故事:庄子和弟子行于山中,见到一棵枝繁叶茂的大树,但伐木者却"止其旁而不取",问其原因,回答说此木"无所可用"。庄子就对弟子说:"此木以不材得终其天年。"第二天,庄子带弟子离开山间,留宿在一位老朋友家,朋友很高兴,命仆人杀雁款待,仆人问主人,有两只雁,其中一只会鸣叫,另一只则不能鸣叫,该杀哪一只?主人回答说:"杀不能鸣者。"第二天,弟子就问庄子:"昨日山中之木,以不材得终其天年;今主人之雁,以不材死,先生将何处?"庄子笑着回答说:"我将处乎材与不材之间。"庄子的这个故事和前面讲到的"缘督以为经",在处世和社交的表达方面实际上是一个意思,不过分,不落后,恰到好处。听起来有点消极,有点圆滑,其实含义很深刻,并不容易做到。

二、现代人"处世社交"应有的礼让、谦和与担当

在处世和社交方面,中华文化给我们留下了无数充满人生智慧的经典,其中大部分是积极的,向上的,至今给我们以力量与启迪。不可否定,在中国传统文化中,关于处世与社交,也流传着一些带有消极因素的话语和故事。比如"乡愿",就是孔子非常反对的。《论语·阳货》:"子曰:'乡愿,德之贼也。'""愿",谨厚老实之貌。乡愿,特指当时社会上那种不分是非,同于流俗,言行不一,伪善欺世,处处讨好,也不得罪乡里以"谨厚老实"为人称道的老好人。孔子尖锐地指出,这种"乡愿",言行不符,实际上是似德非德而乱乎德的人,乃德之"贼"也。

孔子提倡处世"礼让",但并非无原则地一味退让。他还说过:"当仁,不让于师。"就是说,面临着仁德的要求,就是老师,也不能同他谦让。既要谦和、仁爱、礼让,又要当仁不让,敢于担当。"小事糊涂,大事不糊涂。""克己"谦让,为公"担当"。

在中华传统文化中,关于处世方面,还有一些记载,值得我们去思考。司马迁在《史记·屈原贾生列传》中讲到楚国大夫屈原,遭谗被流放到湘江畔。途遇一渔夫。屈原答渔夫所问,自己为什么遭到流放:"举世浑浊而我独清,众人皆醉我独醒,是以见放。"结果渔夫劝说屈原道:"夫圣人者,不凝滞于物而能与世推移。举世混浊,何不随其流而扬其波?众人皆醉,何不铺其糟而啜其醨?何故怀瑾握瑜而自令见放为?"屈原和渔夫这段对话,揭示了古人在处世中的两种截然不同的态度。屈原"怀瑾握瑜",坚持自己高尚的人生态度,宁可遭到流放而绝不与浑浊流俗为伍;而渔夫的处世哲学则是随波逐流,与世同浮沉。在这里,体现的就不是单纯的处世智慧的问题,而是一个原则和根本态度的问题。

修身处世的传统美德是中华优秀传统文化的"经络",维系着千百年来中华民族的团结统一,维系着泱泱大国的社会秩序,维系着中华儿女的共同情感。进入新时代,积极传承和弘扬中华优秀传统文化中蕴含的修身处世的道德理念和千年传承的浩然正气,有助于培育高尚人格,凝聚人民精神力量,坚定民族自尊心和自信心,为中华民族伟大复兴提供强大精神支撑。

习近平总书记指出,中华民族在几千年历史中创造和延续的中华优秀传

统文化,是中华民族的根和魂。中华传统美德是中华文化精髓,塑造了国人的道德观念和思维方式,影响着社会的风俗习惯、文明风尚。中华民族在长期实践中培育和形成的修身处世之道,是中华传统美德的重要体现。习近平总书记还指出:"一代人要有一代人的担当,历史的接力棒交到了我们手里,必须要有勇气、有胆识、有担当。""大事难事看担当","为官避事平生耻"。习近平将"敢于担当"作为新时期好干部的标准之一。

我们今天在这里学习弘扬中华优秀传统文化中的处世智慧,同样要有一个创造性转化、创新性发展的过程。在现代的"处世社交"中,将礼让、谦和与责任担当集于一体,使中国人的处世智慧在新时期具有更强的生命力。

中国传统节庆的当代承续的意义
——解读传统节庆中的文化密码

陈勤建

陈勤建 华东师范大学教授 2021年10月15日演讲于周浦实验学校

一、何谓中国传统节庆？

我国的传统节庆农历，是特定时间，民间自发，每年反复进行的群体性祭祀、娱乐、美食综合性活动。

节庆案例一：重阳节

九月九日忆山东兄弟

王　维

独在异乡为异客，
每逢佳节倍思亲。
遥知兄弟登高处，
遍插茱萸少一人。

[重阳节溯源]

1. 民间传说：(1)除瘟神，(2)好心人助人，得到避灾的指点。

2. 历史记载：

《吕氏春秋·季秋纪》载："（九月）命冢宰，农事备收，举五种之要。藏帝藉之收于神仓，祗敬必饬。""是日也，大飨帝，尝牺牲，告备于天子。"

汉代，《西京杂记》称："九月九日，佩茱萸，食蓬饵，饮菊花酒，云令人长寿。"

[重阳节名称由来]

1. 古籍《易经》把"六"定为阴数，把"九"定为阳数，九月九日，日月并阳，两九相重，故而叫重阳，也叫重九。

2. 重阳节在战国时期就已经形成，名称见于记载却在三国时代。

3. 曹丕《九日与钟繇书》中载："岁往月来，忽复九月九日。九为阳数，而日月并应，俗嘉其名，以为宜于长久，故以享宴高会。"

4. 唐代，重阳被正式定为民间的节日，此后历朝历代沿袭至今。

佩茱萸

一种是山茱萸科的山茱萸，一种是茴香科植物吴茱萸，因为产于吴地（今江浙一带）质量最好，因而得名，也叫越椒或艾子，它是一种常绿小乔木，树几乎可以长到一丈多高，叶为羽状复叶，初夏开绿白色的小花，结实似椒子，秋后成熟。果实嫩时呈黄色，成熟后变成紫红色，有温中、止痛、理气等功效。果实呈小粒裂状，味极辛香，可食用，茎、叶可入药，功能暖胃燥湿，为"十全大补丸""六味地黄丸"的重要成分之一。茱萸叶还可治霍乱，根可以杀虫。《本草纲目》说它气味辛辣芳香，性温热，可以治寒驱毒。古人认为佩戴茱萸，可以辟邪去灾。《风土记》记载："九月九日折茱萸以插头上，辟除恶气而御初寒。"

重阳节与茱萸的关系，最早见于《续齐谐记》中的一则故事：汝南人桓景随费长房学道。一日，费长房对桓景说，九月九那天，你家将有大灾，其破解办法是叫家人各做一个彩色的袋子，里面装上茱萸，缠在臂上，登高山，饮菊酒。九月初九这天，桓景一家人照此而行，傍晚回家一看，果然家中的鸡犬牛羊都已死亡，而全家人因外出而安然无恙。于是茱萸"辟邪"便流传下来。

登高

一说可能源于古代对山神的崇拜，以为山神能使人免除灾害。所以人们在"阳极必变"的重阳日子里，要前往山上游玩，以避灾祸。或许最初还要祭拜山神以求吉祥,后来才逐渐转化成为一种娱乐活动了。古代认为"九为老阳,阳极必变",九月九日,月、日均为老阳之数,不吉利,故而衍化出一系列避不祥、求长寿的活动,并非如魏文帝曹丕所称九为"宜于长久"之数。这是明代谢肇淛《五杂俎》中的看法。

一说重阳时节,秋收已经完毕,农事相对比较空闲。这时山野里的野果、药材之类又正是成熟的季节,农民纷纷上山采集野果、药材和供副业用的植物原料。这种上山采集农民们把它叫作"小秋收"。登高的风俗最初可能就是从此演变而来的。

食蓬饵

即吃蓬糕。吃糕,重阳登高(糕)的延伸。传统节庆,是先民在特定的生存环境中,对宇宙生命(天体运行、万物生长、物候变化)与人体生命节律交织的心灵感悟和文化展演,是地域族群文化生命周期的关节点和民族文化生命——民族精神的重要标识。年节就是其中最典型的代表。

节庆,是指生活中值得纪念的重要日子,是民众生活和情感需要而共同创造的一种集体性民俗生活。大多节庆源于传统习俗,如中国的春节、端午节、中秋节、清明节、重阳节等。有的节日源于对某人或某件事件的纪念,比如我国的国庆节、青年节、妇女节、母亲节、劳动节、儿童节等。

节庆案例二:端午节

春夏之交的农历五月,多阴霾不正之气,蚊蝇孳生,百虫出动,是流感、腮腺炎、猩红热等流行传染病的易发季节,古人就称其为恶月、毒月。五月初五更是九毒之首,为了驱邪祛毒,古人在生活实践中,积累了许多知识经验来防病强身。《荆楚岁时记》载:是日(端午节)竞采杂药。《夏小正》载:次日蓄药以除毒气。端午节便成了人们打扫卫生和驱瘟压邪之日。为此,家家户户有挂艾叶、菖蒲,食粽子,饮雄黄酒,赶鸭子等习俗。

这是一种与自然相通的生活方式:粽子,在古代是一种保鲜防腐的干粮。做好的粽子一般放在通风的地方,一两个月都不会坏,农民下地劳动带两个粽子,带一壶水就走了,比做饭还容易。这是我们中国人生活的经验和智慧展现。

功能:防疫保健。端午节可以说是中国最早的季节性自然保健卫生节。在历史长河中,它不仅包含着全民健身、防疫祛病、避瘟驱毒、祈求健康的民俗意义,还被赋予不畏自然和社会的险阻,纪念爱国诗人屈原等诸多文化内涵,日益成为中华民族弘扬爱国主义和传统民俗文化的盛大节日。此外,从深层文化角度来看,端午节还蕴含着我们的先辈对天、地、人——身体和心灵融合的感悟、调和、调适的精神文脉。它是我们先民所创建民族共有精神家园中的一朵奇葩,多元文化时代国家现代化建设重要的精神力量。

意蕴:顺应自然。端午节俗的灵魂就在于我国远古先民面对自然界中的不可避免的不利变化,不惧怕、不畏缩的大无畏精神,顺其自然、利用自然,团结一致、迎难而上、共渡难关,最后安然地进入新的生活境界。

二、传统节庆的中国智慧

我国传统节庆的确定,充满着中国独有的生活智慧。如过春节,民间俗称"过年"。

(一) 何谓"年"?

民间传说:相传"年"是一只身体庞大、脾气暴躁、凶猛异常的独角恶兽,每到寒冬腊月末就到附近的村庄里去寻找食物,甚至伤害村民,给村民带来了很大的灾难。后来人们发现它被人们扔到火里的竹节爆裂时发出的声音吓跑了,但是"年"没有死,所以每年的腊月三十,大家夜里都不睡觉,守着火烧的竹节驱除这只怪兽,除夕由此而来。

文献记载:历史上,年的称谓,在中国不同的时期有不同的名称:唐虞时称载,夏时称岁,殷时称祀,至周始称谓年。所以现在的年,是从周时才开始的。"年",甲骨文、金文作谷穗成熟下垂之象形。"年"字的象形字,是一个背负成熟谷穗,即"年成"为主要表意。这是文字发生学给汉字"年"所下的准确定义。因此古代的字书把"年"字放禾部。因为禾是一年熟一次,所以就借作纪年的年。至于"载"是取万物终而复始,"岁"是取岁星年行一次,"祀"是取四时祭祀完结。

传统年节的形成,与我国独特的地理气候环境相应,是先民在特定的生存环境中,对宇宙生命(天体运行、万物生长)与人体生命节律交织的心灵感悟和文化展演,是地域族群文化生命周期的关节点和民族文化生命——民族精神的重要标识。

我国地处北半球温带区域,受季节风候的影响,有着明显的季节分野。远古先民在生产生活实践中深切感受到这一点,根据自然气候的变化和植物生长一岁一枯荣的特点,先有了岁——年的感悟和春播秋收两大节令的认知。其时人们对年的时序季节,只有春秋两季。远古的先民的生产生活,大致是随大自然春秋季节风候节律而动,表达中国二十四节气定型以前,出现的循环的农事时间观念——农时——春秋——春种,秋收。"春秋"两季分出,成了最初的季节分野。后在春秋中分出冬夏,春秋冬夏——春夏秋冬。

(二)"过年"的日子怎么定?

过年的时间怎么算?我国传统的过年日子大致主要与农事季节有关。当代的过年日子,除了传统的传承外,不少尚和经济考量、社会时序的建构相连。实际上,中华人民共和国成立以来,我们农历春节过年的节假日天数,包括阳历年,年节法定的过年日子加起来,一直是四天。改动不过是朝三暮四,暮四朝三而已。请看下列我国政府为规定过传统年的时日所颁布的公告和相关说明:

一是政府的行政规定。

《全国年节及纪念日放假办法》(1949年12月23日政务院发布 1999年9月18日国务院修订发布)第一条:"为统一全国年节及纪念日的假期,制定本办法。"第二条:"全体公民放假的节日:(一)新年,放假1天(1月1日);(二)春节,放假3天(农历正月初一、初二、初三)(国家法定节假日总天数增加1天,即由目前的10天增加到11天)。"

春节法定节假日是3天,还有4天是双休日调休。加上元旦法定假日一天,现代中国过年节时间,法定的实际为4天。加上调休的为五六天,最多是7天。

二是民众的意见和学者的呼声。

2006年12月22—24日,国内外一批民俗学者集聚广东中山大学,隆重召开"春节:地方性与民族文化认同"学术研讨会。就春节的地方性差异、民族文化认同、保护和发展等问题,进行深入研讨,并联合发表《保护原生态年俗广州宣言》。会上,我和一些学者呼吁:过春节,要多一点传统的年味。针对当时国内除夕名义不放假,历史的传承、民众情绪早就进入过年的实际,提出春节假期应该从年底除夕天休起。此意得到了与会民俗学者不约而同地相应和赞同。《南方日报》等媒体就此还专门进行了报道:"除夕也该放假,使之与民间从年底到年初的习俗大体一致。……目前法定春假的安排不够合理,只考虑到国家行政安排上的方便,而没有真正做到满足人们的情感需要。"

不料,次年国务院颁布的春节国家法定节假日,一改1949年以来的模式,就直接从除夕天开始。消息播出,全国人民皆大欢喜。我也很高兴。可是,好景不长,没过多久,就有熟悉和不熟悉的人打电话,打上门来,向我兴师问罪:"本来除夕形式不放假,实际上除了政府部门、重要机关,一般单位领导,睁一只眼闭一只眼,老百姓都放假了。现在倒好,明确了除夕法定节假日,又从后面扣了一天,过年日子反而比过去少了一天。这全是你们这些专家在瞎搞!害得我们少过了一天年!"原来除夕虽不放节,但是,中国人大过年的悠久的集体无意识情感心意,汇成壮观的集体有意识行为——全国人民"捣糨糊",除夕前一天,又和过去一样,多过了一天半天的年假。

三是远古十月太阳历生活方式的遗存。

中国传统年节的形成,以及用几天过年,几天过什么节,一开始并不是有政府行政部门制定的,而是我们生存在北半球的我国先民,在独特的季节风候漫长的农业生产和生活实践中感悟下发生的。日月星辰东移,季节风候规律性变迁,庄稼植物一岁一枯荣的节律与先民的生命律动,形成了最早的年历、年节和过年的时间观念。

我们追溯过年日子的历史轨迹,却发现历史常常有惊人的相似之处:这一时间节律的模式,有着久远的历史渊源。其最早的文化原型就是中国最早的诗歌集——诗经《豳风·七月》所透视出远古夏代十月太阳历过年的日子。

《豳风·七月》的部分章节:

> 七月流火,九月授衣。一之日觱发,二之日栗烈。无衣无褐,何以卒岁!三之日于耜,四之日举趾。同我妇子,馌彼南亩。田畯至喜。……
> 五月斯螽动股,六月莎鸡振羽。七月在野,八月在宇,九月在户,十月蟋蟀入我床下。穹窒熏鼠,塞向墐户,嗟我妇子,曰为改岁,入此室处。
> 六月食郁及薁,七月亨葵及菽。八月剥枣,十月获稻。为此春酒,以介眉寿。七月食瓜,八月断壶,九月叔苴。采荼薪樗,食我农夫。

《豳风·七月》出自《诗经·国风》,一般认为是劳动人民创作的,描写一年中农桑稼穑之事的作品,它真实地反映了三四千年以前的农业社会年中行事、节令时序、过年日子和普通人的生活现状。本文透露出《豳风·七月》的夏时十月太阳历计时的历法及其与四天"年假"之间的关系。为什么说是三四千年前？《豳风·七月》第一章中"何以卒岁"，第五章中"曰为改岁"，将年称"岁"，过年为"改岁"。称年为"岁"者，正是夏历的表述。

《豳风·七月》中"一之日"，有一些学者认为是周历对于夏历月份的不同表述："一之日，指周历一月的日子，就是夏历十一月，二之日是夏历十二月，三之日是夏历一月（正月），四之日是夏历二月。夏历三月不叫五之日，只称为春。从四月到十月就依照夏历，也就是现在农村里还沿用的农历。"其实，这一解读与本文表述的内容以及当时的历法及传承性的生产生活文化样式是不吻合的，不免牵强附会。

首先，通观全诗，出现的月份时间表述，蚕月（三月）、四月、五月、六月、七月、八月、九月、十月，另有春月（二月）。一年月序，明明以十月作结，没有十一月、十二月。后人却主观武断，以意为之，先入为主，强行以一年十二月的历法观，认定《豳风·七月》的年历也应是十二个月。

其次，诗中日、月的区分和表述，明明十分清晰，却视而不见，硬把"日"序纪时强释为"月"序纪时，无论是文理上，还是情理上都无法周圆。

再次，诗中月份的时序上，虽然也缺少一月，但是，从"一之日""二之日""三之日""四之日"气候、物候生态环境及生产生活行事方式，内在显然隐含着首月的时序。它们是与首月紧密相连的岁首的日子，可又不能归结于首月，即一月。那它算什么日子呢？我以为就是过年的日子。

我国古今物候生态环境发生较大变化。著名的科学家竺可桢先生，生前曾根据气象学和物候学的记载及考古资料，推测近五千年来的气候变化的主要趋势：

考古时期（约公元前 3000—前 1100 年），西安附近的半坡村遗址（属于仰韶文化，用 ^{14}C 同位素测定为约前 5600—前 6080 年）和河南安阳殷墟（约公元前 1400—前 1100 年）的发掘表明，当时猎获的野兽中有竹鼠、獐和水牛等热带和亚热带的动物，而现在西安和安阳一带已经不存在这些动物了。

甲骨文上可以看出当时安阳人，种稻比现在大约要早一个月。在山东历城县发掘龙山文化遗迹中找到一块炭化竹节，有些陶器外表也似竹节。这说明在新石器时代晚期，竹类的分布在黄河流域，可直到东部沿海。根据这些事实，我们可以假设，五千年以来，竹类分布的北限大约向南后退 1°—3° 纬度。

对照黄河下游和长江下游各地温度,可以说五千年前的仰韶时期到三千年前的殷墟时代是中国的温和气候时代,比现在年平均温度高2℃左右,正月份的平均温度高3°—5℃。《豳风·七月》的年中行事,就是这种生态农事农时的反映。

相传在帝舜时代我们先民成熟的历法是太阳历,或称华夏族纪年法。它与我们十二月为一年,十天为一旬的农历是不一样的。一年分为十个月,而基础时间分类又以十二等分为准。即一天十二时辰,十二天一旬,三十六天为一月,七十二天为一季,三百六十天为一年。一年内分五个季,一季内有二个月,一月内分三旬,还剩下五天,为年之余,刚好作过年的日子用。《夏小正》最初为十月太阳历,是在后来的历法变更中逐渐演变为今天的十二月版本。这一观点在经历了许多争议之后已逐渐为学术界所接受。从《夏小正》文字本身来看,许多星象和物候用十月太阳历来解释显得更合理。

当今彝族民间遗存的十月太阳历与《夏小正》有关。彝族十月太阳历,一年为十个月,每月36天。一年分5个季节,一个季节72天,一年多余的五至六天(闰年),集中放置在年底,不属于任何一个月。其实,《豳风·七月》保留着远古过年的信息,我们古人早就发现了这个问题。《毛传》说:"一之日,十之余也。"所谓"十之余也",就是一年过完十个月之后所剩下的余日。这一解释应是最接近事实的,也是最本源的解读。岁时十月太阳历的定位,即过好完整的一年十个月,将"十之余"多余的日子,经过"一之日""二之日"等四天多的过年日子,便过完旧年"卒岁",时分"改岁",迎来新岁。这也就是后世年节日子天数最早的原型。远在三四千年前的神州,年节时间也是四天左右。

彝族十月太阳历的一年的平均长度为365.25天,这与回归年(太阳年)的长度365.2422日非常相近。彝族十月太阳历以10种动物来表示月份:一月黑虎、二月水獭、三月鳄鱼、四月蟒蛇、五月穿山甲、六月麂子、七月岩羊、八月猿猴、九月黑豹和十月蜥蜴,所以十月历又称"十兽历"。彝族十月太阳历把一年分为五个季节,每季两个月。五个季节分别用土、铜、水、木、火来表示,每季分雌雄,这样一年的十个月分别称为:雄土、雌土、雄铜、雌铜、雄水、雌水、雄木、雌木、雄火、雌火。雄土月定为岁首,在夏至以后;雌火月定为岁末,在夏至以前。远古彝族人用十二属相纪日,但彝族人的属相顺序是从虎开始:虎、兔、龙、蛇、马、羊、猴、鸡、犬、猪、鼠、牛。一个属相周为12天,三个属相周为36天,为一个月。三十个属相周(360天)为一年。

《豳风·七月》"某之日"涉及的全部为冬季活动。尤其是"一之日""二之日"提及"卒岁",而"四之日"则"献羔祭韭",祈年于南亩。这几日的活动带有明显的年节特征。"某之日"的活动都与年节信仰祭祀有关,如"一之日于貉,取彼狐狸,为公子裘",大约为"田猎祭"的雏形;"二之日其同,载缵武功"为武神祭,"三之日于耜"大概是为农具祭,"四之日举趾。同我妇子,馌彼南亩。田畯至喜"以及"献羔祭韭",恐怕是对田神等神灵表示感激的"谢百神"一类的农事祭。诗中所载的这几天年节所干的事,只是一种信仰祭祀的仪式活动。并非真正干活。

这种在十月的年末设置几天为年岁——过年时间的历法,一年为365天有余,每年十月,每月36天,其余5日便为余日,置于年终,称为过年日。这与《七月》篇中"某之日"相同。《红楼梦》黛玉"葬花词"云:"一年三百六十日,风霜刀剑严相逼",民间民众表示一年的天数时序,口头禅也是"一年三百六十天",这深刻表明古老十月历年序在民间的遗存。

我国古代文化领域神秘的数,如《诗经》里出现的三、六、九、十、三十六(三十六计,走为上计)、七十二(七十二行,行行出状元,孙悟空七十二变)、一百零八(《水浒传》"一百零八将"、麻将108张)等,都能够在"十月太阳历"数字中得到解释。

国际上,古巴比伦"太阳历"大约起源于公元前4000年中期,埃及"太阳历"大约起源于公元前4000年前,墨西哥"玛雅太阳历"起源于公元前3100多年,印度"太阴历"起源于公元前2500多年,中国"阴阳历"大约起源于公元前2100年。这样,中国文明史就居于末位。

然而,经由民族学方法进行乡村实地调查考证所获得的活史料研究发现表明,残存于云、贵、川、桂等省区的彝族"十月太阳历"则始于公元前8000年以前。为此,重新确立了中国在五大文明古国中的首要地位。

据美、英、日、俄、法和埃及、印度、墨西哥等国古代人类历法学家以及国内外彝学专家研究称,古代彝族的"十月太阳历"优于古巴比伦的"太阳历"、古埃及的"太阳历"、墨西哥的"玛雅太阳历"、印度的"太阴历"和中国汉族的"阴阳历"。1962年,墨西哥基奇霍夫教授在一次学术讨论会上说:"美洲当地居民在欧洲人入侵以前使用的所谓阿兹特克历法是中国人发明的,它的分类和用牲畜作表证,它的周期性的循环及其他一些突出的特点,当初都是从中国来的。"当代美国等国外研究者根据古书《山海经》及美洲沿海的文化遗迹用电子计算机等手段进行综合考察分析,认为美洲古印第安人,与很古的年代就有生活在中华大地上的先民长途跋涉从陆桥白令海峡进入美洲有关。阿兹特克历法吸取了公元前约2500年古印第安玛雅人的历法。

传统过年有一定的习俗程式:

除夕——大年前夕行防疫之俗。数千年来,国人过年前夕,先要防疫,全民举行逐疫习俗活动。据《吕氏春秋·季冬纪》记载,古人在新年的前一天用击鼓的方法来驱逐"疫疠之鬼",这就是"除夕"节令的由来。据称,最早提及"除夕"这一名称的,是西晋周处撰著的《风土记》等史籍(年兽传说,可能由此而来)。

传统农历年节从腊日至元宵,时间前后一个半月,节俗的项目有87项,平均每天近两项。实际上有几天,一天要有好几项。生活在传统年节民俗圈内的人们,几乎要沉浸在年味浓浓、多姿多彩节俗的海洋中了。现在大抵还有这样的过年节奏:大扫尘、备年货、贴春牌、换门神、挂钟馗。此外还有养年花。年花如菖蒲。清代黄图珌在《看山阁闲笔》:"菖蒲固为佳品,置之案头,久视可以清心明目,书室中所不可少也。"文人所喜爱的是石菖蒲以及它的变种金钱菖蒲、虎须菖蒲。石菖蒲发现于乡土民间,但随着士大夫的生活方式、审美标准与中国乡土社会的疏离,种植石菖蒲逐渐成为一种案头清供的文人雅事。菖蒲开花更非年年都有,养花草的文人中间流传着菖蒲"不逢知己不开花"的谚语。

做年菜。合家欢聚,自己动手做一些有讲究的吃食,是过年非常重要的仪式过程。它的目的,归根结底不是为了吃,制作、分享、收获的每一个步骤,是心灵上一种过年的文化体验。这种过程的"仪式感",就是"年味"。如果仅以"一群人吃吃喝喝"为最终目的,在物质丰富的当代中国,又有哪一样菜是平时吃不到的呢?上餐馆的结果,就是曲终人散后,依然找不到过年的特别感受。自己动手准备一桌年菜,让家人们在家里分享,这样的年不是为了"吃",而是真正为了"过"。年菜菜肴名称,是普通的菜精加工后,分别取吉祥旨意而成:大白菜——好彩头,黄豆芽——金如意,绿豆芽——银如意等。

敬祖宗。祭祖,中国许多地方过年的一大仪式。"什么叫祖国?祖先们共同居住的地方。"每个家庭都有自己的祖先。敬畏、纪念先祖的传统,根深蒂固、源远流长,它是维系我国上下五千年的文明的文脉。"年味"的维系,需要通过"仪式","仪式"的每一个步骤,都指向中国人特有的某种文化情怀。祭祖仪式体现的就是人们对祖先的敬畏感、神圣感,对国家——无数小家聚合而成的大家的热爱和感恩!

喝年酒。屠苏酒,是在中国古代春节时饮用的酒品,故又名"岁酒"。屠苏是古代的一种房屋,因为是在这种房子里酿的酒,所以称为"屠苏酒"。据说屠苏酒是汉末名医华佗创制而成的,其配方为大黄、白术、桂枝、防风、花椒、乌头、附子等中药入酒中浸制而成。屠苏酒从晋朝产生,以前有人住在草庵,每年除夕,将药囊丢到井中,到元日取水出来放在酒樽中,全家的人一起喝就不怕生病了。梁朝人宗懔的《荆楚岁时记》说,所谓屠苏酒,其实是一种椒酒。岁饮屠苏,先幼后长,为幼者贺岁,长者祝寿。苏辙诗云:"年年最后饮屠苏,不觉年来七十余。"就是指这种风俗。饮屠苏酒的习惯,是一家人中年纪最小的先喝,小孩过年增岁,要祝贺他;而老年人过年则是生命又少了一岁,拖一点时间后喝,含有祝他们长寿的意思。唐顾况诗《岁日作》:"不觉老将春共至,更悲携手几人全。还将寂寞羞明镜,手把屠苏让少年。"宋王安石诗《元日》:"爆竹声中一岁除,春风送暖入屠苏。千门万户曈曈日,总把新桃换旧符。"这些就描述了其中的风俗。

三、倡导中国传统节日保护的意义

传统节日,是先民在特定的生存环境中,对宇宙生命(天体运行、万物生长)与人体生命节律交织的心灵感悟和文化展演,是地域族群文化生命周期的关节点和民族文化生命——民族精神的重要标识,是人类在不同领域中形成的群体性代代相传的思考原型与行事方式。它具有对后继社会行为起规范化模式和思想感召力的文化力量。在现实中,它以有形的物化形态、无形的心意表象,通过节日的载体,沟通了代与代之间,一个历史阶段与另外一个历史阶段的连续和同一性,构成了一个社会创造与再创造自己的文化密码,并为人类的有序发展、现代民族的凝聚力的增强,奠定了基石。因而,一个社会的现代化节庆,不可能完全破除民俗的传统节日,而只能在传统基础有所选择,有所创造性的改造。

2017年2月3日,丁酉年第一个节气——立春之际,中国民俗学会中国立春文化研究中心暨首届立春文化传承保护研讨会在浙江省衢州市柯城区召开。浙江省衢州市柯城区的"九华立春祭",于2011年入选国家级非物质文化遗产代表作名录,柯城区九华乡妙源村村民委员会是"二十四节气"申报人类非物质文化遗产代表作的十个社区代表之一。研究中心的成立,是学术组织和作为社区代表的地方政府共同保护二十四节气之合作共赢的良好开端。

2001年联合国教科文组织《世界文化多样性宣言》指出:"正如生物多样性对自然界来说是必需的一样,文化的多样性对人类也是必需的。"所以,倡导中国传统节日保护,是文化多样性的世界潮流。多元文化的发现和发展是当代全球化现代化进程中,人类社会文化发展的一个重要趋向。文化的多元化是指各民族大文化在发展过程依旧保持自己的民族特色和精神特质,并在全球化中汲取营养,实现自身的创新与发展。由于全球化不等于一体化、同质化,全球化中的不同文化所具有的民族特色、经济基础等因素的千差万别,这就使全球化条件下的文化多元化发展将长期保持下去。

世界各民族国家在自身的发展的不同模式中,早就体现了多元文化的理念。任何一个国家现代化的发展,都不能离开世界发展的步伐,外部世界的文化也必将对本民族的文化构成重要的影响。但是,更为重要的是,现代化无法简单地拷贝复制。任何一个国家现代化的发展,根基必须深深扎根于自己民族的文化土壤之中,努力地按照本民族的特色来发展自己。如在亚洲,日本、韩国等国家在现代化的进程中,都把确立民族特色和自身的文化身份作为走向现代化的基础。

我国丰富多彩的传统年节和其他节日,它所产生的巨大精神文化的力量,始终支撑着我国民众的生存、发展和进步,是世界文化多样性的体现:显示了一个国家和民族独特的生存方式、生活智慧、思维方式、想象力和文化意识,蕴含着一个国家一个民族或族群文化生命的密码、特有的精神文化标记,承载着中华民族上万年活态文明史。它是我国人民生命创造力的高度展现,也是维护我国独立于世界文化之林——文化身份和文化主权的基本依据。科学地实施中国传统节日文化遗产的保护传承和传播,不仅是国家和民族发展的需要,也是国际社会文明对话和人类社会可持续发展的必然要求,愿我们共同努力。

老上海过年的那些传统习俗

仲富兰

仲富兰　华东师范大学教授 2023年1月24日演讲于长宁区图书馆

一、过年的习俗

年的最初概念,是与作物生长的周期性和人类生产劳动的周期性相关联的,庄稼获得了好收成,人们不免要庆祝一番,久而久之,就成了一个节日。据文献记载,早在尧舜时代,就有庆贺丰收、喜迎岁首的习俗。

长期以来,"春节"之称是指一年二十四个节气中的"立春"。直到辛亥革命推翻清朝统治,中华民国成立以后,孙中山下令全国改行阳历,随之,新年也应换在阳历元旦了。当时中华民国宣告成立日是1912年的1月1日,正好是阳历元旦。但民众对此并不热心,庆祝场面并不热烈。相反,接着人们过的仍然是传统的农历新年。农历新年之庆,仍是年年不息、年年强劲,可见这一节日和它所基于的民族文化的根深蒂固了。

由于新出现了一个阳历元旦,为示区别,自民国以后,农历新年就移用了节气中的"春节"之称。"春节"从此相沿沿用,成为中国的第一大节之名,这在世界上都是尽人皆知的。实际上从农历十二月二十四日起就进入"过年"了,一直要延续到正月十五的元宵节始告终,还形成了一套固定程式。

1. 祭祀

(1) 祭灶神:农历腊月廿四,即十二月二十四日,为"灶神"上天奏事之日,故廿三之夜,家家户户要"送灶""祭灶",庆新年由此拉开序幕。是夜每户或祀灶神于堂,更多的是在贴着灶神像的厨房灶头上,供酒、果,还必供荸荠、慈姑。当然好鱼、好肉也是必不可少的,有竹枝词这么说:"名利亨通少是非,全叨神佑默相依。今朝酌献无他物,鱼买新鲜肉买肥。"灶神上天是要向玉帝汇报一年中人间的好坏、人之过失,为避免他言之过分,故"送灶"时人们还供上用饴糖所做的糖元宝等,据说为让他吃了粘上牙齿,说话不清,以至可少说、不说人间坏话。"送灶"时,各家要点上香烛,是夜,屋内香烟缭绕,各色供品耀眼,过新年的气氛一下子到来了。

(2) 诸神下界:腊月廿五,是诸神下界之日。按传统,各家各户里里外外掸尘扫除,清除一年的积灰,清理平时乱堆的杂物等。此举颇为认真,用现在的话来说,称得上是一次积极的、有规有模的群众性卫生运动了。经这一天的工作,每家每户龌龊大去,用品比前井然,里里外外展露出清新之貌,像一个换年的样子了。

(3) 贴门神:人们开始买春联,买年画,买"门神",以张贴于门上户首、楼上楼下。这一时期,为供应大众所需,市上售卖这些东西的品种很为丰富。各家也是各取所需,如买春联,店家多选"生意兴隆通四海""财源茂盛达三江""门迎春夏秋冬福,户纳东西南北财",一般住家则多选"爆竹一声除旧,桃符万户迎新""天增岁月人增寿,春满乾坤福满园"等。

(4) 祭祀祖先:春节期间,是上海民众举行祭祀活动较为集中的时日。腊月二十四这一天,祭祖的序幕便拉开了。人们纷纷设立供桌,烧制菜肴以飨祖先,俗称"做年"。一些较为富裕的人家还要点红蜡烛,烧纸化帛。年三十,家家户户要供祖先像于堂中,罗列果饼,点烛灶香,有的人家还要悬挂五世同福的祖宗像,俗称"五代图"。正月初一,人们早早起床梳洗,肃正衣冠,由家长率领妻儿依次向祖先神灵磕头祭拜。一些缙绅之家还要到家庙中举行隆重的祭祀仪式。

2. 忙年与年关

从腊月二十五开始,家家户户开始忙着张罗过年的各方面。首先是要购买、备足新年所用的各色食品。每户还必磨粉,为包汤圆,有些家庭又抟粉自制年糕。前者是取"团团圆圆"之意,后者吃了可"高高兴兴""年年高"。

其次是准备新衣、新帽、新鞋。此事实际早就在操办,只是最后几天还得补充不足。人们一般也许一年中都穿旧物,但在新年中是一定要翻翻"行头"的。

这一时期也是店家在年中最忙碌的时候,一方面逢生意红火、销售最旺之季,另一方面,年尾正是各家清理一年来往账目、向欠户索取积欠之期。于是各家派出专人办理此事,城中便出现了一支颇有规模的"讨账"队伍:"账条布袋手中携,行过街东到巷西。踏进重门忙叫应,先生该欠要归齐。"还账有很爽快的,但更有许多出于各种原因而不能按期还账者。讨账者身负重任,穷追不舍,往往是日夜行动,夜间不顾五更之寒。不过按惯例,讨账、讨债只讨到除夕为止,新年里是不能讨的,否则自讨"晦气",于己不吉利。因此对躲账、躲债者来说,除夕是最后一关,如逃过此关,明年又当别论。于是他们一直与讨账、讨债者周旋,千方百计度过这除夕之关:"百孔千疮债主来,毫无打算又难回。我今只好登台避,躲过今晓就甩开。"

3. 除夕与守岁

除了上述那样的贫困者之外,从总体来说,新年来临,大家不免都异常地喜气洋洋、兴高采烈。在经过前述的种种准备以后,天天盼望的除夕终于来到眼前,新年的庆祝也就进入了高潮。

除夕之美在日落。是晚,各家长幼齐集户内,即使是远出在外者,如能赶回,也要在此前归家与家人一起过年。大家在灯火下团坐一起,同吃"年夜饭",边吃边喝、边说边笑,这顿饭时间可延续较长。除夕的"年夜饭",是上海人最为看重的一顿餐食,吃饭时一家人必须聚集在一起,菜肴也要比平时丰盛得多。旧时一些大户人家,在吃午夜饭时要上全鸡、全鸭、全蹄、全鱼,更为高级的还要上几样山珍海味。小户人家的年夜饭当然无法与此相比,但是他们也经常要想方设法割几斤肉,打几斤酒,吃上一顿比平时丰盛得多的酒菜。这是一年辛苦到头的尽享天伦之乐,故名曰"合家欢"。

此夜紧接新年,所以许多家庭之长者,在年夜饭后,不去就寝,围炉守岁。"一夜连双岁,五更分二天。"除夕之夜,全家团聚,围炉闲聊,辞旧迎新,这是我国普遍存在的除夕守岁的习俗。据史料记载,这种习俗最早始于南北朝,以后逐渐盛行。古时,守岁也叫"照虚耗",人们点起蜡烛或油灯,通宵守夜,象征着把一切邪瘟病疫照跑驱走,期待着新的一年吉祥如意。也是边说边笑,边吃杂食,大家不会觉得此夜夜深更长。到子夜时,有一些人还会往城内庙中争烧"头香"。

守至鸡初鸣、天微明,各户男女老少皆穿上新衣新帽新鞋,在早已安好供品的堂上,拜天地、祭祖先。然后少幼齐向家长拜年,家长向小孩散给年前已准备好的压岁钱,这是小孩们念叨已久的盼望,至此总算欢天喜地地到手入袋。

"压岁"原为"压祟",有"镇压邪祟"之意。古代时期,每当除夕之夜,长辈们便要将这种钱用红线串起,挂在小儿的胸前,为小儿驱邪压惊。所串铜钱的数目,一般都与小儿的年龄数相同。但是后来压岁钱逐渐变成了一种亲友之间在节日中赠送钱财的方式,驱邪除祟的意义则越来越淡化。清末民初,上海都市中过年送小儿压岁钱的风气十分盛行,一些较为富裕的家庭,在年前就特意准备了新亮、完好的青钱,贯以红绳,等到春节期间去亲友家拜年时,便赠给亲友家的孩子,让其挂上。钱虽然是给小孩的,但实际上却是向其父母长辈表示亲近、友好意向的一种方式。压岁钱之所以在当今上海都市中仍广为盛行,其中有相当大的一部分因素就是因为其背后所蕴藏的那种重要的交际意义。人们往往是借助着给压岁钱这样一种方式来联络感情,加强沟通。

中国民间有"开门爆竹"一说。即在新的一年到来之际,家家户户开门的第一件事就是燃放爆竹,以哔哔叭叭的爆竹声除旧迎新。据《神异经》说,古时候,人们途经深山露宿,晚上要点篝火,一为煮食取暖,二为防止野兽侵袭。然山中有一种动物既不怕人又不怕火,经常趁人不备偷食东西。人们为了对付这种动物,就想起在火中燃爆竹,用竹子的爆裂声使其远遁的办法。之后火药出现,人们将硝石、硫黄和木炭等填充在竹筒内燃烧,产生了"爆仗"。到了宋代,民间开始普遍用纸筒和麻茎裹火药编成串做成"编炮"(即鞭炮)。关于爆竹的演变过程,《通俗编排优》记载道:"古时爆竹。皆以真竹着火爆之,故唐人诗亦称爆竿。后人卷纸为之。称曰'爆竹'。"

4. 拜年与交往

自初一以后各日,便是亲戚朋友往还拜年之期。客来多携礼品,待客必请喝"元宝茶",是为茶内放上青果或茶盖顶置青果一枚。还用金漆盘装果品献客,口中则说"恭喜多如意",又必请吃酒饭。按上海旧时习俗,年初一的早上一起床,便要喝一杯"元宝茶",茶中除了要放一些上等的茶叶以外,还要放上两枚清香爽口、涩中带甜的青橄榄。其时长辈凡见幼辈皆要送压岁钱,这对经济拮据者来说,不免是不小的负担。

年初一的早点,大多是两只加有红糖的"水铺蛋",以寓甜甜蜜蜜,团团圆圆。一些富裕人家,到了春节时还要用红漆果盘装出各种富有吉祥意义的风味食品,如荸荠、蜜枣、桂圆、橘红糕、云片糕、油枣、金橘、糖莲心、芝麻糖、花生等,以供家人和宾客享用。

拜年风气颇为盛行,其中除了每个家庭中亲属之间的拜贺活动以外,还有一部分便是属于同僚、亲友、邻居之间的社交性拜贺活动。不过此类拜年之风,至清末上海已见简化。交往多者出外拜年,往往不进门内,仅投一名刺,权作已来贺年,这样便可省却应酬和开销:"换得桃符样色新,衣袍短套到门前。何人最怕腰频折,投刺匆忙当贺年。"

以前上海人拜年时还有用名帖的习俗。名帖是梅红色的,上面工整地写着自己的名字,然后请人将其送至亲友门上,这种方式旧时叫作"投刺"。上海的一些民众团体中后来又开始流行集体拜年的方式,也就是所谓的"团拜"。团拜作为一种新兴的拜年方式虽然较为简单,但是对于那些事务繁忙,但又有着强烈交际欲望的上海都市人来说,却是非常适合的。当前,上海人春节拜年的风气依然非常盛行,并且还产生了许多具有现代都市生活特点的新型拜年方式,如电话拜年、短信拜年。

5. 娱乐活动

新年中除相互走动各表贺年外,其余时间就是以各种各样的行游、娱乐活动来"欢度"了。旧时每到春节期间,上海都市中的一些大戏院、大舞台便开始忙碌热闹起来,它们纷纷排出一些重头戏目,如《宝莲灯》《洛阳桥》《斗牛宫》等,以应时令。剧中三十六行,令人发噱,高跷抬阁,热闹异常。后来各戏院又纷纷将舞台改为西式,增添了机关、布景,更加吸引众多前来看戏的观众。

听书也是旧时春节期间上海都市中一种十分流行的娱乐形式。

有外出游逛的,最多去的地方是城隍庙以及相连的西园(即豫园):"新年无事快逍遥,行过园中九曲桥。忽听儿童齐拍手,谁家鹞子半天摇。"不过自近代租界辟设后,五光十色的十里洋场魅力无限,也成了新年的一个游乐好去处,特别是对住在洋场外面的人:"城中人爱洋场去,城外人争入庙园。同时一般看乐意,大家相喻在无言。"又有出外看戏、听书、喝茶的。开埠后上海洋场内外淫风很盛,还有一些人便借此期作艳游,于是忙坏了各处的烟花场:"新年气象镜新磨,掷得金钱疾似梭。楚馆秦楼千百所,果盘开处笑声多。"当然,更多的人待在家中,室内之乐自可寻得,如邀亲招友大筑"方城"、击鼓弹琴、自拉自唱:"美食鲜衣乐岁更,倩人投刺藉通名。各家闭户停三日(指商家),不是牌声即鼓声。"

旧时上海人在春节期间还有一种传统的习俗活动叫作"兜喜神方"。此俗本是古代江南地区的一种宗教性活动,刘豁公《上海竹枝词》注云:"沪俗阴历元旦,有兜喜神方之举。兜喜神方者,即就《历本》所注喜神之所在之方向绕行一周,所以取极力也。"后来,兜喜神方逐渐变成一种娱乐性的活动,届时一家人一起到郊区野外去玩上一天,顺便看一看沿途风景,品一品乡村野趣。

旧时沪城民众在春节期间还经常有逛庙市、逛郊野、逛游乐场等游乐活动。此时的城隍庙里最为热闹,无数兴致勃勃的民众拥入庙中,有的看变戏法、西洋镜,有的听相声、小曲,有的观武术打斗,热闹非凡。

6. 接财神

到正月初五日,为财神(俗称"路头神")诞辰,各地都有"接财神""接五路财神(取东西南北中五路之意)""接路头神"之举。财神统"财",人人有关,尤商家开业为财,故他们的庆祝最为起劲。上海早就是东南繁华的大商邑,商肆随处可见,初五庆祝之特别闹猛也就可想而知了。

商家接财神多供三牲:生猪头、鲤鱼、雄鸡。鲤鱼者,谐音"利余",特别受到欢迎。早在日前,街巷中来自农村的乡人,向各家兜卖新鲜鲤鱼,鲤鱼又被称为"元宝鱼",故被称为"送元宝"。初五子时,商家堂上正中挂起赵公元帅的新像,除三牲外,其余供品极为丰盛。香烛燃起,光耀满堂。接着在户内外大放爆竹,此起彼伏,阖城轰响,声震百里。且连续不断,其声、势之烈竟过于初一正日的天明:"爆竹相连不住声,财神忙煞共争迎。只求生意今年好,接送何妨到五更。"

新年期间的"吃春酒"也是春节宴饮活动中的一种典型形式。届时人们要把自己的亲戚朋友请到家中,亲自烧出几样可口的菜肴,请大家品尝享用。正月初五那天,俗传为财神生日,此日上海各个商家都要宴请全店职工吃财神酒。财神酒的菜肴,也无非是鸡、鸭、鱼、肉之类,只是另外还要加上一道"元宝鱼"的特色菜,以祈生意兴隆,财源广进。

7. 元宵闹灯会

终于到了十五元宵。十五月满,正好合团团圆圆之意,是为大吉大利。此日每家必吃"元宵",即汤圆,也是取团圆、吉利之义。元宵之盛还在于"灯",所以又名"灯节"。是日,家家户户、各店各铺悬灯门前,寺庙、园林、广场等公共处所,更是大张灯彩。日落后万灯齐放,连片连城,红光耀天。灯彩造型五花八门,有各色花灯、各种植物灯、动物灯、人物灯、故事灯等。沪地较为普通的有兔子灯、元宝灯、走马灯,最大、最精彩者为"龙灯":龙身有首有尾,鳞片闪烁,共长9节,下承以长柄,由舞龙者操持。又由专人持大珠般的"滚灯",与龙身周旋、追逐,甚至打斗,它们共舞行于沪城的大街小巷中。届时男女老少成群结队,出外观灯。城隍庙及西园又是一个活动的中心点。是处亭台楼阁遍饰灯彩,内外通明。园中大假山高岩处,还燃放花筒烟火,最为吸引人。来此的观众摩肩接踵,个个笑逐颜开。这灯节除看灯外,领略的还是一种特别的"人气":所谓"十里珠帘都不卷,看灯人看看灯人",便是那种独特的意境。元宵夜之闹猛一直要延至夜深,待灯阑兴尽,众人始慢慢步行回家。一种说法,这天正好还是灶神归来之日,那么回家正好将这位灶老爷接住。

元宵节,上海都市中最为突出的娱乐民俗活动是赛灯。至明清时,上海元宵灯彩的品种已达百十种之多,其中有许多灯彩造型别致,工艺精巧,具有鲜明的地方特色。如上海地区著名的"伞灯":"灯作伞形,或圆或六角,咸以五色锦笺缀成,磨薄令如蝉翼,上镂人物花鸟,细若茧丝。"又如"塔灯":"以竹编六角胜,每角悬灯,运之以机,层累而上,宛如浮屠。"上海的"桅灯"也颇有自己的特色。桅灯是挂在船上的灯彩,元宵节时,上海黄浦江畔的大小船只上都挂起桅灯,将江水照得通红透亮。

旧时上海都市在举行元宵灯会时,还经常将灯彩与音乐、舞蹈、杂戏等其他民间文娱活动结合在一起,组成综合性的大型民间游娱节目。如元宵灯会中有"灯舞":"上元,饰美童为采茶女子,手执花篮灯,唱俚歌,正月方尽歇。"旧时元宵节上海城中还有一项热闹的民俗活动,就是放焰火。元夕夜,上海城隍庙九曲桥等处燃放的焰火品目有大花筒、九龙、花蝴蝶等,各种焰火五彩缤纷,浓重地渲染了元宵灯会热烈、欢乐、吉祥的气氛。

在即将到来的黎明晨曦中,这一年的春节之庆至此落下帷幕。

二、老上海百年春节的几个特写

1. 1902:"太后吉祥!"

大年初一,天还没有亮,上海道台、县令、参将等一干人带着幕僚到万寿宫朝房。琉璃屋顶、杏黄外墙的万寿宫是地方举行典礼和朝贺的场所,上海的万寿宫坐落于今天蓬莱路半淞园一带。一群官吏换了朝服,缓缓步入殿内,依次向丹墀行三跪九叩之礼,算是给皇上和太后拜了年。这已是20世纪第二年了,却是光绪和慈禧在京城过的第一个春节——前一年八国联军打进北京,他俩惶惶避难西安。

此时上海开埠已有59年,正在变成中国近代工商业中心与远东第一大城市。但是上海老百姓过年还是老样子,长袍马褂,见面就是"恭喜发财"。这时上海的春节,已浸染了半殖民地的色彩。洋人在上海多年,也学会了"拜年"。大年初一,各国驻沪领事分头来给上海道台贺年,并有礼物馈赠。上海道台的一张礼单上写有:"德国领事送年礼八色,巧克力糖一盒;主教朗怀仁年礼八色,收四色……"按当时规矩,年礼通常都不照单全收,一般要退回几色。

2. 1912年:不准过旧历年

在中国历史上,颁历一向是朝廷的一件大事,凡改朝换代更替君王,都要改换纪元年号,不过改元并不改历。但1911年清帝退位,民国成立,翌年春节开始称"旧历新年"。辛亥革命胜利后,孙中山从上海到南京就职前一天,南京议院决定改用阳历,并以中华民国纪年,通电各省知晓,上海率先宣布改用阳历。

新历、旧历新年之争一直延续至新中国成立。此前当局一度想方设法废除旧历,蒋介石上台后,曾多次在公开场合声称"不准过旧历年"。但一般社会心理对旧历年更感兴趣,人们也多以春节为岁首,并不买当局的账。

木刻家朋弟曾有一幅作品名为《过旧年》,图上一对贫贱夫妻愁坐陋室,小儿在一旁问:"怎么不给我穿新衣?"父母答道:"过新年的人才穿新衣,咱们是过旧年的人,不穿新衣啊!"穷人的幽默中,透着心酸。

3. 1922年:工人们拿到贺年片

成立不到半年的中国共产党使上海人过了一个"红色春节"。上海街头出现了1万多张新型贺年片,长16.8厘米,宽11厘米,正面是用毛笔写的"恭贺新年"4个醒目的大字,背面印了一首《太平歌》:"天下要太平,劳工需团结。万恶财主铜钱多,都是劳工汗和血。谁也晓得:推翻财主天下悦。谁也晓得:不做工的不该吃。有工大家做,有饭大家吃,这才是共产社会太平国。"中国共产党上海党组织发动党员和马克思主义研究会的会员,把这些贺年片分送给工人群众,并在市内沿街到处散发,勇敢者甚至跑到了市内热闹的大世界。工人拿到贺年片后,都非常感动,感到共产党说出了他们的心里话。帝国主义巡捕房惊惧万分,马上立案侦查,企图进行镇压。但是,党组织早已做好隐蔽的准备。最后,巡捕房只得将此案归档了之。当时上海春节一景是无赖少年以金钱炮(俗称摔炮)掷人为乐。

4.1932年:新年痛杀倭寇

上海人在炮火声中迎来了新年。除夕夜与大年初一,中国军队英勇地击退了日寇的数次疯狂进攻。主持淞沪抗战的蔡廷锴将军的大年初一日记是:"天拂晓后炮声已停……上海各界及各方慰问品并汇来慰问金甚多,拟在沪设办事处,以便应付,即委出范志陆为驻沪办主任……午后前方枪炮声时疏时密,敌人除以机械化总队不时向我袭击外,并以飞机用机枪向我守军扫射,应有尽有,施展其气球向我防线侦察。我官兵沉着,敌人亦不得逞。酉刻,敌再来犯闸北,均被击退。"

一·二八事变后,日军在上海烧杀淫劫,无恶不作,给上海城市和上海人民留下了惨痛的记忆。当时,愤激与惊惶占据了人们的心头。但是,国难炮火声中,上海仍有一些纸醉金迷者。当时沪上各家电影院放映《风流外交家》《妙人妙事》《荒江女侠》等,人头攒动,有人在报纸上批评说:"煞民众之爱国热忱,莫此为甚,似此不知耻……"

5.1942年:路有冻死骨

又是一个悲惨的新年。气候寒冷,加上上海的生活费用极度高昂,贫民无法为生。从除夕起一周时间里,法租界发现倒毙在马路上的男女尸体134具。

日占期间,上海的民族工业已趋于崩溃。这一年春节前,失业潮涌上海滩。据统计,1942年春节前"有失业人口为6万,每户以4口计,便有24万人生活失去保障。旧历年前,有些厂商因经营困难打算实行停闭,解散职工已成为必要措施,所以二月份的失业人数将数倍、十数倍上升"。当时有报道说:厂家关闭后所发的解散费极低,原籍苏州无锡一带仅30元,远在山东的仅70元。解散费太少,工人无法回乡,报纸动员正在忙着抢购年货、请吃年夜饭、给压岁钱、预备新年应景娱乐的富人,节省下来不必要的开支帮助失业工人回乡过年。

商人则做起了黑色幽默的广告,三友实业过年时这样推销他们的小饭碗:"饭吃少,精神好,小巧玲珑,好饭碗可使饭量减少,可使精神大好,每只一元半。"

6. 1952年:看谁敢涨价

新中国成立后,人民政府顺应民意,将农历年作为法定的春节,统一放假3天。上海新年文化娱乐生活日益丰富多彩,过去许多新年陋习也消除不少,比如城隍庙烧头香的人少了,马路上掷炮的少了,扮财神、乌龟、蚌壳精的职业乞丐绝迹了,街头也看不到掷骰子、打牌九的赌摊。

这年春节,上海已从"三反"转入反行贿、反欺诈、反暴利、反偷税漏税的"四反"阶段。"四反"的对象是不法资本家和业主,春节假日上海20万店员都被动员起来揭发奸商,醒目的标语漫画大字报贴满了每一个店家的排门,代替了过去的春联。年初一店员们高举着巨型的检举信,配合着腰鼓队或锣鼓队敲敲打打到工会拜年,拜年礼物就是揭发资本家的检举信。商家们这个年过得心惊胆战,春节市场自然没有人敢随意涨价,以前近年关天天看涨的小菜价格也是一成不变,多数店家还实行了九五折的优惠。

由于提倡节约,初一街头提着大包小包拜年的人少了许多,在上海松雪街蓉祥里弄堂口黑板上赫然写着:"朋友,你送过礼吗?这是否属于浪费现象。你收过礼吗?注意是否有贪污行为。"

7. 1962年:度过困难时期

三年困难时期刚刚过去,春节市场物资供应丰富了许多。上海市"三八"红旗手、先进生产者单阿三的日记这样记载她们家大年初一的早饭:"早晨先吃糖果,甜甜蜜蜜;再吃些圆子,团团圆圆;最后吃面条,祝愿大家健康长寿……"

当时春节市场最紧缺的产品是:糖果、饼干、啤酒、香皂、牙膏、雪花膏。

2月8日(大年初四)的《人民日报》报道说:上海有些区组织了工人代表团,在春节期间下乡同农民联欢。

8. 1972年:抢购年货与歼灭老鼠

"文化大革命"期间,全国各大城市春节的重头戏是开展以除害灭病为中心的冬季爱国卫生运动,上海自然不例外。《人民日报》报道说:"上海各街道干部与群众一起检查蚊蝇滋生地,还组织了退休工人、红卫兵和红小兵参加卫生宣传队,冒着寒风巡回宣传毛主席有关卫生工作的指示,同时在春节前举行了爱国卫生运动突击周。他们对大小阴沟、垃圾箱和厕所,普遍进行了冲洗、下药……"在城郊农村,干部和农民"入冬以来连续开展了两次规模较大的爱国卫生突击活动,大搞环境卫生,消灭了大量蚊蝇,还结合防病保粮消灭了老鼠5 000多只……"

9. 1982年:电视开始登台

20世纪80年代初,上海人买家具要通宵排队,尤其是春节期间,青年人结婚集中,成套家具供不应求。买一床好看的床单也是那时新娘结婚前的一大愿望,有一种金银丝床单,中央是双燕展翅,奇葩盛开,配上橘黄、天蓝、粉红3种底色,闪闪发光,很受欢迎。

这一年上山下乡的知识青年已陆续归来,许多上海家庭过了一个难得的团圆年。

电视已开始为上海人奉献春节大餐。这一年春节,中央电视台播放了10余部新录制的电视剧,如热情歌颂农村基层干部崭新的思想面貌的电视剧《能媳妇》,歌颂藏族青年牧民的劳动、理想和爱情的电视剧《牧马人》,以及根据世界名著《安娜·卡列尼娜》改编、由上海电影译制厂与中央电视台译制的英国同名电视连续剧。翌年,中央电视台春节联欢晚会诞生,从此,中国人春节多了一项重要内容。

10. 1992年:电话拜年　饭店守岁

上海邮政部门统计,春节期间连续几天每天来往于上海、台湾的信函高达20余万件,创历史最高纪录。

春节前上海的商业街——南京路,平均每分钟销售5万元商品,创1949年以来的最高销售纪录。

上海一些家庭除夕夜的筵席,不再是摆在家中,而是改摆到各家名店。大年三十上午,南京路几家名店的年夜饭席位的预订全部爆满。这一年春节开办年夜饭项目的饭店大约占上海餐厅的60%至70%。

电话拜年热,也成为上海的新时尚。位于上海南京西路泰兴大楼的国际电话室,营业室的值班话务员比往日增加了30%至40%,但是姑娘们还是忙不过来,营业室转接的国际长途电话的业务量比平时增加了约40%。市内电话拜年也出现热潮。据上海市市内电话局对上海市中心的3个分局的统计,从除夕之夜的晚上8时起到初一的上午,通话次数就比上年的日均数增加了50%以上。

时任上海市市长的黄菊在这个春节前夕做出承诺:到年底,上海所有人均住房面积在2.5平方米以下的"特困户"都将领到房屋调配单。通过政府努力,整个90年代,上海有近200万户家庭购买了属于自己的住房。截至2001年底,上海个人购房率已超过93%。

1991年上海市住房制度改革起步时,还是全国住房最困难的城市。很多上海市民做梦也没有想到,短短10年里,自己可以买一套真正属于个人的住房。此后上海春节多了一景:搬进新家过新年。沪上百十家大大小小的搬家(场)公司,春节前几天几乎都要满负荷。

11. 2002年:怎一个"喜"字了得

2002年是传统观念上"好事成双"的吉利年头,申城春节期间喜气洋洋。

2001年,上海市人均国内生产总值达到3.73万元,继续以人均GDP超过3万元的实力,独居全国省级地区之首。按当年汇率折算,上海人均GDP已突破4 500美元,而上海市国内生产总值自1992年起已连续10年保持两位数增长,上海综合经济实力达到上中等收入国家水平。

百年上海、百年春节的变奏主题,已从"王小二过年"变为"步步高"了。春节也是社会发展变迁、时代集体情绪的一面镜子。作为中西文化碰撞、交融的中心和中国现代经济、文化发展的缩影,百年上海,百年春节,百年衰荣,让人感慨不已。

海派文化及其传衍

海派文艺的前世今生

陈 东

陈东 上海市委宣传部原副部长
2019年10月29日演讲于黄浦区图书馆

不久前,习近平同志在首届上海进博会开幕式的致辞中说:"一座城市有一座城市的品格……开放、创新、包容已成为上海最鲜明的品格。这种品格是新时代中国发展进步的生动写照。"习近平同志在上海主政时间不长,但他对上海有深入的了解,他所提炼的"开放、创新、包容",也正是我们研究海派文化的方向。今天的讲座,我想结合自己多年分管文艺工作的实践,以及对海派文化当代性的研究,跟大家聊聊海派文化的前世今生。

海派文化的特质是开放、包容和创新。上海是一个开放的城市,唯有开放它才有包容性,然后在包容的前下,就会吸收新东西,也就是我们常说的海纳百川,然后再创新。中华文化、江南文化、海派文化,这都是一脉相承的,彼此之间碰撞交汇之后的互为补充、融会贯通。比如说情浓形美的文字,我给大家讲一个前不久在澳大利亚时亲眼所见的事例,我在墨尔本博士山(Box Hill)的一个街角,看到了新华书店,在那里到处看到的都是中文,居然有留学机构在墙上用很大的字写着"好好学习,天天向上",这就是我们中文在外国传播的一个体现,很有意思。再来说说诗意凝固的建筑,石库门建筑很像西式的联排别墅（townhouse），左边是厢房、客房、主房，然后有天井，有石缸，有中国古建筑的元素，很有趣对吧？

我曾经主编过一本书，书名叫《大都市》，从石库门建筑作为起源，分析了上海外滩的"建筑博物馆"，书中分析了 25 栋国家级文物建筑，得出这样的结论，不论是哥特式、巴洛克式或者新古典主义，还是我们新建的现代建筑，综合而论，最漂亮的建筑在哪里？我们可以骄傲地说，就在上海。所以当年在党代会上，韩正同志读出那样一段富有诗意的话：街区是可以漫步的，建筑是可以阅读的，城市是有温度的……为什么建筑是可以阅读的？就拿石库门建筑来举例，我曾经花了一点工夫去研究，从 1900 年石库门出现开始，每过 10 年，这种建筑样式就会有一点变化，1900 年建成的石库门建筑和 1949 年、1950 年的石库门房子有明显差别。与此同时，上海的其他建筑建造方式、外观造型等方面也在日新月异的改变，这就构成了可持续阅读的城市面貌，大家想想陆家嘴的变化发展是不是这样？

所以说我们中华文化、江南文化、海派文化是一脉相承的。曾经我们上海的城市精神是 8 个字：海纳百川，追求卓越。老领导批评我们说上海人聪明不高明，精明不开明，习近平总书记在上海的时候，提出我们要做开明睿智的上海人，在开明睿智中海纳百川，在大气谦和中追求卓越，所以现在的上海城市精神又加了 8 个字，完整的表述是"海纳百川、追求卓越、开明睿智、大气谦和"。这就非常圆满地体现了我们海派文化精神的宗旨。那么城市文化自信从哪里来？来自吸纳外来文化的同时不忘本源，面向未来，在继承中转化，在学习中超越。

在不少人的概念里，上海开埠时间不长，在开埠之前，上海只是一个小渔村，其实不然。

在松江广富林的崧泽博物馆，我们可以看到崧泽的历史从 5 800 年前开始，发展到距今 4 000 年，再到 175 年前开埠，这样说来，我们上海的历史是很长的。我们从哪里来？我们的先民过着怎样的生活？在崧泽博物馆都能深入了解。松江广富林遗址的开发我做了一点贡献。当时我是文管会第一副主任，在开发松江广富林遗址的 10 年前，我们把全国的 10 支田园考古队，从北大、复旦等高校，全部请到上海，去一个一个遗址地进行挖掘。为什么要发掘文物？因为从出土的文物上能考证出年代。就像大树有年轮一样，我们可以看到文物是多少年前的，是什么材质，如何构造的。比如说，当时先民祭祖用的是三足鼎还是四足鼎,它底下用的什么材质,这个矿井是什么砖,祭祀时献祭的动物是否有遗骸,等等。

所以上海是不忘本来,又吸收外来。大家都知道,五口通商是被坚船利炮打破的,《马关条约》签订以后,我们中国变成了半殖民地社会。那么上海被迫吸收外来文化,是不是吸收的精华?又是怎样海纳百川之后逐渐形成上海的城市品格?下面我会跟大家慢慢讲,这座城市怎样吸收外来又不忘本来,又如何面向未来去超越。

我们先来说说城市,什么叫城,城是"有品质的选择性居住",市是有质量的商业,从乡村到城市,就是从熟人经济走向陌生经济。在城市化的进程中,文化起什么作用呢?

文化是城市的灵魂和名片。我哼几首有代表性的歌曲,请大家回答这是什么歌,唱的是哪里?

"请到天涯海角来……"

海南。海南具体哪里?三亚市。

我们再换一个:"鼓浪屿四周海茫茫……"这鼓浪屿都出来了。

"谁不说俺家乡好……"山东对吧。山西的那首是"谁不说俺山西好……"这是电影《红日》的插曲,作曲家是咱们上海的吕其明老师,代表作是《红旗颂》,包括那首"弹起我心爱的土琵琶……"都是他作曲的对吧,他是第六届上海文学艺术终身成就奖获得者。

那么再来一个:"拔一根那个芦柴花……"江苏对吧?大家都知道,"好一朵美丽的茉莉花"也是从江苏开始传唱的。

然后大家都知道的"栀子花、白兰花,八分铜钿买一把……"哪里?我们上海的对吧?

以上这些代表性地方歌曲,就是城市灵魂和名片的一种显现。为什么?它是耳音,是乡愁,你听到了,一定会想到,这是城市的记忆。什么叫城市的灵魂和名片?它是烂熟于心、不需要想的,冒出来就会认得。是不是?这是城市的记忆。

如果把我们中的某一位,突然空降到一个地方,站起来左右张望一下,前面是一条步行街,步行街尽头有类似东方明珠的电视塔,塔后一条小河,然后步行街左边肯德基,右边麦当劳,再往前面是沃尔玛,旁边是路易威登(LV)这样的国外奢侈品品牌专卖店。我们能认出这是在什么城市吗?搞不清楚。就是觉得似曾相识对吧？这样的步行街景观到处都有，所以我们老领导朱镕基同志曾经批评过这种现象。他说我走遍全中国，走了一村又一村，村村像小城，走了一城又一城，城城像农村。这是什么意思？就是说到处都一样，无论大小城镇的面目都相似。但是如果把我们空降到华清池、兵马俑、大雁塔、小雁塔，我们一定知道这是哪里。把我们蒙着眼空降到晋祠公园、乔家大院、平遥古城，我们就明白这是在山西。我们一定不会把应县木塔看成松江方塔。对不对？所以地标性的建筑物，是一种文化标识，是城市的名片，是可以阅读的，而且它所承载的千百年历史都是可以阅读的。城市的文化，是渗透在城市人的灵魂中的，不管它是声音，还是看得见的地标性建筑。

所以习近平总书记一直说，建设美丽乡村，千万不能忘了初心。也就是我们要记得住乡愁，留得住乡情，看得见乡村。不然的话，如果把上海全部推成平地，重建一个上海，谁能记得住？所以"拆、改、留"变成了"留、改、拆"，因此我们说，城市的灵魂和名片是文化推动的。

另一方面，文化也是产业经济的助推器。大家看看今天的新天地，新天地里面陈逸飞在的这些地方，叫"逸飞之家"，这些地方原来全是工厂。这些地方原来除了居民住房，就是弄堂工厂。这些弄堂工厂现在干什么了？都是文化创意产业！全上海几百个雨后春笋般冒出来的文化创意园区，都是原来的弄堂工厂或者小工厂，然后逐步升起，现在不少形象设计、广告公司、新兴文化创意品牌公司都到这里面去了。

文化还是社会和谐的润滑剂，市民精神需求的主渠道。说到这点，大家千万不要小看中国大妈，中国大妈起了很大的文化传播作用。跳广场舞也有利于退休老人的身心健康。大家想一想，按照目前的退休政策，大部分女同志50岁就退休了。现在大城市年轻人结婚又比较晚，50岁退休以后，如果不带孙子和外孙，天天闷在家里多难受。如果去外面找到了同好，今天练书法，明天练太极拳，后天跳广场舞，再一起喝个茶，可能还圆了青年时代未能实现的文艺梦想。有什么不好呢？只要不扰民，我觉得这样丰富精彩的退休生活很开心，幸福感爆棚。所以说我们群众的业余文娱生活也是市民新精神需求的主渠道，对吧？

那么，上海对中国文化有什么意义？有位老领导说得好：上海不仅是中国文化的码头，而且是中国文化的源头。

先来说说中国的报业，如果问上海的第一份报纸是什么，也许一半人会回答说《申报》。其实上海第一份中文报纸是《六合丛谈》，第一份英文报纸叫《北华捷报》，《申报》是上海第一份商业性报纸。因为有报纸，很多时事要闻才能留下印记。

广播也是在上海诞生的。1923年1月23日，广东路3号大来洋行屋顶，中国第一家广播电台诞生了。广播很重要，因为纸质媒体是给认字的人读的，而广播是文盲也可以收听的。当时的影后周旋的歌，都是通过广播传播的。上海解放的时候，在我们永安公司的楼上有一家民营电台，是它发出了宣布上海解放的"第一声"。

有了纸质媒体和广播，文化的发展与传播才更加迅速与便捷。中国共产党诞生在上海，之后12年我们中央机关都在上海，中共一大在上海，中共二大、中共四大也在上海召开。为什么？因为这里曾是华界和两块租界交界的地方，方便早期中国共产党人从事秘密活动，进退自如。中国共产党从上海起步，还跟我们上海现代印刷出版业的发展有密切关系。陈望道同志翻译的《共产党宣言》是在上海出版的，共产党宣传革命的传单、资料等也需要印刷，所以印刷出版业的发展对中国共产党的诞生也起到非常重要的作用。

话剧也是在上海诞生的。话剧最早是由日本人发明的。我们国歌的词作者田汉、欧阳予倩，包括李叔同即弘一法师，在日本留学时学了话剧，成立了春柳社，回到上海成立了春阳社，然后排演了《黑奴吁天录》，这部话剧成了我们中国第一部话剧。

中国电影的诞生地在哪里？诞生地是北京，第一部电影是在照相馆里拍摄的戏曲片《定军山》，但是中国电影的发祥地是上海。中国最早的电影院在哪里？1896年在闸北徐园放映《马房失火》14部短片，固定放映点是青莲阁茶楼。1903—1908年，从虹口"铁房子"到"虹口电影院"。著名的大光明电影院从1928年始建，梅兰芳剪彩，到1933年邬达克设计重建，成为上海解放以后第一家宽银幕立体电影院，这是我们上海的骄傲。海派电影特别擅长打造明星，我们中国最早的电影明星都出自上海，有阮玲玉、上官云珠、赵丹、金焰、周璇、张瑞芳、秦怡等。上海更产生了不少优秀导演。我曾于2005年、2011年两次带领上海文联代表团去北京参加文代会。2005年那次，人民大会堂安排了一个中国电影的回顾放映活动，谢晋导演38部片子，从《女篮5号》到《芙蓉镇》，汤晓丹导演，《南征北战》《红日》《渡江侦察记》，更早的蔡楚生导演，有《一江春水向东流》《乌鸦与麻雀》《十字街头》……从20世纪30年代到80年代，这么多电影回顾下来,凸显了我们上海作为中国电影的发祥地和重镇的地位。谢晋导演更是大家公认的海派电影的一面旗帜。

上海还是中国京剧、越剧、淮剧的命名之地。《申报》对京剧的命名起了决定性的作用。那时候京剧到上海来演出要在《申报》上发消息,起先这种戏曲表演形式有20多个名字,比如说"平剧"。为什么呢?因为当初北京叫北平嘛,所以叫平剧,还有叫"大戏""二黄""西皮"等。然后到了上海以后,上海的艺术戏剧评论家就在《申报》上写评论。周信芳在共舞台演京城来的戏,叫京剧;杨小楼在新舞台演京城来的戏,叫京剧;梅兰芳在塔尔登演北京来的戏,叫京剧。这样一篇接一篇地写,不管是《定军山》还是《杨门女将》,都是京剧,就这么给它命了名。然后这种一桌两椅、意象万千、意象性表达、程式化表演的传统曲艺表演形式就叫作京剧了。京剧在上海被命名之后,它走遍全国都叫京剧了。

越剧原来也有很多名字,比如说,"小歌班""的笃班""半农半艺班""小生班"等。大家知道原来女子是不能抛头露脸唱戏的。当年袁雪芬、姚水娟老师她们,沿着曹娥江一路卖艺慢慢来到黄浦江,发现女子唱戏很吃香。越剧是女班之乡,后来全部是女班唱,发展到现在,又是男女合演了。

袁雪芬老师生前曾给我上过4次课,3次在她家里,一次在华东医院。她说越剧有两个"奶娘":一个是话剧,一个是昆曲。因为昆曲有工尺谱、词牌的,所以唱词很雅。话剧是什么?话剧是有编、导、演、服、化、道的。袁老师回忆当年说:"我们姐妹们难道就这样破衣烂衫在上海滩演出吗?"这肯定不行,一定要穿得很漂亮,今天演《孔雀东南飞》,明天演《梁祝》,后天演《红楼梦》,都是要穿得很漂亮的。越剧原来是没有剧本的,很多演员不识字,师傅如果教了错别字,学生就会照样学着继续传下去,但是来了上海后,他们发现有文化很重要,博采众长很重要,就学习话剧的编、导、演,开始写剧本了。

袁雪芬老师是越剧改革的代表人物。从1942年开始,她们不断推行越剧改革,受到了很大的阻碍。国民党政府不准她们演《梁祝》,不准她们演《祝福》,不能演鲁迅的戏。封杀、寄子弹、丢大粪,袁雪芬老师当年什么都经历过。为了表彰她的艺术贡献,我们授予她第一届中国戏剧奖终身成就奖。她有一句话,我印象很深,那是在2006年,她说越剧有今天,是上海戏剧家给命名的。越剧原本有那么多名字,不容易被大家记住,但是越王勾践大家都知道,越国唱越剧,就干脆定名叫越剧吧。越剧就是这样命名的。

淮剧也是上海命名的,为什么?因为淮剧是江淮戏,虽然在江苏还有锡剧、扬剧,以及杨柳青等小调,但江淮戏是最大的剧作,它到上海之后就成了淮剧。

海派文学的命名,源自一场海派和京派之争。1933年到1934年,沈从文和苏汶有一场争论。苏汶是上海的一个文学家,沈从文是湖南人,去了北京,他看不惯上海的海派,他说海派和商人走得太近。而苏汶对此很不满意,说海派就是世俗的、接地气的,是和人民在一起的。

后来鲁迅写了一篇小文章。文中说,京派是一种帮派文化,海派是一种帮闲文化。在京者近官,没海者近商,谁也别说谁。那么海派是不是这样世俗的?确实如此,海派文化肇始于国画、戏剧、文学、电影,是现代生活方式使然。

《子夜》是谁写的?茅盾写的,所以有茅盾文学奖,主要颁给长篇小说。中短篇谁写得好?鲁迅,所以有鲁迅文学奖,还有曹禺戏剧奖和田汉戏剧奖,曹禺戏剧奖是颁给剧本的。长篇小说《长恨歌》是谁写的?王安忆老师,《长恨歌》得的就是茅盾文学奖。金宇澄老师的《繁花》,也是海派文学的代表作。还有王小鹰老师写的《长街行》,讲改革开放的故事。这些作家及其作品,都是海派文学的优秀代表。

下面来看看海派美术。在上海画坛,1914年就有人体写生的男模,到1920年有了女模特。大家看这张照片,现在看好像没什么,这在当年很惊世骇俗,因为她是裸体模特。一般而言,我们中国画是相对比较平面的,而西洋画讲究立体透视,画人体的肌肉,要强调光影,表现出立体感。当时留法归来的刘海粟老师,用裸体女模特写生,在全国引发了轩然大波。很多人骂刘海粟,说怎么可以这样伤风败俗!但当时就是有了这一大批的青年画家、雕塑家,才有了开先河的勇敢尝试。大家想一想谢稚柳的山水画、林风眠的仕女图,再看一看程十发的人物图、施大畏的历史画,他们的作品都是对传统国画的继承和发扬。西洋画的作画手法传入以后,也需要有个逐步被大众熟悉、适应和接受的过程。

再来看作曲家聂耳,聂耳16岁到上海来,22岁成为中共地下党组织成员,他入党是田汉介绍的。他总共写了48首歌,比如《毕业歌》《开路先锋》《扬子江风暴》,还有《卖报歌》,一直到国歌《义勇军进行曲》,每一首都广为流传。但当初他刚刚到上海来的时候,是不识五线谱的,来沪以后跟着白人音乐家学小提琴,学钢琴,然后自己作曲。他的耳朵特别灵,别人唱完一句,他马上就能复唱出来,所以他把自己的名字改成聂耳。"聂"字在繁写字里不是三个耳朵吗?所以他叫四耳。当时田汉去探访在上海疗伤的一支抗日联军的部队,很有感触,写了一首长诗,其中一节被选为电影《风云儿女》的主题曲。不久之后田汉被捕,去监狱探监的同志辗转带出田汉在狱中写在香烟盒包装纸背面的歌词,聂耳决定为它谱曲。刚好当时他被国民党追杀,转移到了日本,后来他将谱好的曲子寄回来了。为了纪念聂耳,我们于1992年在乌鲁木齐路口的电影音乐广场上做了聂耳先生的塑像,著名雕塑家张充仁先生专程从比利时飞回来,为聂耳塑像,他说对聂耳先生很是崇敬。

我们海派戏曲也是色彩斑斓、视听饕餮,贵在创新,南北兼容。比如说"麒麟童"周信芳先生。在海派文艺里面,对海派京剧,没有人敢不买账。为什么?因为有麒派。麒派奇在哪里?传统京剧是意象性表达、程式化表演,周信芳老师却把一匹真马拉上了舞台演出。都说京剧男演员最怕倒仓,就是生理发育期变声,嗓音变哑。但是周信芳说,我没嗓子照样上台唱,倒仓以后他就用烟熏嗓唱出了麒派的苍凉。

周信芳老师的京剧艺术,影响了海派电影、海派文学、海派话剧,对我们海派所有的文艺创作都有很大的影响。因为什么?他的创新精神!大家看麒派的表演,他的头上戴的花翎子会动,眉毛会动,胡子会动,他胡子甩起来很是厉害,翎子功、毯子功都很精湛。

再来说说京剧大师梅兰芳跟我们上海的渊源。梅兰芳先生当年怎么抗日的?日本天皇生日叫他去唱戏,他蓄须明志,一个演女旦的,留起胡须没办法上台。他干脆也不留在北京,来到上海蓄须明志,在梅公馆里把自己打针打到40度高烧,错过天皇生日就不去演戏,这就是梅兰芳先生的风骨。梅兰芳要到美国演中国京剧,齐如山跑到上海来募捐,助力梅兰芳赴美演出成功。所以梅派的艺术有今天的发展和成就,跟上海有密切关系。

沪剧是上海的声音。最早它叫花鼓戏,后来叫上海滩簧,从一开始就是西装旗袍戏。比如沪剧《魂断蓝桥》。在扮演外来戏剧方面,沪剧是最早的,比如说《少奶奶的扇子》、莎士比亚的《血手印》。很多戏是沪剧女子扮演的。当年曹禺先生的《日出》《雷雨》都是率先由沪剧搬上舞台的。沪剧很接地气。近些年,沪剧还去西班牙得了国际奖项,并在美国中美电影节得奖,所以说我们的沪剧发展得很好。

再来说说海派舞蹈。大家记得舞剧《白毛女》吗?几年前我随演出团队去参加乌鲁木齐国际舞蹈节闭幕式。我很担心的，因为毕竟这个故事创作于20世纪五六十年代，不知道现在的年轻人能不能接受，会不会看懂。没想到这担心多余了，当现场响起朱宏博老师的歌声时，全场观众一起唱了起来，很多维吾尔族同胞也都跟着一起唱。我当时就觉得心潮澎湃，虽然过去了很多年，《白毛女》依旧是大家认可的经典，还是很有观众缘的。

还有我们的《小刀会》《花样年华》《简·爱》等舞剧。《简·爱》是现代芭蕾，去伦敦演出的时候，剧场海报左边是英国皇家芭蕾舞团，右边是俄罗斯皇家芭蕾舞团，但我们票出得最好。为什么？当时外国人搞不懂，简·爱和罗切斯特的故事是英国故事，怎么中国人来跳这个芭蕾舞剧？结果外国观众来看了以后，说中国芭蕾很棒，把剧中人物的内心情感世界演绎得那么出色。

再看我们的海派音乐剧，比如演聂耳的《国之当歌》。我们民营乐团的民乐演出《芒种》也不错，还有音乐剧《犹太人在上海》，这出音乐剧在上海国际艺术节开幕式上演，现在百老汇把版权买过去了。从这个角度来看，可以说我们改革开放以来的海派文艺是欣欣向荣，得到很好的传承与发展的。

再说两位翻译大家。其中一位是草婴，本名盛峻峰。大家知道托尔斯泰的《战争与和平》《安娜·卡列尼娜》，都是他一个人一支笔20年翻译出来的。他一生做了60年的翻译，从19岁进入苏联塔斯社在上海办的杂志社里做俄语翻译，终身自学，没有进国家出版社，一直靠版税生活，所以生活很清苦。当年他在华东医院的病房里跟我说，我要把《草婴全集》留在上海，把《托尔斯泰全集》留在上海。那是他高烧不退的时候说出的话！所以他获得了中国翻译文化终身成就奖。2010年给他颁奖的时候，他在医院里起不来，他太太拿了一张小纸片代他读的获奖感言。他说："我为什么叫草婴？因为我愿做一棵小草，给大地增添一丝绿意。"他是我们新中国翻译界的铺路人，是了不起的翻译大家。

另一位坐在轮椅上的翻译家是薛范，他18岁开始高位截瘫，也是自学成才。我们所有最早会唱的外国歌曲，《喀秋莎》《红莓花儿开》《小路》《纺织姑娘》等都是他翻译的。

这两位伟大的上海翻译家，分别获得了苏联和俄罗斯高尔基文学奖和共和国总统奖，这是我们上海的骄傲。

所以我们要坚定文化自信，做好文化传播。

比如我们的滑稽戏《七十二家房客》，去日本演出，主要靠肢体语言，旁边打字幕,演出效果也很好。我们把音乐剧《猫》引进来,我们的舞剧《朱鹮》则走了出去。《朱鹮》是我们上海歌舞团的朱洁静和王佳俊演的,他们两个9岁就是搭档,很有默契,后来又演了《永不消逝的电波》。

《朱鹮》在日本演出超过200场。很多日本观众观演时会流泪,因为朱鹮曾经是他们的国鸟,但后来野生朱鹮在日本灭绝了。没想到在中国西安洋县,一位农民发现了7只野生的朱鹮,由我们的农业科学家繁殖到1 800只,成功地挽救了这个濒危的种群。朱鹮种群转危为安、不断壮大是一个很美好的环保故事。我们的外交部长和总理,先后送给日本6对朱鹮,日本人繁殖它们到现在已经有180只了,所以他们很感激中国。

中日是一衣带水的邻邦,应该和平友好相处。我们把朱鹮的故事讲给日本人民听,表明我们中国人民希望世代友好。《朱鹮》后来在纽约演了33场,在波士顿演了33场,都非常成功。

然后这个团队又用《永不消逝的电波》做了一个舞剧。《永不消逝的电波》讲的是李白烈士的故事。李白是我们60年国庆纪念的60位英雄中的一位,他在1948年12月被捕之前,在黄渡路亚细亚里汤泊别墅的隔壁潜伏了12年,为党中央提供了无数封密电。最后一次为发送国民党的江防计划、大上海防卫计划一直坚持到被抓捕前。这个舞剧中的一个片段曾入选央视春晚。

再给大家介绍一下钢琴家殷承宗的故事。殷承宗2018年在上海交响乐团音乐厅弹《红灯记》钢琴伴奏,19首人人耳熟能详的曲子,他没有一首用琴谱,因为太熟悉了。说到殷承宗,讲个他的故事,曾经江青要砸钢琴,说钢琴是资本主义的玩意儿,然后他说我要用它跟我们中国的作品结合,他用钢琴伴奏《红灯记》,把钢琴搬到金水桥边,弹钢琴伴奏。所以当再一次看到他的演奏时,我看到的是一种精神,"回首向来萧瑟处,归来依稀是少年"。我一边看,一边想象他18岁的样子。我们海派需要的就是这样一种精神,一种开创的、包容的精神。

我们上海是人才高地,大家看一看这个名单:巴金是四川人,鲁迅是浙江人,聂耳是云南人,周小燕是湖北人,尚长荣是北京人,祖籍河北,钱谷融是江苏武进人,贺友直是浙江宁波人,程十发是上海金山人,廖昌永是四川郫县的农家子弟,黄豆豆则来自浙江温州……从古到今,上海一直是中国的人才汇聚之地,也是人才高地。

说到牛犇老师,他当时希望入党。我说牛犇老师,你怎么现在才想起来入党？他说前面我觉得自己跟党的要求离得比较远,现在好像近一点了。牛犇曾写信给习近平总书记,习近平总书记给牛犇同志回了一封信,说得知你在耄耋之年加入共产党,实现了自己的夙愿,我为此感到高兴,希望你从艺做人做表率,带动更多的文艺工作者做有信仰、有情怀、有担当的人,为繁荣发展社会主义文艺贡献力量。

习近平总书记的话,对我们文艺工作者是一个巨大的鼓舞,我们要遵照总书记的指示,用百姓日用而不觉的价值观来影响大家。什么叫百姓日用而不觉,比如我们说要对父母好,要孝顺。这是不是深入人心?这实际上是一个价值观,但我们并不觉得,这就叫日用而不觉的价值观。还有以爱国主义为核心的民族精神,我们都希望能长寿、康宁、好德、善终,这是我们中国人的五福向往。是不是?然后琴棋书画诗酒茶花玉,是不是我们中国人恒雅的愿望?这就是中国人应该具有的精神与心灵的追求,也是我们海派文化的真谛。

海派文化曾经有一个得名、被污名、又被正名、再扬名的过程。2007年,习近平同志视察虹口区,在讲话中为海派文化正了名。所以弘扬、发展海派文化需要大家一起行动,共同参与。望我们共同努力,做海派文化的继承者、传播者和创造者!(录音整理:王萌萌)

漫谈海派文化

李伦新　秦来来

李伦新（右）　上海文联原党组书记
秦来来（左）　海派民俗文化专家
2017年11月15日演讲于上海师范大学奉贤校区图书馆

今天的讲题是"漫谈海派文化",由我和秦来来一起演讲。我谈海派文化之美,秦来来讲上海的移民文化。我先谈点个人浅见,请批评指正。

一、海派文化之美

（一）海派文化姓海

如果要我用一个字概括上海这座城市,我会毫不迟疑地说:海!

上海是海,现在的上海市区,距今六千多年前还是汪洋一片,是大自然神奇的手,不断冲积成新的滩涂湿地,先民们的活动也不断顺势东进,围海造地,于是有了上海浦、下海浦,至今还留有一个下海庙。

宋代后期,由于松江上游淤浅,曾经繁盛的青龙镇渐趋荒落,海船改泊上海浦边,即今小东门十六铺。南宋咸淳三年(1267)设上海镇。1292年,经松江知府奏准,正式设置上海县。近代上海是一个全方位开放的城市,是典型的近代崛起的城市,是受西方影响最大的城市,是现代化起步最早、程度最高的城市,也是最大港口城市、最大移民城市,当然也是全国文化中心城市之一。

说来惭愧,身为一个上海人,生活在上海这么多年,却一直没有真正到过大海之上,只是偶尔在海边走走看看,在海滩上赤脚踏沙拾贝壳,至多到浅水里泡泡,自以为这就算下过海、尝过海滋味了。其实不然,这只是在海边尝了点海水咸味,根本未能真正认识大海!近期我有一次海上之旅,作为一个参与研究海派文化的人,我看海不只看海的无边无际、海天相连,也不只看波澜起伏、水色变幻,而自然而然地想要探求大海的性情、脾气,和上海这座城市之间的关系,及其与海派文化之天然联系,从中引起思索,受到启发。回来后,我有感而发写了篇《海上心潮》(见《解放日报》"朝花"副刊),其中感叹道:欣赏海上浪花,观看日出日落,使我总会想到上海和上海人,想到海派文化!如果要我用一个字形容上海,我会毫不迟疑地说:海!上海文化姓海,唯有一个"海"字最能表达上海性格特征。上海是海,上海的文化就是海派文化。海是美的,是大美。海派文化之美,也是大美!

(二) 海派文化之美,源于中华文化之美

海派文化是中华文化的组成部分。历史悠久、博大精深的中华文化,如根深叶茂的参天大树,海派文化则是其别具特色的地域文化,是组成部分,为中华文化增光添彩!

上海土地面积只占全国的 1/3 000 左右,是中国东南沿海一座新兴城市。年轻的海派文化是植根于中华传统文化基础上,融会吴越文化等地域文化精华,吸纳并消化吸收了一些西方文化因素,而创立的富有海派特色的中国地域文化。海派文化不等于全部上海文化。海派文化在多有褒贬争议中迅速成长,迅速而健康地成长!2010 年上海世博会开幕前,我们撰写并及时出版了"海派文化丛书"33 本,较为全面系统而详细地介绍了海派文化,特许进入世博园区,与中外参观者见面,受到肯定。我在序言中讲了海派文化的形成过程、基本特点等,在此不多赘言。

令人敬佩的海派书画大家程十发先生,基于对海派文化的深入研究和创作实践,颇有体会地表达了自己的独到见解:"海派无派"。这四个字高度概括了海派文化的实质和特点。我只是从学习和实践中有了上面这些肤浅的体

会:海派无派有文化！真正认识到海派文化之美,要有一个过程,并须下一番功夫的。难怪有个别领导同志会提出不要讲海派文化就讲上海文化之类的意见,其实是对这个"派"字的特定含意还缺少深切体会。此派非派性之派、派别之派,是特定地域文化属性之意。文化的多元性、丰富性是客观存在的,是好事嘛！经受海风,枝繁叶茂,花香四溢,一朵一丛,都别具一格,越来越鲜艳夺目,倍受世人赞赏和珍爱之花,美不胜收！

（三）为海派文化越来越美而努力

中国的上海常被说成是一个"海","海纳百川"是这个城市的独特性格。从上海的发展历程,特别是进入现代化建设的新时期以来,上海的改革、开放和开拓、创新不断推进,在经济发展和城市建设等各个方面,都已经并继续发生巨大的变化。就文化领域的现代化和更新、发展来看,上海有"海派文化"之说,这"海派文化"是对传统文化的标新,是中西文化结合的产物。"海派文化"喜宽容,爱接纳,积极合理引进,正确吸收、转化、利用人类一切文化成果,敢于并善于进行中西文化交流和融合,反对封闭、保守的同时,拒绝"全盘西化"和"文化垃圾"。这是上海文化性格中的重要因素。

翻开上海的历史长卷,可以看出它从一个小渔村发展成今天拥有 2 487.4 万人口的繁华大都市,有着自身特有的发展规律和特殊的历史轨迹,其中最明显的一条,就是这个城市的开放性,是面向世界、走向世界,因而成为国际性大都市的。

上海滩通向五湖四海。上海滩是大自然的杰作,以长江为主的河流所带来的泥沙,终于堆积成了这个滨海平原。上海成陆并形成了黄浦江系。黄浦江西岸曾经名之为"黄浦滩路",东岸则成为而今世界瞩目的投资热土。浦东开发开放从一开始就吸引了各国各界人士的关注。上海的地理位置优越,海、陆、空交通便捷,国际经济、金融、贸易中心等"五个中心"的建设,都为上海成为中西文化交流的重要窗口提供了基础。

上海人来自四面八方。上海是中国最大的移民城市。据1949年的统计,居民中85%人口是从外省市来的。如今还有来自英、法、美、日、俄等各国的外籍侨民。综观上海发展历程,领略申城社会风情,我们自然会感觉到,这个开放性的大都市,拥抱世界、拥有世界,在金融、贸易、科学、技术、文化、教育各个领域都和世界有着密切的关联,而中西文化的交流、融合、吸纳、转化、互补尤为明显。上海文化常常被称为"海派文化",对"海派文化"一词,虽然谁也没有给出一个确切的定义,至今尚有争议,但这并不妨碍我们对"海派文化"的内涵和外延及其发展趋势做一些研讨。

"海派文化"这一名词的出现,始于清末民初,当时只是限于绘画,有"海派绘画"或"海上画派"的提法,继而在戏剧方面,特别是京剧,有"京派"(北派)和"海派"(南派)之别,接着就逐渐扩展到文化的各个领域,即所谓"海派文化"。由于中国国土辽阔,南北自然条件、风土人情的差别,学术文化传播不同而产生了北派、南派,如禅宗之有北宗、南宗,昆曲之有南昆、北昆等。这种变化集中发轫于上海。上海是西方文化输入的窗口,中西文化首先在这里碰面、汇聚,所以中国近代的科学多在这里孕育,从这里扩散。"海派"表明了这样的地区和时代印记。但"海派文化"不等于就是"上海文化"或地域文化,而是一种有特定丰富内涵的文化精神,是一种自然形成的但又有其必然性的文化品格,是一种有别于其他文化流派的文化存在形式。"海派文化"只能产生并发展于上海。"海派文化"的形成和发展是与分布在世界各国的海外华人的贡献与作用分不开的。

"海派文化"作为文化现象,是一定政治经济条件下的产物,必然随着时代的前进、形势的发展而发展变化,孤立地、静止地研究"海派文化"是无益的。有必要说明的是:"海派文化"以上海为代表,并不是说凡是在上海的学人、艺术家就都是海派,而只是指具有海派精神、海派风格的。海派乃是就艺术文化的精神、风格而言,凡具有这种精神、风格的,纵不活动于上海的人,亦属海派。就我的粗浅认识,"海派文化"应该具有以下几个主要特征:

第一,"海派文化"能兼收并蓄,不但不排斥外来文化,而且包括了西方文化,在接受中吸纳有益于己的部分,经过吸收、消化、转化,融合进自身中去,融合不是混合,而是"化合"——转化为自己的有机组成部分。鲁迅先生的"拿来主义"最简括地说明了这一点。

第二,"海派文化"能继承创新,不封闭,不保守,在稳定中变革,在继承中发展,在更新中弃旧。可以说"海派文化"是传统文化中的部分异化,是对悠久、凝重的传统文化的标新。应该肯定,中国传统文化曾经有过辉煌灿烂,但也曾经吸收了外来文化的精华。如今,民族文化要在继承优秀传统的同时,改革创新,以建设有中国特色的社会主义文化。因为时代在前进,形势在发展,社会在进步,人类在进化,文化是不应该也不可能停滞不前、因循守旧的。"海派文化"追求变革创新是显然的。事实证明,有创新的继承才是积极的正确的继承,把继承传统和改革创新割裂开来、对立起来是不好的。把两者有机地结合起来、统一起来,才能使中国传统文化中的求稳和西方当代文化中的求变得到互补。这才是我们的努力方向。

二、移民是上海形成多元文化的基本条件

1840年的鸦片战争导致清政府签订了丧权辱国的《南京条约》,广州、福州、厦门、宁波、上海五口岸开放,对外通商。其中,上海租界设立得最早,面积最大,居住的外国人也最多。开埠后,上海逐渐成为中国近代化程度最高的城市,反映西方文明的许多事物都首先出现在上海,构成了难计其数的近代中国"第一":1865年,上海第一家煤气厂在苏州河畔建成。同年11月即开始向公共租界供应煤气并用于照明,繁荣的南京路启用煤气灯照明,从而使道路面貌焕然一新,上海公用事业由此开始。1881年8月,杨树浦水厂开始建造,于1883年8月1日正式向外供水。1907年9月至10月间,由邮传部拨款3万银圆筹建的上海电话局,在南市东门外新码头里街(现中华路、跨龙路口)建成开业。1908年1月21日,英商上海电车公司的有轨电车从"静安寺车栈"驶出,在爱文义路(今北京西路)上试行。1913年,杨树浦发电厂由英国商人投资建成,初时装机容量为1.04万千瓦,到1924年,装机容量达12.1万千瓦,成为当时远东第一大电厂。1928年,公共租界行驶价格低廉、快疾的公共汽车,被市民视为"恩物"。

工厂的大量开设,需要大量的人力资源。上海开埠时的城市人口不到20万,1900年达到了100万,已是中国最大城市。1919年,上海就是中国超大城市了。近代上海移民占总人口的85%左右。高比例、多来源的移民人口,使得上海社会主客矛盾基本不存在,本地文化对由移民带来的外地文化同化力不足,为外地文化在上海立足、发展提供了难得的土壤。于是,文化多元成为近代上海的一个重要特点。近代上海城市文化是以江南文化为底色的。有人说,江南文化是一种"水文化",水是流动型的,而非静态型的,海派文化传承了江南文化的亲水性特征,从本质上说是一种动态文化,以不断改变自身内涵及存在方式为前提,因此变异性也就成了海派文化一大特征。

南京路上四大百货商店老板多为广东人。沪上的不少银楼、做金银首饰

的,宁波人居多。开轮船公司、做航运的,宁波人也多,像包玉刚、董浩云家族等;还有叶澄衷、虞洽卿等也都是上海滩赫赫有名的宁波大老板。改革开放以后,全国唯一的经邓小平批准的"同乡会",即上海宁波同乡会。来上海谋生的苏北人,在沿黄浦江、苏州河一带做码头工人较多。扬州人的"三把刀":切菜刀、剃头刀、抖脚刀,堪为上海服务行业扛鼎。不同地方的来沪人员带来不同的本土文化,各地文化中的精华,逐渐被生活在上海的各地人接受了。上海本地的申曲、浙江的绍兴戏、苏州的评弹、苏北的江淮戏……都在上海找到了自己的观众,安营扎寨,彼此共存。

上海一方面是中国人五方杂处,另一方面是华洋杂居。上海处于中外文化交汇的中心,原来的起点是古代吴越和明清江南文化,国际化、工业化、城市化的过程,又为上海引进了大量的西方文化。在这样的大环境下,包含上海移民社会习性和文化性格的海派文化孕育而生。至20世纪初,上海已是名副其实的全国文化中心。

上海开埠后,繁华的十里洋场,聚万方之形形色色,开古今未有之奇局,衣食住行融汇中西,自成一体,社会习俗发生了极大变化:

衣。自1860年清政府在上海派驻"南洋通商大臣"起,上海很快取代广州成为中国最大的对外商业中心。衣着时髦成了当时上海人追求体面消费的风范之一,并相互攀比竞争,不但推动了上海时髦服饰的新陈代谢,也促使西方服饰体系渐为世人接受,从而在交流融合的基础上形成了西装革履与中装绣鞋并存的奇妙旖旎的服饰现象。"人人都学上海样,学来学去学不像,等到有了三分像,上海已经变了样。"当时的上海无疑是"时髦"的代名词,上海时髦服饰时尚自然也成为全国模仿因袭的样板。女性穿的旗袍,即是典型。作为海派文化的重要代表,海派旗袍成了20世纪30年代旗袍的主流。与此同时,男性穿的"中山装"也开始流传开来。中山装由于孙中山先生的提倡,也由于它的简便、实用,自辛亥革命起便和西服一起流行。1912年,南京临时政府颁布通令将中山装定为礼服,修改中山装造型,并赋予新的含义。立翻领,对襟,前襟五粒扣,四个贴袋,袖口三粒扣,后片不破缝,这些形制其实是有讲究的。根据中国古代《易经》《周礼》和现代资产阶级民主政治思想等内容,寓以意义:前身四个口袋表示国之四维(礼、义、廉、耻),袋盖为倒笔架,体现以文治国;门襟五粒纽扣,意为区别于西方三权分立的五权分立(行政、立法、司法、考试、监察);袖口三粒纽扣,表示三民主义(民族、民权、民生);后背不破缝,表示国家和平统一之大义;衣领定为翻领封闭式,显示严谨治国的理念。

食。舌尖上的饮食变化,主要是西菜的传入。西菜,上海人称大菜,有法式、俄式、日式之分。上海是中国西餐业发展最早最快的城市。作为立体展现西方物质与精神综合形象的西餐,是近代上海市民了解和接受西方文化的重要载体。西餐对于近代上海城市文化空间的拓展功不可没。20世纪初,上海的西餐馆已达几十家。这些西餐馆大多集中在今福州路一带,名气比较大的有一品香、一家春、吉祥春、江南村、万年春等。20世纪30年代前后,上海西餐的重心转移到今淮海路一带。康斯坦丁劳勃里、飞亚克、茜顿、华盛顿、卡夫卡斯、檀香山等西餐馆盛极一时。与此同时,老大昌、沙利文、康生、麦瑞、凯司令、哈尔滨、起士林等西点铺、西饼屋相继开张。至20世纪40年代,上海西餐业出现畸形繁荣的局面,各类西餐馆、面包房、西饼屋达百余家。葡萄酒、啤酒、汽水、咖啡、奶茶等酒品饮料登上了上海人的餐桌,酒吧、咖啡馆、啤酒屋、汽水店等出现在上海租界的街头。以面包、牛奶、肉类为主的西餐,改变了国人常食五谷,不注重饮食中蛋白质和脂肪肉类摄取量的习惯,罐头、蛋糕、面包、饼干等西式食品成为畅销食品。肉类加工厂、罐头厂、蛋粉厂、面粉厂等西式食品制造业在上海迅速发展,成为上海近代工业的重要组成部分。

西餐的引入为上海带来了典型的西方礼仪文化——西餐礼仪。西餐讲究用餐环境、进餐氛围、餐桌秩序、餐具使用、贴身服务的理念,以及入座、就餐、交谈过程中注重礼貌、节制、适宜的原则,深刻影响着上海市民的生活方式。

住。上海开埠后,西洋式建筑首先在外滩、洋泾浜畔出现。随后出现了尖塔式钟楼、哥特式内庭等。大世界的建筑风格较为混杂,主要是仿西方古典式,但又仅限于大门、圆柱大厅及剧场等。而内部颇多中国传统形式,是近代娱乐建筑中颇具代表性的一种"混搭"。

19世纪后期,在上海开始出现用传统木结构加砖墙承重建造起来的民居住宅,外门选用石料做门框,故称"石库门"。这种脱胎于中国传统四合院的建筑,在中国近代建筑史上留下了深深的烙印。它的出现是一种城市生活的必然。洋场风情的现代化生活,使庭院式大家庭传统生活模式被打破,取而代之的是适合单身移民和小家庭居住的石库门弄堂文化。

行。20世纪初,鉴于上海人口日益增长,市面渐趋繁华,发展公共交通成为急迫解决的问题。1905年,英商上海电车公司成立,着手铺设从今南京路口至延安东路外滩的电车铁轨,1908年3月5日正式落成通车。这是上海第一辆有轨电车,行驶 6.04 公里,从静安寺开到外洋泾桥上海总会(今广东路外滩),标志着上海近代公共交通的诞生和起步。

衣食住行的变革,无疑带来了娱乐业兴盛。上海的娱乐场所,从西方传入的娱乐方式极多,诸如跑马、跑狗、回力球、弹子房等。自大世界游艺场设球场于顶,后多效尤,成为摩登运动。

此外,上海开埠后,西方交谊舞开始传入。交谊舞也称"舞厅舞",早期被上海人汉译为"跳戏",后来才改为"跳舞"。清同治三年(1864)11 月 22 日,在洋泾浜边"圣若瑟"天主教堂南面的一处空地上,曾举行过一次天主教徐家汇总铎区乐队的宗教乐曲演奏会,这是上海最早出现的西洋管弦乐队的公开演出。清光绪四年(1878),上海管乐器协会建立管乐队。抗战胜利,国民政府接管后改名"上海市政府交响乐团"。1956 年 12 月,即定名上海交响乐团。

1901 年,第一辆汽车驶进了上海。"吸引眼球""扎台型"的汽车兜风乘凉,成为一种奢侈的享乐,取代了之前的马车兜风乘凉。

1923 年 1 月 23 日晚 8 时,美国新闻记者奥斯邦创办的无线电广播电台(通称奥斯邦电台)正式播音,此为上海也是中国境内最早正式播音的无线广播电台。至 1949 年,上海先后有各种广播电台 234 家。

上海的城市繁华,使 20 世纪初开始人口急剧膨胀,语言、文化、建筑、商贸、教育、金融……各领域的"多元"衍化,彰显了魔都海纳百川的广阔胸襟,形成了"融汇东西、贯通中外"的海派精神。所谓"东方小巴黎""东方好莱坞""远东第一游乐场"等,皆充分显示了当时的上海与这些地区的差别并不大。

大世界应运而生。如果说"海派文化"是上海对"非物质文化遗产"所作的贡献,大世界就应该是其中最具特点的代表之一。"大世界"位于西藏南路、延安东路交叉口。始建于 1917 年,创办人是黄楚九。后因经营不善,1931 年由黄金荣接手。1954 年 7 月,上海市文化局派出工作组,接管大世界。1955 年 3 月改名"人民游乐场"。1958 年 1 月,中共上海市委发文,"人民游乐场"改名"大世界"。1966 年,"大世界"招牌拆除,改名"东方红剧场",后成为外贸仓库。1974 年改名"上海市青年宫"。1981 年 1 月,大世界复业,名"大世界游乐中心"。2003 年 5 月,年久失修及"非典"等原因,大世界正式歇业,关门谢客。2017 年 3 月起正式开放。"不到大世界、枉来大上海",曾经是上海滩乒乓响的一句"广告语",也是中外游客心中揩不脱的记忆。100 多年前,"海派文化"拥有的宽泛包容、平民爱国、竞争创新、开放崇洋、奢华时尚等特性,在大世界得到淋漓尽致的发挥。曾被誉为中国文化"东方之门"的"大世界",百戏杂陈,诸艺集成,是了解上海民俗文化的窗口,是上海海派文化的一个标志,是非遗文化的一个缩影,更是能够唤起人们对老上海文化、历史回忆的地标。(录音整理:何振华)

上海历史文脉与博物馆的发展

陈燮君

陈燮君 上海博物馆原馆长
2019 年 5 月 4 日演讲于上海图书馆

上海是国务院命名的历史文化名城,有着悠长的历史文脉。在上海文博事业的发展中,博物馆文化守望着精神家园。上海历史文脉与博物馆的发展,诉说着上海的过去与文化情怀,也吟咏着上海的"诗与远方"。

一、在历史的长河中留下了 6 000 年的文明展痕

寻觅上海城市的历史文脉,其源头竟在 6 000 年前。寻觅上海城市的文化血脉,其源头竟也在 6 000 年前。在上海文明的发祥地,距今约 6 000 年前的马家浜文化、5 000 年前的崧泽文化、4 000 年前的良渚文化和 3 700 多年前的马桥文化依序演进,上海新石器时代和夏商周时期的文化血脉清晰可见。这是城市的文明之源、文化之根,是绵延 6 000 多个春秋的城市文明的先河和根基。

上海的考古工作者发现了 27 处古文化遗址,对其中的 14 处,进行了近 30 次的科学发掘,面积达 11 000 多平方米。近半个世纪以来,按照年代顺序,马

桥遗址、广富林遗址、崧泽遗址和福泉山遗址等古遗址先后发掘，这对于城市文化血脉的寻觅和解密具有直接意义。古文化遗址的发掘，古墓葬的清理，古代陶瓷、铜铁器的发现，炊器、盛储器、食器和酒器等先民日常使用的器物的出土，古代建筑遗存的显露，极其恢宏地展示了上海古代文明的社会风情、生活长卷、起居变迁和文化风骨。

在马桥遗址和崧泽遗址的发掘之初，恐怕难以预料日后会被考古学界公认为两种独特的文化——马桥文化和崧泽文化，这无疑是上海先民对人类文明捧出的两种富有个性的文化类型。在悠悠的考古史上，要以文化类型占有一席之地谈何容易！马桥遗址位于今天的闵行区，在20世纪50年代末60年代初和60年代中期曾进行过两次颇具文化创意的发掘，90年代前期又进行了第三次开挖。说它是一种新的文化类型，主要是与湖熟文化与良渚文化比较而言。主持过马桥遗址的前两次发掘工作、对上海考古工作做出过重要贡献的黄宣佩先生对马桥文化的文化个性有过深刻的阐述。他指出，马桥中层文化，经过整理研究，发现它与南京湖熟文化显著不同。例如在文化特征中非常重要的烹饪器，在马桥是三实足的陶鼎，使用我国东部地区的传统炊器；而湖熟主要是三袋足的鬲，鬲是黄河中上游地区的常见器。即使是蒸煮器，在马桥也为上甑下鼎，而湖熟是甑鬲的结合。再以两者共有的印纹陶器做分析，器形方面在马桥全是圜底内凹的器底，而湖熟则有较多的平底器；马桥成行的鸭形壶，在湖熟未见，而湖熟常见的一种梯格形的印纹，在马桥属偶见。至于一种类似青铜器的觚、觯、尊、豆等灰陶器，与拍印的各种变形云雷纹，在马桥是主要器形与纹饰之一，而在湖熟不见。所以马桥中层是一处我国东南地区的古越文化遗存，而湖熟则是古越与中原商周文化结合的另一类文化。以这类文化与在它之前的良渚文化相比，面貌截然不同，如马桥文化陶器以红陶为主，器表普遍拍印绳纹或叶脉纹、篮纹、方格纹和席纹等印纹，而良渚则盛行灰陶和黑衣灰陶。器表大部保持素面，或部分作刻划纹。马桥器形常见圆底内凹，在良渚这类器基本不见。在良渚已有高度发展的制玉工艺，在马桥中则不见。马桥文化的发现与命名，揭开了夏商时代古越的一段历史。当然，马桥文化同中原地区、黄河下游地区和江淮流域存在着不同层面的交往和联系。

从20世纪60年代至90年代中期，崧泽遗址进行了数次发掘，在文化类型上涉及崧泽文化和马家浜文化。后者属于马家浜文化的偏晚阶段，在文化面貌上反映了由今浙北、苏南地区较早阶段的马家浜文化的向东扩展。然而崧泽文化却是具有文化命名意义的独立文化类型。在崧泽遗址上，共清理了135座崧泽文化墓葬。崧泽墓地延续时间长，随葬器物丰富，组合清晰，形式完整，地层学依据充分，崧泽文化各期的文化遗存完备，为崧泽文化的全面分期奠定了坚实的史学、考古学和社会学基础。2004年2月底，崧泽遗址考古发掘又获辉煌成果。上海博物馆考古研究部因为遗址区内将建造遗址博物馆而进行抢救性发掘，发掘工作从2月至4月底结束，获得了许多新的重要考古成果。一是发现距今6 000多年以前马家浜文化时期人工堆筑的祭坛。祭坛位于崧泽墓地东南的原生土上，东西窄，南北宽，现存面积约230平方米。祭坛顶部地势平坦，有一片红烧土。由人工堆筑成土台作为祭坛，并在祭坛上举行祭奠祖先或神灵等礼仪活动，在距今4 000多年前的良渚文化中极其盛行。这次发现的马家浜时期祭坛将人工堆筑祭坛的历史向前推进了一大步。二是发现马家浜文化时期的建筑遗迹——房址。房址坐落在祭坛北面原生土上。形制完整的有1座，平面呈圆形，外圈柱洞15个。房内地面硬实，面积约5.5平方米，门宽1米，朝西北方向，门外挑出门廊。房内有2个小柱洞，可安支撑屋顶的柱子。房内还有1个灰坑，坑内积淀着很多经过燃烧的草木灰灰烬。这处房址尽管面积不大，但结构比较完整。三是发现上海最早的先民墓葬。这次发现的7座马家浜文化墓葬填补了上海地区以往未有该文化时期墓葬出土的空白。墓葬都埋在祭坛之外的低地，6座为头向偏北的单人仰身直肢葬式，1座俯身葬。俯身葬墓主人头骨保存得较好，经鉴定为一年龄在25—30岁的男性。四是出土一批马家浜文化时期的重要文物。这次出土的马家浜文化时期的文物有石器、骨器、陶器等。五是发现距今5 000多年前的崧泽文化时期墓葬及一批文物。此次发现和清理了12座崧泽文化墓葬。自1960年以来，共发现崧泽时期墓葬148座，为我们了解、研究崧泽墓地的布局及遗址所处的假山墩的形成提供了极其珍贵的资料。

中国国务院公布的第五批全国重点文物保护单位，上海青浦区的福泉山遗址榜上有名。20世纪70年代末至80年代，福泉山遗址被数次发掘，其文化遗存涉及马家浜文化、崧泽文化、良渚文化、马桥文化和吴越文化。福泉山遗址位于上海市青浦区重固镇的西侧。福泉山又名覆船山，据清光绪《青浦县志》记载："福泉山在干山北，下皆黄土，隆然而起，仅十余亩，殆古谓息壤也……初因形似号覆船，后以井泉甘美，易今名。"它是重固镇西侧农田中的一座古人堆筑的小土山，呈不规则的长方形，东西长约94米，南北宽84米，高

7.5米；东、南、西三面斜直，北部坡面有台阶。如今，土山上秀竹片片，小径迂回，依然弥漫着古朴气息，传递着来自古代文明的信息。福泉山是古代太湖地区在沼泽地带中的一种典型的高台墓地，内含新石器时代的崧泽文化、良渚文化和战国至宋代的墓群。在山的四周农田下又有马家浜文化、崧泽文化、良渚文化、马桥文化与战国时代的遗存，埋藏的古代遗迹和遗物极为丰富。福泉山遗址的发现，为考古学和上海史研究，提供了丰富翔实的资料。随葬丰富的大墓都集中埋葬于高土台上，随葬贫乏的墓葬则埋葬在遗址近旁的低洼地上，这对探讨良渚文化社会阶层的组成、埋葬制度和社会形态的变化等均有直接的研究价值。随葬的玉石陶器丰富精致，美不胜收。玉器种类有琮、璧、钺、璜、坠，还有晶莹剔透的玉钺、组合复杂的项链、光滑圆润的玉珠和全国最早的玉带钩等。玉器形式骤增，工艺精湛，数量庞大，用途纷繁，代表着中国第一个用玉高峰的到来。石器增见了扁平穿孔平刃斧、有肩钺、有段锛、耘田器、多孔刀以及收割庄稼的专用工具——镰刀。不少经研磨抛光的钝锋石钺，毫无使用痕迹，明显地用作礼器。陶器盛行快轮工艺。夹砂陶摒弃了崧泽文化习用的蚌壳与谷壳屑，代之以云母与细砂，器形以缸形器、鱼鳍形和T字形足鼎最常见。墓葬中有些陶器堪称中国新石器时代制陶工艺的巅峰杰作，已经不再是日常使用的器皿，而是与珍贵的玉石礼器相配伍的良渚人礼天祀地、敬神祭祖的重要器具。福泉山遗址的发现与发掘无疑是上海地区良渚文化研究中最重大的突破。

广富林遗存发现于1959年，早在60年代初，就进行了试掘工作，但是，取得重大进展却是近年的事。广富林遗址位于上海松江城西北6公里，上海博物馆考古部近年在广富林遗址进行全面勘探，从而对遗址的分布范围有了新的认识，发现在超过100 000平方米的范围内都有古代遗物的分布，初步确定了遗址区域。在勘探的基础上对遗址进行重点发掘，取得了新的成果。考古工作者首先发现了新石器时代良渚文化人工堆土筑建的台形墓地和23座墓葬。在发掘范围内，良渚文化墓地分为两个墓区，墓区的边缘都以石块为界。各墓随葬品以陶容器为主，其中有件夹砂红陶三口带流壶，造型新颖别致，是良渚文化中首次发现的新器形。另有一件彩绘双鼻壶，在黑衣上绘红彩绚索纹，比较少见。多数墓葬还随葬了石器，个别墓葬有纺轮随葬。值得注意的是有少数墓葬还随葬玉器，种类有玉环、玉锥形器和玉管。在有些墓葬中发现了明显的人骨错位现象，如3号墓的头骨倒置，枕骨大孔朝上，头骨旁边放置了一堆脊椎骨,盆骨分离,肋骨散乱。人骨严重错位表明存在着一种特殊的殡葬方式。发掘中还发现了良渚文化以石块作为墓上标志。以石块作为墓葬标志物显然是为了标识墓葬所在位置,以免后埋的墓破坏了先埋的墓,更重要的是便于在先祖的墓前进行祭祀活动。良渚文化墓地上的祭祀活动主要有两种形式,一种是将烧毁后已经成为红烧土的房屋体残块搬至墓地,放置在柴薪之上,然后燃火再烧。另一种就是烧火,墓地上留下了许多小片的黑灰。这两种形式都以烧火作为祭祀手段,即所谓"燎祭"。广富林遗址发掘的另一项重要收获是新发现了一类新石器时代晚期文化遗存,它不同于以往分布于该地区的所有其他文化。其文化特征是陶器纹饰有绳纹、篮纹、方格纹、叶脉纹、斜线纹、竖条纹和附加堆纹等,陶器种类有垂腹釜形鼎、浅盘细高柄豆、直领瓮等,这类遗存在环太湖地区是第一次发现,非常新颖和特殊,堪称广富林文化遗存。通过比较可以认为这一文化遗存来自主要分布在豫东地区的王油坊类型。广富林文化遗存的发现为探讨4 000年前族群的活动范围和迁徙、环太湖地区的文化变迁提供了十分珍贵的新材料。在广富林遗址发现了丰富的东周—汉代遗存,并发现了这个时期的建筑材料和青铜生产工具,充分证明广富林在东周—汉代是一处非常重要且具有相当规模的大型聚落。另外还新发现了西周时期的文化遗存,填补了广富林遗址年代上的空白。

二、努力形成博物馆文化新理念

在上海博物馆事业的发展中,努力形成博物馆文化新理念,也积极投入中国2010年上海世博会的践行。

在庆祝上海博物馆建馆60周年的喜庆日子里,上海博物馆隆重举行了"博物馆的文化力量——国际博物馆馆长高峰论坛",纽约大都会博物馆、故宫博物院、大英博物馆、东京国立博物馆、中国国家博物馆、克利夫兰艺术博物馆、上海博物馆、艾尔米塔什博物馆、南京博物院、奈良国立博物馆、敦煌研究院、波士顿艺术博物馆和陕西历史博物馆的馆长、副馆长和董事欢聚一堂,共话"博物馆的文化力量";应该认识博物馆所蕴含的文化力量,"博物馆内涵"是文化力量的生动体现,"继承、探索"是文化力量的无穷魅力,"民族精神"是文化力量的崇高体现;应该了解博物馆文化力量的体现方式"真、新、诚、蕴",真——为观众创造情境的规定性,新——给观众以丰富新鲜的感受,诚——与观众的内心情感相呼应,蕴——使观众感受再创造的愉悦;应该探索博物馆文化力量的社会功能,包括社会认识功能、思维教育功能、情感交流功能、性情陶冶功能和感观愉悦功能等。博物馆的文化力的探索致力于真实反映地域文明,努力营建文化空间,积极凝聚文化主题,真实获得文化享受,全面创造文化公平,重视开拓文化传播。博物馆应该成为文化典范,编制总体规划,启动监测机制,加强安全防范,完善科学管理,推进修缮保养,提升服务质量,维护环境面貌,搞好开放陈列,增强保护研究,强化文化传播,适应城市的综合发展。上海博物馆在回顾总结发展历程的基础上,正在探索连接明天的"博物馆文化"的十大新理念:一是"以物为重+以人为本",二是"以史为鉴+拓展未来",三是"中国古代艺术博物馆+数字博物馆",四是"人事管理→人力资源管理",五是"城市的窗口+城市的课堂",六是"安全保卫→平安建设",七是"外事工作→文化交流",八是"礼品制作→文化创意开发",九是"保管展示捐赠品→善待收藏家",十是"博物馆管理理论研究→博物馆学的理论探索与实践"。"博物馆文化"的新理念来自昨天和今天的实践,连接着博物馆的明天。

上海在城市发展中,经历了影响深远的盛事,自己积极介入。"世博会"是上海进行的"百年一遇"的历史穿越。中国 2010 年上海世博会圆了百年之梦,进行了文化积淀,给予亲历者、参与者和后来人许多文化震撼、激励、睿智与启迪。自己作为中国 2010 年上海世博会主题演绎顾问、总策划师,上海世博会城市足迹馆馆长、世博会博物馆馆长,投身于世博长达 10 个春秋。在组织、策划、践行、管理的过程中,深刻领悟到:世博是创意的摇篮、经典的盛宴、艺术的节日和生命的礼赞。世博贵在创造,创造、创新成为世博文化的灵魂。世博会的创新放飞人类的思想与智慧。在英国伦敦的维多利亚·阿尔伯特博物馆有专门收藏、展示历届世博会展品的展厅,伦敦科技馆收藏了历届世博会的科技创新成果方面的展品;巴黎装饰艺术博物馆收藏了世博会上曾经展出过的"新艺术"和"装饰艺术"展品……在筹备中国 2010 年上海世博会的过程中,有机会在半年时间里奔赴 9 个国家的 30 多个博物馆进行考察、借展;在国内我们更是深入了各省市几十家博物馆商借展品,盛情点赞"世博文化"的各种创造、创新和创意。创意是世博历史的主旋律。纵观世博会的历史,满目创意,从王韬后来对于第一届世博会的水晶宫的描述可见创意之奇:"地势高峻,望之巍然若冈阜。广厦崇闳,建于其上,透迤联翩,雾阁云窗,缥缈天外。南北各峙一塔,高耸霄汉。白塔凡十四级,高四十丈。砖瓦榱桷,窗牖栏槛,悉玻璃也;目光注射，一片晶莹。其中台观亭榭，园囿池沼，花卉草木，鸟兽禽虫，无不毕备……"世博建筑往往创意汇聚，引领建筑思潮和建筑技术，具有明显的标志性、艺术性、前瞻性和实验性。1851 年伦敦海德公园"万国工业成就大博览会"的水晶宫是建筑走向工业化的标志，被誉为工业化建筑的先驱。1873 年奥地利维也纳世博会主展馆的圆顶大厅的穹顶用锻铁和玻璃建造，重达 4 000 吨，由 32 根高约 24 米的柱子支撑，穹顶上有巨大的采光塔，很快被称为"世界第八奇迹"。1889 年巴黎世博会的埃菲尔铁塔改变了城市人认识自己居住城市的方式，生活方式也为之一变。1893 年美国芝加哥世博会出现的菲利斯摩天轮高 80 米，有两座 43 米的钢塔支撑，蒸汽机的马力为 1 000 匹，设有 36 部缆车，同时可乘 2 160 名游客。它开创了大转轮之先河，让人尝试一种凌空的全新体验，从此风行世界，成为狂欢节和娱乐场的重要标志。1898 年由维克多·拉卢设计的奥赛火车站为两年后的法国巴黎世博会而建，用立面隐藏了车站的大体量和铁铸结构，古典式的空间处置与钢铁结构浑然一体，于 1973 年被列为历史建筑，现在成为收藏法国 19 世纪艺术品的奥赛博物馆。1939 年纽约世博会的世博塔和世博球成为主题馆，世博球寓意人类对理性的求索，隐喻未来世界，世博塔则象征摩天大楼，这一塔一球从此融入充满创意的世博历史，常常令人回首品味。1958 年比利时布鲁塞尔世博会的原子塔由 9 个直径为 18 米的铅质大圆球组成，重量为 2 200 吨，最高球顶离地 102 米，原子塔银光闪烁，雄伟新奇，表达了人类对金属、钢铁工业的崇敬和对原子能和平利用的期盼。1962 年美国西雅图标志性建筑"太空针"演绎了"太空时代的人类"的主题。1964 年纽约世博会的 12 层不锈钢制作的"世博地球"至今令人难以忘怀。1970 年日本大阪世博会的太阳塔彰显了这届世博会的成功，反映了"人类的进步与和谐"。上海世博会的世博会博物馆的"吉祥世博城"和"向往和平"展项全面反映了这些创意淋漓的标志性建筑。世博历史，创意澎湃，创举非凡：1851 年的伦敦世博会展示了蒸汽机和缝纫机，1853 年的纽约世博会出现了电梯，1876 年费城世博会上展出了打字机、留声机和"最值得惊异"的电话，1878 年巴黎世博会上的钨丝灯泡璀璨无比，1893 年美国芝加哥世博会的琥珀爆米花、"蓝带啤酒"、麦片、箭牌口香糖很快风行，1900 年巴黎世博会上的电影、无线电收发报机和 X 射线仪令人惊叹，1904 年美国圣路易斯世博会上的"热狗"和冰激凌蛋筒让人兴奋不已……在世博会博物馆中徜徉，从世博场景、历史脉动、项目演绎、记忆再现、文物展示中处处可见创意掠影。城市足迹馆的 16 个大展项也给观赏者留下了十分深刻的印象。

三、守望精神家园的绵延传承与智慧养育

改革开放以来,上海博物馆十分重视三大传统功能的现代化,即关注借助于高新技术的收藏征集保管功能、形成学科发展优势的研究功能、面向现代社会的社会教育和展示功能。上海博物馆把每一个展览的筹划和推出,与博物馆研究优势的积累与发挥、博物馆办展能力的磨砺和提升、社会教育资源的积聚与社会教育功能的发挥紧密地联系起来。"一个展"与"一个馆"的成功的演绎,可以在博物馆的文化平台上,有效地延伸和拓展文化和文博视野与资源,连接社会大美育的艺术通道,让观赏者在一个文化窗口直面多个人类文明的坐标,欣赏稀罕的文化艺术的瑰宝与文化艺术发展的"石破天惊"。

上海博物馆认真总结"一个展"与"一个馆"的宝贵经验,在长期的办展实践中,形成了五条重要的办展思路:一是"世界古文明系列",二是"对话世界文明系列",三是"中国边缘省份及文物大省文物珍品系列",四是"中外文物艺术名品系列",五是"上海博物馆馆藏精品系列"。在"世界古文明系列"中,已成功举办"大英博物馆藏古埃及艺术珍品展""墨西哥玛雅文明珍品展""古罗马文明展:罗马帝国的人与神""艺术与帝国:大英博物馆藏亚述珍品展""古代奥林匹克运动""古印度文明辉煌的神庙艺术""毛利人的世界:新西兰奥塔哥博物馆珍藏文物展"等。在"对话世界文明系列"中,有"意大利乌菲齐博物馆珍藏展:十五——二十世纪""卡地亚艺术珍宝展""'太阳王'路易十四:法国凡尔赛宫珍藏展""美术的诞生:从太阳王到拿破仑——巴黎国立高等美术学院珍藏展""从巴比松到印象派:克拉克艺术馆藏法国绘画精品展""从提香到戈雅:普拉多博物馆藏艺术珍品展""北方之星:叶卡捷琳娜二世与俄罗斯帝国的黄金时代""宝光璀璨:法贝热珠宝艺术展""巡回展览画派:俄罗斯国立特列恰科夫美术馆珍品展""英国艺术三百年:适应与革新""走向现代主义:美国艺术八十载(1865—1945)""心灵的风景:泰特不列颠美术馆珍藏展(1700—1980)"等。在"中国边远省份及文物大省文物珍品系列"中,已隆重推出"新疆维吾尔自治区丝路考古珍品展""草原瑰宝:内蒙古文物考古精品展""雪域珍藏:西藏文物精品展""晋国奇珍:山西晋侯墓群出土文物精品展""金玉华年:陕西韩城出土周代芮国文物珍品展""周野鹿鸣:宝鸡石鼓山西周贵族墓出土青铜器展"

"酌彼金罍：皿方罍与湖南出土青铜器精品展""山西博物院藏古代壁画艺术展""宅兹中国：河南夏商周三代文明展"等。在"中外文物艺术名品系列"中，影响深远的有"晋唐宋元书画国宝展""《淳化阁帖》最善本特展""中日书法珍品展""千年丹青：日本、中国藏唐宋元绘画珍品展""翰墨荟萃：美国收藏中国五代宋元书画珍品展""吴湖帆书画鉴藏特展""丹青宝笈：董其昌书画艺术大展""万年长春：上海历代书画艺术特展"等。在"上海博物馆馆藏精品系列"中，有"甲骨文发现100周年特展""幽蓝神采：元代青花瓷器大展""灼烁重现：十五世纪中期景德镇瓷器大展""海上锦绣：顾绣珍品特展""竹镂文心：竹刻艺术特展""惟砚作田：上海博物馆藏砚精粹展""瑞色凝光：上海博物馆秘藏缂丝莲塘乳鸭图特展"等。这些展览的筹划和推出，不仅为上博赢得了盛誉，而且反哺了上博，促进了其综合素质的提高。

跨入新世纪以来，上海博物馆有不少展览都被上海这座城市牵挂。一个展能与"一座城"相联系，市民会为一个展而排起长队、形成热议，并进而"大手牵小手，小手拉大手"，走进展览现场，这是一种值得关注、研究和倡导的"文化现象"。这种"文化现象"反映了城市文化精神，展示了博物馆的"文化力量"。艺术给城市以睿智，艺术让城市生活更美好。人们在直面经典、阅读经典的时候，感受到了经典的力量。

现代公共文化服务体系中的博物馆文化的力量、情怀与智慧，是中国进一步发展、崛起的文化准备。时代呼唤文化，文化凝聚力量。文化是民族的血脉，是人民的精神家园。满足人民基本文化需求是社会主义文化建设的基本任务。加强公共文化服务是实现人民基本文化权益的主要途径。必须坚持政府主导，按照公益性、基本性、均等性、便利性的要求，加强文化基础设施建设，完善公共文化服务网络，让群众广泛享有免费或优惠的基本公共文化服务。各类公共场所要为群众性文化活动提供便利，实现资源整合、共建共享。坚持以人为本、贴近实际、贴近生活、贴近群众，发挥人民在文化建设中的主体作用，坚持文化发展为了人民、文化发展依靠人民、文化发展成果由人民共享，促进人的全面发展，培育有理想、有道德、有文化、有纪律的社会主义公民。优秀传统文化凝聚着中华民族自强不息的精神追求和历久弥新的精神财富，是发展社会主义先进文化的深厚基础，是建设中华民族共有精神家园的重要支撑。要全面认识祖国传统文化，取其精华、去其糟粕，古为今用、推陈出新，坚持保护利用、普及弘扬并重，加强对优秀传统文化思想价值的挖掘和阐发，维护民族文化基本元素，使优秀传统文化成为新时代鼓舞人民前进的精神力量。要鼓励全民族文化创造活力持续迸发，抓好非物质文化遗产保护传承。科技创新是文化发展的重要引擎，要发挥文化和科技相互促进的作用，深入实施科技带动战略，增强自主创新能力。开展多渠道、多形式、多层次对外文化交流，广泛参与世界文明对话，促进文化相互借鉴，增强中华文化在世界上的感召力和影响力，共同维护文化多样性。中华民族伟大复兴必然伴随着中华文化繁荣兴盛。博物馆文化的力量、情怀与智慧反映了民族的文化自觉与文化自信。历史应该敬畏，不能随意剪辑；文化贵在成长，不能轻视积累；"动静"伴随节奏，不能刻意"制造"。公共文化服务体系有自己应有的文化立场、文化尊严、文化权益、文化力量、文化情怀与文化智慧。

上海博物馆作为国际化大都市上海重要的文化窗口和艺术殿堂，展示着中华文明的源远流长与博大精深，承载着中华儿女的历史文脉与辉煌业绩，播扬着城市文化的民族精神与人文风采，同时也肩负着中外交流、文明互鉴的历史重任。上海博物馆既具有得天独厚的地理优势和人文资源，又担负着沟通南北和融汇东西的文化使命。上海博物馆至今已经走过了70年的发展历程：从陈毅市长题写馆名、南京西路原址的艰难创业，到河南南路旧馆的卧薪尝胆、锐意变革，从人民广场新馆的顺利建成到浦东上博东馆建成，多系列大展和多次国际研讨会产生了广泛而深刻的社会影响，这每一个飞跃都记载了上海博物馆视自己为城市公共文化中的一个重要生命体，托起民族文化的辉煌，进行中华文明的传承，解读历史，净化心灵，播扬先进文化，守望精神家园。上海博物馆以真诚执着的人文情怀、创意无限的文化情怀，显示博物馆文化的力量与智慧，进一步为上海城市文化的多元化、国际化、创新化与和谐化做出了新的贡献，也为培养城市文化气质、提升城市文化品位和塑造城市文化魂魄做出了积极努力。博物馆文化以其民族凝聚力，诉说着民族文化的博大精深、源远流长；博物馆文化以其历史穿透力，演绎着漫长历史的沧桑巨变、岁月坦诚；博物馆文化以其文化渗透力，寻觅着中华文明的悠悠源头、绵绵根脉；博物馆文化以其艺术感染力，守望着精神家园的世代传承、人文自豪；博物馆文化以其全球影响力，促进着世界文明的文化对话、智慧养育。

上海文化、上海文学与 20 世纪中国文学

杨剑龙

杨剑龙　上海师范大学教授
2023 年 4 月 8 日演讲于杨浦区图书馆

自 1843 年开埠以后，上海逐渐形成了具有独特内涵的上海文化，她制约着上海文学的发展与变迁，影响着 20 世纪中国文学的发展与嬗变。回溯 20 世纪中国文学的发展轨迹，探究上海文化与 20 世纪中国文学发展的关联，从而总结其中的经验与教训，具有十分重要的意义。

一

上海以其优越的地理位置，使其成为近代中国发展最快的现代都市，也逐渐形成了上海独特的文化形态与内涵。1904 年，蔡元培等主编的《警钟日报》发表了题为《新上海》的社论，对上海的地理位置做了生动的描绘，并感慨："美哉上海，何幸而得此形势！"由于面对浩瀚的大海、背靠长江三角洲平原优越的地理位置，使上海在近代中国得到了飞速的发展。小渔村的上海浦，至南宋末年正式设置了上海镇，到元代始设立了上海县，清康熙二十四年（1685）上海正

式设立了江海关,雍正年间上海逐渐成为苏州、松江、太仓三个地区的行政中心。清嘉庆的《上海县志》载:"上海为华亭所分县,大海滨其东,吴淞绕其北,黄浦环其西南,闽、广、辽、沈之货,鳞萃羽集,远及西洋暹罗之舟,岁亦间至。地大物博,号称繁剧,诚江海之通津,东南之都会也。"虽然上海为东南之都会已得到了认可,但由于清政府长期以来的闭关锁国政策,上海作为对外贸易港口远远落后于广州、厦门、宁波等城市。1843 年 11 月 8 日,英国首任驻上海领事巴富尔抵达上海,宣布上海于 11 月 17 日正式开埠。得天独厚的地理环境给上海提供了发展的基础,上海迅速发展成为一个繁华的移民城市,成为中国最富庶的长江三角洲的商品集散地。上海文化也在都市的发展中逐渐形成,在其形成的过程中诸多因素都起到了重要作用。

首先,商业文化的确立是上海文化形成的基础。开埠以后,英国领事巴富尔将上海县城以北的外滩一带建立了第一块租界。接着,法租界、美租界等相继在上海建立。租界内实行治外法权,为帝国主义在中国的政治、经济侵略获得了特权、提供了便利,也为资本主义在上海的发展创造了条件。由于治外法权租界的存在,外国工商业资本纷纷来上海投资,外国的轮船公司、造船厂先后在上海出现,外国的银行、煤气公司、电话公司、电厂电光公司、自来水公司等先后在上海建立。这刺激了中国民族工商业的发展,至辛亥革命时,上海新创办的民族资本经营的工厂已达到 112 家,到 1928 年已跃升至 1 229 家。至 19 世纪末,上海已经发展成为中国最大的外贸、商业、金融和制造业的中心,成为一个畸形发展的殖民地、半殖民地性质的现代商业大都市。租界先进便利的生活设施、相对自由的活动空间、比较安全的化外之地等,使得诸多华人纷纷迁居租界,形成了华洋杂居的状况。由于上海逐渐成为一个移民城市,外地的移民纷至沓来,外国的移民纷纷迁入,上海市区的人口激增:1852 年由开埠前的 20 余万增加到了 54 余万,1910 年增长到 128 万,到 1921 年时,已经超过 150 万。都市人口的激增,为上海作为商业化都市的发展奠定了基础,成为全国对外贸易的中心,确立了上海文化所具有的商业文化的特征。

其次,外来文化的引进是上海文化形成的新质。开埠以后,外来文化加快了在上海的传布。外国传教士的影响、外国文化文学著作的翻译、洋学堂的建立与教育等,使上海在外来文化的传入与接受过程中,逐渐形成了上海文化中西合璧的特点。

上海开埠以后,为西方传教士的进入提供了便利,传教士麦都思、文惠廉、裨治文、林乐知等先后于1843年、1845年、1847年、1868年抵达上海。在传教的过程中,也传播着西方科学与文化。麦都思在上海创办的墨海书馆,出版了《数学启蒙》《代微积拾级》《博物新论》《植物学》等有关自然科学的教科书与普及读物。傅兰雅参加上海江南制造局翻译馆工作30余年,在与诸多中国学者的合作中,翻译了139部科技著作,涉及数学、物理、化学、天文、地质等诸多领域,还编辑了《西国近事汇编》《格致汇编》等科普刊物。他谈到西书翻译时说:"考中国古今来之人性,与格致不侔;若欲通变全国人性,其事甚难。如近来考取人才,乃以经史词章为要,而格致等学置若罔闻,若今西人能详慎译书而传格致于中国,亦必能目睹华人得其大益。"据统计,1843年到1898年间"中国共出版各种西书561种,其中上海出版的达434种,占77.4%。从质量上看,无论是自然科学,应用科学,还是社会科学,凡影响很大的,带有开创意义的,几乎都是在上海出版的"。

1897年,梁启超在《论译书》中说:"处今日之天下,则必以译书为强国第一义。"国门被打开之后,上海的学者、翻译家等纷纷开始翻译外国文化文学著作。1869年上海华草书馆翻译出版了英国班扬的长篇小说《天路历程》。1871年王韬翻译了《普法战记》。1872年4月《申报》连载了英国斯威夫特的《格列夫游记》汉译的第一部分,取名为《谈瀛小录》。1873年至1875年文学期刊《瀛寰琐记》连载了蠡勺居士翻译的英国小说《昕夕闲谈》、静轩居士翻译的日本小说《江户繁昌记》。在近代上海的翻译史上,严复与林纾的成就为最,在甲午国耻的刺激下,严复系统地翻译介绍西方学术思想,1898年后他翻译出版了《天演论》《原富》《群学肄言》等西方八大学术名著。林纾自1897年翻译《巴黎茶花女逸事》后,与人合作共翻译了外国文学作品170余部。1906年创刊的《月月小说》和1907年创刊的《小说林》为世纪初的文学翻译提供了重要的阵地,这两大刊物发表的翻译小说占其发表作品的60%以上。除此以外,周桂笙、周瘦鹃、张碧梧、陈冷血、俞天游、包天笑等都是当时颇有声望的翻译家,均有翻译作品发表在上海鸳鸯蝴蝶派的刊物上。五四运动以后,更是加快了对于西方文化文学作品的翻译。

上海开埠以后,洋学堂纷纷先后在上海创办,绝大多数为教会学校。1850年的徐汇公学、英华学塾、清心书院,1863年的圣芳济书院,1865年的培雅学堂,1866年的度恩学堂,1867年的崇德女校,1881年的中西书院,1915年的浸会大学,等等。传教士爱菲尔认为:"中国确实需要西方学者所传播的哲学和科学,但中国必须从基督教传教士那里获得这些知识。"传授西方科学知识成为教会学校主要课程之一。教会学校"用基督教和科学教育他们,使他们能胜过中国的旧式士大夫,从而取得旧式士大夫所占的统治地位"。教会学校开设的课程除了有关宗教教育和儒家经典的课程外,还有化学、物理、数学、天文、动植物学等有关科学知识的课程,对于传授现代科学知识、培养中国现代知识分子,对于上海接受西方的文化与思想都具有重要的作用。

再次,上海的文化传统是上海文化形成的血脉。在从上海浦发展成大都市的过程中,上海在传承中国文化的传统中也有着其自身的建树与传统,有着诸多载入史册的成就:魏晋时期陆机的《文赋》是我国第一部探讨文学内部规律的名作。晚年居于松江的元代诗人杨维桢的《铁崖古乐府》,拟古咏史,想象奇异,诗风奇诡。隐居吴淞的明代诗人高启的诗文,感时怀古,抒情写景,含浑中见清逸,从容中现才情。明代嘉定人李流芳,诗文写景酬赠,清新自然,画幅描画山水,笔墨疏朗峻爽。南明松江人陈子龙,诗歌感时伤世,反映民间疾苦,直抒孤愤悲慨苍凉。南明华亭人夏完淳,诗赋抒发政治抱负,书写国破家亡之悲痛,凄楚激昂慷慨悲歌。清朝张南庄的小说《何典》以村言俚语嘲讽幽默的笔调,以鬼蜮世界展示人生事相。龚自珍在上海完成了他以经术做政论的著作《乙丙之际箸议》,抨击封建专制,针砭社会时弊,强调个性张扬。任上海龙门书院主讲14年之久的刘熙载,完成了《艺概》《昨非集》的编撰。受雇上海墨海书馆达13年之久的王韬,协助传教士翻译西学著作,著述甚丰,创作甚勤,政论强调变法自强,其创作强调"必先见我之所独见,而后能言人之所未言"。戊戌变法后,梁启超提倡"文体革命",开创了平易畅达抒发感情的上海报章文体。章炳麟自1897年来上海后,在上海的报刊上发表了诸多论析时政的文章,以古奥的言辞、尖锐的语气针砭时弊,倡导革命。在"小说界革命"的倡导中,以李伯元的《官场现形记》为代表的官场谴责小说不断在上海涌现,以嬉笑怒骂的文笔谴责官场的腐败堕落。以梁启超《新中国未来记》为代表的"发表政见,商榷国计"的政治小说纷纷在上海刊载,在官与民的对立中倡导新的政治理想。以吴趼人的《恨海》为代表的言情小说大量在上海问世,以男女之间的悲欢离合展示社会历史的变迁。辛亥革命以后长期居住上海的南社成员柳亚子等,以其诗文强烈的政治色彩、忧国忧民的胸怀,呈现出慷慨激昂的风格。上海文化与文学的传统,为上海现代文化的形成奠定了基础。

上海在开埠以后,在商业文化的确立、外来文化的引进、文化传统的继承中,在融会贯通中逐渐构成了上海文化的商业性、开放性、个性化的特征。

商业化的大都市注重经济利益、关注市场效益、强调商场竞争,"近代文明使一切东西都商业化,物质的精神的各方面都商业化了。在中国内地还不明显,在上海这情形就十分明显了"。商业化是社会进步的一种特征,商业性也成为上海文化的一种特点,在商品交换极度发达的都市社会中,以物化的商品特性衡量事物的社会价值,突出事物的消费特质。上海是一个最具流动性的都市,海纳百川、兼容并蓄成为上海文化开放性的特征,外国文化的引进、外地文化的融入,使上海文化在中西合璧多元交融中具有一种开放的气度,纳外来文化于传统,融异地文化于一体,这也使得上海文化呈现出追求创新的精神,无怪乎30年代曹聚仁就曾经说过:"京派笃旧,海派骛新,各有所长。"由于西洋文化不断传入与移民城市的特点,与中国儒家血缘文化家族文化强调群体性不同,在西方文化注重个体性的影响下,上海文化呈现出突出个体强调自我的特征。不迷信权威而看重自己对于事物的感受,不为他人见解所左右而注重自我的看法,五方杂处且华洋杂居,各抒己见众说纷纭、灵活多样不拘一格,就成为上海文化中的一种现象。

上海开埠以后面向世界的过程中,在东西方文化的撞击与融汇中,形成了上海文化的商业性、开放性、个性化的特征,上海成为中国走向现代的缩影,上海文化制约着上海文学的发展,也影响了中国文学的现代化。

二

都市的繁华、文人的云集、出版业的发展等,使上海逐渐成为中国的文化中心。晚清维新运动中,康有为于1895年12月在上海设立了上海强学会,并创办《强学报》;梁启超于1896年在上海创办了《时务报》。此后,在上海出现了许多鼓吹新学和维新变法的团体和报刊。1897年戊戌政变后,为躲避清政府的迫害,诸多维新派志士汇集到上海,在传统文化的中心北京处于没落状态时,上海逐渐取代了北京成为全国文化的中心。1915年上海群益书社《青年》杂志(后改名为《新青年》)的创刊,拉开了中国新文化运动的序幕。直皖战争后,直系军阀张作霖、曹锟控制"北京政权",五四新文化阵营逐渐溃散,1920年陈独秀被捕获释后南下上海,将《新青年》又带回上海,在上海创建了共产主义小组。上海租界的特定环境形成了相对宽松的氛围,无怪乎胡适、傅斯年等曾提议"把北大迁到上海租界去,不受政府控制"。20年代末至30年代,上海作为国内文化中心的地位日益明显,诸多知识分子来到上海,使文化中心的南移成为定局。

在上海成为全国文化中心的过程中,上海文化的商业性、开放性、个性化的特征,深刻影响了上海文学的发展,使上海文学更多了消费特色、现代手法、人性内涵,这也影响了20世纪中国文学的发展与嬗变,使中国文学明显具有与传统文学不同的新质素。

上海在不断都市化过程中,稿酬制度在这里逐渐确立,使文学日趋显现其商品特性,促进了作者队伍的壮大与职业作家的出现。由于传统抑商扬士观念的影响,文人撰文大都以谈润笔为耻,而商业化的上海却开拓了稿酬制度,并逐渐使文人有了商品意识。1907年徐念慈在《小说林》上刊载"募集小说启事":"本社募集各种著译家庭、社会、教育、科学、理想、侦探、军事小说,篇幅不论长短,词句不论文言、白话,格式不论章回、笔记、传奇,不当选者可原本寄还,入选者分别等差,润笔从丰致送:甲等每千字五元;乙等每千字三元;丙等每千字二元。"这种按质论价的稿酬致送,无疑催生了许多作家,尤其发挥了取消科举制度后文人们的才华。在谈到民国初年文学的繁盛时,范烟桥说:"除了晚清时代的前辈作者仍在创作外,更平添了不少后继者,也可以说是新生力量。而旧时文人,即使过去不搞这一行,但科举废止了,他们的文学造诣可以在小说上得到发挥,特别是稿费制度的建立,刺激了他们的写作欲望。"稿费制度的建立,使写作不仅成为抒写性灵的方式,而且成为一种谋生的手段,文学阅读也成为一种消费,这必然对于20世纪中国文学的发展产生重要影响。

商品意识的介入显然促进了文学创作,而上海正是促使作家商品意识形成的大本营。五四期间反对文学的拜金主义,在文学革命倡导的过程中,北京的新文学作家们郑重宣告取消稿酬,当时北京的《新青年》《新潮》《每周评论》《少年中国》《星期评论》《时事新报》副刊《学灯》等新文学报刊概不支付稿酬,甚至构成如此印象:"判断哪一份报刊是否是新文学报刊,哪一位作家是否是新文学作家,无须看作品内容,只要看这份报刊给不给稿费,这个作家要不要稿费便一目了然了。"从某种角度看,这却是一种倒退,以至于郭沫若后来反省说:"这些正是我们那时候还受着封建思想的束缚的铁证,并不是泰东能够束缚我们,是我们被旧社会陶铸成了十足的奴性","把文章来卖钱,在旧时是视为江湖派,是文人中的最下流。因此,凡是稍自矜持的人,总不肯走到这一步"。1926年，郭沫若等创造社作家与泰东书局决裂，在上海成立了自己的出版部，郭沫若思索道："'卖文'是作家应有的权利，没有什么荣辱可言"，"由卖文为辱转而为卖文为荣，这是一个社会革命，是由封建意识转变而为资本主义的革命"，是"意识上的革命"。由封建意识的卖文为辱而转变为具有现代意味的卖文为荣，是中国现代作家在上海文化商业性影响下的一种进步，具有了商品意识的现代作家使上海文学具有鲜明的消费特色，这也影响了20世纪中国文学的发展。

在上海商业性文化的影响下，上海文学具有了鲜明的消费特色。上海文学在商业化文化背景中走向文学消费，在注重文学的读者市场中，注重文学创作的世俗性、可读性、趣味性。在商业化大都市的氛围中，用商业化的方式创作与推销文学，用文化的趣味来欣赏、表现商业都市，文学在表现都市生活中走向消费，并呈现出对于都市生活的审美观照，使上海文学更具有消费色彩的某些特征。在商业性文化的影响下，上海文学的消费特色使20世纪中国文学创作开始注重文学的消费市场，注重读者的阅读趣味，注重世俗的社会生活，注重作品的雅俗共赏，而不再将文学创作仅仅视为作家的独抒性灵自娱自乐。

上海文化的开放性在文学上形成了向世界文学开放的姿态。五四以后的中国文坛，上海仍然是对国外文化思潮文学思潮特别关注的地方，《小说月报》《东方杂志》《文学月刊》《文学旬刊》等刊物不断译介西方文化文学，仅《小说月报》就出版了《被损害民族文学专号》《法国文学研究号》《拜伦纪念号》《安徒生号》《现代世界文学号》《霍普德曼研究》《芥川龙之介研究》等专号，对于外国文学分别做了详细的翻译介绍。由于上海独特的地理环境和文化氛围，因此诸多国外的文化人士进入中国常首先来到上海，传播着西方的文化与思想。上海不断向西方的开放，也就使上海文学受到了西方文学的深刻影响，尤其在对于西方现代派文学关注与影响下，上海文学运用的现代手法使20世纪中国文学在形式上更具有了现代色彩。

在20世纪中国文学的发展中，上海自觉地承担着对于西方文学新潮引进的重要职责，上海的作家们在对于外国文学的模仿与借鉴中运用现代手法，在文学创作的艺术方面不断探索，引领着中国20世纪文学的新潮流。在诗歌创作中，上海文学开拓了中国现代派新诗的道路，使现代派诗歌在上海走向成熟。20年代李金发在上海出版诗集《微雨》《食客与凶年》《为幸福而歌》，是象征主义诗歌在中国诗坛最初的操练。30年代梁宗岱在上海出版诗集《诗与真》

《诗与真二集》,将中国传统诗学融入象征主义。30年代戴望舒在上海出版诗集《望舒草》《望舒诗稿》等,追求象征派形式与古典派内容的统一,将中国象征派诗创作拓展到成熟的阶段。1932年《现代》杂志的创刊,标志着中国现代派诗歌在中国诗坛形成了气候,施蛰存说:"《现代》中的诗是诗,而且是纯然的现代的诗。它们是现代人在现代生活中所感受的现代的情绪,用现代的辞藻排列成的诗形。"上海的《诗歌月报》《文饭小品》等刊物都发表现代派诗作。1936年10月,戴望舒、徐迟、路易士在上海创办了《新诗》,并邀请冯至、卞之琳、孙大雨、梁宗岱等参与主编,形成了中国现代派诗歌的强大阵营。辛笛、唐祈、唐湜、杭约赫、陈敬容等诗人在40年代中国刮起现代主义的旋风,在西方后期象征主义诗歌理论的影响下,他们的诗歌是现实主义精神与现代派手法撞击出的绚烂火花。可以说中国现代派诗歌是从上海引进,又在上海走向成熟的。

在小说创作中,上海文学拓展出现代心理分析小说的新天地,并推进了现代都市小说的成熟。1920年,上海的《东方杂志》《民铎》分别刊载了"Y"的《佛洛特新心理学之一斑》、张东荪的《论精神分析》,对于弗洛伊德的精神分析学说做了细致的介绍。1928年后,张东荪的《精神分析ABC》、黄维荣的《变态心理学ABC》、章士钊翻译的《佛罗乙德叙传》、高觉敷翻译的《精神分析引论》等先后在上海出版,促进了精神分析学说在中国的传播。在小说创作中,心理分析小说的创作在上海也逐渐形成气候。上海是创造社的大本营,郭沫若的《叶罗提之墓》《残春》《喀尔美萝姑娘》等小说,以心理分析的手法描写人物的潜意识性心理,常将浪漫主义的自我表现与心理分析的幻想结合在一起,表达了其文艺创作譬如在做梦的思想。郁达夫的《沉沦》《南迁》《银灰色的死》等小说,关注人物性的冲动、灵肉的冲突、性心理的涌动,将私小说的题材、浪漫主义的情绪、心理分析手法糅合在一起。叶灵凤的《女娲氏之遗孽》《浴》《昙花庵的春风》等小说,描写人物的性本能的冲动、红色的梦境、隐秘的心理,将个性自由的表现、至美境界的追求、人物心理的波澜结合起来。白采的《微眚》、周全平的《楼头的烦恼》、滕固的《石像的复活》等小说,都在关注人物的隐秘心理的描写中,使小说透露出心理分析的意味。受到创造社影响寓居上海的许杰,他的《萤光中的灵隐》《暮春》《雨后》等小说,"差不多想以性的行动,为一切的中心行动,而去解决、观察一切的人生问题社会问题了的"。在中国心理分析小说的创作中,施蛰存、穆时英、张爱玲的出现,使中国现代心理分析小说真正走向了成熟。施蛰存的《梅雨之夕》《魔道》《旅舍》等小说,以细腻的心理分析手法描写人物的潜意识、性心理,他的《将军底头》《石秀》《鸠摩罗什》在对历史故事的重新阐释中,突出人物色欲和民族情感的冲突。穆时英的《白金的女体塑像》《空闲少佐》《某夫人》等小说,在对人物潜意识、性心理的展示中突出人物的二重意识、两重人格。张爱玲的《金锁记》《封锁》《花雕》等小说,将都市人的欲望追求和心理波澜细致入微地描写了出来。中国心理分析小说到20世纪30年代已经形成气候,走向成熟。

20世纪30年代,在日本新感觉派、欧洲现代派的影响下,刘呐鸥、穆时英、杜衡等以具有现代色彩的新感觉手法,反映都市光怪陆离的生活与心理,拓展了都市文学的表现手法。徐訏接受西方现代主义的影响,营构荒诞情节与浪漫情调的故事,构成了现代主义的浪漫化、通俗化。无名氏受到存在主义哲学的影响,将哲学的思辨与宗教情绪融合,以浪漫笔调与现代手法交织,被称为"后期浪漫主义作家"。在都市文学的创作中,章克标、黑婴、徐霞村、予且、周楞伽、丁谛、苏青、施济美、谭惟翰等都以其各自的小说创作,构成了都市文学创作的兴盛与发展,拓展了以茅盾为代表的左翼作家的都市文学创作。在戏剧创作中,上海成为文明戏的大本营,孕育了中国话剧的雏形。洪深在上海创作的《赵阎王》是中国第一部表现主义剧作,以大段的内心独白描写一个士兵的罪恶与痛苦,展现出社会的黑暗、现实的荒诞。曹禺的《日出》《原野》在上海发表与演出,汲取了外国剧作家的艺术营养,在反映社会的深度与力度上达到了中国话剧艺术的高峰。上海是中国电影的摇篮,在外国电影的影响下,上海逐渐成为中国电影摄制与放映的中心,诸多影片在上海摄制完成,进电影院已经成为上海市民娱乐的主要形式之一。在上海的散文创作中,鲁迅的杂文、茅盾的散文、论语派的小品、柯灵的散文、夏衍的报告文学等,都以新的形式与手法开拓着中国现代散文创作的新境界。

儒家文化在强调礼的规范中忽略个体的独立性与个人的权益,在西方文化的影响下,上海文化注重个人的价值与尊严,强调个性的张扬与追求,这使上海文学更具有了人性内涵,这也影响着中国文学的嬗变与发展。五四时期,陈独秀在谈到东西民族之差异时说:"西洋民族,自古迄今,彻头彻尾,个人主义之民族也。……思想言论之自由,谋个性之发展也。法律面前人人平等也。个人之自由权利,载诸宪章,国法不得而剥夺之,所谓人权是也。"五四前后,新文化运动先驱者们引进了自文艺复兴以来西方的人文主义思想,康德、叔本华、尼采、弗洛伊德、柏格森、萨特等人的人学思想纷纷被介绍进国内,重视人的价值和权益,突出个人的地位和作用,尤其注重西方强调自由、平等、博爱等近代人道主义思想,注重灵肉的统一、理性与情感的统一,使新文学具有了鲜明的人性内涵,这在上海文学中表现得尤其明显,这主要体现在强调个体的自由独立、表现人性的丰厚复杂、突出人生的世俗况味等方面。

摆脱传统封建伦理道德的束缚、强调个体的自由独立,成为上海文学突出表现的主题。郁达夫的小说集《沉沦》将表现自我作为艺术构想的基点,塑造了极富个性色彩抒情主人公形象,以愤世嫉俗的姿态表现出对于封建伦理道德挑战的个体自由独立的追求。郭沫若的诗集《女神》以丰富的想象、夸张的笔调、喷涌的激情,抒发了抒情主人公的张扬个性、追求自由的时代呼声。叶圣陶《隔膜》《一个朋友》等小说,将在封建伦理体系浸淫下个体心理的变异揭示得十分深刻。茅盾的《幻灭》《动摇》《追求》描写大革命时期知识分子的幻灭、动摇、追求过程,突出了现代知识分子对于个性自由、自我价值的追求。戴望舒的《望舒草》等诗集以其低吟浅唱的韵律抒写时代重压下青年知识分子的复杂内心,突出对于个性自由的崇尚、美好人生的向往。巴金的《激流三部曲》等小说,以洋溢的激情描绘青年知识者如何冲破封建家庭的束缚走上社会斗争的过程,充满着对于个体自由独立的追求。

在现代西方哲学思想文学思潮的影响下,上海作家努力通过多种多样的艺术手法,表现人性的丰厚复杂。柔石的《为奴隶的母亲》以典妻过程中被撕裂了的慈母心,写出封建陋习中人性的被摧残。《二月》通过萧涧秋在江南小镇中的彷徨与挣扎,将人物的复杂心理性格刻画得十分生动。叶紫的《丰收》以大革命中农村的丰收成灾,写出农民们在窘困中的心理与觉醒。《星》以饱受封建势力凌辱折磨的农村妇女梅春姐复杂心态的刻画,展示出农民运动中人性的欲求和解放。施蛰存的《梅雨之夕》以在梅雨之夕与一女子邂逅时男主人公的性心理的勾勒,突现出人性的丰富复杂。《石秀》以石秀捉奸的情节注重于人物性心理的描绘,突出了原始本能与江湖道义的冲突。

上海文学在满足市民的文学消费过程中突出了人生的世俗况味,在对于人的存在与价值的发现中,注重对于世俗人生的体察描写,强调生活本身的丰厚性、生动性,注重对于日常生活琐事的细致描写中展现出世俗况味的真趣。包天笑的小说常常在充满市民气息的故事中达到引人入胜的效果。他的《一缕麻》以女主人公嫁给丑陋痴呆富家子的不幸婚姻,表达要求婚姻自主、爱情自由的追求。《爱神的模型》以画家寻找裸体模特却屡屡受挫,终于找了一个荡妇才完成题为"爱神"的作品，揭示出社会的虚伪、妇女的不幸。张恨水的小说大多以反对强暴、同情弱小的母题受到欢迎，他的《啼笑因缘》将言情与侠义融合起来，在波澜起伏的爱情故事中迎合市民的阅读趣味。《金粉世家》在民女冷清秋与国务总理公子的婚姻悲剧中，揭示出官场腐败、人格的独立。张爱玲的小说在对于洋场生活中畸形人生的描写中，展现都市生活的丰富与复杂。论语派的闲适小品文在独抒性灵、追求幽默中，突现出对于生活品位与人生雅致情趣的追求。

上海文学中呈现出的人性内涵，对于20世纪中国文学产生着十分重要的影响，文学创作从一味对于人的外部世界的描写，逐渐转入对于人的内心世界的关注，从一味对于社会现实的反映，逐渐转入对于人的世俗生活、心理心态的展示，从对于民族国家的宏大叙事的方式，逐渐转入对于人的生活情趣、人生境界的细腻描写，使中国文学更加丰富、更加生动了起来。

三

作为西方文化输入的窗口，上海在中国20世纪发展过程中的影响是毋庸置疑的，上海文学也具有导引影响中国文学发展与嬗变的重要作用，在上海文化影响下的上海文学对于中国文学的走向世界起着十分重要的作用。

上海文学的消费特色开拓了中国现代文学的市场运作形式，并建立起了中国现代通俗文学的传统。上海开埠不久，英国传教士就在上海设立了墨海书馆，用来自英国的印刷机从事宗教宣传品的印刷出版。随后外国人的字林报馆、美华印书馆、清心书馆、申报馆、点石斋石印局等先后创办。西方先进的印刷技术很快就为中国人所掌握，开办起同文书局、蜚英馆石印局、鸿文书局、富文阁、拜石山房等，上海已经成为中国现代印刷业的重镇。印刷业的发展与新闻事业的发达密切相关，上海较早的报刊是外国人办的外文报《北华捷报》《字林西报》，中文报《上海新报》《教会新报》《申报》等。中国人创办的《强学报》《时务报》《实学报》《蒙学报》《工商学报》等也纷纷出现。据统计，仅1896年至1898年上海创办的报刊就近50种之多。20世纪以降，《笑林报》《寓言报》《方言报》《花世界》《娱闲日报》等诸多文学性小报在上海的创办，扩大了文学作品发表的阵地。民国初年，姚公鹤在《上海报业小史》中说："全国报纸以上海为最先发达，故即在今日，亦以上海报纸为最声先。"在报刊业的发展中，报纸文艺副刊的开辟促进了上海文学的发展,也强化了文学的消费特色。文学期刊的创办更是促进了上海文学的繁荣,据统计,仅民国初年全国创办的59种文学期刊中,在上海出版的就有55种。在商业化都市中逐渐形成了文学的市场运作方式,逐渐影响到全国的文学消费与出版。

上海文学的消费特色开创并发展了中国现代通俗文学的传统。范伯群在谈到中国近现代通俗文学的发展时,指出"这种'存真'的文学——近现代中国通俗文学也只有在上海这个现代化工商业中心才得以诞生……这说明了一个问题,纯文学与通俗文学的繁荣皆离不开现代化"。这不仅指出了中国近现代通俗文学的诞生地在上海,也道出了上海在新文学发展中的重要地位。上海是通俗文学的大本营,从20世纪初至五四运动前夕,在上海创刊出版的通俗文学期刊就有《新小说》《绣像小说》《新新小说》《小说世界》《小说世界报》《月月小说》等几十种。上海的广智书局、商务印书馆、文明书局、小说林社、有正书局、新世界小说社、改良小说社、中华书局等也出版通俗小说。从20世纪20年代的鸳鸯蝴蝶派李定夷、周瘦鹃、胡寄尘的言情小说,到程小青、孙了红、陆澹安的侦探小说,从30年代张恨水的新章回小说、张资平的言情小说、顾明道的武侠小说,到徐卓呆的国难小说、王小逸的言情小说、叶灵凤的恋爱小说,从40年代张爱玲的洋场小说、秦瘦鸥的言情小说、苏青的自传体小说,到徐訏的爱情传奇故事、无名氏的浪漫爱情小说、予且的市民通俗小说……上海构成了中国20世纪上半叶通俗文学雅俗流变与整合发展的全过程,在突出文学的娱乐性、消遣性中造就了大批的市民读者,促进了通俗文学的发展,构成了中国现代通俗文学的传统。

20世纪上半叶,现代主义文学在中国运行的过程中,上海文学构成了中国现代主义文学运行的秩序,而且这种运行并非沉潜的、凫藏于时代的浪涛之下的,而是浮出历史地表的,并且可以说构成了中国现代文学中新文学、通俗文学、现代派文学三种流脉。虽然现代派文学是五四新文学的延伸,但是已经在其基础上有了较大的拓展,具备了新的质素,左右了中国现代主义文学的运行秩序,使中国文学贴近了世界文学潮流。

五四运动以后,中国新文化运动先驱者们倡导呼唤人文主义,强调"人"的发现,"人的发现,即发展个性,即个人主义,成为五四时期新文学运动的主要目标;当时的文学批评和创作都是有意识或下意识地向着这个目标"。20世纪的中国,从封建的注重群体伦理的社会向现代的注重个体价值社会转化,上海文学以其对于个体自由独立的强调、人性丰厚复杂的表现、人生世俗况味的突出等,构成了上海文学丰富深刻的人性内涵,在中国文学转型与嬗变的过程中,促进了人道主义在中国的发展。

回首20世纪中国文学的发展与嬗变的历程,我们也看到在上海文化影响下的上海文学对于中国文学发展也带来了一定的负面影响。在上海文化的商业性、开放性、个性化特征的影响下,上海文学的消费特色、现代手法、人性内涵等方面也导致了文学的某些偏向。在商业性文化主宰下文学的消费特色中,常有为了商业利益追求消费效益而一味降低文学品位粗制滥造的现象,"追逐时髦,卖弄噱头,粗制滥造,形成了海派文化商品化的另一些特点,人们称之为'恶性海派'"。这种"恶性海派"的文化商品化的倾向,显然影响了文学的品位,将文学的创作演变为制作,将文学的通俗化演绎为庸俗化,构成了上海文学有时一味迎合读者迎合市场,一哄而上制造文学潮流,而导致文学品位降格的状况。在借鉴西方文学的现代手法进行文学创作中,有的作家的创作往往又显示出急功近利囫囵吞枣的倾向,在过于追求创新的心态下,又常常简单地模仿西方作家的创作,而往往置中国文学传统于不顾。在猎奇创新的努力中,有时创作演变为文学的杂耍、域外的拷贝。上海文学的人性内涵有时在个体的自由独立中,呈现出仅注重维护自己的个体自由而不顾他人的个体自由的倾向,各执己见各行其是中相互诋毁,难以形成群体或流派。有时在强调个体的自由与独立中,拉党结派党同伐异,使文学运动演变成一场党派斗争、政治斗争,在极"左"思潮的影响下,将文学引入政治宣传、阶级斗争、路线斗争的误区中。在人性的丰厚复杂的描写中又往往表现出过多的肉欲追求,在人生的世俗况味的展示中又常常充满享乐庸俗色彩,这又使某些文学作品中的人性内涵具有了及时行乐自私颓废的色彩。

20世纪,上海作为全国的文化中心为中国做出了十分重要的贡献,上海文化的商业性、开放性、个性化铸成了上海文学的消费特色、现代手法、人性内涵的特性。新中国成立以后,在文艺为工农兵服务的政策制约下,在极"左"思潮的影响下,在历次政治运动的干扰下,上海文学的传统逐渐失落了,上海文学融入了新中国成立初期的颂歌主旋律中。在"文化大革命"中,上海又几乎变异为策划与实施政治阴谋的大本营,上海文学几乎沦为"四人帮"篡党夺权的舆论工具,上海文学的传统至此已经丧失殆尽。新时期以后,上海文化的商业性、开放性、个性化逐步得到了弘扬,上海文学逐渐努力恢复上海文学的传统,但上海文学也未能引领全国的文学潮流。综观上海文学近百年的发展历程,20世纪上半叶的辉煌与下半叶前30年的衰微构成了鲜明的反差,虽然新时期的上海文学有着新的生机新的面貌,但是在继承弘扬上海文学传统中仍然有着诸多的缺憾。我们期盼着上海文学在努力恢复与弘扬其消费特色、现代手法、人性内涵的传统中,保持传统中优良的部分,克服传统中不良的因素,对于中国21世纪文学的发展继续做出重要的贡献。

申城红色记忆与海派文化

朱少伟

朱少伟 上海市浦东新区作家协会副主席
2018年12月6日演讲于上海商学院

晚清上海开埠后,随着中西文化在此剧烈碰撞和逐渐交融,求新求变的海派文化脱颖而出,它是精致优雅的江南文化的一种新形态。

近代上海,城市管理、社会构造、文化形态呈现多元性。一方面,这里是工人阶级最集中的地方,给中国共产党诞生奠定了组织基础;另一方面,这里交通、通讯便捷,是海外新思想、新知识最早登陆的地方,给马克思主义传播提供了有利条件。在海派文化的土壤中,红色基因不断发展壮大。

中国共产党成立后,在1921年夏至1933年初,上海一直是中共中央驻地(其间曾短暂迁到北京、武汉、广州)。当年,老一辈革命家的务实、自强、创新精神,既彰显了红色文化的特质,也折射了海派文化的精髓。在此,一起来回顾申城独特的红色记忆,追寻"从石库门到天安门"的历史踪迹。

一、老渔阳里是我国"红色之源"

1920年春,陈独秀从北京抵沪;4月,他入住上海环龙路老渔阳里2号(今南昌路100弄2号),《新青年》编辑部也随迁于此。很快,共产国际代表维经斯基经李大钊介绍,到上海会见陈独秀,在这里就中国建立共产党组织的问题进行商量。

5月,陈独秀在老渔阳里2号发起建立上海马克思主义研究会。那时,毛泽东由北京抵沪,曾赴陈独秀寓所拜访,两人进行了深入交谈,讨论了马克思主义和湖南改造等问题。

6月,陈独秀、李汉俊、俞秀松、施存统、陈公培在老渔阳里2号聚会,决定建立党组织,并起草具有党纲、党章性质的若干条文;8月,经征询李大钊意见,定名"共产党",并正式成立,这是我国第一个共产党组织,为中国共产党发起组,由陈独秀担任书记。随后,陈望道、杨明斋、李达、邵力子、沈雁冰、林伯渠、李启汉、袁振英、李中、沈泽民、董亦湘等先后加入。成员们常在此开会,讨论党组织工作和工人运动;大家还通过写信联系、派人指导等方式,积极推动各地建立共产党早期组织。

9月,《新青年》杂志改版为中国共产党发起组机关刊物,内容由宣传新文化运动转变为主要宣传马克思主义。年底,陈独秀前往广州担任广东省教育委员会委员长,该刊由陈望道主编,沈雁冰、李达、李汉俊曾在老渔阳里2号参与编辑。

11月,中国共产党发起组创办《共产党》月刊,编辑部设在老渔阳里2号,该刊第一次在中华大地树起了"共产党"的旗帜,阐明了建立中国共产党的主张。李达作为主编,常在老渔阳里2号忙碌。

1921年7月,中国共产党第一次全国代表大会在上海召开。会议期间,老渔阳里2号起了大会秘书处作用。9月,陈独秀从广州返沪主持党的工作,常与宣传主任李达、组织主任张国焘在老渔阳里2号讨论工作,这里成为第一个中共中央局机关。

由于《新青年》杂志常发表介绍马克思主义和社会主义的文章,引起上海法租界巡捕房的注意。1921年10月和1922年8月,陈独秀曾两次被捕。此后,中共中央局机关转移到别处。

老渔阳里2号系一幢两上两下的石库门房屋。2020年7月,经修缮的"中国共产党发起组成立地(《新青年》编辑部)旧址"成为红色场馆,向公众开放。

二、新渔阳里是党的"初心之地"

从前，上海霞飞路新渔阳里也称渔阳里，它与老渔阳里是相通的。1920年上半年，在筹建中国共产党发起组时，新渔阳里6号（今淮海中路567弄6号）成为重要活动地点。不少早期共产主义者曾奔忙于新、老渔阳里之间，这段近百米长的弄堂被后人称为"马克思主义小道"。

不久，在新渔阳里6号楼上亭子间，设立中国第一个红色通讯社——中俄通信社，由杨明斋负责。1920年7月2日，上海《民国日报》的《世界要闻》专栏首次发表中俄通信社的《远东俄国合作社情形》。从此，中俄通信社的稿件不断亮相于国内报纸。

在中国共产党发起组领导下，中国第一个青年团早期组织——上海社会主义青年团，于1920年8月22日成立。发起人是俞秀松（担任书记）、施存统、陈望道、李汉俊、袁振英等8名青年，机关设于新渔阳里6号。1921年3月，上海已有团员约200人，全国已有团员千余人，于是建立中国社会主义青年团（共青团前身）临时中央执行委员会，由俞秀松担任书记，机关仍设于新渔阳里6号。

中国共产党发起组为了培养革命干部，于1920年9月在新渔阳里6号开设第一所干部学校——外国语学社，由杨明斋负责，俞秀松担任秘书。1920年9月28日，上海《民国日报》头版登载《外国语学社招生广告》："本学社拟分设英法德俄日本语各班，现已成立英俄日本语三班。除星期日外每班每日授课一小时，文法课本由华人教授，读音会话由外国人教授，除英文外各班皆从初步教起。"其实，这只是以公开办学形式作为掩护，学员主要由各地进步团体推荐。外国语学社的学员，少时为二三十人，多时达五六十人。其中，有刘少奇、罗亦农、任弼时、萧劲光、曹靖华、韦素园、汪寿华、王一飞等。1921年春，刘少奇、任弼时、萧劲光等20多名学员先后离开外国语学社，分3批被派往莫斯科东方大学中国班学习。

1920年10月3日，党组织领导的第一个产业工会——上海机器工会在新渔阳里6号召开筹备会，由在海军造船所（后为江南造船厂）做钳工的李中担任临时主席。各工厂工人代表七八十人参加，陈独秀、杨明斋、李汉俊、李启汉等以"参观者"身份出席。会议讨论通过了陈独秀指导草拟的《上海机器工会简章》,宗旨是"谋本会会员底利益,除本会会员底痛苦"。

新渔阳里6号系一幢两上两下的石库门房屋。1989年5月,旧址修复开放;2004年4月,扩建为中国社会主义青年团中央机关旧址纪念馆。

三、新时代丛书社曾掩护中共一大会址

1921年7月23日,中共一大在上海望志路106号(今兴业路76号)客厅开幕。会址为李书城(同盟会元老)、李汉俊(中共一大代表)兄弟寓所。

7月30日晚,举行第六次会议,原定议题是通过党的纲领和决议,选举中央机构。会议刚开始,一个陌生的中年男子突然闯入,又匆忙退出。具有秘密工作经验的共产国际代表马林断定此人是密探,建议立即休会,大家迅速分散离开。最后一天的会议转移到浙江嘉兴南湖,在一艘游船上举行。

当代表们撤出会场仅10余分钟,上海法租界巡捕房的两辆警车就停在门前。巡捕和密探闯入"李公馆"后,法籍警官厉声质问:"谁是这房子的主人?"李汉俊回答:"我。"经他用熟练的法语泰然应对,这些家伙的气焰有所收敛,并搜查得也比较马虎,最终不声不响地走了。

中共一大代表包惠僧在《中国共产党第一次全国代表大会的几个问题》中披露,在巡捕们离开之后,他曾前往探视情况,李汉俊告知:"我对他们说是北大几个教授在这里商量编现代丛书的问题。侥幸的是一份党纲放在李书城写字台抽屉内,竟没被发现。"原来,筹备中共一大期间,在此设立了新时代丛书社,李汉俊临危不惧用出版机构需要召集作者商议出书选题为由进行巧妙周旋,使中共一大会址化险为夷。

新时代丛书社发起者为李大钊、陈独秀、李达、李汉俊、邵力子、周建人、沈雁冰、夏丏尊、陈望道、经亨颐等15人,多为早期共产主义者。1921年6月24日,上海《民国日报》的《觉悟》副刊曾刊登《"新时代丛书"编辑缘起》:"起意编辑这个丛书,不外以下三层意思",就是"想普及新文化运动""为有志研究高深些学问的人们供给下手的途径""节省读书界的时间与经济";同时,公布新时代丛书社"通信处"为"上海贝勒路树德里一百零八号"(即望志路108号后门弄堂门牌,它与望志路106号后天井相通,同为李书城、李汉俊兄弟寓所)。

在1922年1月至1923年12月,新时代丛书社相继推出了《马克思学说概要》(施存统译)、《马克思主义和达尔文主义》(施存统译)、《遗传论》(周建人

译)、《进化论》(太朴译)、《妇人和社会主义》(祁森焕译)、《儿童教育》(沈泽民译)、《社会主义与进化论》(夏丏尊、李继桢译)等9种书籍,均由上海商务印书馆发行。

新时代丛书社不仅在传播马克思主义方面做出贡献,还曾掩护中共一大会址,这充分体现了老一辈革命家的智慧。

四、建党初期的人民出版社

我国近代的出版机构,多称"书局""书社""书店""印书馆"等。中国共产党成立后,为了有系统地编译马克思主义著作,在上海建立人民出版社,由中共中央局宣传主任李达负责。从此,"出版社"的名称正式亮相,并逐渐流行。

1921年11月,《中国共产党中央局通告》明确要求:"中央局宣传部在明年7月以前,必须出书(关于纯粹的共产主义者)二十种以上。"经李达的具体筹划,人民出版社拟定了内容丰富的出版计划,准备推出"马克思全书"15种,"列宁全书"14种,"康民尼斯特(英文Communist的音译,即共产主义)丛书"11种,其他读物9种。因受各种条件限制,最终这些书籍未能全部出齐。

陈独秀在《给共产国际的报告》中提及,仅数月的时间里,人民出版社已出版书籍12种,各印3 000册。据考,人民出版社实际出版书籍20种左右,其中不仅有《工钱劳动与资本》(即马克思的《雇佣劳动与资本》)、《劳农会之建设》(即列宁的《苏维埃政权当前的任务》)、《讨论进行计划书》(包括列宁的《论无产阶级在这次革命中的任务》和《论策略书》)、《共产党礼拜六》(即列宁的《伟大的创举》)、《劳农政府之成功与困难》(即列宁的《苏维埃政权的成就与困难》),还有《共产党宣言》《马克思资本论入门》《列宁传》等。

当年,李达寓所上海南成都路辅德里625号(今老成都北路7弄30号中共二大会址),就是人民出版社社址,此系一楼一底的石库门房屋。李达在主持人民出版社期间,常废寝忘食地工作,他在《中国共产党的发起和第一次、第二次代表大会经过的回忆》中说:"'人民出版社'由我主持,并兼编辑、校对和发行工作,社址实际在上海,因为是秘密出版的,所以把社址填写为'广州昌兴马路'。"1922年11月,李达应毛泽东函邀前往长沙,到湖南自修大学工作。翌年夏秋间,人民出版社归并到广州新青年社。对于人民出版社的工作,蔡和森在1926年撰写的《中国共产党史的发展(提纲)》中这样评价:"人民出版社……为我党言论机关,出版了很多书籍,对思想上有很大的影响。"

如今,在中共二大会址纪念馆内,有建党初期的人民出版社编辑部复原场景展示。

五、邓颖超创办第一份《支部生活》

如今,我国多地都有称为《支部生活》的党刊。那么,最早的《支部生活》诞生于何处呢?据考证,邓颖超于 20 世纪 20 年代末期,在上海创办了第一份《支部生活》。

1928 年下半年,随着驻沪中共中央机关的逐渐完善,上海又设立了中央直属机关支部(简称"直支",代号"植枝"),由邓颖超担任书记,别的领导成员有恽代英等 4 人(后增至 7 人)。

在白色恐怖笼罩下,供党内同志阅读的刊物很少,只有中共中央机关刊物《布尔塞维克》和《红旗》等。邓颖超与"直支"其他领导成员商量后,决定创办一份《支部生活》。

1929 年 1 月 26 日,《支部生活》在上海问世,由邓颖超兼任主编。该刊以毛边纸油印,每月出版一至二期,每期字数在 5 000 至 10 000 字之间,为了保证隐蔽性,常采用伪装封面(如 1930 年 5 月 17 日出版的第二十六期采用了谐音的"志夫新话")。

邓颖超主编的《支部生活》,除了登载重要文件和工作纪要,还介绍上海的工人运动和学生运动开展情况,并发表了许多富有战斗性、建设性的文章。这份内部刊物深受党内同志的欢迎,大家争相传阅,都将它视为知心朋友。

邓颖超后因工作需要离开"直支",《支部生活》仍然按原定宗旨继续出版,现在所见的最后一期是 1930 年 10 月 1 日刊行的第三十九期。它对于从思想上、理论上、组织上加强党的机关工作,发挥了积极的作用。

六、中共中央阅文处与中央文库

1930 年春,随着党组织的发展,驻沪中共中央机关的文件迅速增加,其中不少涉及党的最高机密。4 月 19 日,中共中央在《对秘密工作给中央各部委全体工作同志信》中,规定"不需要的文件,必须随时送到保管处保存";至夏秋间,又决定筹建中共中央阅文处。

中共中央阅文处设于上海戈登路文余里1141号(今江宁路673弄10号),负责人是张纪恩。此系石库门房屋,为一正两厢三开间,既是中央领导查阅文件的地方,也是中央政治局的一个秘密碰头地点。

1931年初,因积累的档案资料很多,周恩来提出区别不同情况进行整理、保存的意见,并委托瞿秋白起草一个条例。瞿秋白拟定《文件处置办法》,在最后加了一个"总注":"如可能,当然最理想的是每种两份,一份存阅(备调阅,即归还),一份入库,备交将来(我们天下)之党史委员会。"周恩来在《文件处置办法》上批示:"试办下,看可否便当。"不久,在上海设立中共中央文库。

1932年下半年,中共中央机关开始陆续迁往江西中央革命根据地。陈为人(曾任中共满洲省委书记)和妻子韩慧英(党的地下交通员)接受指派,留在上海守护中共中央文库。1933年12月,他们为了躲避敌人的大肆搜查,把中共中央文库搬到上海霞飞路(今淮海中路)一名白俄老太太家的楼上。

中共中央文库的文件进出,都由韩慧英与"张老太爷"(即中共中央秘书处文书科长张唯一)单线联系。1935年2月,"张老太爷"设在上海雷米路(今永康路)文安坊的地下联络点遭特务破坏,韩慧英前去取文件时被捕。陈为人见妻子迟迟未归,估计她遇到意外,便以木材行老板身份用高价租下位于上海小沙渡路合兴坊15号(后为西康路560弄15号,原建筑已不存)的一幢两层楼房,并立即将中共中央文库转移到那里。

同年底,受尽酷刑的韩慧英由于坚持称自己是走错门户,敌人找不出破绽,便把她释放。几经曲折,韩慧英在1936年深秋与中共中央特科接上关系。党组织鉴于陈为人积劳成疾,病情严重,将中共中央文库交给别的同志继续管理。

1949年5月,上海解放,陈来生将所保管的文件、档案共16箱,移送中共上海市委组织部。9月18日,中央办公厅发出经毛泽东亲自修改的急电《历史材料请妥送中央》,其中说:"大批党的历史文件,十分宝贵,请你处即指定几个可靠的同志,负责清理登记、装箱,并派专人护送,全部送来北平中央秘书处。对保存文件有功的人员,请你处先予奖励。"这批"比黄金还要珍贵的国宝",后完好无损地入藏中央档案馆。

如今,中共中央文库旧址虽已不存,但位于江宁路673弄10号的中共中央秘书处(阅文处)旧址已建成红色场馆。

七、中华苏维埃共和国宪法大纲起草于上海

1929年深秋,坐落于上海爱文义路的一座3层洋房(后为北京西路690—696号,原建筑已不存),住入一户"归侨",他们就是扮成夫妇的林育南(曾任中共中央候补委员、湖北省委代理书记)、张文秋(中共党员),身负重要的使命。

当年,在湘、鄂、赣、闽、粤、皖等省份,有18个区域、127个县成立了拥有1 400多万群众的苏维埃政权,红军已扩展到14个军,近10万人。于是,创建苏维埃中央政府顺理成章。鉴于中共中央仍驻沪,也考虑到上海有人员集散和生活安排之便,一些筹备工作就在申城进行。化名"赵玉卿"的林育南即此项工作的具体负责人,"赵公馆"就是一个秘密机关。

1930年2月,中共中央和中华全国总工会联合发表宣言,决定召开全国苏维埃区域代表大会,同时,委派林育南为秘书长。经3个月的准备,5月5日至10日,在"赵公馆"举行了全国苏维埃区域代表大会预备会议。

1930年5月20日至23日,全国苏维埃区域代表大会在上海卡尔登大戏院(20世纪50年代初更名长江剧场)后面的一座楼房(后为黄河路41弄2—8号,原建筑已不存)开幕,与会代表约50人,其中有中共中央和中华全国总工会的代表,闽西、鄂东、左右江、湘鄂赣边、鄂豫边、赣西南等苏维埃区域的代表,红军各军和各游击区域的代表,以及各革命团体的代表。

在全国苏维埃区域代表大会期间,由项英、周恩来、李立三等13人组成大会主席团,与会者开展热烈讨论,通过一系列决议,并提议成立中华苏维埃第一次全国代表大会中央准备委员会(简称"苏准会")。由于安排得当、守护严密,直至全国苏维埃区域代表大会顺利结束,反动警探才发现会场位置,但那里早已人去楼空。

1930年7月下旬,由中共中央、中华全国总工会、共青团中央、革命互济总会、上海总工会、反帝大同盟、中国左翼作家联盟、中国社会科学家联盟的代表在沪组成"苏准会"临时常委会,李求实担任党团书记,林育南担任秘书长。

"苏准会"机关设于上海愚园路庆云里31号(后为愚园路259弄15号,原建筑已不存)。这里是林育南以化名"李敬塘"租用的,系3层石库门房屋。

"苏准会"临时常委会的一项极重要的工作,就是起草《中华苏维埃共和国宪法大纲》和一系列法令草案,林育南与几位承担任务的同志在庆云里夜以继

日地忙碌。周恩来曾多次前来指导文件起草，对主要内容和具体条款都提出明确意见，还亲自动手修改；瞿秋白、李维汉、任弼时、恽代英、王稼祥等也对此十分关心，曾参与商量。

1930年9月12日，"苏准会"第一次全体会议讨论通过了中华苏维埃共和国宪法大纲、劳动法、土地法、经济政策等草案。它们最终被完整地送到江西中央革命根据地，并由翌年11月在瑞金召开的中华苏维埃第一次全国代表大会审议通过，对苏维埃政权的建设发挥了重大作用。

结　　语

以上这些早期中共党史珍闻，表明红色基因深深融入了上海这座历史文化名城的血脉。

红色文化、海派文化、江南文化一脉相承，但并非简单接续：江南文化是海派文化之根，红色文化是海派文化之魂；红色文化决定海派文化历史走向，海派文化赋予红色文化上海特征。它们不断提升着上海城市精神的高度和宽度、厚度和温度。

如今，用足、用好红色文化、海派文化、江南文化的宝贵资源，对上海加快建设国际文化大都市具有积极意义。

90诞辰：上海百乐门的轨迹

马 军

马军 上海社会科学院历史研究所研究员
2023年12月16日演讲于长宁区图书馆

以静安寺为核心的沪西一带，在19世纪中叶时，还是河汊交织、田陌纵横、村落稀疏、人烟稀少的乡村。直至20世纪初，随着公共租界、法租界的越界筑路扩张和市政建设的推进，洋人、买办和富商纷纷在道路两旁争购土地，营造私园、住宅，开设店铺、作坊、工厂等，由此开始了城市化的步伐。1908年初，英商有轨电车开始在静安寺至外滩间载客运行，是为上海最早的公共交通，同时也将城市的东西连接了起来。20世纪二三十年代以后，该区域内公寓大楼成片崛起，文教设施不断兴建，工商业日趋繁荣。而新式里弄的兴建，又吸引大批外地移民纷纷迁入定居。静安寺一带遂成为老上海"十里洋场"的西半部。1933年12月14日下午，有"远东第一乐府"之称的百乐门饭店在此举行了落成典礼，此后的十余年间，它为市民的娱乐生活和海派文化的发展添上了浓墨重彩的一笔，可谓是上海乃至整个远东的"舞厅之王"。

百乐门是如何诞生的？是谁投资建造的？关于这个问题，1933年11月15日《申报》第13版有一个简要的解释，即"本埠自大华饭店停歇以后，各界仕女每感缺乏相当地点,以供交际宴会之需。兹有绅商巨子,纠集巨金,筹建百乐门大舞厅兼设饭店(Paramount Ballroom and Hotel)于沪西,兴建至今,已届一年"。百乐门建筑的总设计师杨锡镠稍后也宣称:"独公共宴舞厅(Ball Room)自大华饭厅因地权易主而发展停业后,数年来无相继者。虽后起一二,亦非隘即陋,与大华饭店已不可同日语矣。近来上海繁荣日甚,社会需要日亟,沪上人士,亦莫不渴望大规模之新颖宴舞厅实现,遂有百乐门大饭店之计划,拟为宴舞事业开一新纪元。"(《百乐门之崛兴》,《中国建筑》第2卷第1期,1934年1月)。显然,百乐门的出现和沪西大华饭店的停业,以及跳舞热潮发展到一定程度,舞客对超大、豪华舞厅的需求有关。

上文中所说的"绅商巨子"又是谁呢? 近年来的诸多出版物在谈到百乐门的创办人时,通常会分别涉及两个人,其一是浙江南浔富商顾联承(又作顾联丞),其二是晚清名臣盛宣怀的七女儿盛瑾如(爱颐)。

第一种说法是,祖上以出口丝绸而致富的南浔"四大象"(所谓"大象"是指家产达到1000万两白银)之一——顾家的掌门人顾联承,除了在沪涉足百货、珠宝等行当外,还置有不少房地产。他独具慧眼,见沪西一带相对荒僻,地皮远较东部便宜,便投资70万两白银,向静安寺购置了一片寺属土地,在其上兴建了百乐门饭店,以此发展娱乐事业。

第二种说法大致是,盛瑾如在父母死后,按照中国传统大家庭的做法,女儿是分不到遗产的。但进入民国以后,女子地位不断提高,盛七小姐又西化很深,便毅然而然诉诸法律,经过几年官司,竟获得了150万现银的遗产,她便和丈夫庄铸九拨出了其中的60万兴建了百乐门。

这两种说法,虽然流传甚广,但迄今未见有人提出切实的证据。而笔者新近倒是在上海市档案馆找到了一份资料(Q275-1-2033,第56页),颇能说明一些问题。它是1935年4月11日上海商业储蓄银行对经营百乐门饭店的大成公司所作的调查,内称:

大成公司

地址:上海愚园路极司非而路。

营业种类:经营百乐门大饭店。

设立:民国二十二年。

资本:国币十九万元。

组织：股份有限公司。

　　董事长：顾重庆,前任东方汇理银行买办。

　　常务董事：庄铸九,年约三十岁,系常州巨族之后裔。周芝生,年约三十岁,上海人,周芝记营造厂主人。

　　董事：顾联丞、钱南山、洪左尧、周炳臣、郑希涛。

　　董事兼总经理：朱虹如,年三十九岁,上海人,以前经营地产事业。

　　简史：该公司为朱虹如君主办,各股东均系著名富商,如常州盛氏及顾联丞等,庄铸九君即系代表盛氏者。

　　设备：该公司房屋系向股东顾联丞等所设之地产公司租赁（查该地产公司迄已三易其名）,每月房租四千元……

　　另一份该行调查"大成股份有限公司百乐门饭店"的表格（夹在 Q275-1-2033 之内）则表明,列名董事的有周芝生、顾联承、庄铸九、郑希陶、杨锡镠、张芹伯、朱虹如等。此外,在 Q275-1-2033 之内还有一份盛瑾如的个人状况表,内称：住愚园路 838 弄 10 号,江苏武进人,35 岁左右,系逊清盛宣怀之第七女,家庭状况颇佳,在上海商业储蓄银行静安寺分行有活存往来,并有定存单 5 万元。

　　从上述资料中,我们大致可以归纳如下：房主（顾联承）和向其租房的经营者（大成股份有限公司）并非一家；但顾联承有双重身份,既是原房房主（是不是土地业主尚待考）,又参资了大成公司,是该公司重要的股东和董事；盛家（应主要是盛瑾如）则通过庄铸九出面参资大成公司,其他主要参资者并列名董事的还有顾重庆（董事长）、朱虹如（总经理）、钱南山、洪左（佐）尧、周芝生、周炳臣、郑希涛、杨锡镠、张芹伯等。由此看来,房子确实是顾联承建造的,但花了多少钱则并未提到（另据董事长顾重庆在落成典礼上的欢迎词,百乐门的建筑花了 40 余万元,装修又花了 20 余万元,总计当为 70 万元,而非 70 万两白银）。惟可以明确的是,众人出资组成的大成公司,其总资本是国币 19 万元。

　　综上所述,如果要问谁是百乐门商业的创办者,那么从广义上说,上述诸人均可名列。

　　近年来,上海文史专家宋路霞女士在对顾联承等后人进行口述采访后,撰成了《海上旧梦百乐门》（《财富堂》2012 年第 4 期）一文,对以上档案资料颇能有所佐证。该文宣称:百乐门的建成实际上是南浔"大象"们和常州巨族的集体杰作。顾家由于在出口丝绸的业务中,与洋行洋商打交道多了,所以自家的生活也早已洋派起来,顾联承的父祖辈就曾在南浔老家自建的洋楼内设有一座舞厅,以供交际和娱乐。所以,顾联承对舞厅是并不陌生的,亦有心在上海也建一座。恰巧他的连襟张芹伯(即张乃熊,南浔名人张石铭之子、张静江堂侄)正力图投资娱乐业,两人一拍即合。而常州系统的庄铸九、盛瑾如夫妇之所以投资百乐门,亦由于亲戚的关系,因为盛的六姐盛静颐嫁给了南浔刘家(南浔"四象"之首)的刘俨亭,而顾联承的侄子顾乾麟又娶了刘家小姐为妻⋯⋯由于大家都是远近亲戚,你中有我,我中有你,便不难携起手来,这样就有了经营百乐门的动议和本钱。

此外,笔者搜寻相关材料,还找到了其他几个重要投资者的概况:担任董事长的顾重庆其实是顾联承的兄弟,肄业于圣约翰大学,曾任东方汇理银行、巴勒保险公司、东方汇理银行买办;洪佐尧是上海证券交易所的经纪人;周炳臣是浙江余姚人,曾任自来水公司总办,还与赵如泉、黄楚九等合开过三星舞台及三星地产公司;郑希涛也是浙江人,曾任时事新报馆营业经理;杨锡镠则是百乐门建筑的总设计师。

大成公司百乐门饭店的总经理虽是朱虹如,但实际负责舞厅运营的是一个名叫发能(Joe Farren)的奥地利人,此人1927年到上海,曾在大华饭店当过大班。发能的经营方针,可以用"高端""高调""外向""贵族化"这几个词来概括。具体可归纳如下:其一,开幕之初,发能便利用各种关系,或亲自前往,或派人前往,持续不断地从欧美国家重金聘请优秀的歌舞人员和团体来沪出演游艺节目,在短短的两年半时间里,先后请来了二三十批,从而使百乐门舞厅成了西方娱乐艺术在上海的重要展示地。其二,无论是例行服务,还是包场服务,百乐门舞厅为中外各界提供了一处顶级、富丽的公共聚会场所,或跳舞竞赛,或慈善活动,或社团集会,或婚宴典礼,日有数起,于社会交际颇有推动。尤其是大型包场活动,主题鲜明,精彩纷呈,富有气势,常令人印象至深。其三,百乐门还是西人和上等华人的享乐之地,其昂贵的餐费和门票,实非中下阶层所能消费得起。该厅每天的例行舞会通常分为两种:其一是日场茶舞,时间是下午5时至7时;其二是晚间餐舞,晚8时开始直至夜半乃至通宵。《申报》1933年12月22日增刊第2版的一则广告,登出了百乐门舞厅消费的基本价码,可供管窥:

茶舞(每日下午五时至七时)——门票一元,茶点一元。

餐舞(每日下午八时起)——门票:每人一元半,星期六二元;大餐:平日四元(连门票),星期六五元(连门票)。

在以后的两年多时间里,这一价格基本得以维持。但每逢节日、假日,特别是圣诞、元旦,通常要上涨、翻倍,甚至更高。例如,1934年的圣诞之夜,门票加餐费竟达到了15元。这些都还是"最低消费",若加上厅内其他的用度,花钱自然是如流水了。须知,当时一个中产人士的月收入也不过几十元而已。

百乐门的资方似乎特别注重自我宣传,以《申报》为例,隔三岔五就有关于该厅的广告和各种舞会的详细报道,一切都给人生意兴隆之感。然而就在这"红红火火"的外表之下,实际情形却远非如此,这家开业不过2年8个月的大成公司百乐门饭店,最终因欠债30多万元,于1936年8月5日宣布倒闭,并向江苏上海第一特区地方法院申请破产。11月30日,该法院正式裁定大成公司破产,并委托安绍芸会计师为破产管理人,负责清理工作。此后由法院出面,于1936年12月30日,1937年3月13日、6月5日在静安寺路金城别墅清华同学会举行了三次债务会议,最后以拍卖该饭店全部生财所得3万余元,按比例赔付债权方——新华银行、上海商业储蓄银行、怡和洋行、同仁法律事务所、慈惠公司、上海电力公司、顾政记、黄明记等96户(债权额共28.24万元)部分损失的方式,了结了此案。

大成公司经营失败的主要原因是一味依赖西人主持,片面地走"高消费"的外向型路线,所谓"打肿脸充胖子",再加既不顾经济萧条的大背景,又缺乏合理运作的经验,虽然声名日隆,来客数量尚佳,但自身却因开支过于庞大浩繁,年年亏损,以致最终入不敷出。

继大成公司之后经营百乐门的依次是国都公司、永和公司、同和公司。从1938年起,担任百乐门舞厅经理的郁克飞(又作郁克非),对该厅此后的发展起到了举足轻重的作用。他约生于1910年,苏州人,父亲是旅馆茶房,母亲是工厂女工。他最初在饭店当小郎,后经不断努力,担任过国际舞厅副经理、大都会舞厅舞女大班。由于郁克飞对舞厅的经营和管理比较懂行,亦有应付各方的手段,所以此后的十余年间,百乐门舞厅是在他的实际掌控之下,甚至他一家就长年住在百乐门大旅店的209室。无论是聘乐队还是请舞女,郁克飞都采取了比较切实的发展道路,百乐门在朝着世俗化、大众化的方向上,逐步强化了自己的"王者地位"。不过,百乐门的实际经营状况始终不像它的声名那样大红大紫,可谓是"一波三折,多灾多难",亏损长时间伴随着这家名牌的娱乐企业。须知,真实的百乐门并不停留在文人墨客充满华丽辞藻的文章里,它其实是大时代的产物,也受到了大时代的制约。

1949年上海解放前夕,郁克飞离沪去港,其他资方人员亦相继离店,百乐门舞厅遂由该厅职工自行组织业务维持会继续营业,直至1950年12月改为音乐厅,1951年9月又改为剧院。

壮丽的蝶变
——百年上海惊艳建筑

王唯铭

王唯铭 作家、城市文化评论人

2023年6月23日演讲于长宁图书馆

上海近代百年的惊艳建筑，它的第一种风格，我称之为"泛古典主义风格"。在"古典主义"这个名词之前，加了一个"泛"，是为了表述的严密。因为古典主义风格是个复杂而庞大的概念，包含了哥特式、巴洛克、文艺复兴、新古典主义、折中主义等。

1860年，来到上海的西方第一个建筑事务所叫有恒洋行，从此以后，泛古典主义建筑风格便进入了上海，且经久不衰。有恒洋行在上海的建筑实践有张园、外白渡桥等。此后，这家洋行在风云变幻的上海大历史中悄然逝去，不为人知。一部宽广而多元的上海大史，时常有如此的"遮蔽"现象，理解这点，我们的内心便会充满淡定。

有恒洋行自然带来了古典主义建筑风格中的一种。必须说明，对古典主义建筑风格的定义者，罗马建筑师维特鲁威是其中之一。此君写有《建筑十书》这本书，30年前，我已读，今日仍然在读。此书说了建筑构成三要素：建筑的功能、建筑的技术、建筑艺术的形象。

那么，上海的泛古典主义建筑大致有哪些？从时间演进角度来看，首先是端立于外滩的外廊式建筑。这种风格由大班们带来，最早成熟于南亚次大陆。主要由于气候原因，这种建筑在上海已经十分稀有了，但也没有完全消失，譬如照片上的这幢建筑，现在还在，它一度被叫作外滩33号，曾经用作女王帝国驻上海领事官邸。

随后，开埠后上海的早期历史中，泛古典主义风格建筑有徐家汇天主教堂，这个建筑的形式大家一望而知：哥特式。

安妮女王风格也是泛古典主义建筑中的一种，这种风格的建筑立面撩人眼目，风格特别妩媚，让人产生分外强烈的美感。在由工部局、公董局推动的"上海向西"进程中，此类建筑在上海西部境域鲜有所见，但虹口、外滩一带出现得最多。

现在我们看到的是汇丰银行大楼，这幢建筑，在上海民间的建筑审美史上被严重低估，而其实，相当一部分网红建筑根本无法与其相提并论。这幢建筑诞生于1923年的上海外滩，它的耸立，引起了"远东轰动"，曾被称为"从白令海峡到远东最纯粹的新古典主义建筑"。如果你能进入这幢建筑内部，便会看见充满了传奇意义的八根大理石柱子；如果你是一个特别有想象力的人，它们会让你想起希腊、罗马的灿烂年代，也会勾起你关于尤里乌斯·恺撒的丰富联想。

大家看PPT中出现的上海邮政大楼，是对上海即将步入第一个"黄金十年"的鲜明佐证。建筑立面上有通贯三层的雄伟柱子，形制有充满魅力的巴洛克塔楼。关于这个塔楼，上海民间始终有着一段佳话：在一个特殊年代，塔楼被毁，月黑风高之夜，站出一个工艺美校的学生，他的努力抢救，最终让塔楼上两组雕塑人物重见天光。

至少目前，我还无法证实这个故事的真伪，有时候，传说仅仅只是传说，仅仅只是人们内心期望事物美好的下意识表达；又有时候，传说就不仅为传说，传说中有着历史的真实、事情的真相，尽管这些真实与真相透露着人性中的背叛、分裂，但是也彰显着人性中的善良、美好。一切只有留待时间来佐证了。

关于"荣耀的古典"，我选取礼查饭店来稍作详尽说明。在场的男女朋友们，看待礼查饭店，要始终坚持一个动态观念，180年以来的这部上海大史，让一切都处于不断的变化中。当年的礼查饭店，今日叫作浦江饭店，但历史上的礼查饭店并非今日浦江饭店。甚至,历史上最早的礼查饭店还不是后来的礼查饭店。这说明一切都在运动中、变化中。

今日浦江饭店它的建筑风格为新古典主义,而历史上的礼查饭店的建筑风格却为外廊式。开埠后,在上海的西方建筑,"外廊式"一家独大,相伴左右的为巴洛克风格,圣方济各·沙勿略教堂(今日董家渡教堂)是个实例。

1856年,曾经在外滩一地建造礼查饭店的礼查先生,看中苏州河北岸地域,他的超前目光让他断定,日后那里定将成为城市热土之一,他的目光与韦尔斯先生相同,君不见,韦尔斯大桥不就在同年份建造而成吗?

1861年,礼查先生决意离开上海滩,饭店转为史密斯先生拥有并管理。这一年,史密斯先生于苏州河北岸、韦尔斯大桥桥堍一侧造起了饭店,风格为上海滩一时无二的外廊式,人们依然称作礼查饭店。随后,与礼查先生一样,史密斯先生也随风而去,接手人为杰逊先生。又后来,随着杰逊先生的离世,饭店由杰逊太太掌控。也因此,今日我们所看见的浦江饭店,这幢新古典主义风格的建筑,乃因杰逊太太的投资而产生。礼查饭店只是历史长河中的一个名词而已,其实与礼查先生全然无关:1907年诞生的建筑,带有巴洛克风格的塔楼,而1861年的建筑,是经典的外廊式。

所有的这些,某种意义上都不重要,重要的是:新古典主义风格的礼查饭店有着哪些让我们兴致盎然的东西?我提请在场朋友们关注如下几个空间:一楼孔雀厅,二楼礼查厅,三楼中厅。

新瑞和洋行的建筑师对孔雀厅做了个富有想象力的设计:他们将孔雀厅的天花板做通透处理,前工业社会的"宠物"之一的玻璃,被安置在天顶上,并绘有不少彩色图案。每当太阳升起,明亮的光芒将彩色图案带到孔雀厅地板上,地板上便会产生孔雀开屏的图案,目睹者你若不因此而神思缥缈,不因此而感觉如梦似幻,你的美感能力也就太弱了。

孔雀厅在一楼,礼查厅在二楼。在场的男女朋友们,照片上宛如大提琴造型的巨幅地板,是不是十二分的震撼?我想是的!如此曲线的、流水的、波浪般的视觉感受,却需要当年能工巧匠的精心制作,非一朝一夕可成。它说明了1910年左右的上海,与开埠时期已判若两城,正奔着新文化而去,气象也已多姿多彩!

礼查饭店中厅最有意思了,它有江南文化中的走马楼形式,西方建筑中的空间构成,称之为骑楼。环绕骑楼走上一圈,你的视野里便会出现不同景色,移步换景、耐人寻味。

中厅的每个住房,住客著名,故事离奇。

中厅304房,1922年11月,入住了伟大的相对论创立者爱因斯坦先生,那日,当他乘坐海轮抵达上海码头,走进304房间时,还不知道自己已经获得了诺贝尔奖。随后,瑞典驻上海总领事告诉了他这个喜讯,我们虽然没有在场,但依据新历史主义的观点,我们可以想象爱因斯坦的内心,这个用相对论征服了世界的伟人,那刻内心一定绽放出一万朵玫瑰花朵。

中厅311房也有精彩故事。1927年4月12日,北伐军总司令蒋介石于这日,悍然策划了残酷的"清共"。为躲避白崇禧兵丁抓捕,几经辗转,周恩来躲藏进礼查饭店311房间。在这个房间,周恩来避难时长约一个半月,4月12日后的某日进去,5月底离开。在这一个半月里,饭店外面的上海,风声鹤唳,危机深重,处境凶险。5月底的某日,周恩来在上海地下党组织护送下,前往1 000米外的码头,在那里,他登上海轮,前往其时还没有完全暴露出真实面目的武汉国民党左翼政府。要到那年的7月15日,"汪精卫们"也选择了"清共""分共",之后宁汉合流,中国的大局势进入了极度严酷的周期!

我们将话说回来吧,新古典主义风格的礼查饭店在上海保持了许多"第一",第一个使用煤气,第一个使用电话,第一个使用电灯,第一个使用自来水。上海的每一次"现代性",都与礼查饭店密切相关。

就此告别开埠后的上海新文化之一,建筑美学上的"泛古典主义风格"。我们将进入的是百年上海惊艳建筑中的第二种风格:ART DECO(艺术装饰风格),也就是装饰主义。

先来说说我的一个观点:决定一幢建筑惊艳的原因有许多种,它们可以分为:其一,历史的必然运动;其二,建筑设计师的妙笔生花;其三,居住于这个空间中的人的生活,或者说人的命运。

在场的男女朋友们经常会在报纸、杂志、视像、音频等传播媒体上,读到、看到、听到一个词语ART DECO。那么ART DECO风格源于哪里?它在世界上有过怎样的传播?

ART DECO发端于1925年的法国巴黎。那年,巴黎有装饰艺术博览会的召开,ART DECO就此登堂入室。必须说明,1925年的巴黎装饰艺术博览会,有许多内容,譬如各种各样的时装、珠宝、饰品等,建筑只是内容之一。

我个人对巴黎始终充满了膜拜,那是因为这座城市有着永远的奇思异想。

1889年，在埃菲尔工程师的主导下，巴黎拥有了埃菲尔铁塔，312米的高度，全钢铁结构，喻示着人类社会已经进入前工业新时代，埃菲尔铁塔表达了巴黎对这个前工业时代的想象力，还表达了"新兴文化的自觉冲动"。1920年，又是巴黎，收获了《新精神》杂志，并在1923年收获了《走向新建筑》，两者皆与现代主义大师勒·柯布西埃有关。在巴黎，他超前地预言着未来世界建筑的种种可能性，他成为世界建筑新方向的弥赛亚，一位先知。

巴黎的如此背景，决定了它将在1925年推出新文化运动之一的ART DECO。一个有意思的话题就此产生：巴黎并没有发扬光大ART DECO，反而是下面两座城市接过了ART DECO这根魔杖，其一为美国纽约，其二是中国上海。没错，中国上海竟然拥有ART DECO建筑1 000多幢，成为除纽约之外ART DECO最多的城市。问题接着产生：上海缘何会拥有1 000多幢ART DECO建筑？又缘何能够接过ART DECO这根新文化魔杖？

回答这个问题前，在场的男女朋友们先要阅读一下20世纪30年代上海的社会图景。

1930年，居住于上海公共租界（不含法租界）的西方人已有3万人，来自欧美大陆的各式各样的冒险家，都将上海视作他们的"乐园"，而在代际文化的视角中，他们至少换了三代，即韦尔斯、史密斯、老沙逊为代表的第一代，雷士德、哈同为代表的第二代，埃里克·马勒、雷玛斯为代表的第三代，当第四代西方人，譬如后来成为世界著名作家的巴拉德于上海诞生后，西方人早已远离了开埠早期的疯狂敛财，更不会说出"发了横财后，我将一走了之，管它洪水滔天"的恶语，他们对上海产生亲近感，逐渐地爱上这片土地，成为最早的"新上海人"。

这个历史时期，民间层面上的"四大家族"已江山底定，分别为荣家、郭家、简家和刘家。荣宗敬已发出如此豪言，"中国三分之一的人吃我荣家的，三分之一的人穿我荣家的"。当时远远不止四大家族，在财富上比他们低一等级的人们，法国历史学家格莱·白吉尔定义中的上海资产阶级，也大步地迈向"中国资产阶级的黄金时代"，即上海的"黄金十年"。20世纪20年代，美国作家菲茨杰拉德写过一部长篇小说，叫《了不起的盖茨比》，他塑造了那时代美国盛行的"盖茨比文化"，我认为中国资产阶级（以上海资产阶级为代表）也盛行"上海的盖茨比文化"，他们渴望着用新文化形象来表达自我，建筑文化是新文化之一。

我认为极为重要的是上海"新阶层"的诞生。那是因为,荣宗敬毕竟少数,刘鸿生仅仅一个,没有庞大的新人群作为新文化基础,新文化虽然同样会产生,但缺少广泛传播的可能。

上海新阶层的始祖当属洋泾浜边讨生活的"露天通事",随后,逻辑地过渡到在各大洋行中不亦乐乎的大小"买办",19世纪末,买办在上海已然有了2万人。

1920年,上海新阶层达到了20万,10年后的1930年,新阶层至50万。如此庞大的人群,必然产生着共同的集体心理,汇合起一股势不可挡的洪流,蕴含着决定生活方式的强劲力量。我在新近出版的《蝶变上海》一书里曾经写到,上海新阶层所拥有的"上海意识",决定了新文化的方向。所谓"上海意识",可以区划为以下三个层面:其一,凡存在的都是合理的现实主义;其二,追求时髦、摩登的趋新思想;其三,国际视野中的包容观念。对了,还要加上日趋强烈的民族主义情感。

在"上海意识"与民族情感双重推动下,上海新阶层决意远离泛古典主义的建筑样式,如此样式——无论新古典还是安妮女王——总让他们想到前人曾经备受压抑、无视的困厄岁月。上海新阶层也不会满意遍布城市四周的石库门样式。审美上,它们过于简陋;生活新要求,它们无法满足:没有煤气、浴缸、抽水马桶,没有打蜡地板、自家车库。他们渴望上海出现对应着时代心理的新建筑样式,有意无意地,他们催生着上海新文化,也决定着上海新审美。

结论是什么?结论是西方第四、五代的冒险家们,中国黄金十年的资产阶级,上海方兴未艾、人潮涌动的新阶层,都渴望着新建筑样式、新建筑风格,ART DECO就此应运而生,横空出世。

形制上,ART DECO建筑与泛古典主义建筑确有很大不同,它是陡峭的、高耸的、直插云天的,接近路易·沙利文的摩天楼文化。头部上的处理,跌落式特征,给人印象极为深刻;立面上的竖向线条,往往将你的视线引向深不可测的蓝空,没错,ART DECO建筑的设计师们,有他们的良苦用心,他们要以这样的形制,暗示人们,你正生活在一个新时代,理念、情感、生活,一切都应向上,因为你我本是无限向上的新人类。

那么,在上海,哪些地域ART DECO最多呢?

让我们先确定一个事实:一部伟大的上海筑城史,建立在"向西"的物理向度上,"上海向西",正是城市"如生命般成长"的核心要义。

20世纪30年代，当上海两租界风行ART DECO时，通过"上海向西"的一路行进，两租界已经江山底定。

具体来说，英租界由830亩地域开始，随后向西，通过1848年的青浦教案事件，将地域扩展到2 820亩。又通过"越界筑路"这种挑战着上海道台的手段，于1899年，将租界扩展到了33 053亩，英租界也转而叫作英美国际公共租界。从黄浦江到静安寺，从李家厂到杨树浦，公共租界有了它的四个区，即公共租界中区、公共租界北区、公共租界东区和公共租界西区。

法租界情况如下，先由黄浦江边960亩地域开始，中间有过一次向东南的小幅扩张，1900年，向西而去，西部边界线抵达了顾家宅关帝庙，面积陡增为2 135亩。同样手段，同样强硬，越界筑路，藐视着道台、沪军都督府秉持的法理，于1914年再次大幅度扩张，面积达到15 150亩。从黄浦江畔，一路向西，直到华山路，法租界有了它的六个区：小东门区、麦兰区、霞飞区、中央区、福煦区和贝当区。

ART DECO建筑，在英美公共租界，可以从外滩的沙逊大厦（今和平饭店）算起，中经四行大厦（今国际饭店），直到静安寺的百乐门舞厅。

上海大部分的ART DECO建筑都建造在法租界，尤其建造在中央区、福煦区和贝当区。

诸位可以细细一看：麦兰区，有中汇大厦，稍后我还会对它讲述；霞飞区，有上海律师公会大楼；中央区，有格林文纳公寓（今锦江饭店中楼）；中央区，有国泰电影院、阿斯特屈来特公寓（今南昌大楼）；福煦区，有恩派亚公寓；贝当区，有毕卡弟公寓。其实远远不止这些。1 000幢ART DECO，数不胜数。

说一个实例：法租界麦兰区的中汇大厦。

说起这个大厦，怎么可能绕过海上闻人杜月笙？

其时，杜先生的人生刚好进入重大转折点。这个来自川沙高桥一地的浦东汉子，最初在十六铺买卖水果讨生活。之后，与黑帮老大黄金荣相识，开始了紧密勾连，人生颇为不堪。但杜先生的人生是一部大书，建造中汇大厦时，他已厌恶了自己黑帮老大身份，开始由黑转白的人生蜕变。具体来说，他希望自己能成为一个在上海上流社会获得尊重的银行家，而不是在上海下流社会靠鸦片贩卖、赌场、妓院生意而横行不法的凶徒。

杜先生投资建造了ART DECO风格的中汇大厦。那些年里，他的管家说"他连鸦片也不多抽了"，看来，这幢建筑着实让他上了心，尽管我们没有任何材料来说明,杜先生缘何喜欢上了 ART DECO 风格。

1935 年,杜先生当选了上海银行工会理事,似乎真的与陈光甫们齐名了。

有意思的是,杜先生选择了法国建筑设计师赉安先生来作建筑设计。以新历史主义的视野,我想象:杜先生大致知道赉安于 1920 年来到上海,于 1926 年设计建造了巴洛克风格的法国总会。赉安的才华,不输给邬达克,当然,与公和洋行的设计团队,还无法比拟。但这样一个赉安已经足够了。

现在,让我们告别百年上海惊艳建筑之 ART DECO,让我们进入第三种风格:现代主义。

了解世界近当代建筑史的在场朋友们,一定知道,现代主义风格强力崛起时,它对传统建筑美学进行了一次彻底颠覆、彻底否定,也因此,它是暴动,是起义,是真正意义上的"弑父"!

一切说来话长,让我们先共同回溯时光。

先说一位先生,奥地利的建筑师阿道夫·卢斯先生。

1931 年,卢斯出版了一本书,书名《装饰与罪恶》。最初,书名不是这个,用这个书名出版,纯属哗众取宠而已。书的原名叫《尽管如此》,来源于哲学家尼采的一句话,"尽管如此,但重要的仍然会发生"。

此书讲了些什么?按照法国现代主义建筑大师勒·柯布西埃说来,卢斯正在进行一次大清洗,就是要把在建筑里面的所有装饰清洗掉。他本人对此怎么解释?他说:"我用了整整 30 年的时间,将装饰,从'美丽的'这个定语,改换成了'平庸的'。"装饰意味着平庸,意味着俗不可耐,意味着艺术品位的绝对倒退。卢斯如同真正的天才般坚持着自己的观点,毫不动摇、决不妥协。不过,人们尽可以怀疑他表达装饰观点的普世意义,我的意思是,当他这本书于 1931 年出版时,ART DECO 风格在美国正风靡,在中国上海也一骑绝尘。是的,这个世界上,能有多少人真正地听懂了他语言暴力后面的深刻?他实在是过于超前了,太不将凡夫俗子们的美感当一回事了。不过,总有人会赏识他,他的部分思想,被在他之后的现代主义大师们继承。

第一位,克罗比乌斯,德国人,1919 年于威玛创建了"包豪斯",他鼓吹着新时代建筑的审美理想,他设计的法古斯工厂,因了现代主义而具有了划时代意义。

第二位,勒·柯布西埃,法国人。他对卢斯的观点做了积极、正面的评论,1930 年,他设计了现代主义的萨伏依别墅。他提出现代主义建筑的五要素:

一、自由的平面；二、自由的立面；三、屋顶花园；四、长条形窗子；五、地下车库。勒·柯布西埃最精彩的一句话是"住宅就是住人的机器"。

第三位，密斯·凡·德罗，德国人。他最经典的口号叫作"少就是多"。他堪称今日风行上海的极简主义的第一人。1951年，他将自己的美学思想转化为一个具体物像——范斯沃斯别墅。别墅落成后，范斯沃斯医生大光其火：这算是什么建筑呢！它将我个人的全部隐私都暴露给了世界！医生将建筑师告上了法庭，这个让人哭笑皆非的官司成了1951年美国的重大社会新闻。

第四位，佛兰克·劳埃德·赖特，美国人。他和上述现代主义大师稍有不同，他们的路线都是现代主义，都是国际式。他却于1911年设计着"塔里埃森"，遵循着他提出的设计理念：注重环境，连接自然，任何建筑都必须像植物一般从土地上生长出来。塔里埃森因此成了实验样板，地下洞穴超前了时代整100年。他设计的流水别墅，也成为全世界最经典的样本，建筑仿佛与自然同生，正从峡谷、溪流、土地中生长而出。

上面说的都是世界级大师。说到上海，20世纪30年代，现代主义也悄然流行了起来，尽管还没成为主流，但无论英美国际公共租界还是法租界，留心的人会看到现代主义风格的建筑正风起青萍。

有两位建筑设计师我们必须高度关注。一位是匈牙利建筑师拉斯洛·邬达克，他设计了诸多现代主义风格的建筑，某种意义上，因了现代主义风格的设计，他在上海获得了永远的名声。

首先，我们看到了大光明电影院。上海新阶层，无论男女，对此耳熟能详，在20世纪30年代。

随后，我们看到了邬达克公寓，今日达华宾馆，尽管并非人人都知，但这幢建筑在公共租界西区，自有它的价值。其时，那里的上海人叫它为"小国际饭店"，因为建造所用的材料，是四行大厦，也即今日国际饭店建造时多余下来的，此外，在当时的上海之西，它的高度首屈一指，颇有国际饭店的风范。

最让邬达克声名大噪的现代主义建筑为吴同文住宅。

作为一幢纯净的现代主义风格的建筑，邬达克表现了他完美的创造力，建筑的美感部分来自俯视角度：旋转楼梯从第一层至第二层的大阳台，随后，第三层大阳台、第四层大阳台，不同层级的大阳台，层层后退，颇有意趣。反过来说，也层层前出，直至庭院，没入自然的深邃之中。建筑平面符合勒·柯布西埃的"自由的平面"定义，一反古典主义建筑的矩形平面，长条形玻璃窗更具有现代感。房子里面,尽多 ART DECO 的细节设计。

说到现代主义,当然少不了法国建筑设计师赉安三杰,也就是上面说的另一位建筑师。

当年法租界的贝当区,有一幢非常有意味的现代主义风格建筑阿麦仑公寓,它圆弧形的光滑立面,不仅造了泛古典主义的反,也与 ART DECO 彻底脱离关系,自有一种纯净美。此外,同样在贝当区,有一幢建筑叫麦琪公寓,立面与阿麦仑公寓不同,大阳台的设计处理,不仅在功能上,也在美感上都耐人咀嚼,体现了现代主义风格的一干二净。

它们全都出自赉安们的手笔。

说完现代主义,最后,我要说的是上海百年惊艳建筑的第四种风格:后现代主义。

1966 年,距离今日也有些遥远的岁月,一个叫文丘理的先生正提笔写着他的建筑专著《建筑的复杂性与矛盾性》。此书甫一出版,便让建筑世界再一次颠覆。不世之才的文丘理,吹响了后现代主义对现代主义的起义号角,如果说现代主义曾经"弑父"泛古典主义,那么现在轮到后现代主义"弑父"现代主义了。

文丘理强调一点:建筑不仅复杂而且矛盾,因此,过于单一的现代主义风格根本无法定义建筑全部。

随后,建筑理论家斯特恩对文丘理的思想进一步深化,他认为后现代主义建筑必须包含以下三个要素:文脉、引喻和装饰。卢斯将被抛弃,装饰再次回来,建筑不仅需要装饰,建筑还要充满象征,要打通与历史的那条路径,要在它的形制上,看到往日的荣光。

后现代主义最为经典的建筑有哪些?

首推文丘理的母亲住宅。在场的男女朋友们如何感觉?美感各不相同,所谓仁者见仁、智者见智,美完全可以理解。但请注意,文丘理在这个建筑上正唤回历史,或者说召回亡灵。之前,现代主义建筑有着清一色的平屋顶,且不容置疑,文丘理却反其道而行之,做了一个尖屋顶,屋顶中央还开了一个口子,建筑的立面形象可以让人想象起古典主义建筑中的要素:山墙。

接着,菲利浦·约翰逊设计了美国电话、电报大楼。也是尖屋顶,也是山墙,也是中间开了一个口,这个建筑在全世界的建筑界引起了轩然大波。

还有查尔斯·摩尔设计的新奥尔良市的意大利广场,它张扬着后现代主义的嬉笑怒骂风格:戏谑的、不正经的、玩世不恭的,如果说现代主义还强调着世界万物有着中心,那么,后现代主义的反神圣性让它无视任何中心,查尔斯·摩尔先生要跟世界开个玩笑,他甚至将玩笑开到这样的高度:将自己的头像,化身于这个建筑之中,成为喷水池的喷口。

回到我们的城市,回到我们的主题:百年上海惊艳建筑。

1998年8月28日,无论建筑学还是社会学意义上,对上海来说,都是个有着特别意义的日子。这天,金茂大厦,这幢高达421米的超级摩天大楼进入上海市民的生活中。

大楼的玻璃幕墙每平方米造价高达500美金。54层与87层之间,有着其时世界上最高的建筑中庭。61台电梯加18台自动扶梯组成"巨无霸"的垂直交通网络系统,每天(依然是其时),有将近1万以上男女在"巨无霸"里办公,有10万以上人次进出。

造价为天文数的5.4亿美金,建筑的设计者为世界著名的超高层设计组合——美国的SOM建筑设计事务所,领衔者为阿德里安·史密斯。

横空出世的金茂大厦的高度在中国名列第一,在世界上则名列第三(其时),但对金茂大厦来说,它还有着后现代主义风格上的建筑意义。

时间回到1992年,中国经贸部决定在上海陆家嘴中心区建造一幢象征"开放后的中国形象"的建筑,共有九个建筑设计单位参与设计竞争,其中有世界闻名的SOM、波特曼和日建。

"日建"势在必得,日建的底气来自之前它已设计了"宝钢",接着,它已在陆家嘴地区拿到8幢超高层订单。为此,在该设计模型上,日建花掉100万美金,带来了一个精美绝伦的文本与模型,以至见多识广的陆家嘴房产开发有限公司总工程师陈伯清都为之感叹:"那个模型,是我见到的最精心的东西。"

日建设想的金茂大厦,有着纯净的现代主义风格,全玻璃幕墙就是佐证,对此,可以看作日本建筑师在20世纪末于现代主义神坛的再次祭祀。

约翰·波特曼也不甘落后。自从他为上海设计出165米高的"上海商城"后,声名远扬的他似乎销声匿迹了,金茂大厦的方案竞争为他在上海再次雄起带来新的可能。他带来的设计模型是一个融合了现代与古典建筑元素的构想:顶部圆形带尖顶,四边有斗拱。在他擅长的中庭设计中,他以S形空间布局让未来的金茂大厦中庭充满了摄人魂魄的意味。

SOM的模型则是中国古塔形象,它让我们感觉到这幢建筑正从时间之河中涉水而来,带着这个民族早自秦皇、汉武以来的不死祈祷、永生祈求。

中外十多个一流建筑专家组成的评审团进行着评审,其中有四个美国人、一个日本人,日本人就是当时如日中天的世界建筑大师黑川纪章。

评审一开始就决定了约翰·波特曼的命运,他的设计方案被否决了。

随后,评委们出现了重大分歧,大部分中国专家情有独钟于日建方案,三个美国人加上黑川纪章却看好 SOM 方案。

分歧在于,未来的金茂大厦应该体现怎样的精神和情感?在今日上海与历史上海之间,在今日中国与历史中国之间,金茂大厦应该表达出怎样一种永恒姿态,从而让人们在解读其形象时,获得超越物质的深切启悟。

在这样的意义上,过于西方化的日建、波特曼方案,就不及那对中国漫长的千年文化有着切肤理解的 SOM 方案,曾经设计出世界最高建筑西尔斯大厦的超高层权威。这次富于意味地以"塔"的造型,在世界第三高度上对人类文明做着深情呼唤,世界建筑大师黑川纪章为此在评审会上做了激动人心的发言,其中说道,"假如这次评审结果,竟然是日建方案获胜,那么,对我来说这将是真正的耻辱"。

为了捍卫黑川纪章认定的建筑世界中的真理,或者说为了捍卫后现代主义的"引喻""文脉"的要义,他不惜开罪自己的同胞,而 SOM 方案,让黑川纪章看到了他始终坚持的"多元共生"的后现代主义美学观点,这也是世界建筑界在超越了缺乏人情味的现代主义之后共持的建筑美学观点。

结果,黑川纪章取得了胜利,按此逻辑,SOM 也获得了胜利。但我们更可以将此看成是上海的胜利、中国的胜利。阿德里安·史密斯设计的金茂大厦形制,它那宝塔形态,让这座城市的男女毫不费力地回想起自己的童年经历、成年经验,在祖国广袤无际的土地上,又有着多少类似的亲切、温暖从而如泣如诉的形象啊!同样重要的是,开埠 155 年后的上海,显示出她特有的"海纳百川"胸怀,在她的中心区地域里,积极包容着 SOM、黑川纪章的思想精华。她深信,只有吸收了全人类的思想成果——这其中便有建筑世界的后现代主义——才能营造出属于自己的建筑奇迹,才能与世界平等对话。

宝成桥
——有温度的城市景观

汤啸天

汤啸天 上海政法学院编审 2023年7月29日演讲于普陀区图书馆

"苏州河十八湾,湾湾有传说。"作为苏州河的居民,我也和许多老普陀人一样对苏州河如数家珍,从第一湾数到第十八湾:长寿湾、潘家湾、昌化湾、潭子湾、梦清湾、小沙渡湾、朱家湾、小花园湾、谈家渡湾、宝成湾(又称纱厂湾)、小万柳堂湾、学堂湾、九果园湾、长风湾、火花湾、北新泾湾、新长征湾、祁连湾等。苏州河的昨天、今天和明天,都像画卷一样在这里徐徐展开。我今天要和朋友们共同分享的是宝成湾从前世到今生。

一、宝成桥把"此处有宝,成事在人"的试卷发给我们

在苏州河"十八湾"之中,宝成湾和宝成桥颇有诗情画意。"宝成"二字避开了"保成"的世俗,寓意为"此处有宝,成事在人",故宝成桥虽然曾经有过多个名称,在历史的变迁中还是宝成桥叫得上口、响亮,在历史的进程中

保留了下来。

(一) 成事在人,舍我其谁?

1931年,由崇信纱厂杨杏堤等人捐资在现武宁路桥东侧苏州河上建造五孔木质行人桥。因桥南岸接宝成弄(今叶家宅路),故名"宝成桥",亦称"谈家渡桥"。称为谈家渡桥,是因为此桥与谈家渡相近,它的南面是叶家宅路,所以又称"叶家宅桥",而叶家宅路有宝成纱厂(后来的上棉七厂),又叫作"宝成桥"。木质的宝成桥在1937年"八一三"战火中被日军炸毁。1938年修复时,以崇信纱厂和东华纱厂首字命名为"崇东桥"(又名"谈家渡木桥")。那时的宝成桥十分简陋,几根大木桩插在河里当桥柱,桥面铺的是短木条,可以清楚地看到桥下的行船。如果行人在桥上奔跑嬉闹,桥面就会发出"咯吱咯吱"的声音来。骑自行车的人要过桥,必须用肩膀扛起自行车步行通过。上海解放后,木桥由市政工程部门进行修缮。1971年,上海有关部门决定拆除木桥,改建成钢筋混凝土桩基,建成苏州河上唯一的一座双曲拱梁人行桥,命名为"叶家宅路桥"。该桥长45米,宽5.1米,设计荷载为400 kg/m^2。不过,当地人仍习惯称之为"宝成桥"。2009年,为迎接世博会在上海召开,市政部门对宝成桥进行景观改造。改建后的宝成桥桥身整体采用宫廷黄色,人行桥踏步采用了大理石装饰,桥体墙面上采用了不规则块面的画面,并配以凹凸感的粉砂岩喷涂。宝成桥的两头增添了四根希腊古典艾奥尼式艺术灯柱,在竖向立面上改善了双曲拱桥的单一特点。简洁大气的桥头立柱突出了宝成桥的地标作用。2020年6—9月,宝成桥又一次进行修缮,取消了艺术灯柱,桥身的装饰色彩也有变化。

一般而言,桥名与地名的关联度较大。而在这里,有宝成桥没有宝成路,有叶家宅路没有叶家宅桥,也是地名演变中比较少有的路名与桥名分离现象。这也说明,留得下来的名称总是约定俗成的,在历史演变的过程中,人们最喜爱的还是"宝成"。

资料记载,小沙渡(现苏州河西康路一带),是日本资本家开办纱厂最集中的地区,十几家日资纱厂雇用了两万多名中国工人。1920年秋,中国共产党早期组织派李启汉前往沪西小沙渡开展工作。当时李启汉借了日资内外棉九厂三间两层砖木工房(地址在安远路62弄178—180号),将楼下改为教室,免费供工人们学习。这就是中国共产党创建时期创办的全国第一所工人学校——

工人半日学校。

特别是,宝成湾一带曾经是中华民族工业的集聚地,也是中国工人阶级的成长地,具有丰富的工业遗存,可望变为活化的、有生命的景观资源。在苏州河沿岸开发中,如果用足、用好历史留给我们的工业遗存,可真是"此处有宝,成事在人"了。

(二) 全国纺织业的1/5曾经集聚在宝成湾

凭借苏州河便利的水运条件和河岸边廉价的劳动力,自20世纪20年代起,在宝成湾一带逐步形成规模庞大的企业群。宝成湾曾经是我国纺织工业的摇篮和高密度聚集区,也是上海最重要的纺织工业集中区,总量曾经占到全国纺织业的20%。上棉一厂、上棉六厂、上棉七厂、棉纺仓库等企业云集苏州河南岸,在宝成桥北侧形成规模庞大的棚户区。

上海国棉一厂原有的厂区在长寿路以北、宝成桥的南侧,大门原来在长寿路、胶州路丁字路口的长寿路582号。厂区内纺纱分为南纱、北纱等车间,织布分为南织、北织等车间,还有供工人锻炼身体的足球场。在鼎盛时期,上棉一厂一年创造的利润可以建设两个上棉一厂,可见贡献之大。据上海市纺织工业局劳动处的记载:"1988年,全局职工55.16万人,为历史最高点。"这一年,上海工业总产值最高的100家企业中,棉纺行业有13家企业。

1957年9月18日,毛泽东在上海视察时,曾经深入上棉一厂观看大字报。宝成桥一带人杰地灵,培育出了杨富珍(上棉一厂纺织女工)、裔式娟(上棉二厂纺织女工)等全国著名劳动模范,向全国各地输送了大量优秀的干部和工人。其中,杨富珍是纺织工业战线劳动模范的杰出代表。1932年出生在上海南汇的杨富珍,15岁就加入了共产党组织,成为当时上海地下党组织的一名小交通员。上海解放后,作为上棉一厂挡车工的杨富珍以饱满的热情,全身心投入建设新上海的滚滚洪流中。杨富珍是1951年我国颁布的"五一"织布法的创造者和实践者之一,以她名字命名的"杨富珍小组"连续43年保持了模范集体的称号。上棉一厂根据杨富珍的操作实践,在全厂总结推广一套新的织布工作操作法,生产效率大为提升。而后,在全国纺织行业得到推广。

(三) 不能忘记为国家转向市场经济做出牺牲的下岗工人

20世纪90年代中期至21世纪,是上海棉纺织企业行业性调整与转型时期。宝成桥周边的纺织厂也相继进入凤凰涅槃般痛苦的转型,为上海产业结构调整做出了牺牲。1998年1月23日,中国纺织业"三年销毁落后纺锭1000万枚"的攻坚战在上海打响。昨天还在隆隆运转的车间,一锤砸下去,明天就是大批工人、干部的下岗。"锤子砸全厂人的心上,砸在活生生的饭碗上。"上海市市长徐匡迪曾经在市人大会议上专门说过:没有他们的付出和牺牲,就没有今天的新上海。今天的决策者们不能忘记这个群体。

从宝成桥走出去的下岗工人是用自我牺牲为国家转向市场经济"押宝"。正是当年千千万万个下岗职工,用他们辛勤的汗水和痛苦的眼泪,换来了今天我们国家在工业化道路上大踏步地前进!没有他们的隐忍付出,就不会有国家今天的辉煌。上海这座城市在21世纪初这10多年的发展当中,有很大一部分的力量来自这些下岗工人。上海社会似乎也因此产生了很多的角落,很多小型的空隙可以让这些人有一个容身之所。这些人在被容纳之后,又用自己的力量,像是齿轮跟齿轮之间的咬合一样,慢慢推动城市这座宏大机器的运转。这些发展过程,往往不为人注意。下岗工人自主择业,配合政府达到了减员增效的目的,为改革甩掉了包袱,扫清了障碍,助推我国进入市场经济,融入全球化。没有下岗工人的付出,就没有经济活力,就没有快速发展。下岗职工们的经历虽然各有不同,但是他们所经受的艰难困苦却是相同的。下岗工人服从大局,牺牲了自己,成就了国家和民族,做出了无私的奉献。

现在,当年的下岗工人都已经退休了,开始享受着健康幸福的晚年。但是对于社会来说,我们决不应该忘记下岗工人当年对社会、对国家做出的牺牲和付出!

二、创享塔园区夜市初具形态未来可期

随着城市的发展,苏州河水岸经历了不同时期的变迁,形成了独特的城市景观。同时,那些往日产业重地所留下来的工业遗存也凸显出其独特的魅力,亟待发掘整理其中蕴藏的丰富的上海故事,形成新的产业亮点和生活秀带。未来的苏州河岸线不能仅仅是历史博物馆,更应当成为新的产业亮点和生活秀带。

苏州河沿岸地区,现已成为多功能融合的创意区域,是有故事情节,更有适宜温度的文明区域,生态环境效益日渐显现的绿色区域。苏州河整治效果

必将随着时间的推移，不断产生出更大的社会、经济、文化和环境等综合效益。苏州河整治工程其历史意义和现实意义已远远超越河流本身，其环境影响和人文影响将永远印刻在上海城市志册中。这里，着重介绍创享塔旧址创意园区发展的新姿。

（一）创享塔夜市初成长

创享塔，位于上海市普陀区中心区域，属于长寿路商圈，紧邻苏州河畔，是紧靠宝成桥南侧的一大片商业区。昔日的老工厂，在城市产业升级的浪潮中，老厂房失去了往日的生产功能，在2018年经过重新设计打磨，成为上海市中心位置一个稀缺和新兴的创意产业园。1918年，民族资本家刘伯森在苏州河边的叶家宅路100号，创办了宝成纱厂，后成为上海被服总厂沪西被服厂。厂区有个标志性的建筑，就是建于民国初年的带有瞭望塔的三层仓库，就是"创享塔"这个名字的由来。创享塔园区现已改造为创意园区，商业初具规模。园区内多种业态并存，是集办公、商业、餐饮、休闲为一体的创意园区，为市民提供无界的生活新体验。未来，长寿路街道将充分发挥"户外职工爱心接力站"等联建共建服务阵地作用，在辖区范围内建立15分钟生活圈驿站，切实帮助一线职工们解决各类实际问题。同时，以"线上""线下"的联动方式，发布长寿爱心驿站地图，更好发挥驿站的服务作用，不断扩大受益辐射面。

创享塔具有独特的景观和氛围，定位于集办公、创意商业和创意教育为一体，以互联网思维与匠心精神，为人们提供新潮、互动、有温度的无界生活方式与多维价值体验，成为众创意设计行业青睐的兴业之地。经济是城市的体格，人文是城市的灵魂。那么，园区如何建立便捷的交通流线，吸引人流的汇聚？多位一体的生态型创意园区，如何使得创意设计和创意教育融合？

（二）创享塔园区建设的畅想

习近平同志指出："所谓文化经济是对文化经济化和经济文化化的统称，其实质是文化与经济的交融互动、融合发展。"根据创享塔地理位置和文化积淀，应当考虑文化（民族工业、工人运动、劳模群体等）与经济的融合发展。建议创享塔园区充分利用人的亲自然性（水岸）和好奇、恋旧（工业遗存），以小切口（微创）做大市场，走非同质化的发展道路。

新形势下创享园区的发展不仅应当有文化的传承，更应当有文化的发展。

那么,园区如何建立便捷的交通流线,吸引人流的汇聚?作为多位一体的生态型创意园区,如何使创意设计和创意教育融合?例如,选择百货公司式的琳琅满目,抑或类型集聚的苗生优势(文化街、女人街、化妆街等),营造热热闹闹的感官刺激,抑或打造令人难忘的品位(头回客与回头客)。

三、宝成桥周边工业遗存与市民休闲融合发展空间巨大

宝成桥周边集聚着丰富的人文资源和工业遗存,如今虽已是旧貌换新颜,但漫步苏州河两岸依然可以感受到历史的厚重与韵味无限。

(一)上海工业遗存开发利用成就斐然

应当说,苏州河岸线贯通与宝成桥周边的景观改造是比较成功的,已经成为城市景观枢纽与视觉亮点。宝成桥在外观设计上比较好地实现了统一性与多样性相协调,既有整体的美感,又有细节的特色。

特别是在苏州河蜿蜒曲折的河道上,可以在多处找到不同的观赏点,在桥梁与周边景观的统一之中体验美感。为了保留良好的河道观赏视觉效果,防汛墙都经过精心设计和美化,结合水体弯道设置的亲水平台有高有低,兼具近览与远眺的功能。地面是蓝色或者酱红色的步行道,两侧种植的绿化品种也不断优化,呈现以绿为主、多色点缀、高低错落、视觉通透的效果。在绿化植物选择上,种植了银杏、乌桕、榉树等大量落叶乔木和樱花、大型紫薇等开花灌木。新种植或调整种植的大量地被植物,如绣线菊、六道木、玉簪、观赏草等,正在和已经与上层植物形成层次清、遮挡少、色彩多、视线通的绿地景观效果。

(二)宝成桥附近工业遗存的保护利用初见成效

现在宝成桥两侧,规划有序,错落有致,色彩协调,环境优美,商店林立,富有浓厚的人文气息,还保留了棉纺厂装卸原料的轨道、抽排积水的水泵房、纺纱织布车间等工业遗存。这些工业遗存和铭牌分散设置在鲜花绿荫丛中,已经初步成为市民在漫步中了解上海民族工业发展史的窗口之一。

历史上,苏州河沿岸创造出众多驰名全国的名牌产品,如"白象牌"电池、"永字牌"热水袋、"华生牌"电扇、"佛手牌"味精等。民族产业的蓬勃和繁荣,夯实了新中国工业发展的基石。其中,有不少民族品牌就出生、成长在苏州河

畔。上海是中华民族工业的发源地和成长地,特别是在苏州河沿岸散落存在着大量工业遗产,一旦在拆迁的过程中被破坏,就会造成无可挽回的历史错误。工业遗存是现代科技发展留在历史长河中的脚印,具有不可复制的特性,是不可多得、不可再得的独特资源,也给后人留下了如何用足、用好的大课题。

工业遗存一定是旧有的、落后的,保留利用的工业遗存必然是崭新的、先进的。随着时间的推移,新与旧的矛盾不断地、直接考验着规划建设者的智慧。已经保留下来的工业遗存,也面临与时俱进开发利用的挑战。如果开发利用不当,再珍贵的工业遗存也会成为碍手碍脚的废物,甚至在利用了一段时间之后再度舍去。就上海而言,一是要把旧时的工业遗址变为富有生命力的工业遗存,二是对已有的工业遗存也要再开发、再利用。在处理工业遗存的时候,既要满足现行城市规划的要求,选准必须保留的工业遗存,"变旧为新"服务于今天,又要满足保护工业遗存的要求,延续城市文化。

(三) 规划设计师也要俯下身子问计于民

规划设计从来就不是闭门造车,规划师也需要接地气、汇民智、增强用户意识。规划设计必须在整体保护老城城市肌理和风貌的基础上,强调通过自下而上的动员和居民参与,尊重城市内在的秩序和规律,把握各系统的"老旧小难"问题,采用适当的规模、合理的尺度,对局部小地块进行更新,以形成工业遗存更新利用的连锁效应,创造出有影响力、归属感和地域特色的文化及空间形态。其中,规划师走进社区倾听民意,和居民面对面地交流更为重要。

治理苏州河在某种意义上就是不断改善上海的精神面貌,更是一项功在当代、利在千秋的"世纪工程"。岸线贯通之后的管理须久久为功,美景也需要公众参与,共建共治共享,苏州河长治方能久清。

当前,苏州河环境综合整治已成为上海重要的形象展示,这意味着它不仅是一条河的环保问题,更是上海城市管理水平的展示窗口和市民精神面貌的形象大使。在人与环境和谐相处理念深入人心的条件下,上海要守住苏州河的治理成果,进一步落实苏州河长效管理机制,让水清岸绿的苏州河福泽后代。

上海马路的海派味道
——漫谈永不拓宽的上海马路

惜 珍

惜珍 中国作家协会会员
2018年6月19日演讲于上海思博职业技术学院

马路是城市的灵魂与历史的写照。上海的马路作为城市最基本的元素，不少依旧保留着东西方两种文化碰撞的特殊符号，镶嵌着东西方两种文明互相包容的印迹，是建筑文化在城市发展中的演绎，和上海城市的特点密切相连。首先是多元性。上海处于中西文化碰撞交汇的中心，形成了多元文化兼容并蓄的态势，体现在建筑风格上，同样也是神态各异，多姿多彩。其次是商业性。商业在城市中的重要地位决定了城市格局中的商业特点，与上海日益发达的商业活动相适应，各种功能、各类风格的马路和建筑应运而生，反映在建筑形态上又有一种追求时尚、讲究实用的特征。近年来，我去过国外的一些城市，不管是欧洲、美国的，新加坡、日本的，还是俄罗斯的，我发现自己看到的那些城市的异国建筑都有似曾相识之感，它们时时让我想起我的故乡上海。难怪有人说，在上海可以做一次不出边境的出国游。20世纪初上海南京路就号称"最世界主义的马路"。老上海留下了许多美轮美奂的异域风格的建筑，几乎再没有一个城市能像上海那样拥有全世界各国风格的建筑，这是海纳百川的上海城市特质。

上海的马路是展示上海城市发展脉络、延续城市文化的物质载体,它们集中体现了上海城市的精华和神韵,浓缩了上海的历史印象。马路上那些有故事的梧桐树和老建筑,是上海海派文化的主要来源,也是传承和弘扬海派文化、展现时代情怀的最佳载体。

一、蔓延城市历史脉络的中山东一路

中山东一路(外滩)南起延安东路,北至苏州河上的外白渡桥。这条马路的与众不同之处在于它一面临水,一面是如同山脉般千姿百态的万国建筑,这是海纳百川的海派文化特有的产物。这些建筑外观精致,细部优美,整体协调,而且各具特色,形成了外滩独具特色的城市天际轮廓线。中山东一路浓缩了上海 160 多年的城市开埠史,历史的脉络绵延一路。当年,这条濒临黄浦江的马路因其名闻遐迩的金融特色,被称为"远东华尔街"。从某种意义上说,外滩是西方文明跨越近半个地球在东方的登陆,是近代中国"与国际接轨"的象征,是上海作为当时"远东第一大都市"的见证。

开埠之初,上海县城外北郊一派江南水乡风光,河渠纵横,阡陌相间,黄浦江沿岸杂草丛生。外国人沿黄浦江修建堤岸,建立码头客栈,沿江的一条道路随之出现,那是一条被船夫和苦工用泥足踏出的沿江铺开的弧状纤道,又名黄浦滩,这就是中山东一路最早的模样。当时,它有一个英文名字"The Bund",意思是"江边堤岸上的小道",因其位于上海县城厢之外,后人俗称为"外滩"。

当年上海的县城位于现在城隍庙附近,英帝国的大炮将凋敝破败的清帝国的门户轰开,上海被迫开埠通商,上海县城北部这一片芦苇纤道的泥滩之地便被划定为上海最初的租界。上海租界一开,最先入驻的是洋行。当 1845 年夏天来临时,已有几十家洋行在上海落户,它们建造的房舍连同货舱从北至南依次坐落在黄浦江边,外滩成为对华贸易的最大洋行的荟萃之地,随后银行也纷纷入驻,然后是外国人生活区,俱乐部、夜总会等也就应运而生。至 20 世纪初,由于外国银行大量进驻上海,各银行或财团为显示自己的实力,大兴土木,营建豪华大厦,逐渐在外滩形成了风格各异但格调统一,轮廓协调的万国建筑博览群。

外滩建筑群落的形成是 1910 年到 1920 年,光看当时的建筑就不难窥见当时上海的城市化发展到了什么程度,在20世纪二三十年代,上海是亚洲的中心,经过工业时代的外国人聚居在这里,给上海嫁接了中国最早的都市生活方式。1945年为纪念孙中山先生,外滩改名为中山东一路。但是,"外滩"这个非正式的称号却被历史地保留和延续了下来,它的知名度甚至远远超过了"中山东一路"这一官方的命名。

中山东一路上的建筑,有19世纪八九十年代建造的,也有20世纪二三十年代建造的,到20世纪30年代以后,就未造过新楼,给我们留下了那个年代完整的风景线,可以说是历史的活化石。今天世界上不会有第二个城市有如此多样的建筑荟萃,它们屹立在那儿,互相形成对照。每一幢石头房子都镌刻着历史的印痕,用手摸一摸那些旧楼的石头,那种冷冷硬硬、缄默而悲悯的忧伤,会顺着指尖渗入心扉。中山东一路上的建筑群是海派建筑风格最集中的体现。这些建筑出自许多建筑设计名家之手,虽然并非建于同一时期,但它们的建筑色调却基本统一,色彩呈灰白色,显得低调优雅,整体轮廓线条的处理也是惊人的一致。无论是极目远眺,或是徜徉其间,都能感受到一种雍容华贵的气势。这些建筑多采用花岗岩、高拱顶及对称结构。哥特式的尖顶、古希腊式的穹隆、巴洛克式的廊柱、西班牙式的阳台,处处散发着浓郁的异国风情。这些石头房子阐述的是古老的欧洲文明,欧洲建筑的美在近代中国被张扬到了极致。难得的是每一幢建筑都能融合在整体中,而决不哗众取宠,自我突出。这样,就使这条路上的建筑形成一个连续链,有统一的格调,轮廓线上又能高低起伏,产生韵律。具体的每一幢建筑却有着各自不同的样式,显得既丰富多彩又统一、和谐。中山东一路上的每一幢房子都是有故事的,这些故事并非一个家族的,而是与时代风云变幻息息相关,殖民主义在中国的由盛到衰在这一幢幢石头房子里都可读出。从某种意义上说,它是中华民族由弱小到强盛起来的活的教科书。

毗邻外滩的圆明园路是近现代上海孕育和成长的摇篮,是黄浦江和苏州河沿岸商业与文化诞生并走向兴盛的起点,这条窄窄的小马路与开埠后上海的繁华沧桑紧紧相连,有"外滩源"之称。1855年英国领事馆在黄浦江与苏州河交汇处建造后,随之开辟的圆明园路一带迅即成为外国领事馆、西方各国的宗教、协会和文化机构以及洋行聚集之地,这使圆明园路成为上海市级保护建筑最密集的道路之一,这条路现存所有的历史建筑都建造于1900—1933年间。历史上的圆明园路是一条仅有单面街道立面的马路,它面对英国领事馆的是一大片绿地。这条马路上的建筑排布严整连续但又风格各异，向世人描摹了 100 多年来上海的沧海桑田。走在这片没有车辆通行的马路上，似乎一脚跨入欧洲小镇，狭窄的马路，高大方正的建筑，灰色调的围墙和百叶窗，尖尖的屋顶，充满异国风情。每当夕阳西下，这里的街景更是透出一种 20 世纪三四十年代特有的迷离和浪漫，有一种呼吸着的酣睡气息。如今，因为东侧新建的半岛酒店和英国领事馆门前大片绿地草坪的开放，马路显得疏朗开阔不少，西侧的七八幢经过修缮的老楼一字排开，少了些幽深神秘感，倒是暗藏了一种逼人的贵气，让人欲行又止。这条躲在外滩后面的小马路默默送走了几代载满繁华盛况的故人风景，曾经在这一带出入过的各式人等，犹如投入一场场轮回的生命，花开花落，日出日暮，都已陨落在岁月的滚滚红尘之中。而建筑还在，这是外滩源存在的现实标记。

滇池路是外滩边的一条小马路，走在这条路上，有一种走进欧洲老电影的感觉。窄窄的小路夹在和平饭店大楼和中国银行大楼之间，令人想起峻岭中的峡谷。这条短短的小马路辟筑于 1899 年，滇池路是旧上海金融区的一部分，全国著名的中国银行、中央信托局就开设于此。外商的荷兰银行、古孟洋行和国人兴办的上海国民银行、中孚银行、上海工业银行等都在此设立营业机构，故有"中国的华尔街"之称。与前面依然显赫的中山东一路相比，滇池路显得有些落寞，它犹如一位饱经沧桑的睿智老人般默默地注视着今非昔比的外滩，淡定而从容。也许，正是因为有了像滇池路这样一些具有深邃历史内涵的小马路的衬托，才使外滩有了足够的底气。

二、海派风情浓郁的南京路

南京路分为南京东路和南京西路。在上海的马路中，南京东路的知名度可以说是最高了，虽然马路并不宽，却有个俗名叫"大马路"，至今老上海人还会这么称呼它。在老上海，南京路是十里洋场最繁华的地段，当年许多代表近代物质文明的声、光、电等都源于南京东路。如第一批煤气照明路灯、第一批自来水用户、第一盏电灯、第一项道路排水系统、第一条有轨电车线路、第一家公共菜市场等，这些诞生在南京东路的重大市政工程紧随近代都市文明，佐证了南京东路在中国乃至整个远东地区城市中的特殊历史地位。

中国现代公司是由上海南京路开始的已成为不争的事实，而标志大都市商业现代公司时代到来的,是南京路上先施、永安、新新、大新四大公司的诞生。20世纪二三十年代,四大公司竞相装潢,橱窗陈设争奇斗艳,加上异彩纷呈的霓虹灯,使南京路有了"小巴黎"的美称。南京路四大公司在相互竞争中,繁荣了上海的百货业,四大公司也步入了各自的辉煌时期。它们曾经是南京路购物天堂的支柱,南京路因为有了它们而跻身世界著名商业街行列,成为闻名中外的十里洋场。如今,这条有着150多年历史的马路被称为"中华商业第一街",是中外游客来上海的必游之地。历尽将近一个世纪沧桑风雨的四大公司,其独具风韵的欧式建筑仍然屹立在南京东路步行街上,风采依旧。

南京西路原名静安寺路,静安寺就位于南京西路1649号,是一座闻名遐迩的古刹,也是上海地区最早的佛教寺院。静安寺周围在很长的历史中,是上海踏青郊游的旅游胜地,尤其是在一年一度农历四月初八的浴佛节,寺院周围设摊列肆,僧侣在山门外施舍饭食,四乡农民还有牵自家耕牛到这里遛一圈的习俗,以求夏耕顺利,秋后五谷丰登。1919年,静安寺前筑成通衢,辟为静安寺路,静安寺香火更为旺盛,游人如织。至今依旧香火旺盛,中外人士前往参观游览者甚多。

南京西路上由梅龙镇、中信泰富和恒隆广场组成的金三角,是上海有名的时尚地带。梅龙镇广场所在地是大华饭店的旧址,最初是法国人麦边的花园,园内有大片的花草树木。建于1922年的大华饭店是由麦边花园内的主建筑改建而成的,是上海早期著名的饭店之一,它是当时社会的达官贵人经常出没的地方。现在的梅龙镇广场是一幢以"现代经典设计"为特色的商厦,它高35层,26层高的写字楼矗立在10层高的商场裙楼之上,在第11层还巧妙地设置了一个屋顶花园,整幢建筑的顶部采用欧陆传统的尖顶,在格调独特的灯光映衬下,宏伟夺目。梅龙镇西面的邻居是建成开业于2001年1月的中信泰富广场,这个商业新贵外表阔绰气派,中庭玻璃吊顶利用天然光线,营造出舒适和谐的气氛。商场以时尚潮流作为其定位,以店中店的形式树立著名品牌的形象。解放以前,这里是新仙林舞厅,曾因一代华人爵士乐手吉米·金而声名大噪。中信泰福开业半年后,在它西面的南京西路1266号横空出世了恒隆广场,主楼66层高,是当时浦西地区第一高楼。

毗邻静安寺的南京西路1618号坐落着的久光百货于2004年9月29日揭幕,在设计上糅合了现代建筑学和美学的精粹,外形具备不规则的层次感,并且具有极高的透视效果。这座集商业零售、餐饮、超市、休闲于一体的城市型"销品茂"成为南京西路一颗耀眼的明珠。静安寺对面坐落着静安公园,公园以中央大道的32棵百年悬铃木为中心,北部的正面入口为银杏广场,东部则为历史人文空间"八景园",园内再现了赤乌碑、陈朝桧、虾子潭、讲经台、沪渎垒、涌泉、芦子渡、绿云洞等古"静安八景"。整座公园,用密合的树林,将现代城市建筑完全阻隔在外,城市的闹噪之音似乎都被层层叠叠的绿荫阻挡在很远之外了。如今,在静安公园的东侧分别坐落着东海广场、嘉里中心和越洋国际广场,西侧坐落着会德丰国际广场以及南京西路1788国际中心,这五幢新建筑共同构成了静安寺"金五星"商圈。

金五星商圈的建成,将南京西路的奢华物欲打造到了极致,当夜幕降临,霓虹闪烁,温暖的色调为华美的商厦增添了亲和力,不动声色地彰显着21世纪的时尚,透过高档商厦的玻璃橱窗回眸马路上不断变幻的瑰丽,让人感觉到了国际大都市特有的魅力。每年的圣诞节、万圣节时,这里显得特别热闹,商场内把节日气氛做得足足,各种精致的洋玩意争相登场,其热闹程度不亚于昔日静安寺庙会。

越来越浓的海派风情使南京路成为国际大都市永不褪色的亮丽名片。

三、梧桐树下的小马路

上海的马路是开埠以来又一个解读这座城市的密码,在上海西区的小马路上,随处可见的法国梧桐是上海马路最具特色的标志。衡山路是上海梧桐树最密集、沿途景观最优美的道路之一。道路两侧460余株法国梧桐70%种植于1922年,由于当年是先植树后筑路,梧桐树生长在良好的田土中,故一直保持着原有的风貌。树干苍白斑驳,厚实粗壮,树枝伸展相交,树叶茂密成荫,所以,衡山路又有"上海古树名木第一街"和"上海第一林荫大道"的美誉。悠远的历史使衡山路上梧桐树的枝叶异常繁茂,春夏时节枝叶密密匝匝地遮盖了不宽的马路上空,如情侣般牵手相拥,使整条路变成长长的绿色拱形走廊,而当一场雷雨骤然袭来后,空气会变得格外湿润和清新。秋天树叶由绿转黄,风过处洒下一地碎金,在阳光的映照下缤纷如法国画家柯罗的油画。到了冬天又悄然分开,就这样分分合合,才不腻味。一幢幢花园洋房悄悄地掩藏在梧桐树浓密的树丫之间,法国梧桐与欧陆建筑相辉映,营造了无与伦比的法国风情。两侧还有欧式风格的人行道隔离栏、仿台硌路的红褐色人行道、罗马风格的铸铁球形街灯和有着移步换景之妙趣的欧洲古典油画长廊,充满浓浓的异国情调。到了晚上,就有一种暖调的城市氛围慢慢弥散开来,轻轻地撩动人怀旧的情思。

在衡山路天平路交会处坐落着的衡山坊是由11幢独立花园洋房和两排典型上海新式里弄住宅组成。这里原名"树德坊",曾是上海滩颇具知名度的高档住宅区。北部的新式里弄建于1934年,南部花园洋房建于1948年。新建的衡山坊对原有建筑的位置、体量、形体不做变动,只对门窗、屋面与墙体等在保留原貌的基础上小心翼翼地进行了更新改造。衡山坊的布局汲取了老上海里弄的特点,创造多入口的口袋广场,合理的动线和业态搭配巧妙,里面集合了艺术画廊、时尚精品店、特色餐饮酒吧、创意办公等多种业态,在欧陆风情的衡山路上打造出了具有独特上海魅力的城市慢生活街区。重新修缮后的地面,间隔的彩色地砖点缀在青灰色块中,时不时会看到一些铭牌记录上海历史。而在衡山坊入口处的地上,一幅微缩地图展示了从这里出发到徐汇区甚至上海的一些知名地标所行走的方向和距离。重修之后的衡山坊不但保留传承了老上海文化历史的精髓,还通过具有现代感的设计重塑了摩登时尚的生活格调。

衡山坊是上海近代海派民居的典型样本,里面的建筑建于20世纪三四十年代,正是民国建筑发展的鼎盛时期,堪称东西方建筑文化融合的缩影。如今,在这个历史建筑里倡导的慢生活理念似乎更符合现代人的精神需求,海派文化的精髓也在这里得到了完美的体现和全新的阐释。

四、石库门弄堂的凤凰涅槃

上海马路上散落着的一条条弄堂,是上海所特有的一种居住样式,是千百万上海人生于斯长于斯,祖辈世代繁衍生息的建筑空间。可以说,弄堂是上海的另一张脸。弄堂里的石库门房子是上海独一无二的特色建筑,它们是上海海派标志的景观,这些弄堂以它特有的小滋小味的建筑特色,开创了这种适合于寸土寸金之地的上海市民居住的海派建筑范例。现在,一些石库门建筑凤凰涅槃成了新的时尚之地,充分体现了海派文化开明睿智的特质,如果你想看一看最有隐秘生命力的上海以及最真实最原生态的上海人,就必须走一走上海马路上隐藏着的石库门弄堂,最有代表性的当推太仓路上的新天地和泰康路上的田子坊。

新天地以上海近代建筑的标志石库门建筑旧区为基础，首次改变了石库门原有的居住功能，创新地赋予其商业经营功能，把这片反映了上海历史和文化的老房子改造成餐饮、购物、演艺等功能的时尚、休闲文化娱乐中心。漫步新天地，仿佛时光倒流，犹如置身于20世纪二三十年代的上海，但一步跨进每个建筑内部，则非常现代和时尚，亲身体会新天地独特的理念，这有机的组合与错落有致的巧妙安排形成了一首上海昨天、明天、今天的交响乐，让海内外游客品位独特的海派文化。

新天地建成于新千年伊始，它借鉴了国外经验，采用保留建筑外皮，改造内部结构和功能，并引进新生活内容的做法。经过精心修复的石库门弄堂，其空间格局和建筑外观没有改变，建筑内部按照21世纪现代都市人的生活方式、生活节奏、情感世界等度身定做，门洞里填满了形形色色的西餐馆、咖啡店、酒吧、画廊和时尚服饰店，石库门厚重的黑漆实木门被换成对开的玻璃门扇，门外是风情万种的石库门弄堂，门里是完全的现代化生活方式，一步之遥，恍若隔世，令人顿时生出一种瞬间穿越时空的奇妙感觉。青石板铺就的路面自北而南逶迤于一条条狭窄的弄堂里，弄堂两边全是三上三下的石库门房子，有着精美花纹的门框条石上方，巴洛克式的卷涡状山花门楣堆塑象征着吉庆和美满。小群落的建构方式、亲切的市民空间，经历了时光与历史的浸润后，拥有一种朴素的原创格调，充满了怀旧感。跨过高高的门槛，天井的墙面绿苔斑驳，西式落地窗的玻璃映照出雕花木格子窗棂。登上欧式风格的木头楼梯，屋子里德国式壁炉前摆放着明清风格的家具。历史积淀下来的海派韵味糅入了时尚元素，古旧的外表底下隐藏着最现代、最奢华的本质，使这片带有上海历史和文化旧痕的土地凤凰涅槃，成了这座城市最IN的消费和休闲空间。

像在巴黎街头一样，新天地的街道两边全是一个个露天咖啡座，一把把色彩明艳的遮阳伞隔开了太过热烈的阳光和江南绵绵的雨水，也点亮了青灰素颜的石库门旧里。旧建筑的历史感提升了新天地的品位，石库门外观的历史感和内部的新内涵之间相映成趣。弥漫在新天地每一个角落的"时髦"+"怀旧"的气息，体现了历史与未来共生的理念，让许多人着迷，它是海派上海的缩影，也是上海时尚的缩影。于是，新天地便理所当然地成了当今时尚的聚集点。有人曾这样评价新天地："中老年人感到它很怀旧，青年人感到它很时尚，外国人感到它很'中国'，中国人感到它很洋气。"犹如一位身着华美旗袍的女子,在开满粉红桃花的窗边喝着咖啡看着《红楼梦》,然后慵懒地起身,去参加一场时尚派对。

与新天地相比,泰康路上的田子坊却处处显示出生活原本的真实面貌和原汁原味的上海里弄风情。

田子坊源于泰康路210弄,原名志成坊。1930年,中国画家汪亚尘携夫人荣君立入住弄内隐云楼,创办上海新华艺术专科学校和艺术家协会"力社"。20世纪30年代,这条弄堂里曾建有36家小作坊工厂,弄内还散落着小澡堂、小面厂、小仓库等,经整合改造,至20世纪70年代时弄内还有6家工厂,这些弄堂工厂的厂房与居民住宅犬牙交错,工厂职工与街坊居民互为依附,相安无事。20世纪90年代,由于产业结构调整,这些工厂效益逐年下滑,2万平方米的厂房大半闲置,另外一些或是维持着机器的轰鸣,或是出租给一些外来户,经营理发店、小吃摊、裁缝店、家具店等。

最早进驻田子坊废弃旧工厂的元老是陈逸飞。不久,摄影家尔冬强在210弄2号乙创建了以自己名字命名的"尔冬强艺术中心"。1999年,画家黄永玉到210弄参观,他一到这里便被这条弄堂特有的海派味道深深迷住,灵感一闪,便把这里取名为田子坊。这个名字来源于《史记》,其中记载田子方是我国古代最老的画家,黄永玉用的是田子方的谐音,只是他在方字旁加了个土,意喻此处为艺术人士的集聚之地。在上海中心城区的弄堂工厂遗迹已近绝迹时,田子坊以一种新的文化形态包容了比较完整的弄堂工厂遗迹,这是一种已绝版的文物,艺术家的入驻使之华丽转生。

田子坊特有的氛围带给了艺术家和设计师们无穷的灵感,越来越多的人把自己的个人工作室、艺术中心、创意中心搬了进来,除了中国的艺术家外,还有美国、丹麦、法国、德国、日本、巴西、爱尔兰、新加坡、加拿大、南斯拉夫、澳大利亚、马来西亚等国家的艺术家,他们纷纷把自己的设计室、画廊、摄影室、美术室、陶艺馆、时装展示厅等开进了泰康路210弄曾经的街道小厂、弃用的深巷仓库,这里变身为他们的"创意梦工厂"。于是,田子坊成了一个时髦的国际化SOHO社区。浓郁的艺术和时尚氛围很快从泰康路210弄蔓延到相邻的248弄、274弄以及与之相通的建国中路155弄。210弄大多是工厂的车间,而其他三条弄堂则是典型的石库门建筑,里面住的都是上海土著居民,从小在这里出生的居民平静地过着自己柴米油盐的平常日子。大牌艺术家入驻,外国人络绎不绝,使弄内一些居民觉得商机,他们纷纷把老房子出租给艺术家,一家家的时尚小店和创意工作室在石库门里像鲜花一样地绽放出来，一间间异国情调的酒吧咖啡屋延伸至石库门外的窄街小巷。然而潮湿狭窄的石子路、斑驳的黑漆木门内陡峭的木头楼梯、弄堂里排满的自行车、阳台上迎风招展的毛巾拖把、弄堂上空晾着的衣被，却处处显示出生活原本的真实面貌和原汁原味的上海里弄风情。前世的古老与今生的情调、高雅艺术与寻常市井生活在这片饱含着深沉韵味和时尚潮流的土地上相互纠缠碰撞，令弄堂深处散发出大隐隐于市的别样味道，带给人们非同寻常的情感体验。

田子坊的氛围是由艺术家和平民百姓共同营造而成的。弄堂小厂的简陋粗糙、旧式里弄的破旧杂乱、平民化的空间氛围在艺术家的包容收纳下产生了一种奇妙的温馨迷人之感，铸就了任何时尚场所无法复制的魅力。艺术散发出的魅力融入日常生活之中，使艺术的气息犹如花香般四处飘散，被艺术重新点睛的老弄堂焕发出新的格调与气质。随着越来越多别具新意的店铺进驻，田子坊越来越显示出丰富多样的趣味性和海纳百川的国际化风潮，让中外游客感受到在其他城市从未感受过的多元文化碰撞的趣味以及中西风情的曼妙结合。

上海马路就这样以其多元、开放、包容和创新的海派特色无言地阐释着"海纳百川，追求卓越，开明睿智，大气谦和"的上海城市精神。

分享《繁花》,体验上海
——现象级电视剧《繁花》的叙事美学

王雪瑛

王雪瑛 《文汇报》高级编辑 2024年1月27日演讲于上海市机电工会

《繁花》是2023年与2024年之交一部现象级的跨年大剧,《繁花》呈现着上海的日常与传奇,时代的发展与个人成长,《繁花》承载着我们的记忆和人生故事,《繁花》是一封写给20世纪90年代上海的长信。如果说电视剧《繁花》是对上海90年代的回忆,那么今天我们的讲座就是对回忆的回味。我们先分享一下剧中的情节。

宝总带着李李来到桃江路的普希金铜像下。宝总说:"我是在思南路长大的,附近的皋兰路、香山路,以前都以作家命名,一个擅长写喜剧,一个擅长写悲剧,高乃依路,莫里哀路,各有底色,我从小就是在悲剧与喜剧之间进进出出。桃江路的底色是普希金,我对他印象最深的是一句话:'一切都终将过去,而那过去了的将成为亲切的回忆。'"

一、从《繁花》原著到电影化的电视剧

30集电视剧《繁花》自2023年12月27日起在中央广播电视总台和其他台网联合播出,在观众中引发有关20世纪90年代上海、上海人与上海话、黄河路与上海美食的关注,激荡起是真实还是想象,是历史真实还是虚拟时空的热议。《繁花》凭借带给观众如此丰富的观剧体验与共同的热切关注,成为中国电视剧的一部现象级跨年大剧。《繁花》不同凡响,沪语真的"响了"。王家卫如何拍出金宇澄笔下的上海故事?王家卫给"宝总"设置了多少人生难题?王家卫如何布局"宝总"的情感线?胡歌如何演绎最有"腔调"的"宝总"?当我们一起谈论《繁花》,其实是在回味我们心中的上海。

电视剧《繁花》从创作阶段就备受关注。经过6年筹备、3年拍摄,终于在2023年年末播出。电视剧收官后,主创演员们纷纷表示:拍了3年多,播出十几天,大家都依依不舍……王家卫从拍摄到制作、从剧本到表演、从配乐到美工等各项细节,事必躬亲,反复打磨,大到城市建筑,小到衣食住行,以精益求精的工匠精神,呈现出风情万种的上海城市空间,以电影般的质感,树立了高品质国产电视剧的美学标杆。

小说原著成就电视剧,犹如一朵云推动另一朵云。《繁花》的不同凡响,首先得益于金宇澄的小说文本提供的丰厚故事基础。金宇澄精心设置的"双时间轴+三男主线"的话本结构,用20世纪60年代和90年代,串联起代表不同领域的阿宝、沪生和小毛的故事。小说有新式弄堂的肌理,徐徐展开的是上海市井生活的卷轴,呈现出一种"有组织的复杂性"。编剧从《繁花》原著中撷取重要的故事线索,将它们扦插出来,让它们茂盛地生长,加入激烈商战与情感选择的复杂线索,构成了多人物、强情节、有节奏的影像叙事:以1993年前后为核心时间点展现上海在改革开放中发展的壮阔历史,以和平饭店套房、黄河路至真园、进贤路夜东京等核心场景,以苏州河和黄浦江为象征意象,以阿宝与玲子、汪小姐、李李,阿宝与爷叔等为主要人物关系线,叙述了阿宝如何成为宝总的传奇故事。整部剧是从上海的"商战叙事""经济叙事""情感叙述",汇入宏大的"时代叙事",让观众看见个体命运的齿轮被大时代转动着,90年代的上海与时代共进的发展史。

从剧初踏进上海外滩和平饭店大门,到剧末站在上海浦东新区川沙的田

间,主人公阿宝始终是在时代高速发展的快车上,在日新月异的大上海。剧集编织的事业线是关于"阿宝"与"宝总"从认购证、外贸到金融的传奇故事;情感线是关于"阿宝"与"宝总"和雪芝、玲子、汪小姐、李李的情感故事,最重要的是这两条线是相互交织演绎出环环相扣的情节发展,人物在选择中彰显个性,人物与时代的相遇改写着人物的命运,既呈现了在时代发展中的大上海,也体现出人物成长中的世间情。

电视剧让观众看到了一位在市场经济大潮中左右逢源、多情多义的弄潮儿阿宝形象,刻画了三位起点不同、态度不同、性格不同的女性形象,玲子、汪小姐、李李,她们走出三条不同的人生道路,还有那位经风历雨、深谋远虑的爷叔,那位黄河路街角眼观四路、耳听八方的小店看客景秀。那些黄河路、南京路、进贤路上来来往往的各种大小人物的起起伏伏,都刻画了"浮世绘"般的上海众生相,从中我们看到了 20 世纪 90 年代初,以上海为代表的中国市场经济的大河奔流、风云际会,看到了大时代赋予人们的信念和梦想,生动展现了已经载入中国时代变革史册的 90 年代。

《繁花》是一部电影化的电视剧,是电视剧影像电影化的代表作。电视剧《繁花》是知名导演王家卫拍摄的首部电视剧,大量运用电影化摄制手法,让人联想到 20 多年前的经典影片《花样年华》。剧中的重要镜头犹如电影般精雕细刻,在数十次反复拍摄中精选出最优的那一组镜头,常用中近景、局部特写和侧面,少用远景和大全景,着力渲染细节和局部,形成画面传递的多重审美内涵,全面提升电视剧的视觉美学,给观众留下深刻难忘的印象。反复出现的"黄河路"路牌,也是用低机位、侧面拍摄。在拍摄"至真园"老板娘李李时,精心调用机位、侧面特写及灯光布置等多种拍摄手法,让她的脸庞和身姿透出特别的个性魅力与万种风情。

在介绍或补充交代过去剧情时,运用电影中的闪回手法,记录影像适时穿插,以蒙太奇手段合成,追叙事情的由来,以剧中的人物旁白来交代时代背景的变迁。胡歌饰演的阿宝以第一人称旁白讲述,打破了电视剧惯用的第三人称全知叙事视点,为观众带来了全新的观剧体验,以电影的手法提升电视剧的艺术品质。

二、《繁花》对人物形象塑造狠下功夫

小说中 1 300 多处"不响",道尽了上海人生活中的理性、规矩和分寸感,自

洽与留白。小说以富有张力的情节,人物之间的微妙关系揭示出人物内心的能量。小说中人物相处之间微妙的"不响"给导演王家卫留下了发挥的空间。他启用了清一色的沪籍演员胡歌、马伊琍、唐嫣、陈龙、游本昌……他们先用沪语来完成人物的塑造,在酣畅淋漓的表演中过足了讲沪语的瘾,以生活本色演活了自己饰演的角色。有商战交锋三言两语的暗流涌动,有车水马龙滚滚红尘的实话实说……沪语的细密、筋道、节奏,嵌入传奇与俗世,交织出独树一帜的海派风情,传递了这座城市的鲜明气质与多元魅力。在后期制作时,演员再配音来完成普通话版本。

这批演员们参演电视剧《繁花》,犹如上了一个王家卫的表演学校。历时3年的参演过程,让他们感受到创作是生长的,不是演员在剧本给定的台词中表演,而是在剧本提供的基础上,让演员根据现场感受,投入剧情后,自己发挥,演员们之间的互动,彼此激发和创造的结果,这样的表演是有生命力的,是可以生长的。有生命力的演绎吸引着观众沉浸式追剧。演员们表示,以前没有这样的演绎经历。

演员马伊琍说:"导演很爱演员,第一,他首先做好功课,很了解演员拍过的电影,了解我们的长处和特点。第二,如何将我们的长处发挥好,让我们完成更好的表演。播出几秒钟的戏,往往是所有工作人员在现场磨合了几个小时、几天拍摄出来的。我们拍了3年多,播出才十几天,大家都依依不舍。导演对影视作品如此精雕细琢,我感觉非常有意义。"

演员范湉湉表示,有一场戏,是她饰演的卢美琳打宝总的耳光,打不下手,怎么办,导演先抓着她的手,打了自己一记耳光,这样范湉湉就一条过,狠狠地打了宝总的耳光。

阿宝是20世纪90年代上海人实现梦想的一个代表,上海就是阿宝人生发展的大平台。阿宝,有朝气,无畏,又内心复杂,背负着很多过往,胡歌演出了人物从阿宝到宝总的内心变化,以及人格的复杂性。从形象设计上说,他的头发披下来是阿宝,梳上去是宝总,和平饭店是他的面子,夜东京是他的里子。剧集开始时,被车撞受伤后,他选择息事宁人,宽厚以待,他与爷叔、小兄弟陶陶的相处,他带领小乐惠老友们炒股挣钱的温馨,自然呈现的正是宝总的温暖人情。

宝总去黄河路不是吃饭,是谈生意,是商场的人情世故与利益往来,他真要吃饭,是回到夜东京吃泡饭,这是上海的日常生活,"家"的味道。宝总与不同的女性吃饭也有区别:他与玲子一起,是吃本帮家常菜;他与汪小姐一起,是吃上海的市井小吃排骨年糕。他分别与两个女性吃过火锅,一个是雪芝,另一个是李李。吃火锅时,热气升腾,让人感觉到迷离又梦幻。可见,在宝总心中,对她们各有区分。

  他不是横空出世的超级英雄,也不是无欲无求的道德楷模,而是上海黄河路上最有腔调的宝总。他取之有道,刚中带柔、静中有动,多情多义、言而有信,正因为这种难得的腔调,他成为亲朋好友们信任、亲近的对象。

  如何让演员和角色融为一体。胡歌说:"我和王导聊了很多次,大部分时间不是聊角色、聊人物,而是在聊我自己的成长、家庭、学习和情感经历。我之前还以为导演是在观察我适不适合这个角色,后来发现他是把我人生经历揉碎了,全部加到了人物的身上。"有一场戏,宝总拉着汪小姐在南京路上奔跑,汪小姐的包掉在地上后,宝总驻足回望。拍摄前,王家卫对胡歌说:"你回头看到夕阳下的'小汪'可能并不是'小汪'。""那我看到的是谁?""你看到的是回不去的一段记忆,我不限制你具体看到了什么。"拍摄那一刻胡歌站在原地,仿佛看到了自己的童年,妈妈牵着自己走路的两人背影,他瞬间热泪盈眶。胡歌动情地表示:"感谢王导在整个《繁花》的拍摄中,让我离剧中的人物那么近,也让我离自己生命中最重要的人那么近。"

  很多观众看《繁花》是冲着胡歌饰演的宝总去,而第一集中特别亮眼的是游本昌饰演的爷叔看着阿宝换上行头,他的表情复杂,眼含泪光。他仿佛看见了年轻时的自己。现实生活中,游本昌年轻时的外形与胡歌有着几分相像。眉宇之间透着秀气,也称得上英俊小生。

  游本昌塑造的爷叔,隐喻了上海历史上的"老克勒"、上海国营外贸单位的"老师傅"的双重形象,他言简意赅地承包了全剧多半的金句,浓缩了他闯荡上海滩的人生哲理。爷叔的出现,使阿宝的故事有了历史的纵深感。他有着深藏不露的"不响",比如他有神秘的通讯录,能联系到随港商洽谈的贴身私家大厨,他只是叠一张纸送给李李,就能让李李在黄河路保卫战中大获全胜,他还有一个写作宝典,教汪小姐怎么写检查……爷叔提示阿宝,男人应该有三只钱包:你实际有多少钱,你的信用能调动人家多少钱,人家以为你有多少钱。

  《繁花》中的女性形象也是全剧引人瞩目的亮点:玲子的真诚率直和敢爱敢恨,以及"从前靠宝总,以后靠本事"的果断和洒脱,展现出独立个性和不依附的女性韧性;汪小姐从单纯热情到自尊自强的转变,她的"我是我自己的码头"的回答,透露出女性走向独立人格的勇敢和坚定;李李的自持、理性、通透、冷艳和神秘感,吸引观众的同情和探究。雪芝的纯美,卢美琳的外表热辣而内心倔强,菱红的贪图实惠而又自我犹豫,梅萍的妒忌和怨恨心,金花的深沉、果断、自信和文雅等,无不个性鲜明。李李手下的潘经理,深谙老板娘和宝总的性格特点,能领会猜测宝总前来至真园的时间和意向,被宝总戏称为"黄河路上的算命先生"。黄河路小店老板景秀一眼洞悉潘经理的能耐:"两朝元老、千手观音潘经理,她往哪里一站,宝总就会从哪里进至真园",他还留下断语:"李李跟宝总的关系,天知地知,黄河路知,但黄河路不响。"潘经理则回应说:"不响最大。"

《繁花》在人物形象塑造上狠下功夫,主要人物都有鲜明的个性特征,同时生动地呈现出发展中的上海是真正的主角,改革开放的时代才是真正"C位"。无论是黄河路还是南京路,苏州河还是黄浦江,无论是宝总还是爷叔,汪小姐还是玲子和李李,《繁花》的核心剧情与人物让"上海"这个主角更加丰满立体。《繁花》热播过后,人们还在细细品味上海,以及这座城市里的人。

三、《繁花》是写实又写意的上海传奇

《繁花》是写实与写意结合的上海传奇。建造于20世纪初的和平饭店见证着东西方文化交汇中的上海,上海在时代嬗变中的发展史。电视剧中,爷叔点铁成金,让阿宝借钱住进和平饭店,选择豪华套房作为宝总发展事业的"办公室",这是他自己曾经享用过的套房,承载着他当年的光鲜岁月。王家卫选择和平饭店,作为阿宝上海传奇故事的重要场景,无论是作为上海的城市镜像,沟通历史与现实的视角,还是人物命运的隐喻,从剧集意蕴开拓与视觉呈现两个层面,都给观众提供了充分的想象空间。老旧的电梯升起又落下,成为很多人生转场的枢纽,也隐喻着人物的命运跌宕、股票的跌涨起伏。

《繁花》对上海的描摹是写实与写意结合的方式,展现出20世纪90年代的上海城市风情,带给观众形神兼备的上海传奇。

电视剧从开头到结尾都给人以逼真的时代提示。鲜明标志着浦东开发开放的上海景观是"东方明珠",《繁花》剧情的时间跨度是1992—1994年之间,恰好"东方明珠"是从1991年7月30日动工建造,到1994年10月1日建成使用。剧中多次出现"东方明珠",宝总在和平饭店套房的窗口向外眺望,就可见

"东方明珠"正在长高的身影,到剧集收尾时,让人激情满怀的落成典礼,共同构成璀璨又深沉的审美意象。还有呼应剧情的萦绕在观众心里的经典老歌,如《安妮》《冬天里的一把火》《我的未来不是梦》《再回首》《偷心》等,都在引导着观众回望那个特定年代,恍若与20世纪90年代的时光交错。电视剧用心营造的正是写实与写意结合,既有年代感又跨越年代感的上海。

《繁花》从开始就展示出20世纪90年代在改革开放中蓬勃发展的上海,有着正剧的美学风范,但人物的语言和动作都带有喜剧化的成分,玲子、汪小姐、范总、魏总、卢美琳、陶陶等人物,在语言和动作上都是比日常更夸张的表情姿态,如此喜剧化渲染,构成正剧与喜剧杂糅的效应,给观众张弛有度的观剧体验。

长期生活在上海的小说原作者金宇澄,出生在上海而生长在香港的导演王家卫,以及生长在上海的众多演职员,合力表现着他们对记忆和想象中的上海的进取气象和怀乡情结。

电视剧第30集中,汪小姐从深圳回到上海探望师傅时,她深情拥抱金花,表达她的感恩之情,伴随着当年的流行歌曲《再回首》,这里融合了感恩、感动、依恋和缅怀等五味杂陈的复杂情感,让观众感受浓郁乡愁情怀中的余味深长。

从该剧主要人物结局来看,宝总重新选择到上海浦东新区川沙的田间地头,从事花木种植和园艺,玲子远赴香港开餐饮店,汪小姐到浦东经营业务,他们都呈现出带着乡愁深情迈向未来的坚毅姿态。

《繁花》的核心剧情是向观众呈现上海发展,时代变迁中奋进个体的成长史、心灵史,一个个性格鲜明、富有时代气质的人物形象,他们敢爱敢恨、锐意进取的时代精神与上海的海纳百川、追求卓越的城市精神共同升华了电视剧《繁花》的精神维度。导演王家卫善于在强烈戏剧冲突中深入人物的内心世界,善于表现人物分聚离合中的情感张力,将情绪与故事有机融合。当汪小姐挥手喊出"江湖再见"与"时代再见",当剧中又一次呈现《再回首》的歌曲旋律,观众沉浸在20世纪90年代的时代氛围……上海地域文化中的多种元素,如上海方言、建筑景观、服饰餐饮等,都汇聚一体,合力形塑出上海在中国式现代化进程中的文化形态之美,释放出绵绵不绝的上海的生活气息。

综合来看,《繁花》运用将电视剧影像电影化的艺术手法,写实和写意、正剧和喜剧、前行和乡愁的结合与交融,让观众感受上海在改革开放中的锐意进取的精神气象,同时也感怀着对20世纪90年代的文化乡愁,既有向前行的精气神,也有再回首的温婉情,是发展中的回望,是现实与历史的对话,是个人心灵与时代大潮的交流,电视剧《繁花》呈现出"树树繁花去复开"的开阔与深邃,繁花开谢、情深旨远,观众沉浸在一种温煦又亲切的氛围和情绪中,获得丰富又深邃,值得回味的审美体验,这正是《繁花》叙事美学的艺术价值。

时代发展中的人生成长,光影斑斓中的上海故事,《繁花》全剧透着的上海腔调,让观众沉浸其中、流连忘返。有人看到《繁花》的光影斑斓,有人看到《繁花》的落英缤纷,这种丰富和复杂恰恰是《繁花》让人迷恋的体验。霓虹养眼,万花如海,我们用心回味在上海相遇的人和事,岁月中的青春芳华。《繁花》的叙事美学犹如繁花朵朵,余香缭绕。

精彩纷呈的海派艺术

海派收藏的前世今生

祝君波

祝君波 上海新闻出版局原副局长
2023年11月26日演讲于长宁区图书馆

历史上所谓中国收藏的"半壁江山",主要指晚清民国这个阶段的上海。藏品丰富,藏家云集,交易市场形成,与北京各有特色,形成南北交相辉映之势。

一、晚清民国时期(约1911—1948年)

上海的收藏与北京不同,各发展出中国收藏业不同的两种模式。北京以明清宫廷收藏以及皇亲国戚、达官贵人收藏为主,形成在皇家琉璃厂旧址基础上发展起来的古玩字画业。上海的收藏以江南文人收藏为基础,即官、商、士为主体,起步比北京晚,但势头比较猛,也占了"半壁江山"。

笔者在世界华人收藏家大会工作时,曾编辑出版《中国收藏家名录》(近现代)一书,收入有成就的收藏家300余人。其中上海105人,北京80人。上海加江浙两省合计139人,比例之高,实属罕见。郑重写作《海上收藏世家》,与上海有关的收藏家43人,收藏行为大多发迹和兴盛于民国。这些藏家比较有名的有沈曾植、盛宣怀、曾熙、庞元济、黄宾虹、张元济、李瑞清、狄平子、丁福保、赵叔儒、沈钧儒、张静江、周湘云、丁辅之、吴启周、卢芹斋、叶恭绰、徐森玉、鲁迅、钱化佛、马叙伦、袁克文、吴湖帆、郑午昌、陈定山、孙伯渊、张大千、章乃器、方介堪、张鲁庵、刘靖基、顾廷龙、张文魁、许汉卿、傅雷、胡惠春、徐邦达、谭敬、戚叔玉、张衡、马宝祥、王季迁、潘达于、钱君匋、钱镜塘、施蛰存等,对中国文化、艺术事业影响极大。这些藏家,可以分成官、商、士三种人。官僚,如盛宣怀、张静江、袁克文、叶恭绰,但占的比重不大。商人包括实业家是一大特色,如周湘云、刘靖基、庞元济、谭敬等。数量最多的士即文人阶层,占的比重最大。书画家和教授很多,比如吴湖帆、张大千、王季迁、钱君匋、戚叔玉、施蛰存等。

这一时期的收藏家对保护中华文物、促进后来的国有博物馆建设贡献最大。当时,随着皇帝的被打倒,宫廷的收藏有部分流入民间,连年军阀混战,原先收藏者的文物也处于危险之中。上海海派收藏家大批收藏,加以保护,避免了中华文化的损失和宝物失散,其中潘氏家族、徐悲鸿、张大千、吴湖帆等的重大贡献,都有历史记载。1900—1949年是乱世,内忧外患,战争不断,当时中国现代的博物馆体系尚未建立起来,所以这一代收藏家代替机构保存文物,有巨大的贡献,非言语所能表达。

有收藏家和收藏需求,就有物品、物流和商流,上海成为古玩市场中心,就是水到渠成的事了。光绪二年(1876)《沪游杂记》云:"古玩铺,兵灾后搜罗甚富。"说明古玩市场已有出现。最早的经营者是站在街头巷尾的收购者,后来他们进入茶馆谈生意。经营者坐在茶馆泡壶茶待客,专注于从茶客中收购古玉、字画、唐三彩、牙雕竹刻、瓷器名壶。收到东西,运气好时在同一店里又加价数倍转卖给另一位茶客。

这种茶馆古玩市场,在上海最有名的两处,一是城隍庙的四美轩,还有五马路(即今广东路)的怡园,古董客最喜欢在这里泡茶、见客、看古董。还有二马路(现九江路)清池浴室隔壁的文明雅集茶馆也富特色,泡浴、饮茶连在一起,茶馆老板就是任伯年的入室弟子俞达夫。他们开茶馆以画会友,来者多为文人墨客、丹青名家,所以古玩、字画在这里交易兴盛起来。

独立的古董街兴盛于广东路,因为茶馆古玩模式已无法满足需要,最多时街两边近河南路口有古玩地摊一百多处。

1911年辛亥革命以后,北方的皇亲国戚、遗老遗少大批南下上海,同时紫禁城的大批官窑古瓷、御画、奇珍异宝也流落沪上。1921年,古董大亨王汉良集股筹资在广东路江西路口大兴土木,不久中国古玩商场建成对外营业。由于位置奇佳,军阀官宦、商贾豪绅、公子哥儿络绎不绝,很快店铺面积嫌小了。1934年,古玩商又在老古玩商场对面新开了7开间门面的古玩店。

与此同时书画店、碑帖古书店也在今黄浦区的范围内大量涌现。据收藏界前辈耿宝昌先生亲口告诉我,他的店开在昭通路(近今福州路)这条小马路上。张宗宪先生也说,张家的店也在昭通路上,客人很多,小时候在这条街上进进出出,风光无限。书画店有成立于1900年的朵云轩,还有上海荣宝斋、九福堂、九华堂、清秘阁、王星记、艺苑真赏社等,大多设在福州路、河南路。据朵云轩前辈王壮弘先生告知,当年长乐路、巨鹿路交叉处的三角花园,是上海有名的古书、碑帖交易地,他在这里设过摊。

除了有形的店铺交易,还有无形的生意。一些大客、要客,大多直接通过古董商、经纪人在家中或办公室交易,有人直接送去货源。还有一条出路,就是与洋人的交易,除了来沪洋人喜欢逛古董店以外,大多直接出口欧美和日本。最有名的卢芹斋、吴启周开办的卢吴古董公司,将大批最珍贵的文物,如昭陵八骏、秦鎏金龙头、唐韩愈《夜照白图》、西周提梁卣等卖往欧美,很多都是博物馆级的。日本人开的山中商社,也兼营文物生意,其卖往日本的文物不少。

收藏品准确地说可以分成两大主题,一是文物、古董、珠宝,二是艺术品或者美术品。中国的美术品主体是书画,一般又把古代书画纳入文物,现当代书画纳入美术品。国际上也大致如此分类。

上海的文物,主要来自周边地区。书画,本地有海上画派。曾有书列出老海派代表人物60人,这是一股很大的创作力量,以张大千一生几万张作品来估算,60名家加上准名家,是强大的供货能力了。

海上画派最早有赵之谦、任伯年、虚谷等开创者,后有无数大家,包括吴昌硕、张大千、徐悲鸿、吴湖帆、冯超然、弘一法师、丰子恺,都是在20世纪中国画坛有影响的人。

而以西画论,上海无疑是引进西方绘画的大本营,出了一大批留学欧美归国的艺术家。如刘海粟、徐悲鸿、林风眠、颜文樑、吴大羽、张充仁等,对美术教育、美术创作和艺术收藏起了积极的推动作用。

二、新中国时期(1949—1978年)

1949年中国共产党领导无产阶级革命,建立了中华人民共和国,倡导无产阶级文化,消灭资产阶级以及一切剥削阶级的文化。与新闻、出版、教育这些核心层文化相比,收藏本来处于怡情玩赏的边缘范围,但由于与美术创作所倡导的红色取向,与产权的国有化运动有联系,也发生了很大的变化。这个变化又可以划成1949—1965年和1966—1978年两个大的阶段。但两个大的阶段其内容、形式大体相似,在程度上则有很大区别。特点如下:

(一)确立以国有博物馆为主体的收藏思路

国家投资建立上海博物馆、上海美术馆、自然博物馆、上海图书馆等机构,重视国有收藏。将这些机构建成收藏、研究、展览的中心,实施对国民的爱国主义教育和知识文化的传播,起到了很大的积极作用。其中尤以上海博物馆、上海图书馆的收藏成就最为显著。上海博物馆大部分的藏品在这一时期征集,总体达100余万件,其中精品达12万件。方式来自向社会征集和收藏家的捐赠。在此基础上,形成古代书画、陶瓷、青铜器、碑刻、玺印、玉器等十几个中国传统艺术的收藏门类,为后续发展打好了基础。如王羲之《上虞帖》、王献之《鸭头丸帖》、西周大克鼎、西周晋侯苏钟16枚、春秋子仲姜盘、战国商鞅方升、唐代孙位《高逸图》、怀素《苦笋帖》等珍品,都是这一时期征集的代表作。

上海图书馆在这一时期通过合营私营图书馆建立基础,继续通过征集藏品和接纳捐赠,也建立了自己庞大丰富的体系,其中尤以古籍善本、珍稀碑帖、手稿、稀见印刷品最具价值。2018年11月,上海图书馆举办"缥湘流彩——中国古代书籍装潢艺术馆藏精品文献展",展出明清特别是近现代著名收藏家项元汴、黄丕烈、龚心钊、吴湖帆等私家装帧的珍贵典籍100件,其中38件为一级藏品,24件为二级藏品,堪称上海图书馆"镇馆之宝"。这只是冰山一角,已可窥见上海图书馆家底的殷实。

(二)确立以国有文物商店为核心的经营体制

新中国成立初期,私人经营文物艺术品尚被允许。但由于政治、经济环境的变化,也由于有的不法古董商的走私经营,政府加以限制,经营规模逐渐压缩。经过1956年的社会主义改造,广东路的古玩市场改名为上海文物商店,上海的书画店统一合并起来至朵云轩(1960年挂牌),古书、碑帖经营统一归到上海图书公司即上海古籍书店,同时批准上海工艺美术品公司、友谊商店也有文物经营权。1960年国务院发文全上海的文物经营机构统一归文化部门而非商业部门领导,在上海如朵云轩和上海古籍书店归市新闻出版局主管。

根据中央的规定,此时已取消民间文物交易市场及私人交易。上述国有文物店担任的三项任务:一是征集最优质文物划拨国家博物馆或低价转让给博物馆。二是根据周恩来总理"少出高汇、细水长流"的文物外销政策,授权文物商店统一组织文物外销包括举办展览,为国家创收外汇,对出口文物,由上海市文管会审鉴并加盖允许出口的鉴定火漆印,由文物商店出具文物出境发票。三是在营业店设内柜,面向来华外宾、领导干部、高级知识分子(主要是艺术家)提供服务。

上述机构在之后的各个时期,都发挥了征集、转销作用,以低价大量收购文物、字画,一方面保护了国家文物,另一方面提供给以上三个渠道出货。也有一些机构主要是朵云轩和文物商店,则有意识地建立自己的本部收藏,以期传承后人研究和学习。

1986年国家古书画鉴定组巡访上海时,发现上海地区国营机构包括文物商店、朵云轩有丰富的收藏也颇为惊讶,足见这一时期收藏力度之大。

(三) 收藏家队伍的变化

上述所言民国时期上海有大收藏家一二百人,还有相当数量的准收藏家。除藏家以外,还有一大批行家及艺术品和文物的经营,加上周边地区的收藏家也以上海为进出货的码头,构成了整个市场的需求。

20世纪50年代倡导社会主义新文化后,收藏已被视为玩物丧志的颓废行业,加上国有单位的统一经营和逐步限制,直至禁止民间交易政策的发布,老一代的收藏家当时的情况,一是出于爱国主义思想,将文物捐给上海博物馆等机构;二是有经济困难文物变现家用的需要,低价转让给国家文物收藏机构;三是还维持一定量的收藏,私下在家里、朋友圈内赏玩、交流。但总体上此时的收藏群体人数和藏品数量大为减少。

新中国时期最值得一说的是"红色收藏家"的出现,主要指的是革命干部群体。他们戎马一生,经历了战争考验,进城以后有了和平建设的环境,其中一部分又有文化素养和收藏爱好的，则用自己的薪水开始了收藏。在北京有康生、陈伯达、邓拓、田家英、孙大光等人。在上海有谷牧、王一平、李研吾、曹漫之、白书章、罗竹风等人。五六十年代，新旧书画无交易市场，价格低廉，乏人问津，他们抓住机遇，都形成了自己不错的收藏体系。其中以王一平先生的收藏成就最高，历经改革开放，他有一些博物馆级的精品包括林良、文徵明、华嵒的书画，在晚年大多捐给上海博物馆，值得嘉许。

这一时期，海派书画名家也有一些承续传统，继续或者开始收藏。包括名家刘海粟、钱君匋、谢稚柳、唐云、程十发等人，他们为了绘画借鉴，都收藏自己钟情又可供艺术借鉴的作品。钱君匋收书画印章，程十发收古书画及陈老莲书画，唐云收八大山人以及曼生壶，都卓有成果。他们的精品后来也大多捐给家乡政府或上海政府，如钱君匋捐献给家乡桐乡县政府，后设立艺术馆，程十发捐给上海文化局，后设立程十发艺术馆，唐云捐给杭州，而后设立唐云艺术馆。

（四）对收藏事业打击破坏最大的十年

"文化大革命"初期扫"四旧"和抄家，文物存量丰富的上海地区被烧毁的文物无法统计，抄家入库的总计420余万件。一方面对文物的破坏极大，很多文物损坏、遗失和被工艺品机构出售；另一方面，给收藏人带来心理打击，使他们一时不敢从事文物保护事业。

直到1976年之后，拨乱反正，平反冤假错案，才先后开始陆续发还抄家物资中的文物和字画，直到20世纪80年代中后期，基本告一段落。解决办法是有原物还原物，无原物的还相仿的替代物，无法还物品的以现金折付（书画、瓷器每件付12元）。发还抄家物资时，大部分原物主或继承人得以在政治上平反，心情比较舒畅，于是将一部分精品捐给国家文物机构，一部分变卖出售给文物商店以补贴家用，也有一些自己留存，或至90年代国内拍卖会兴起时再出让。

三、改革开放时期(1978年以来)

改革开放时期，文物和艺术品收藏空前活跃，政府的政策更加开放，收藏家和艺术家两个主体形成互动力量，艺术品经营也更加多元化，出现了百年不遇的繁荣发展局面，为人民财富增值、文化艺术传播、提高市民的文化艺术素养起了很好的推动作用。

最明显的是党的十一届三中全会后修订《宪法》明确保护私人财产不受侵犯,修改了《文物保护法》以及发布新的鼓励文化创意产业、艺术品市场繁荣发展的政策法规,颁发了《拍卖法》,开放民间经营文物和民营进入拍卖业的政策。上海市政府设立文物局,出台了一系列促进艺术品市场发展的政策。2017年还出台《关于加快本市文化创意产业创新发展的若干意见》(简称"上海文创50条"),把艺术品收藏产业列为上海四大文化创意支柱产业。下面从几个方面进行详细介绍。

(一) 藏宝于国与藏宝于民的政策并举,恢复和促进了私家收藏

改革开放初期,上海收藏家队伍青黄不接,晚清民国时期形成的那一代收藏家逐步退出,新一代的收藏家尚未成长起来。

随着上海以及全国经济快速发展,中国GDP总量超过日本位居全球第二,上海以及周边地区出现了一批超高净值人士和高净值人士。超高净值人士为家有富裕可流动现金3 000万美元,高净值人士为家有可流通现金100万美元。其中最有名的是刘益谦、王薇夫妇,他们从20世纪90年代起,在全球著名拍卖行大量购藏顶级的艺术品和文物,包括陈逸飞《踱步》在内的一大批新中国红色油画,包括明代成化鸡缸杯、永乐唐卡在内的一大批古董,包括王羲之《平安帖》、明代《十八应真图》在内的古代珍稀书画,包括意大利莫迪尼亚《侧卧的裸女》在内的西洋美术品,他们多次被国际知名的Artnew机构评选为影响世界的收藏家。刘益谦现象的出现,说明当代海派收藏家已具有超越历史的趋势,展现出勃勃生机和时代气息。

代表传统书画家等专业人士收藏的有后来涌现的名人,如韩天衡、童衍方、徐云叔、徐伟达、许四海、王克勤、季崇建等人。他们都从事艺术创作和学术活动,以眼光独到、专题研究、收藏与创作相联系,走出一条以艺养藏的道路,成为海派收藏的佼佼者。其中韩天衡先生以在嘉定创办美术馆而闻名,制壶名家许四海以收藏古旧名壶称雄收藏界,1992年办有上海最早的私立博物馆。

继承老一代收藏后来居上的有王时驷、钱道明、吴元京、汪禀、汪顶先生等人,他们耳濡目染,在原有家藏基础上添砖加瓦,形成自己的藏品特色,继续活跃在收藏舞台上。

新一代企业家蜕变收藏家而知名的还有红树白云馆陆氏父子两人,他们介入收藏较早,又有正确的方法,占据先机,在古书画和铜胎掐丝珐琅的收藏方面获得成功,出版了画册,以量多质优而名;秦森集团的秦同千、荟珍屋主人赵文龙以及闻道园主人王卫等以收藏古建筑、建筑构件、珍稀家具而知名,开辟了收藏与旅游业相结合的新模式;冯毅以收藏青铜镜,天物馆柳志伟以收藏陶瓷古玉,嘉定李家明以收藏瓷器和竹刻为特色,在沪上也颇具格局和名气。

特别值得一提的是出现了一批特色收藏。如赵宝培在非洲经营企业以后,从20世纪90年代起收藏了非洲20余国的近千件非洲雕塑,涵盖石雕、木雕、铜雕、陶雕等多种质材、多元风格的藏品,开创了收藏的新领域;于善明以收藏历代名人绘竹画而自显特色;樊克勤以收藏历代佛教人士创作的书画独具一格,都形成了专题特色。以上挂一漏万,恕不一一。

(二) 文物经营主体的变化,国有民营共同发展

上海原来仅有的几家经营机构朵云轩、文物商店、古籍书店、友谊商店古玩分店在这一时期都还在继续经营,其中朵云轩在20世纪90年代初创办艺术品拍卖行等机构发展较快以外,大多维持原有业务,与鼎盛时期不可相比。还有一些工艺品经营机构随着国有企业抓大放小的方针,转制为民营企业或混合所有制企业,如上海工艺美术品服务部、豫园华宝楼等。

发展比较快的是非公经营体的出现。1980年前后在上海东台路、会稽路出现了自发的旧货、古玩集市,几起几落,到1990年后尘埃落定,明确政策,允许150余个古玩摊位正常对外营业。1995年春,豫园商场华宝楼旧工艺品市场也改名为古玩市场,受到中外客户的欢迎。此后古玩市场发展到10余家,如中福古玩城、虹桥古玩城等。

除民营外,90年代初上海出现了外资画廊,如香格纳画廊,以经营油画和当代美术品为主。到了2015年,外资拍卖行在上海正式营业,如上海佳士得注册成立,每年举办春秋两季的国际拍卖。苏富比拍卖行和尤伦斯当代艺术中心,也由京迁来上海经营。

(三) 文物艺术品经营模式的多元化发展

民国到新中国时期,上海的文物和艺术品经营一直以门店零售为主体,方式相当单调。改革开放初期则是门店加展览会的经营模式,即集中一段时间

的货源举办藏品展销会或画家作品展览会,高级的还印制图录,吸引远方的客户来看展和购物。进入20世纪90年代,上海的经营者去海外考察,知道国际上的经营方式比较多元,受到启发,加以模仿、创新,形成了今日上海多渠道的经营方式,主要有拍卖行、现代画廊、古玩店和古玩城、艺术博览会、互联网展示和交易、艺术投资基金等,使卖出和买进都更为便捷。从中看到上海的文物和艺术品经营已由传统单一零售店发展到今天展示、拍卖、交流、经营的多种方式,总体上是一种更开放的趋势。

四、艺术家的职业化和市场化

我们所处的时代,艺术品或收藏品的存在结构发生了很大的变化。而市场上文物的存量减少,加上中介机构增加,拼抢货源现象很普遍。这样,人们的眼光自然投向在世的美术家、工艺美术家。在中国,主要是书画家、油画家和工艺美术师,他们向市场大量提供作品,促使市场成熟。

目前艺术家、工艺美术师出现两种情况:一是一岗多职,有一个职业如大学教师、画院画师,然后兼职卖画;二是完全自由职业,走出校门就自己成立创作室或工坊,在社会上打拼,寻找需求。现在缴纳养老金的社保系统也有自由职业的登记,给全职艺术家以保障。

近几年当代艺术这个门类在艺术市场呈现发展趋势,出现了一批以市场为主的年轻艺术家,引起社会关注。

五、收藏的高级阶段——博物馆的建立

中国的博物馆起步比较晚,办公共博物馆的第一人是近代张謇,他于1905年在南通办了"南通博物苑",比故宫博物院还早。民国时期中国只有几十家博物馆、美术馆。中华人民共和国成立初期办了不少国营博物馆,也因经济不发达,财力有限,又对文物重视不够,无法起到成为一个个收藏加文化传播中心的作用。

改革开放后,发生了巨大变化。据国家文物局统计,到2018年末我国共有博物馆5 136家,包括国有3 736家,非国有1 400家;上海博物馆总量168家,其中非公的60余家。1936年,我国第一家美术馆开设在南京。到2018

年,中国有美术馆293家,私人的26家;上海则有美术馆101家,非国有的78家,占3/4(上海超过全国,数字如此,只好存疑)。上海是全国民营美术馆体系最完备、数量最多的城市。

上海国营博物馆、美术馆在改革开放时期有了耀眼的发展,建造了一大批现代建筑,如上海博物馆、上海美术馆(中华艺术宫)、上海航海博物馆、自然博物馆、科技馆、闵行海派美术馆。也有部分利用老建筑的,如上海历史博物馆、当代艺术博物馆(工厂)。这些标志性建筑场馆宽敞、设备先进,加上藏品和陈展方式的改进,常设馆和引进世界大展,已成为市民参与文化生活、吸纳知识、接受艺术熏陶的场所,为城市的发展增添了内涵。

上海民营博物馆、美术馆的成绩也十分骄人。数量多,规模大,层次高,在亚洲地区处于先进行列,包括龙美术馆(浦西、浦东两个馆)、震旦博物馆、余德耀美术馆、苏宁美术馆、宝龙美术馆、观复博物馆、上海玻璃艺术馆、昊美术馆、上海喜玛拉雅美术馆、星美术馆、油罐美术馆、天一美术馆、王小慧艺术馆、许四海壶艺博物馆,这反映了时代的开放和进步。

上述以外,还出现专门举办大展的艺术公司。如上海天协等,举办过毕加索、莫奈、雷诺阿、梵高等艺术大展,与诸展览场所结合,展期比较长,收门票费,也形成一种新的模式。

六、上海艺术品产业

2017年12月,上海市出台《关于加快本市文化创意产业创新发展的若干意见》,明确提出"努力把上海建设成为世界重要艺术品交易中心之一"。未来,人们将清晰地看到这些目标成为现实:进一步优化艺术品产业发展布局,完善艺术品产业,发展专业配套服务,积极培养和引入合格的市场主体。据统计,2016年上海426家艺术品经营机构创出59.36亿元的交易规模。其中专业画廊约300家,全年交易额约12亿元;拍卖机构约80家,举办拍卖会293场,拍卖额为34.26亿元;举办艺术品交易展会8个,艺术品交易额约为8亿元。2019年2月上海电视台报道,上海2018年艺术品总交易额达到91亿元人民币,说明市场化程度和产业规模进一步扩大。

经历改革开放40周年,上海艺术品市场进一步成熟,市场五个要素更为明晰,关系紧密。

（一）供给方

上海市场的供给方主要是本地艺术家（包括在世艺术家和已故艺术家）。进入新世纪的在世美术家有程十发、刘旦宅、陈佩秋、颜梅华、韩敏、韩天衡、方增先、杨正新，年轻一代的画家有乐震文、车鹏飞、韩硕、施大畏等人。已故的水墨画名家数量庞大，如吴昌硕、徐悲鸿、张大千、赵之谦、钱慧安、任伯年、虚谷、弘一法师、吴湖帆、沈尹默、谢稚柳、林风眠、唐云、刘海粟、陆俨少、朱屺瞻等人。油画家包括林风眠、颜文樑、吴大羽、庞薰琹、刘海粟、朱屺瞻、陈逸飞，都是比较畅销又产生高价位的。其他如齐白石、傅抱石、潘天寿、黄宾虹、郭沫若等一批画家作品，上海存量也不少。此外还有丁乙、薛松、张恩利等当代艺术家。

以收藏论，上海本地的收藏家历史上有数百人，现当代又涌现出一二百人，加上大批行家，形成了一个强大的供货量。上海藏家的实力深不可测，不仅供给本地市场，而且提供给北京、浙江的拍卖行。

元明清以来，上海周边画派林立。如元四家、明四家、清初四家、浙派、皖派、金陵画派、扬州画派、吴门画派、西泠八家等，对上海影响很大。这些画家的资源大多流向上海。此外，上海周边是工艺品的生产基地。比如玉器，扬州工、上海工都是一流的，又如紫砂壶、嘉定竹刻、苏州绣品，也形成了一个供货群。

（二）需求方

第一层，博物馆、美术馆的收藏需求。由于国有机构用钱的程序手续繁复，额度受限，用钱购买收藏规模不大，但也有类似上海博物馆以450万美元购买美国安思远《淳化阁帖》，上海图书馆以巨资收藏翁同龢藏书的事例。

第二层，本地收藏家收藏和投资的需求。目前已有数百位个人的收藏人和投资人，包括行家。刘益谦是其中代表。

第三层，本土年轻的收藏家，特别是留学归来的年轻人，他们以收藏当代艺术、当代水墨画为主。

第四层，来自海外的收藏需求。上海初期的艺术品收藏以海外人士为主，现在购买力在下降，但还占一定的比例。其中以港台为主。

（三）中介形成

这是供给和需求之间的桥梁。我们前面提到，上海的中介引进了拍卖行、艺术博览会、古玩店、现代画廊等机构以后，已基本满足供求双方的需求，同时，有的中介本身也有储存和转让文物艺术品的功能，如画廊和文物店。古代以来私人的直接交易如今显得越来越不重要了。近几年，上海有多家艺博会在经营，在沟通市场需求上产生了积极作用。

（四）艺术商品

上海的艺术市场与各地相仿，市场占比第一的为中国书画，它是一个大类，书画又分成古代书画、近代书画和当代书画三个组成部分，约占市场40%的份额。第二为瓷器，包括古玩以及工艺美术品，占到35%的市场份额。第三为油画、当代艺术品，约占25%。其中包括海外艺术家的作品，至少占5%的市场份额。早先中国市场卖的都是中国货，自从中国成为世界第二（有时第三）位的艺术市场以后，来自海外的画廊带进很多艺术品，包括西方的艺术品、西方的装置艺术，从上海佳士得拍卖可见一斑。海外名家油画、雕塑以及装置也占一定比例。

这里要特别强调的是，拍卖市场中文物的比例比较高，包括旧书画、碑刻、器物和旧工艺美术品。而在画廊、艺术公司层面，当代的艺术家、工艺美术师占的比重大。近些年新的紫砂壶、新工新料的玉器也价格不菲，珠宝、钻石也受到部分收藏家的钟爱。

在讨论上海艺术商品的时候，我们特别要介绍一下本土艺术家的作用和特点。在20世纪90年代中期以后的市场，上海的书画市场，陆俨少、刘旦宅、程十发和陈佩秋居于市场高价层次，加上他们活跃在这一时期，引领市场和价格的作用比较明显。其中陆俨少的"杜甫诗意百图"曾创出当时全国拍卖的最高价，刘旦宅的红楼人物也创过全国的高价位。油画方面，以陈逸飞为代表的一批实力派人物，一直引领油画市场的高价位。他的《浔阳遗韵》《踱步》《黄河颂》都开创了当时的高价位，他的作品无论是红色系列、西藏系列，还是老上海女性系列、周庄系列，都深受市场欢迎。"陈逸飞现象"指改革开放初留学西方后又回归故土的这批中西合璧的油画家及其创作，包括陈逸鸣、陈丹青、俞晓夫、邱瑞敏等。

(五) 价格体系

我国在民国和计划经济时代,文物和艺术品的价格是互相独立的。少数专家制定价格,与海外无联系、与市场不接轨。另外,其价格是被严重低估的,珍贵的文物书画,卖一个青菜、萝卜价,与应有的价位不相符,与同时代全球产业的艺术品、文物价格也无法相比。20世纪90年代以来经济发展、买家涌现、买气旺盛以及拍卖行的"三公"(公开、公平、公正)竞拍,上述这两个现象有了很大改变。

一是中国艺术品市场价格体系建立了起来,比较公正、透明,可查询。这包括上海几十家文物艺术品拍卖行的数据,艺博会的标价,众多媒体的传播,尤其是百度、雅昌艺术网以及各大拍卖公司的网站,都及时传播上海的价格。上海的价格是仅次于北京、香港的重要信息源。

二是上海作为长三角的龙头,也形成自己的价格高地,促使艺术品、文物向上海汇集。近10年,比较有影响的拍卖有朵云轩2014年春拍卖香港朱昌言先生的藏品如吴湖帆系列,成交率和成交价奇高;道明五周年拍卖宋代尺牍2.7亿元,其中北宋政治家唐坰旧楷书《致胡宗愈伸慰帖》,成交9 128万元;天衡2010年6月拍卖《张大千仿巨然晴峰图》,成交7 280万元;2011年秋季拍卖弘一法师《华严集联三百联》(三册),成交6 095万元;朵云轩2013年春季拍卖齐白石《高立千年》,成交8 050万元。近年,嘉禾首创李可染、潘天寿两件过亿艺术品的高价位,即2015年潘天寿《鹰石图》成交1.15亿元,2020年李可染《高岩飞瀑图》成交1.16亿元。这些价位对藏家很有吸引力,促使艺术品从海外回到上海,形成文物、艺术品的倒流,这是好现象。

七、艺术品延伸业务

艺术品产业和市场的形成,也拉动了周边产业的发展。一是印刷业。艺术品、文物高端印制的需求,产生了雅昌这类专门服务艺术的印制和传播业务公司。其他综合性的印刷厂也把印画册当作一大生意。二是传媒业。出版社、电视、杂志都先后形成收藏热点,也是一大生意源。三是酒店业和交通业。每年春秋两季几十家的拍卖活动,形成很大的一块会展和旅馆生意。各项艺博会也促使旅馆、展厅的兴盛。此外,作为知识聚集性行业,也给人力资源安排提供了条件,从事艺术经营和文博美术馆职业的人数大量上升。

在这一部分,特别值得一提的项目,有如下几个:

(一) 世界华人收藏家大会

2007年始,在中共上海市委宣传部领导下,组成了组委会,由陈东同志任主任,祝君波同志任秘书长(后任执行副主任)筹备召开世界华人收藏家大会。持续10年共召开五届,在团结全球华人收藏家以及推动收藏事业发展方面起了积极的作用。其中第一届于2008年10月在上海国际会议中心召开;第二届于2010年在上海展览中心召开,同时举办京沪收藏家藏品展;第三届于2012年11月在台北举办,与台北清玩雅集成立20周年同步举行,参观了清玩雅集20周年藏品展,举办了"故宫之夜"以及主题论坛"收藏,回归人文的精神家园";第四届于2014年11月在上海国际会议中心举办,组织参观了上海私立美术馆和博物馆。以上每届与会700—800人,核心层收藏家及专家250人,引起媒体广泛关注。

世界华人收藏家大会是上海对全球华人收藏家的贡献。虽然方式是松散的,但通过大会主题论坛、采访收藏家、参观收藏展览、出版论文、联谊交流,起到以文会友、加强团结、积极引导的作用,而且吸引了收藏界、拍卖界、传媒业的参与,给海外和全国各地代表留下美好的回忆。

(二) 上海的收藏组织

上海收藏协会已成立30多年,现有会员8 000余人,有专业委员会20余个,在团结收藏队伍,促进收藏,组织展览和交流,提升会员素养方面起了积极作用。上海文联属下的上海收藏鉴赏家协会现有会员200余人,也在履行类似的职能。此外还有众多新成立的民办非企的书画院、收藏机构,也在发挥类似的作用。

(三) 上海的艺术培训和其他论坛

自2009年起,上海交通大学海外教育学院率先组织艺术品收藏高级研修班。以一年制、半年制等方式聘请业界专家研发课程,聘请专家讲授文物(艺术品)鉴定、欣赏和经营知识。课题以成年人、社会精英为对象,以讲课、游学和实践三者结合的方式,吸引众多人士参与。最多时一年同时开设数班,每班达百余人。涉及文物、美术品、书画、珠宝等内容。后扩散到其他学院。

除此之外,在艺博会、上海图书馆和一些金融机构,也不定期地组织讲堂和论坛,起到研究讨论和培训教育的作用。

(四) 媒体传播

由于收藏内容丰富,拍卖业和艺术产业兴起,引发群众广泛的兴趣,促进了媒体的发展。影响比较大的先后有《新民晚报》王金海主持的《古玩宝斋》,《解放日报》陈鹏举主持的文博专版,《东方早报》的艺术评论,上海电视台先后有《好运传家宝》《收藏》《投资艺术》节目,起到了很好的传播效果。上海拍卖协会创办了《拍卖报》,在传播全球拍卖信息、引导投资和艺术欣赏方面,作用也很大。专业的刊物在上海公开发行的主要有《典藏》(大陆版)、《大观》。此外,上海各出版社出版了大量的图书,促进了收藏和艺术创作及交易。

进入互联网和移动时代,在上海活跃的有雅昌艺术网、在艺、99艺术网、艺品生活,大多视频和文字阅读相结合,新闻性和专业性相结合,适合移动阅读,传播面更广泛。

当然,上海文物艺术品市场也面临来自北京、香港、浙江的挑战,竞争力有所下降,优势有所丧失。尤其在高端艺术品货源竞争和高端综合性人才培养方面,出现了短板。这是需要引起重视,加以弥补的。

艺术苏河：吴昌硕在核心现场

王琪森

王琪森　学者、作家、书画篆刻家
2023 年 11 月 18 日演讲于静安区图书馆

2023 年是海派书画领袖吴昌硕诞辰 180 周年。一个艺术大师，开创的是一种风格或流派，而一位艺界领袖，开创的却是一个时代与辉煌。海派书画艺术正是随着吴昌硕 1912 年的定居上海，正式进入了一个大师辈出、精英云集、成就卓然的鼎盛期。

一、沧波回首处——吴昌硕定居上海前后

吴昌硕（1844—1927），初名俊，俊卿，字苍石、昌硕，亦有缶庐、老缶、缶道人、苦铁、酸寒尉、破荷亭长别署。1844 年出生于浙江安吉鄣吴村，祖父渊，父辛甲为举人，父兼究金石篆刻。

鄣吴村是个历史悠久、景色明丽的古村，民风朴实敦厚，吴昌硕故居就坐落在绿树掩映的村落中间。吴家原是书香门第，明嘉靖年间，先后有四人成为进士，因而故居前有"四进士"桥。但至吴昌硕出生时，已家道中落，以耕田为生。

吴昌硕幼年家境贫寒,跟随父亲吴辛甲读书,7岁后到吴氏家塾"溪南静室"就学,每天翻山越岭,往返数十里,风雨无阻,苦学不倦。后跟父亲学习书法、篆刻,在故居二楼简陋的书斋内至今保存着一方古砚。

吴昌硕17岁时参加府试,中秀才。后遇战乱,全家九口人逃难,常以树皮野果充饥。他还为人打杂做短工,后仅剩他和父亲生还。这段苦难的生活,对他一生产生了深刻的影响,形成了他坚毅的意志、通达的性格、仁爱的情怀。1865年,他又参加乡试,名列贡生。次年,他从同乡施旭臣学诗文,同时进修书法、篆刻。1869年,他负笈杭州,入诂经精舍国学大师俞樾门下,学文字学及经学。吴昌硕在27岁时刊刻第一本印谱《朴巢印存》。

1872年,29岁的吴昌硕与安吉菱湖才女施酒喜结良缘,琴瑟相和。该年底,吴昌硕随好友金杰第一次来到上海。这座东海之滨的城市开埠已29年,呈现中西交融的新兴之景,并形成了早期的海派书画家群体。吴昌硕由此结识了当时颇具影响力的胡公寿、高邕等书画名家,这可谓是吴昌硕的一次改变命运之旅。从此,他与上海这块热土结下了前世今生的情,相约未来的缘。

吴昌硕于1882年定居苏州西畮巷四间楼,朝夕可闻千年古刹寒山寺的钟声。在这里他与名臣大儒潘祖荫、吴大澂、顾麟士、陆心源等建立了师友群。苏州是江南文化的锦绣之地,其相邻的上海是海派文化的兴盛之城。从此,吴昌硕开始了他的苏州—上海双城记。1883年桃红柳绿的初春,吴昌硕在上海拜访了名闻画界的任伯年,从此结谊终生。任伯年先后为吴昌硕画了《芜青亭长》《饥看天图》《酸寒尉像》等肖像,而吴昌硕先后为任伯年刻了"画奴""伯年"等印。1886年荷月,吴昌硕在自己上海的暂住地题斋名为"去住且随缘室",可见他已有了移家上海、加盟海派书画家队伍的打算。

吴昌硕入住苏州后,在友人的帮助下,在县衙里担任了一名"佐贰小吏",有了一份微薄的固定收入。由于他工作的谨慎勤勉及在友人的捐助下,于1886年被派往上海县浦东任牙厘局典吏,负责税收及杂务,吴昌硕自称为"行脚僧"。次年他捐升上海县丞。

1887年霜叶红艳的时节,吴昌硕正式携全家登船离开苏州迁往上海。富有诗人气质的吴昌硕诗别好友杨岘:"沧波回首处,明日在吴淞。"吴昌硕初到上海,先是住在吴淞的小船上,后因常到浦东办事作画,因而在江边的烂泥渡路(今浦东陆家嘴地区)租借了两间简陋的农舍。春天来了,花农的田园中芍药开得姹紫嫣红,他会带着儿子前去写生,就此产生了毕生的浦东情结。但当时他在上海的从艺生涯并不顺畅,生活处于穷困的境地,再加上长子吴育早夭,不久女儿又出生,为了节省开支,吴昌硕让家属于第二年秋又迁回苏州。

1899年11月,吴昌硕出任江苏安东县令,面对官场的黑暗腐败,他洁身自好,到任一月后即挂冠而去。随即他又来到了上海,并和海上艺友们除夕守岁,创作了《红梅菊花镫岁朝图》。1909年3月,吴昌硕在上海豫园与钱慧安、王一亭、高邕、蒲华等人发起组成了"上海豫园书画善会"。1910年3月,吴昌硕在上海成为高端的中国书画研究会第一批会员。不久,又加入海派书画名家云集的海上题襟馆金石书画会。至此,吴昌硕已正式进入海派书画家的主流群体。

在以往所有的吴昌硕传记及相关研究中,都认为吴昌硕是1911年岁末定居上海,主要依据是吴昌硕为王一亭所撰《白龙山人传》开头所言:"余于辛亥秋,橐笔至沪。"实际上这一年是吴昌硕的儿子吴东迈在上海吴淞货捐分局谋得一差事,吴昌硕是送儿子到上海,其夫人施酒则去了老家安吉。但此次短暂的上海之行,是他"移家海上"的最后一次考察。据我考证,吴昌硕是在1912年5月正式定居上海的。

二、贵能深造求其通——吴昌硕书画印的艺术特征

吴昌硕的篆书早年取法杨沂孙及秦李斯小篆,打下了坚实的根底。中年以后,他涉足石鼓,临习精研不息,回殊流辈而自成风苑。他攻习石鼓并不单纯地追求形似,而是充分使用运笔的过程,写出墨韵气息。他曾竭力收集宋明各代精致拓本,晨夕观察研究,并掺入秦权量、封泥、汉砖瓦等文字古朴苍劲之意趣,兼及琅琊刻石、泰山刻石的笔意气势,因而观其篆书笔致精悍浑朴、生拙并重、墨韵飞动,表现了雄迈的气魄。他从散氏盘恣放随意、奇正相间的结体中得到启示,兼及行草书左紧右疏,左低有高,字形略成倾斜之势中取法,使篆体的书写左右参差高低相依,尤其是左右部首合成的字更加明显,呈现左低右高的梯形斜势,因此更显得气度宏放,疏朗开阔。晚年结体愈加豪放,发展为"强抱篆隶作狂草"的形式美境界,挥毫所至而气势酣畅,貌拙姿奇而纯任自然。

吴昌硕的行草也别具风貌,老辣苍劲,气敦质厚,运腕驰笔中可见务朴不华,宁拙毋巧。他行草初学王铎,气息畅达,后又取法欧阳询及米芾诸家,自创

一格,挺拔苍劲,酣畅郁勃,特别是他晚年的行草更入化境,以篆隶笔法作狂草,笔势跌宕起伏,厚拙奔放并重,折旋纵横均妙到毫巅深得线条之精髓。他行草的结体也亦同篆书、隶书一样,有左低右高的特征,因而欹正相依,左顾右盼,给人以视觉上的起伏感,形成左重右轻、左紧右松的感觉。其点画交叉和方口等结体,多为方圆对比,纵笔豪放而浑然洒脱,直曲相参,具有轻重疏密感,潇洒恣肆,朴拙险绝,虚实飞动之情跃然纸上。

  吴昌硕的绘画也格调高雅,画风超逸。他的丹青创作重气韵气势,亦精布局章法,笔触老健遒劲,敷色雍容古艳,鲜丽处不轻薄,浑厚处不沉闷,独开大写意花卉的新生面。中晚期的作品则将篆隶和狂草笔意融入画中,达到了气韵生动、雄健烂漫的佳境,可见其主张:"吾谓物有天,物物皆殊相,吾谓笔有灵,笔笔皆殊状"在绘画实践中的运用。他写松针、梅枝、兰叶如作篆隶,凝重刚健,书卷气颇浓。他画葡萄、葫芦、紫藤一如狂草,奔腾挥舞,处处渗透着书法的功力,于"奔放处离不开法度,精微处照顾到气魄"。吴昌硕在绘画上曾师承陈白阳、青藤、八大山人、石涛、扬州八怪等,然而他精研传统而不泥古,善于"破古法"而"出己意","老缶画气不画形",使他的大写意花卉变通得气韵丰约、风格超逸、金石气弥漫。在构图上则饱满和谐而疏密有致,既无宫廷画的繁复,亦无野逸派的粗陋,弥散出浓郁的生活气息,具有鲜明的时代精神和鲜活的市民情趣。他的绘画敢于从俗,不拘一格,大胆使用西洋红,一反传统文人士大夫视鄙运用大红为俗的观念,不仅开海派风气之新,而且在艺术史上,使清末民初画道中落的现象得到了改观。其画上题跋诗文相映,丰富了画面语境。

  吴昌硕初涉印坛,正是浙派与邓派(邓石如、吴让之)、赵之谦派等流风艺绪影响印坛的时期。因此,吴昌硕也师法浙派、邓派、赵派,他20多岁所出的《朴巢印存》中可见他对于这些印章流派的摹仿痕迹。他31岁时刻的"骑虾人"一印,运用切刀法镌刻,工稳朴拙,可见丁敬、黄易等西泠八家的影响,颇有拙味涩趣。而他所刻的"武陵人"一印,章法、笔法取意于赵之谦,舒展清丽而线条婉丽。他35岁所作的"学源言事"则在边款上直言不讳地刻着:"仿完白山人",颇得邓石如篆法婀娜多姿、章法疏密自然的风韵。这个时期他主要在浙派、邓派、赵派诸家之间吸取艺术养料,打下了扎实的基本功,并注重学习了浙派用刀的苍涩、邓派章法的畅达、赵派笔法的遒劲。

  在吴昌硕人不惑之年后,他开始突破前人樊篱,进入了探索变通的实践过程。自从他精研了秦汉印后,悟得古印之妙,并打开视野,多方博采,从历代钟鼎、玺印、权量、诏版、封泥、泉布、瓦甓、碑碣等金石文字及各家各流派印谱中多头取法,汇融于印。如他约41岁时所刻的《瘦碧》及《郑文焯印》二方,虽带有汉印遗风,但文字线条苍劲凝重,可见石鼓笔意。笔画与印章边缘或破,或并,或连,带有封泥印的苍莽古穆气息,特别是在运刀上已突破了以前较持重的方法而趋向于宏放厚重中见浑朴古拙,并开始尝试将石鼓文以汉篆简约的方法书写入印,在此基础上将封泥、砖瓦等糅合成一种经常使用于印间的书体。虽然这些印还没有他晚年那种貌拙气盛、豪放雄浑的风格,但为这种印风的形成已揭开了序幕,为他的篆刻艺术通向大师之巅提供了阶梯。

吴昌硕50岁前后以深厚的功力和远邃的目光变法创新,"学古人而能自出胸臆",已不为陈法所拘,悟到"道在瓦甓"。他以纯熟自然的笔法、章法通过刀法移用到印章,用笔结构,一变成法显得俯仰造势、挺拔苍劲、气势雄强。这时他所刻的作品已挥洒自如,草而不率、拙而不滞。特别是他的刀法进行了重大的变革,在吸取吴让之、钱松冲切披削的基础上,以纯刀硬入法奏刀镌刻,使笔画线条雄浑苍莽、刚劲豪爽、大气磅礴中颇具阳刚之美,从而使线条力避甜俗而趋劲拙,如他53岁、54岁所刻的"节堂""心月同光""高聋公"等印,笔法与汉篆、石鼓相结合,印文与边缘或并笔而避实就虚,或残边而以笔画代边线,打破了印间方寸局促感,给人以开阔的空间感,显得气息生动而气韵流畅。而他57岁以后所刻的印章,已达到了人印俱老的艺术境界,达到了他创作的最佳期,最终形成了吴派的印风体系,如他所刻的"心陶书屋"封泥法做边缘,而文字却采用石鼓文之笔意,姿恣秀逸中寓古拙灵动,刀法浑厚,颇有写意的丰腴感,是不可多得的精品力作。

值得一提的是吴昌硕还创造性地运用刀法在印面上表现出墨法效果,这是他受古代玺印或钟鼎碑碣等金石拓片的启发而来的。如"画奴"一印的印文笔画中有自然的残损破缺,边线中也露出斑斓剥蚀,似书法中的枯笔与"飞白",呈现出浓郁的笔情墨韵,使印钤盖在纸上,现出枯湿浓淡的笔墨情趣。又如他刻的"西泠印社中人"一印,用刻刀的刀杆有意识地敲击某些笔画,似枯似燥,四周边线则大胆用刀敲击采用封泥法。他有时还将印面在鞋底摩擦,犹如风化剥蚀,更显古穆,从而具有墨色润燥相间之感,豪放中有妍丽,浑拙中见灵动,犹如挥洒自如的印上泼墨大写意。吴昌硕从他的书画印所弥散出的郁勃而强烈的金石精神,成为那个时代一种高昂的民族精神的标杆。

吴昌硕亦是一位清末著名诗人,诗笔生动幽默,情感真挚朴实,意境高迈深邃,颇有忧患意识,有不少精彩的诗篇传世,发扬了杜甫的写实主义风格。

三、上海的1912年现象——吴昌硕定居上海的历史意义

1912年对于海派绘画来讲,具有重要的编年史意义及流派史建构意义,也可以这样讲:海派书画的成就与辉煌,就是以1912年为起点的。这一年是"中华民国"元年,随着清王朝的覆灭,一批原清廷的高官大吏及硕学鸿儒先后来到"江海之通津,东南之都会"的上海,如陈宝琛、陈三立、沈曾植、曾熙、李瑞清、朱祖谋、张謇、张元济、郑孝胥、康有为等,他们是真正意义上的"大师中的大师、名流中的名流"。出于生存的需要,他们在上海实现了集体转岗,加盟了海派书画队伍,并以精湛的造诣、独特的艺风、开放的理念、变通的精神,衔华佩实而绚丽芬芳,文采风流而独领风骚,是为"1912现象"。值得一提的是海派书画原先是个布衣群体,如张熊、任熊、任薰、任伯年、蒲华、钱慧安等。而这批名流不仅组成了海派书画的士大夫群体,使海派书画的创作实力、文化层次、社会地位、艺术影响得到了空前的提升,而且为日后培养了如张大千、刘海粟、徐悲鸿、潘天寿等一批大师级的精英。

也正是在1912年的时代嬗变中,书画金石诗文全能的吴昌硕于春深如海的5月正式定居上海,一代大师与一座城市正式缘定今生,也正是为了纪念这一重大的历史转折,印人以印记史,吴昌硕郑重地刻了一方"吴昌硕壬子(1912)岁以字行"。应当确认,正是吴昌硕的到来,由此打造了海派书画的高峰,开创了一个艺术流派的黄金时代。吴昌硕定居上海,无论对于吴昌硕个人,还是对于整个海派文化艺术来讲,都具有里程碑的意义。缶老在这里最终完成了暮年变法,从书画大师成为海派书画领袖。

吴昌硕于1913年入住闸北山西北路吉庆里后,标志着这位海派书画领袖在上海正式揭开了他艺术人生的辉煌篇章。当时的吉庆里"缶庐"可谓是大师相聚、名人荟萃,成为海派书画最高的艺术沙龙。更应当载入史册的是吴昌硕在这里先后培养了潘天寿、王个簃、沙孟海、诸乐三、诸闻韵、钱瘦铁、徐新周及日本弟子河井仙郎、长尾甲等,从而使吉庆里成为培养艺术大师团队的摇篮,支撑起了中国近现代艺术史百年的精英之门。

海派绘画的崛起和发展,是和开埠后的上海工业文明、商业环境、东西交

融及市场经济分不开的。自《隋书·郑泽传》中云:"不得一钱,何以润笔?"之后,中国书画家们的润笔,就成了推销作品的途径。特别是进入明清之后,职业书画家就以此为生,如郑板桥那份颇有幽默感的润格就是生动的说明。而海派书画家作为新兴的都市艺术群体,他们与时俱进,已明显地确立了市场化机制及商品经济意识,它是建立起一种社会化的运作与行业营销性的推介,它与古代书画家那种单一、个体、封闭的推销有着不同性质的区别。葛元熙早在1887年出版的《沪游杂记》中就记载当时的海派职业书画家们"润笔皆有仿帖(价目表)"。而当时上海的各大笺扇庄、书局及豫园书画善会等,均有这种"仿帖"的陈列。正因海派书画家们这种市场经济机制的确立与完善,从而使上海成为近现代意义上全国书画家最大、最先进的市场及群雄逐鹿之地。

从艺术发展史的角度来看,海派书画艺术风格的最后确立和艺术影响的最大辐射是吴昌硕做出了决定性的贡献,成为海派书画家的一面旗帜。更重要的是他以那种雄健郁勃、瑰丽豪放的画韵笔姿,博得了上海新兴市民的喜爱,同时也受到了海外艺苑的肯定,从而使自己的书画金石艺术寻觅到了社会各个阶层的知音,也就是说使自己的书画金石作品真正具有了商业元素和市场要素。这不仅整体提高了海派书画的艺术地位,而且真正确立了海派书画的品牌地位,使海派书画凸显了鲜明的生活情致、强烈的人文精神和独特的经济价值,使上海成为当时全国书画创作的中心和最为活跃之地,从而生动而典型地说明了一个地区发达的经济对艺术创作所起的推动促进作用。正是一个现代大都市新兴市民的青睐,多方的市场需求、丰厚的笔润等经济成因,在创作观念、审美情趣及表现形态上激活了海派书画的群体能量和本体张力,使海派书画家们有结社、出版、办展、雅集、游览等经济实力。

一个特别值得研究的历史现象是当吴昌硕在1912年5月定居上海后,1912年下半年海派书画的润格开始大幅的上升,进入了一个高价位期。如1914年上海振青书画社书画集第一期载缶庐(吴昌硕)润例是:"堂匾念(二)两、斋匾捌两、楹联三尺叁两、四尺肆两、五尺伍两、六尺捌两。横直整张四尺捌两、五尺拾贰两、六尺拾陆两等。该润格下注;每两作大洋壹元肆角。癸丑正月缶翁七十岁重定。"而到了1922年,77岁的吴昌硕重新推出的"缶庐润格"已是:"堂匾叁拾两、斋匾拾贰两、楹联三尺陆两、四尺捌两、五尺拾两、六尺拾肆两。横直整幅三尺拾捌两、四尺叁拾两、五尺肆拾两、山水视花卉例加三倍,刻印每字肆两,题诗跋每件叁拾两、每两作大洋壹元肆角。"从此张润例来看,吴昌硕书画的价格涨幅是很大的：如原先写堂匾是2元8角，而后是42元。原横直整张四尺11元2角，而后是42元。吴昌硕自1912年定居上海，至1927年在上海逝世，在这十几年中，上海的物价还算是稳定的。陈明远在《文化人的经济生活》一书中曾说："中华民国（1912）成立以后，在上海使用银圆和国币（国家指定的几大银行发行的纸币）。十几年间，上海银圆币值基本上是坚挺的，日用品物价基本上是稳定的，尚未出现后来40年代法币和金圆券的通货膨胀和物价飞涨的恶性循环。"从中可见吴昌硕也是幸运的，他所鬻画时期正是币值坚挺、物价稳定期。当时的一块银圆约可以买16斤大米，4斤猪肉，6尺棉布，5斤白糖，4斤菜油，订一个月的报纸，买一到二本书。可见在职业书画家中，吴昌硕的经济形态是相当优越的。他1912年到上海靠鬻画卖字刻印的润笔积蓄一年后（即1913年），经王一亭介绍迁至山西北路吉庆里的石库门建筑，居住条件大为改观，并在此终老。

吴昌硕在1914年有一本记载全年销售书画的账本《笔墨生涯》，为我们了解、研究海派书画家的经济形态和从艺生活，提供了一个弥足珍贵经济样本和经销实录。据账本记载：吴昌硕是通过大吉庐、戏鸿堂、九华堂、古香室、朵云轩、国华堂、怡春堂、锦云堂、文萃楼等十多家笺扇庄订书画的。这些都是当时高档次的画廊。吴昌硕平均每月的收入是465.25圆大洋，折合成人民币为20 936.25元。而当时北京大学一级教授的月薪是300圆大洋，鲁迅当时在教育部的薪俸是220圆大洋。应该看到，早期海派书画家的润格并不高，如当年任伯年最高是2圆大洋一尺，而蒲华、虚谷等人仅有几毛钱。历史的转机是在1912年之后，一批士大夫级的书画家来到上海后，随着海派书画市场经济的构建，其润格迅速飙升，尤其是以吴昌硕为主要推手和市场标杆。正是由于这种市场经济时代性的进步，不仅使海派书画家的创作条件及物质生活有了很大的改善，而且为一个流派的发展及创作提供了社会保障。尽管这是一个海派书画经济学的范畴，但经济形态与从艺方式有着直接的本体的物化关系，独立的人格往往需要独立的经济支撑。

四、海派领袖的效应——吴昌硕的社会文化贡献

以"保存金石、研究印学"为宗旨的西泠印社初创于1904年，由四位杭州篆刻家叶铭、吴隐、丁仁、王禔所发起。1913年在西泠印社成立十周年之际，年

届七十的吴昌硕在上海出任了西泠印社首任社长。由此,不仅奠定了吴昌硕在书画界的领袖地位,而且确立了海派书画在全国的重镇地位。而吴昌硕对西泠印社也感情深厚,1914年亲自篆书了长篇《西泠印社记》。1916年作《西泠印社图》并题诗:"柏堂西崦数弓苔,小阁凌虚印社开。记得碧桃花发处,白云如水浸蓬莱。"并在当年篆刻了那方著名的"西泠印社中人"。1917年,又为印社撰写了长联。

1915年,吴昌硕又被选为海上题襟馆金石书画会会长。这是一个典型的海派书画家艺术家艺术团体,在清末民初的海内外艺苑颇具影响。书画会不仅是海上书画家们切磋笔墨、探讨世事、品评鉴赏之地,而且也是书画金石作品的代理处。书画会的原会长是书法家汪洵,吴昌硕是副会长,汪去世后,吴昌硕就成了众望所归的会长。

吴昌硕于1909年与高邕之、钱慧安、蒲华、杨伯润、王一亭、张善孖等人创办了豫园书画善会,借豫园得月楼为会所。凡陈列于会中的书画作品售出,钱款一半归作者,一半归会中,用于慈善救助事宜。因有吴昌硕的中坚作用,特别是吴入住吉庆里后,积极参加会中活动,并担任了书画善会的副会长,因而在民国初年十分兴盛,会员达200多人。书画善会冬施米、夏送药,还赈助过甘浙鲁豫等省的水旱之灾,取得了良好的社会反响。

吴昌硕是一位极具家国情怀、担当精神、忧患意识和仁爱之举的艺术大师。他还不顾自己年事已高且身体不佳的情况,依然以义不容辞的态度参加社会上的各种救助活动,如他不顾自己年迈病臂为抢救国宝汉三老石而到处奔走作画义卖。1917年冬,直隶、奉天百余县受灾,饥民数百万,他和王一亭合作《流民图》,义卖赈灾。1919年秋,豫鄂皖苏浙五省暴发山洪,灾民多达100多万人,他又和王一亭再次合作《流民图》画册,印刷出版,义卖赈灾等。这些功德无量的善事义举,充分展示了一位艺术领袖的人格力量和大爱之心。

1925年5月30日,震惊中外的"五卅惨案"发生了,令全国震惊,各大中城市纷纷罢工罢课。6月1日,上海全市的总罢工、总罢课、总罢市开始了。6月26日,上海美专学生会开书画展览三日,发售编号书画券,对号取件,以捐资救济罢工工人。吴昌硕尽管年事甚高,且身体不佳,但他闻讯后依然慷慨捐画,并连夜写出长诗《五卅祭》,愤怒谴责殖民者的血腥暴行。正是在他的带领下,康有为、章太炎、曾熙等元老级的书画家均提供了义卖作品。

1913年的10月31日,年仅20岁的梅兰芳应上海许少卿之邀首次来上海献艺(这也是他第一次离开北京跑码头),在四马路大新路口丹桂第一舞台演出《彩楼配》《玉堂春》《穆柯寨》等,吴昌硕在友人的邀请下前往观看。早在苏州时,缶翁就在吴云的听枫园及顾文彬的过云楼等处听京剧、昆曲等。当他看了梅兰芳的演出后,对其精湛的演技,赞叹不已,备加推重。梅兰芳亦久慕缶翁之金石书画之名,由刘山农陪同拜望缶翁。尽管他们之间年龄要相差50岁,但梅郎的儒雅及对书画的喜好,使他与缶翁一见如故,相谈甚欢,并向吴昌硕请教书画,从此结为忘年交。

当年的四大名旦中,另有一名旦亦喜好丹青绘事,他就是有"无旦不荀"的荀慧生。他平时喜好绘画,早在1921年秋光浓艳的时节,他来海上献艺,就由吴昌硕的好友刘山农相伴到吉庆里,将自己的绘画作品请缶翁指教。老人慧眼独具,在这位年轻名伶的笔下,看出了一股郁勃的才气与潜在的底蕴,不仅亲笔示范,而且要其多临历代名家之作,以从中借鉴。缶翁对人的真诚与指点的具体,使荀很是感动。此后凡是来海上演出,荀慧生必到吉庆里拜望老人。1927年春光明媚的三月,荀慧生在上海一品香正式行了拜师礼,成为缶门入室弟子。

自1913年吴昌硕入住闸北北山西路的吉庆里后,在好友王一亭的介绍下,认识了日本名士白石六三郎,他在离缶翁住处并不远的虹口公园北侧的江湾路上,开设有一家上海最大的日式私人花园——六三园,系一处高级会所,以精致的日本料理名闻海上。此位六三郎亦推崇中国文化,一经相识缶翁,便于是年5月、6月分别请缶翁为其画了《群燕图》及《崩流激石图》,从缶翁的诗跋中,可见六三郎是颇有汉学造诣的。"六三园"内环境清雅,景色旖旎,春花夏荷、秋枫冬梅,四时风光宜人,是日本政要、金融、贸商、艺界接待贵宾的宴庆、娱乐及休闲之地。

1914年金桂飘香、枫叶含丹的秋日,白石六三郎在六三园中,举办了"吴昌硕书画篆刻展",这是71岁的缶翁第一次个人艺展,一时嘉宾云集、高朋相聚。吴昌硕在六三园先后结识了不少日本著名的书画家、收藏家,如富冈铁斋、内藤湖南、桥本关雪、中村不折、儿岛虎次郎等,他们都相当崇拜缶翁之艺。日本大阪高岛屋也在其后举办了影响甚大的"吴昌硕书画篆刻展",并出版了作品集,由此奠定了吴昌硕在日本艺界的高端地位,使日本画商大批量的销售吴昌硕书画,如经营美术作品的山中商会的山中次郎,就极为欣赏吴的画风,书法家河井荃庐在高岛屋百货店的美术部也专门设立了吴昌硕作品专卖。1922年吴昌硕与王一亭还在大阪江户崛的高岛屋美术部举办了联合展,充分展示了海派书画的艺术魅力,也在更大程度上带动了在日本的"吴昌硕热"。1915年,吴昌硕的"芝仙祝寿图"又应邀参加了在美国旧金山举办的"太平洋万国巴拿马博览会"。美国著名的大都会博物馆还收藏了吴昌硕的"与古为徒"石鼓文匾。吴昌硕所产生的世界性艺术影响,也极大地提升了海派书画的国际地位。

声音的魅力
——漫谈译制片配音

孙渝烽

孙渝烽 上海电影译制厂资深导演

2020年9月18日演讲于中建八局上海分公司

　　1970年,我从上影演员剧团借调到上海电影译制厂,工作到2000年退休。整整30年。我参加配音工作,但主要是担任译制导演工作,先后导演了300多部译制片,也担任300多部国产影片的配音导演工作,参加了近千部影片的配音工作,其中执导译制片《国家的利益》(法)、《随心所欲》(法)、《失落的世界——侏罗纪公园》(美),分别于1984年、1990年、1997年荣获文化部、广电部优秀译制奖(华表奖),执导的《火山爆发》(美)获1997年百花奖提名奖。由于深爱译制片,先后曾为中央人民广播电台、上海人民广播电台撰写了50多部电影剪辑,深受广大听众喜爱。今天有机会和朋友们进行交流,十分高兴,我也趁这个机会对自己的工作做个总结和回顾,特别是对我们上译厂老一辈的工作者也是一次深深的怀念!上海电影译制厂值得怀念的理由归纳起来,我想有四个方面。

一、有一批兢兢业业的译制工作者

上海电影译制厂的前身是1950年刚解放时上海电影制片厂中的一个翻译组,组长是后来担任上海电影译制厂厂长的陈叙一。在只有一架放映机、一台破旧的录音机的困难条件下,他带领翻译、配音演员十几个人完成了上译厂第一部译制片——苏联故事片《团的儿子》,开启了上海电影译制片后来被人们誉为中国的第九艺术——译制配音艺术。

老厂长陈叙一,是上译厂的奠基人,他是翻译家(英语)、译制导演,成功地带出了第一代、第二代上海配音演员。上译厂在他的带领下生产出上千部经典的译制影片。他还是一位了不起的事业家,几十年的兢兢业业、一丝不苟,才使得上译厂名扬四海,受到国外人们的极大关注。他的目标是"语不惊人誓不休",他一开始就给自己定下一个宗旨:要让中国观众在影院里看外国影片时,听到剧中人物说一口流利的中国话。因此,他的创作宗旨是"翻译有味,演员有神"。经过几十年的努力,他的愿望实现了,在他的带领下,经过两代配音演员的努力,上海电影译制厂为中国观众留下一大批精彩的译制影片,留下一批让人们难以忘怀的好声音。

他翻译导演了无数好电影,只能列举一些,翻译的影片有《华少一条街》《偷自行车的人》《孤星血泪》《神童》《红菱艳》《简·爱》《音乐之声》《大独裁者》……担任导演的影片有《贝多芬》《王子复仇记》《冷酷的心》《生的权利》《梅亚林》《湖畔奏鸣曲》……

在老厂长带领下,上译厂有了一批出色的配音演员。

邱岳峰,"配不出人物色彩绝不罢休"。他留下无数部好作品:《警察与小偷》《红菱艳》《简·爱》……他的一生生活十分艰苦,夫妻俩带着四个孩子住在17平方米的小屋子里长达20多年,从无怨言,兢兢业业工作。由于历史的原因,他过早地离开了我们,我们至今还深深地怀念他。

尚华,"我死也要死在话筒面前"。他为译制工作勤奋地干了一辈子,在电影《雁南飞》《虎口脱险》《冷酷的心》《加里森敢死队》……都有他精彩的配音。夫妻俩带着7个孩子住在30平方米的屋子里,一辈子兢兢业业地工作,被上译厂誉为好配音演员、好丈夫、好父亲。

毕克,一位难以取代的配音"多面手"。他被人们称为日本演员高仓健的代言人,《追捕》《远山的呼唤》《音乐之声》《卡桑德拉的大桥》《尼罗河上的惨案》都有他出色的配音。

卫禹平,配硬朗人物的专业户。"台词必须熟练不需要想,脱口而出才罢休",他对配音的准备多么认真。《伟大的公民》《牛虻》《蛇》《警察局长的自白》……出色的配音,让人不能忘怀。他对年轻演员特别关怀,总是尽量把年轻人推到创作第一线去锻炼。

富润生,一生努力追求和银幕形象贴切。他从京剧演员到配音演员,对自己要求非常严格。为了配好《金环蚀》中男主人公,把说话的漏风特点展示出来,硬是做了一对假牙戴着配戏,《金环蚀》是他的绝配,《朱可夫》《巴黎圣母院》《孤星血泪》《吟公主》《老古玩店》……都有他的精彩配音。

于鼎,"好戏是磨出来的"。他能在棚里磨出好戏来,慢工出细活,这是他的一大特点。他是个大好人,助人为乐,多年来印配音台本成为他生活中一大乐趣!他是一位好丈夫、好父亲,对有精神疾病的妻子特别关怀。他的《广岛之恋》《国家利益》《虎口脱险》……都是绝配。

李梓,很多译制片的大美女几乎都是她包了。她声音好听,戏路子宽,在《恶梦》中配凶残的女看守,在《英俊少年》中配男孩也十分出彩。她主配的《简·爱》《音乐之声》,人们永远不会忘怀!

潘我源,是位奇才,用她自己的话说:"我有自己的戏路子,怪、奇、丑都行。"像《凡尔杜先生》中那个中了头彩的女佣人以及《冰海沉船》中的女财主,没有人能比她配得更精彩了。

赵慎之、苏秀这对老姐妹,她们一直用塑造人物来互相激励,比拼,配出了无数佳作、好戏。赵慎之的《神童》《望乡》,苏秀的《雁南飞》《尼罗河上的惨案》都让人拍案叫绝。

值得怀念的老一辈演员还很多:姚念贻、张同疑、杨文元、胡庆汉、刘广宁、戴学卢、周汉、陆英华……他们都为中国译制配音事业贡献了自己的一生。

除了配音演员,上译厂还有一批认真工作的翻译:陈涓、肖章、叶琼、朱人俊、易豫……还有导演:时汉威、寇嘉弼……录音师:金文江、梁英俊、李伟修、龚政明、李建山……

二、有一套完整的科学的创作流程

译制配音工作被誉为中国的第九艺术,在老厂长陈叙一的带领下,经过几十年的摸索总结出一整套完整的科学创作流程,以保证影片的质量。

第一个流程是看原片。接到中影公司给我们下达的译制任务,当原片到厂后,立即组织全体创作人员集中看原片。并非所有的人都能看懂影片的意思,但影片的情节、生动场面、人物鲜明的形象还是会给观者留下深刻的印象。这第一印象往往会留在人们脑海中,对创作者会有很大的冲击力。老厂长很重视第一次看原片,让翻译对影片有一个整体的了解,对他们翻译剧本有很大的好处。对译制导演、配音演员来讲,好处是留下深刻的第一印象,往往会激发起极大的创作欲望。

第二个流程是翻译剧本。看完影片,定好翻译,给他们一定的时间尽快翻译出中文剧本。对他们的要求是尽可能按演员的口型长短、节奏来译中文台本(实际上是很难达到的)。

第三个流程我们称为初对。这项工作由翻译、译制导演、口型员共同完成,也是译制片很重要的关键流程——要创造出一个能进行配音的工作台本(一剧之本),必须严格地按照影片演员的口型长短译出一个能投入生产的配音台本。其难度之大,我就不细说了。剧本的有"味"全在这个过程中下功夫了。

第四个流程是复对。配音台本完成,译制导演定好配音班子后,进入复对这个流程。复对这项工作十分重要,所有参加这部影片的工作人员:导演、翻译、配音演员、录音师(有时候影片没有素材,那么效果音响工作人员、剪辑师均需要参加复对工作)。通过复对,加上查阅大量史料,译制导演对影片已十分熟悉了解。他要认真地向全体参加这部影片工作的配音演员、录音师、效果员等讲解影片的主题思想、影片的风格样式,以及对影片人物的分析,总之,要把影片该注意的地方都详细告知大家,特别是让配音演员理解自己所配人物的性格特点、人物关系,对录音师提出影片风格样式,在声音上要注意突出的所在之处。影片从片头第一段开始一直放到结束,为了便于配音,是一段一段地放映。配音演员认真看自己人物的戏,可以向导演提出自己不理解之处,以及对白剧本上不合适的台词,解决口型长短等问题。复对这个过程也是对剧本进一步提高的过程,往往能够及时修改个别不合适的台词。所以复对是我们进入正式录对白前的重要准备阶段,对剧本台词也是最后一次定稿。作为正式录对白前的准备工作,复对时间并不多,往往仅一天时间。

第五个流程是排戏。个别演员的戏感情起伏大,口型画面进进出出难以把握,这些重场戏,配音演员可以提出排戏的要求,把有关片段排出来,自己单独在放映间排练,以加深对人物的理解,对难以把握的口型,加强练习。有时也请导演帮着排戏。

第六个流程是正式录对白。我们老厂长有一条很好的经验,录对白不是顺着影片顺序的,而是进行排班,先挑一些过场戏,让演员有一个摸索、熟悉自己所配人物的过程,再录一些重场戏,使得他们对人物的把握更准确。有一些激情戏,大喊大叫的戏,总是放到最后来录,以保证演员的嗓子不沙哑,这种挑选按场次排班录戏的方法是十分科学的(现在录戏往往不采用这种方法,从头顺着往下录,而且演员往往分轨录,有时同场戏演员也不在一起录对白。利:速度快。弊:演员缺交流,戏的感情分寸会不准确)。

在录音棚里正式录对白,这个环节十分重要。译制导演的工作是总体把关,帮助配音演员完成对影片人物的塑造,注意人物之间关系,感情分寸的把握。导演要善于启发演员,把握好情绪,把感情最真实、色彩最丰富的一面录制下来。

第七个流程是鉴定补戏。这是上译厂生产很重要的一个环节。当全部对白录制下来后,导演、配音演员、录音师全体参加,把全部对白从头到尾认真看一遍,找出其中有缺陷的片段。例如:感情分寸不对头的戏,名字、地名念错的,或是录音声音不正常等,凡是不达标的片段都要挑出来,重新补录。通过这样严格的质量检查关,可以保证影片的译制质量。

第八个流程是混合录音。由译制导演、录音师参加,把对白和音效合成。这一环节也很重要,要注意对白和音响效果的比例合适,对白清晰,音效气氛合适,完成混合录音,做好影片的字幕,最后由技术厂印制电影拷贝。

译制厂这个创作流程是十分科学的,每一个环节都很重要,而且环环紧扣,只有这样才能保证译制片的质量。

在培养配音演员方面,译制厂也摸索出一套完整可行办法。老厂长陈叙一很重视配音演员的声音色彩,要丰富、齐全,如同京剧一样,"生、旦、净、末、丑",行当齐全,在培养演员时要不断给演员压担子,而且有计划地一个个往前推,让他们担任主角配音,还要创造条件让演员改变戏路子,可以配多种类型的人物,对演员的肯定、表扬要适度。老厂长从来不当面表扬演员,录戏时一个"过"就表示了他的肯定。他说演员要捧死的!现实中这样的事例太多了。

三、"味"从何来,如何传"神"?

记得1987年,上海电影译制厂建厂30周年时,老厂长陈叙一曾对全厂职工说了一段发自肺腑的真言:"回顾上译厂30年来,有两件事是天天要下功夫去做的,那就是:一剧本翻译要有'味',二演员配音要有'神',关键是要下功夫。"

剧本有"味",配音有"神",这是译制工作最重要的经验。上译厂译制的影片能在国内外享有口碑,这是一条重要的艺术规律。30年来我先后执导了300多部译制片,在工作实践中我深深体会到任何一种艺术都有其独特的创作规律,而老厂长总结的"剧本有'味',配音有'神'",这是译制影片取得成功的最重要创作规律,是一条不能违背的艺术规律。下面我向大家汇报我的深切体会:

首先是"味"从何来?

译制片是一门从事语言工作的艺术,它是通过语言、声音、形象来进行再创作的艺术。译制影片有一条极其重要的原则:它离不开原片的样式、风格及其特点,译制片必须忠实原著,译成的中文台词剧本必须符合原片的原意、语言风格及色彩。正如夏衍老前辈说的那样,要"传意达情"。这是译制片对白剧本的关键之处,剧本的"味"也就体现在这方面,例如我们译制的中文台词本必须还原原片的样式、风格(喜剧、悲剧、正剧、闹剧、灾难片、言情片、新现实主义等)、时代风貌(不同国家民族的历史、风土人情等)、人物性格特点(因为影片总是要通过具体的人物形象来展示主题和丰富的作品内涵)。英国故事影片《简·爱》和美国故事片《云中漫步》都是爱情片,可他们所处的时代不同,国情不同,人物的命运更不相同,两部爱情片展示在人们面前必然是各具特色的爱情生活。法国故事片《拿破仑在奥斯特里茨战役》和美国故事片《拯救大兵瑞恩》都是战争题材的影片,但前者表现的是法国大革命时期的政治家、军事家、资产阶级革命代表人物拿破仑,而后者所反映的是第二次世界大战中美国一个小分队拯救一个普通士兵的故事。不同的时代,不同的国情,不同的人物命运,尽管都描写战争,但所表现的内容是截然不同的。因此任何影片都要忠实原著,保留原影片的特色,只有这样才能展现出译制片的风采。

一部影片是由视觉形象和听觉形象组成的。译制片的特点就在于通过配音,在听觉形象上再现原片的艺术风格(因为视觉形象这一部分原片已拍摄好了,我们的主要功夫是下在作为影片中所有人物形象的配音对白上面)。正因为这样,我们在翻译中文台本时,一定要极其慎重地考虑到语言的形象化、生动性,要自然、生活、流畅。同时必须认真研究时代的特征(古代和现代的区分,国情、政治制度的区分)、人物性格化的语言(涉及人物的出身、地位身份、学识以及人物之间的关系)等。

电影艺术又有另一个特点,它和所有的视听艺术(电视、音乐、戏剧)一样,都是一次过的艺术。它不同于文学艺术(小说、散文、诗歌等),可以回过来反复观看。一部译制片的对白一定要考虑到观众的听觉、耳感,对白不管雅俗(当然前提是在还原原片的基础上)都要让观众听得明明白白、清清楚楚,绝对不能有拗口的语句,上下文的衔接、语言的丝丝入扣是至关重要的。

译制影片的对白剧本在技术上还必须能解决口型的准确性,这是重要的先决条件。配音要是口型不对,那这部影片是无法观赏的。译制片对白的难度也往往就在于此。翻译的对白中文剧本台词必须在原片演员口型规定的限制下表达出上面说到的三个方面的要求,完全不同于小说的翻译。翻译小说不受口型、节奏、停顿的限制,只要中文能充分表达原著中原来的意思就可以了(当然也要有一个语言精练简洁的问题)。万一有的意思中文传达不清楚,还可以在书上加"注"来阐明原意。

这些年来我从事译制导演工作,主要精力花在和翻译同志一起完成中文对白剧本上了。剧本,一剧之本太重要了。我们整天关在暗房里,煞费苦心,绞尽脑汁,寻找最确切的中文台词来还原原片的原意,这也就是老厂长提出剧本要有"味",就得天天下功夫去做的原因所在了。

由于译制影片的特点决定,作为译制片的翻译要想努力做到剧本有"味",必须在三方面下功夫:一要有扎实的外语功底;二要有深厚的中文基础和丰富的生活阅历;三要懂戏,懂电影的特性、规律,运用生动、形象的语言。我作为导演参与对白剧本创作,第一条外语功底是达不到的,后面两条必须努力达到,只有这样才能和翻译共同完成对白剧本的创作,也只有这样才能完成忠实原片,才能做到"传意达情",才能做到剧本有"味"。

其次是演员如何传"神"?

译制片有一个经过反复推敲的中文台词剧本后,还要通过配音演员的努力,才能真正做到"传意达情"的境地。

目前配音演员大多经过艺术院校的专门训练。他们普通话标准,语言有较强的表现力,具有较好的文学修养,能理解剧本、理解人物,有较好的节奏感、模仿力,具备做一个配音演员的条件。译制导演在配音工作中必须搭好一个配音班子。苏秀曾经说过,译制导演的功能是安排配音演员时,首先要考虑在声音、音色上力求和原片角色的贴切。因为配音演员的声音、气质要符合原片人物形象,这是译制导演搭好一部影片配音班子的先决条件。而我们所要努力解决的关键问题是配音演员如何能达到"传神"的效果。根据我多年配音的实践,我深深体会到要从四个方面下功夫,我把这四个方面归纳成四个字:情、真、意、切。

"情"——艺术作品是离不开感情的,没有"情"也就没有艺术可言了。因此演员一定要有激情,要动之以真情实感。演员演戏是这样,配音也一样。对你塑造的人物如果自己都激动不起来,那说出来的台词肯定是干巴巴的,无论如何也没法打动观众的心。

"真"——电影、电视是最生活的艺术,因此为影片配音的演员在语言上一定要生活、自然,朴素无华,不做作,不拿腔拿调(当然古装戏、舞台剧或是特定的人物形象要讲究一些韵味,甚至有些腔调,即使这样也要把握分寸,也不能离开真实的生活基础)。语言艺术的真也包含表演艺术中常常提到的真听、真看、真感觉,因为假听、假看、假感觉,说出来的话也一定是虚假的。

"意"——艺术的可贵之处就在于"着意","意在不言中"。配音一定要把语言的内涵、潜台词表达出来,把这层意思能表达出来,能让人回味、思索,这样才能见到你的语言功力。

"切"——艺术的高低之分往往就在于分寸感的把握,配音也是这样的,讲究一个恰到好处。人物感情起伏的分寸,人物关系之间分寸都要把握得恰到好处,说过了,过分做作,让人不可信,听了甚至会起鸡皮疙瘩。要是说的不到火候,太温,同样也会损害人物的形象,也会让人感到不可信。

配音演员除了要在"情、真、意、切"四个字上下功夫之外,还必须把握口型的准确,理解影片的主题思想、特定的人物性格色彩,把握住每场戏的核心,处理好人物性格发展过程。同时还要注意原片演员的生活细节、语言习惯及小动作,如咂嘴、呼吸、打顿、喘气,起、坐用力时的细微情绪变化都要准确地表达出来,这样一个活生生的人物形象就会生动地呈现在银幕上。这样不仅能做到"声似",而且能达到"神似"的境界,通过配音与银幕上人物的视觉形象完全吻合起来。

上面所说的一切也是译制导演的基本功,因为你要对全片负责,你有责任在配音现场提醒演员,帮助演员努力去达到人物的完满要求。

多少次外国演员(很多是世界级的大明星)来中国访问,来我们译制厂参观、座谈、观片时,当他(她)们看到自己主演的影片经过我们配音演员的努力后,那种惟妙惟肖的语态,让他(她)们自己都感到十分惊讶:"天哪!我居然能如此充满感情地讲一口流利的中国话!"这是对我们译制配音工作最好的评价!

四、译制片在我国文化建设中的作用和价值

我想做一个简单的回顾,说明译制片在我国文化建设中还是起了一定的作用,因此人们至今还常常怀念译制片。我想分两个时期来说说译制片在我国文化建设中所起的作用:

20世纪50—60年代,在党和人民政府的关怀下,长春电影制片厂、上海电影制片厂分别成立了译制片厂,译制了大量影片,丰富了广大人民群众的文化生活。通过电影进行世界文化交流,这我不多说了。

我想主要讲一讲20世纪70—90年代,我国进入改革开放这一历史阶段,译制片的历史作用。

前十年1978—1988年,粉碎"四人帮"后,译制片极大地丰富了群众的文化娱乐生活。在文化禁锢十年后,人们渴望文化娱乐生活能丰富多彩。此期间我国举办了无数次各国电影周活动,译制了一大批来自世界各大国的影片,为我国改革开放打开了一扇窗,让国人有了一个了解世界的窗口,原来外面的世界这么精彩,我们落后了要迎头赶上去,在文化思想领域里起了一个"破冰"的作用。中央电视台在改革开放30周年之际做了一部纪录片《破冰》,当时来上海采访我,1978年我们当时译制日本电影周的三部影片《望乡》《追捕》《狐狸的故事》,我和卫禹平译制导演的《望乡》,在国内引起极大的轰动,他们认为这部电影对我国文艺界是一次破冰的行动。人们的思想从禁锢中解放了出来。

后十年1988—1998年,这一时期正好是中国电影复苏的时期,我国的译制片为中国电影的复苏起了积极的作用,提供给我国广大电影工作者一大批参考片,供学习、分析和借鉴,对我国电影快速复苏,迎头赶上世界潮流起了很

大作用。我国的电影工作者和我们见面时都会如数家珍地讲出一大批译制片、一大批外国演员以及外国电影中的高科技拍摄手法,这些给他们的创作起了极大的推动作用,使我国的电影大踏步地走向世界电影舞台。所以业内人士也常常怀念译制片。

  作为一个译制工作者,译制影片能为广大观众所认可,能为电影专业工作者所认可,这是一件莫大的值得高兴的事。中国译制影片是否会存在下去?作为一个十几亿人口的大国,我想应该会存在下去。只要政府支持,而译制工作者兢兢业业地工作,一保证质量,二不断出新人,出好声音,那么广大人民群众会一直支持、欣赏译制片,让译制片为我们的文化娱乐生活加分添彩。谢谢大家!

海派滑稽艺术的前世今生

王汝刚

王汝刚　著名滑稽表演艺术家
2023年2月26日演讲于长宁区图书馆

今天的讲座，我想请问大家一句：是用上海话讲呢？还是用上海话讲呢？还是用上海话讲呢？（连问现场观众三遍，观众互动齐声回应：上海话）好，那就用上海话讲，比较亲切、自然。

今天的讲座我主要和各位谈谈海派滑稽艺术的前世今生，讲到上海滑稽艺术可以分为两种：滑稽戏和独角戏。前者属于戏剧范畴，后者属于曲艺范畴。滑稽戏有人物，有完整的剧情故事组成，一台大型滑稽戏演出要2个小时。独角戏是一个个的小段子，表演的时候2个人一档或3个人一档，以2个人的双档为主，10—15分钟一个节目，表演形式比较简单，跑到哪里都可以演出，特别受到江浙沪一带观众朋友的欢迎。

独角戏有四门功课：说、学、做、唱。观众朋友讲了，这不是和北方相声差不多嘛！相声四门功课是说、学、逗、唱。独角戏只不过是换了一个字，"逗"变成了"做"。我告诉大家，相差一个字，在表演上就有很大的区别，相声表演的"逗"，是说笑话，出噱头，而独角戏中的"做"，更侧重于跳进跳出塑造人物，表演的成分更多。

独角戏有许多传统名段,《宁波空城计》《骗大饼》《学英文》《新老法结婚》《关亡》《瞎子店》《黄鱼调带鱼》《拉黄包车》……大家非常熟悉。我计算了一下自己和老搭档李九松合作表演的独角戏,有100多段,和其他同事也合作过不少独角戏作品。其中有婚姻系列的《征婚》《补婚》《离婚》,还有社会系列的《马医生》《请保姆》《小金库》《头头是道》等。

滑稽戏和独角戏虽然属于不同的艺术范畴,但又有一个共同特点:以搞笑为手段,目的是让人在笑声中受到启迪。虽然这两者有所不同,但都属于滑稽艺术。

滑稽艺术的来源是什么?现在算起来这个剧种(曲种)至今有100多年历史。它到底是在哪里诞生的?娘家在哪里?

滑稽艺术有三个娘。第一位,杭州娘。据老先生讲,滑稽艺术的老祖宗是杭州人,叫杜宝林,是杭州西湖边卖梨膏糖的,还会唱新闻,受到老百姓欢迎,内容很好,讽刺社会上的一些假丑恶事件。他通过说唱艺术表现出来,后来被官府知晓,抓进去训话。他和官老爷说自己是"小热昏",发了高烧,胡说八道,自己都不知道在讲什么,这样他就被放出来了。后来又继续再唱,还越唱越来劲,把黑暗面都唱出来了。老百姓拍手叫好,随之也有了很多戏迷,帮他卖梨膏糖看摊位,其实目的是在偷偷学艺。有好几位年轻人受到杜宝林的影响,成了杭州"小热昏"的传人。

第二位,苏州娘。滑稽戏为啥九腔十八调,道理就是这位苏州娘。滑稽艺术最初有"三大家",其中一位叫王无能,就是苏州人。当时在苏州玄妙观门口的广场,很多艺人卖梨膏糖唱"小热昏",他就跟着学艺,最终成为大家,所以,王无能就是滑稽的"苏州姆妈"。

第三位,上海娘。刘春山,上海宝山人,从小生活在老城厢南市区,他的妈妈为了生计,每天拿10多个凳子到城隍庙,在九曲桥旁边有很多人说书,唱各种小调,他妈妈就是拿这些凳子去给人家看戏的人坐,收点租金,几分钱一个,很少的收入,刘春山就每天跟着妈妈一起,同时也被这些说唱的艺人所感动和吸引,最后自己成了滑稽演员。

说实话,我也搞不清哪一位是滑稽艺术的亲娘,哪一位是后娘,哪一位是过房娘。(观众大笑)反正这是一种江南特有的艺术形式,深受老百姓喜爱。

我们滑稽界把最早期的三大代表人物称为"滑稽三大家"。其中苏州人王无能被称为"老牌滑稽"。他为啥老牌?因为他资格最老,其次唱的内容特别受观众喜欢，影响很大。王无能虽然是苏州人，但生活在上海，在十六铺的洋行里做学徒，在做学徒的时候接触过外国人，所以"上海英文"学得很好，然后就利用"上海英文"作为内容出噱头，成了一大表演特色。

第二位，江笑笑，受杭州人杜宝林的影响，被称为"社会滑稽"。这个人头脑很聪明，把说唱、独角戏的内容与社会上的很多热点相结合，所以受到大家的欢迎。他的搭档叫鲍乐乐，是我业师杨华生的师父，这个人很厉害，会写段子，搞创作。两个人写了《江鲍笑集》，共四册，其中两本出版了，另两本毁于战火，非常可惜。这本书看过的人不多，我有幸看到过，这要感谢老领导李伦新同志在世博会的时候邀请我写了一本《海派滑稽》的书，我就去上海图书馆查阅资料。馆长很热情帮我一起找，在他们的帮助下很有幸地找到了这本书，但是我看过一次就不想看第二次。为啥？因为这本书太贵重了，本来存世就很难得，加之年代久远，在翻阅的时候就像在吃云片糕，细碎的纸屑都会掉出来，感觉翻一次就会损坏一次，所以真的很不舍得多翻阅。好在馆长说正在把这本书做成电子版，下次来就会看到，我听了非常感动。

20世纪50年代，上海市人民政府很重视人才，又把鲍乐乐老先生请出来，成为当时滑稽界唯一的上海文史研究馆馆员。

刘春山，被称为"潮流滑稽"。这位老先生绝顶聪明，他每天有看报纸的习惯，还会把有趣的新鲜内容记下来，然后用唱新闻的形式去剧场演唱出来。当时媒体不发达，老百姓的信息闭塞，他每天唱的是不重样的内容，老百姓当然欢迎。他还很有爱国思想，在抗战的时候，他编唱过抗日的段子，含沙射影，讽刺侵略者，大快人心，非常有趣。他的爱徒笑嘻嘻，也就是我的老师，儿子小刘春山擅长沪剧和滑稽，女儿刘敏，就是大家熟悉的海派情景喜剧《老娘舅》里的"富贵嫂"。

我刚刚讲了"滑稽三大家"，那么三大家下来呢，也有好几位滑稽演员当时非常出名。姚慕双、周柏春这两位滑稽大家和杨华生老师不一样的地方是，他们从来没有离开过上海，在上海这块沃土上生长，对海派文化的理解确实高人一等。他们两位成功的原因有很多，其中一点要归功于他们的母亲。这两位大家是亲兄弟，一位随妈妈姓，一位随爸爸姓。他们的妈妈特别厉害，很注重对儿子的培养。当时这两位大家传播滑稽艺术的途径之一是通过电台，每天下午一点开始都会有他俩的独角戏。他们的妈妈雷打不动地守在无线电边上收听，但凡有不雅或低俗的内容出现，回到家来就必给他们俩看脸色，并严厉指责。所以,这两兄弟对他们的母亲一直非常敬重、孝顺。当时招新人来演出,发多少工钱任何人说了都不算,只有他们的妈妈说了才算。新人来面试必须上台站好后亮嗓子,这位母亲就挤在观众席,不和任何人打招呼,只在后面听,听完后就讲一句话:这位每月50块、那位每月200块……根据她对演员的能力加以判断,一锤定音,所以当时就有人给她起了绰号:滑稽界的"西太后"。

说来也奇,这位妈妈当时评判的这群演员里,被她定为200块一月的演员,后来确实都成了滑稽名家。所以说,姚、周的成功离不开母亲的支持。除了这两位滑稽大家,还有"滑稽四大天王":杨华生、张樵侬、笑嘻嘻、沈一乐。这四位都各有特色,杨眼睛大、张鼻子大、笑块头大、沈嗓门大。作为喜剧演员,他们的外形与声音充满特征,令人过目难忘,加之基本功过硬,头脑灵活,很有观众缘。除了以上几位大家外,当时还有很多名家,比如三位被称为"阵头雨"的程筱飞、小刘春山、俞祥明,还有几位知名的女滑稽:绿杨、田丽丽、嫩娘等。当时之所以滑稽艺术兴旺,就是因为人才济济,而且各具特色,百花齐放。这群滑稽老前辈们的艺术水平都非常高,又具有个性与鲜明的特征。

记得有一位老前辈的话,让我记忆犹新,他说:"旧社会老艺人的收入是不少的,但收入高的也就那么几个,大多数普通的演员都是很一般的。"老前辈还告诉我,尽管有些演员收入高,但他们受到的欺负和侮辱是难以想象的。中华人民共和国成立后,情况变好了,大大小小的剧团也慢慢成立起来了。1949年后,受到党和政府的重视,滑稽戏慢慢走向了稳步发展的道路。

第一本滑稽戏要从1949年之前说起,这本滑稽戏叫《一碗饭》,汇聚了很多滑稽老前辈。后来,姚、周除了表演独角戏,他们也演出滑稽戏。早期,他俩领衔主演过一本滑稽戏《天亮了》,现在还可以看到这本戏的连环画。1949年之后,解放军文工团在上海演出《白毛女》,很多滑稽名家去看了后,第二天就自己在台上演出了,用白毛女的雏形自己编成剧本演出,就有了《天亮了》这部戏。滑稽戏真正趋于成熟,是1950年赫赫有名的《活菩萨》,很多老戏迷都知道,这部戏是滑稽界的一个里程碑,因为这部戏的基础好,故事虽然简单,但是演员好,阵容强大,主题鲜明,反封建迷信。

《活菩萨》这部戏的演出,有两位演员特别出彩,一位是绿杨老师,一位就是嫩娘老师。如今,嫩娘老师还健在。这位老太太真是不简单,98岁了,依旧思路清晰、声音洪亮。去看望她之前必须和她打好招呼,因为嫩娘老师很注意形象,出场必须戴上围巾和手套,因为她不想让人看到头颈的皱褶和手上的岁月斑驳（皱纹）。可以说，这位老太太就是滑稽史上的一个奇迹！她曾经对我说过一番话，让我很感慨，她说："大家在讲我身体怎么那么好，这个要感谢共产党，我没这些退休金怎么能活得下去？每天保姆带我去超市，看到红的番茄、绿的黄瓜，非常好看。看到好看的都会买下来，买回来我就开心。"我想，这就是一种对生活的热爱与情趣，滑稽戏演员就是要这样紧紧拥抱生活，接地气，才能创作出老百姓喜欢的艺术作品。有一次，我们请嫩娘老师到云南路吃晚饭，嫩娘老师说，想吃小绍兴的白斩鸡。真没想到90多岁高龄的老太太吃了半只鸡后，又要了半碗鸡粥。嫩娘老师笑着对我说："我的长寿是吃出来的。"

说回《活菩萨》。一部好戏的诞生是很不容易的。在1950年的时候这部戏也受到了一个波折，因为太多名演员的参演，生意好得不得了，场场爆满。半年后，有人提意见了，万万没想到提意见的来自宗教界，他们说滑稽剧团演的这部《活菩萨》污蔑和尚！文化部门马上派人去现场看戏，了解情况。一看确实有问题，因为演员看到观众在台下笑，骨头轻了，然后就无限制地丑化和夸张，因为剧情需要，假扮的和尚在台上有很多低俗表演，这对宗教文化确实不尊重。剧团后来根据宗教界提出的建议，立即整改。杨华生老师及时召集大家开会，进行调整，一个波折总算过去。随即，第二个波折又来了，有人写了篇文章，这篇文章被我找到了，今天看来心里也不是味道，一是感觉有点小题大做，二是感觉这支"笔"确实厉害。不要说当时是20世纪50年代，就算在今天你看到这篇文章照样胆战心惊，特别下面的署名：姚文元。

这位老先生评论《活菩萨》引起各界反响，再次进行整改。这部戏出版的剧作书我现在还有保存。

姚文元对《活菩萨》的批评引起各界反响，于是剧组再次进行整改……就这样，一直到1966年前，滑稽戏在创作、演出、修改、提高的过程中，逐渐走向成熟与繁荣，经过几次整风、学习，大家的精神面貌也焕然一新。滑稽戏更是出了几部好戏，特别要讲到的是《三毛学生意》《七十二家房客》《满园春色》《女理发师》。这四部戏正是当时四大滑稽剧团——蜜蜂、大公、大众、玫瑰滑稽剧团各自的拿手好戏。从解放初有二三十个滑稽剧团，到后来优胜劣汰，成为4个滑稽剧团。这4个滑稽剧团出来的这几部好戏，我认为就是一张出色的答卷。

1958年，周恩来总理观看了大众滑稽剧团创作演出的《三毛学生意》。演出结束后，周总理走上舞台，与演员握手，亲切地表示："祝贺你们演了一个好戏"，并与全体演职人员合影留念。周总理对滑稽剧种提出了希望，他希望滑稽戏要注意"防止低级、庸俗、丑化、流气"，从此这也成为滑稽人的艺术追求与准则。

毛泽东主席曾经也看过滑稽戏。20世纪50年代，毛主席来看了大公滑稽剧团演出的《样样管》这本戏，不过他只看了三幕戏就离开了。大家都很紧张，做自我检讨，最后传来的消息是：毛主席听不懂上海话。大家才明白过来。

以上，我讲的是滑稽的前世。

滑稽戏的今生，要从1978年说起，拨乱反正，那个时候滑稽剧团已经没有了，要重新建立。我自己参加了上海人民滑稽剧团，前身是南市区文化宣传队。剧团刚恢复建立的时候生意很好，《七十二家房客》场场爆满。那时候有人讲4张《七十二家房客》的演出票可以换1套房。那时候，演员要拿到票也很不容易。当时买票都要排队。滑稽戏火了，这一火，火了几十年。一直火到20世纪90年代初，那时娱乐活动慢慢开始多样化了，滑稽戏就开始走向低谷。最要命的问题是，创作跟不上，编剧力量不行了。随着老演员们的相继退休，舞台上出现后继无人的局面，所以那时候只能演定向戏，为单位、机关、企业做宣传。滑稽剧团在20世纪90年代是非常困难的。我们上海人民滑稽剧团是自负盈亏的事业单位。2008年，独角戏被国务院公布为第二批国家级非物质文化遗产名录，2011年，滑稽戏被国务院批准列入第三批国家级非物质文化遗产名录，非常感谢党和国家给予滑稽艺术的肯定与保护。

我是怎么会走上唱滑稽这条路的呢？原来我在江西插队落户，种过田、插过秧、养过猪。养猪，是我最拿手的。有一次在弄饲料的时候火点不着，到点了，猪没有吃的就开始叫，叫得人心慌。我和猪讲道理、打招呼，但这些猪不讲道理，越叫越大声，弄得我很狼狈，很气愤，哭了，然后边哭边唱《金铃塔》。奇怪了，这些猪们听我唱《金铃塔》后不叫了，两只耳朵竖起来听。灵啊，就像咒语一样，这群猪不叫了，被我驯服了。那时候，我才17岁。后来，我因为特困的原因回到了上海，我是独生子，68届的，那时候父母需要照顾就回到了上海。

在上海工厂里，我做过厂医，内外科都看，除了妇科外，我多少都懂一些。在做厂医的这段日子里，我在文化馆参加许多文艺活动，在这段时间我碰到了杨华生、绿杨、笑嘻嘻等滑稽艺术大家，那个时候他们还不能公开登台，只能做艺术顾问，杨华生更是连进后台的资格都没有的，看戏都是偷偷摸摸戴个大口罩去前台看。在这样的情况下,我认识了他们。那个时候叫上海市南市区文艺演出队。当时我爸爸就问我了,怎么到这种听上去很业余的地方去了。在这里,我还是要感谢我两位恩师:杨华生、笑嘻嘻。当时,杨华生、笑嘻嘻的反革命帽子一摘掉就来我家了,他们就问我,要不要来我们演出队你自己决定。我思量再三,最后还是决定去了。

在那个年代,文艺队的处境非常困难,什么都没有,连一件演出服都没有,剧团解散,人员下放劳动。但是在当时,南市区人民政府拨款3万块,演出队就靠这3万块起家。当时我还在想,这种只有3万块的演出队谁要来,但当我真的来到现场的时候我被深深感动了。在现场,原来的一批人员都集合起来了,老艺人们为了事业要重整旗鼓,每个人眼里都有一种期待、渴望与热情,这些深深感染了我。就这样,经过大家的努力,这个剧团又成立起来了,一部部好戏排了出来,得到观众的认可和喜爱,真正做到了"出人,出戏,走正路"。从1978年剧团成立到2022年我退休,我算了一下,自己在这个剧团整整待了44年。我对这个剧团有着深厚的感情,每一位老师、同事、学生与我的交往都历历在目。

上海目前滑稽剧团只剩两个:上海滑稽剧团、上海人民滑稽剧团。人民滑稽剧团也叫上海独角戏艺术传承中心,这是为了响应国家对非物质文化进行保护的一个措施。

目前我们的状况,一方面是感恩,感恩党和国家对滑稽艺术的关心和爱护。比如我们上海人民滑稽剧团,以前所有的收入都是需要靠自己演出来的,现在是差额拨款单位,有了最基本的经济保证。另一方面,在文化大发展、大繁荣的时代东风下,我们也愿意为传承滑稽事业做出自己的努力与贡献。

与此同时,我们也面临几个困惑:

第一,现在处于比较尴尬的局面,因为语言的因素,现在很多小朋友不讲上海话,而且很多中老年朋友受小朋友的影响普通话讲得很好,要讲上海话,已经讲得不正宗了。这是我亲眼所见,幼儿园接孩子出来,家长和孩子的对话都是普通话。上海话是滑稽和沪剧的语言基础,但现在沪剧团招生来的小朋友都是安徽的,安徽小朋友唱沪剧唱得好得不得了,但是一旦要讲台词了,上海人听下来要被吓坏的,就像讲外国话一样……语言环境的改变是当下颇为棘手的一个问题。

第二,我们没有属于自己的演出场地。我一直呼吁,剧团要有自己的剧场,就好比农民和土地一样,需要农民自己来垦种自己的土地。现在我们都是去别人的剧场或者租赁的剧场。很多人埋怨滑稽演员都去接广告、搞直播、拍电视了,对这种"本末倒置"的批评与质疑当然是对的,但我也要大胆地问一句,你让他们去哪个剧院演出呢?大家一直说要对滑稽事业保护、爱护,但是现在还有谁愿意自己掏钱去买票看戏的?很少!所以我在2010年的时候就做过一次试验,在黄浦剧场开办了"上海笑天地",做得蛮好,后来因为要翻新改造剧场,就暂停了。那时作为团长,我就说,"吃饭靠团里,创收靠自己",但前提是必须完成团里的任务后再去做自己的事,否则这支队伍早就散了。现在两个剧团,两支队伍也是很稳定的,去年上演的《宝兴里》就是两个剧团联手打造出来的作品,强强联手效果很好,这部关于动迁的大戏,这部关于城市发展与旧小区改造动迁的大戏,我演得很满意,也挺成功,挺开心。

  现在回忆老一辈艺术家对我的教诲真的是一种无形的力量。曾经一位德高望重的前辈大师对我说过,滑稽戏要改称"上海喜剧",只有叫"上海喜剧"了,未来的道路才会更宽更好。我当时没理解,如今想想真有道理。现在我选剧本的时候,就是这个"海派喜剧"的思路——话剧的本子(戏剧结构与故事情节),滑稽的套子(有趣的噱头丰富内容与塑造人物),新喜剧的路子(各种艺术形式的融合创新,使之在传统精华上焕发时代光彩)。我想尝试用这样的方法把滑稽艺术用崭新的面貌,守正创新地展现在大家面前,正所谓"旧瓶装新酒,移步不换形"。相信未来可期,谢谢大家!(录音整理:赵卿峰、孙继军,统稿:王悦阳)

闲话上海闲话

钱 程

钱程 著名滑稽表演艺术家
2021年7月15日演讲于傅雷图书馆

"闲话",在上海方言中有两重意思:①话,语言;②指闲言碎语、闲聊、漫谈,所以我今天的《闲话上海闲话》,有"闲话上海方言、有关上海方言的闲话、闲话与上海方言有关的文化现象"的意思。

一、推广普通话与保护传承上海话的关系

推广普通话与保护传承上海话是不矛盾的……

普通话是我国现行的通用语言,而每个地方的方言又是当地人用来交流的重要工具。自古以来,多样化始终是华夏文化的重要特征,而作为承载文化的肌体,语言多样化又是文化多样化的基础。在推行普通话的前提下保护上海话,已经是大家的共识。逐步建立普通话、上海话和谐共存的双语言环境,既是对国家推广普通话的既定方针政策的拥护和支持,又是对海派文化生存土壤的一种保护和修复。

上海是个国际大都市,中外、全国各地、南来北往……但是每一个地方都

有自己的个性,个性体现得最明显的(外表视觉)是城市建筑、环境,(听觉)是语言(方言)。

  我们的祖先大都不是"土生土长"的上海人。来自全国各地,很多是到上海来讨生活、寻机会的穷苦的异乡人……到了上海要生活、工作,首先要用语言交流思想、想法,要跟本地人打成一片……一定要通过学会说上海话,真正地融入上海、爱上上海,以做上海人为荣……

  上海对异质文化历来抱着一种宽容的姿态,"海纳百川、兼容并蓄"即是海派的特征。

二、上海闲话(沪语)保护的现状

  上海人说上海闲话,这原本是一件顺理成章的事情,但环顾我们的周围,只有阿婆、伯伯或阿姨、爷叔还在用上海话进行交流,青年一代都讲普通话而较少用上海话了,幼儿园和小学的孩子们对上海话更是陌生。这或许是一件滑稽的事情。我时常在灯下冥思,是上海话远离了我们,还是我们离上海话而去了呢?

  沪语是在上海本地方言和吴语语法基础上,随着上海城市进化过程中形成的具有鲜明上海地方特色的重要方言,是上海近2 000万人使用的日常生活语言,也是广泛流行于毗邻上海的苏南、浙北地区颇具影响力的方言。

  沪语既是上海人思想交流的工具,是上海文化的重要载体,同时也是上海海派文化的重要组成部分,但是讲沪语的现状发生了变化。年轻上海人由于受语言环境及其他多种原因影响,已经很少使用或不会熟练使用沪语进行交流、对话了。即使他们使用沪语,也离沪语的规范发音和正确使用相去甚远。比如,新一代上海年轻人很多发不准沪语中的"我"字。长此以往,沪语恐怕就有消失的危险。据我所知,全球每年都有相当数量的语种在消失或濒临消失。沪语作为上海地方文化中最重要、最鲜明的民俗和交流的载体,已经到了必须进行保护和规范的时候了。

  上海方言是体现上海语言民俗的一种重要形式,它集中反映了上海人在语言运用方式上的特点和习惯,包容着丰富的上海文化和海派文化的内涵。

  在研究上海方言时,我们可以发现:上海的滑稽戏和沪剧都以上海方言作为基本语言,它们较好地、约定俗成地保存了上海方言的发音,尤其是上海滑稽戏,宛如上海语言民俗的一个流动的平台,不断研究、接受海派词语,保持了这一剧种的基本语言与上海方言同步,通俗而幽默地使上海方言充满表现的活力。

保护和传承沪语并不能只挂在嘴边,而是应有实际行动。前几年,我在上海市的政协会议上,递交了几份关于保护上海方言的提案,得到了社会各界、一众市政协委员的关注和有关领导、有关单位的支持。学习上海话,我们的重心应放在听和讲,只有听得懂上海话的意思,才能说出一口流利的上海话,这样才会把上海话的内涵铭记于心。也许很多家庭里,一些父母会在家庭日常生活中与孩子进行上海话的交流,但往往存在一个问题:初为人父、人母的年轻一代,本身的上海话底子比较薄弱,再将他们的上海话传给孩子,难免会拷贝走样。无论是幼儿园还是小学,迄今为止也未能有一套较为全面、具体的上海话示范教材,而用浅显、有趣的方法向儿童传授"上海闲话"的发音、释义、特点,目前又缺少比较规范和通俗的读本。这无疑给上海方言的保护和传承工作带来了障碍。

我在上海戏曲学校教学和对青年演员的上海方言培训方面,积累过一些经验,自己又一贯以上海方言作为职业语言,所以保护和传承上海方言是我义不容辞的责任。

2012年8月,上海教育出版社出版了我的两本著作——《跟钱程学上海闲话》和《钱程的上海腔调》,后来又相继出版了《钱程讲外国童话》《钱程讲外国寓言》《钱程带侬白相新上海》等有声读物。

孩子是祖国的未来,传承上海方言也要先从儿童做起,所以《跟钱程学上海闲话》既可作为儿童学讲上海方言的一种教材,也可作为儿童游戏和训练口齿的一种资料。在这本书里,我向小朋友们介绍了上海方言发展简史和特点,从称谓、人体、饮食、服饰、社区、礼貌、交通等七个方面的常用词语和情景对话,示范、教授上海闲话的正确发音,并由我录制用上海话朗诵的唐诗和童谣,重在口授传播,让小读者在视听或文字游戏中,掌握约定俗成的上海闲话,体会有关上海方言文化的内涵。

《钱程的上海腔调》(附钱程上海闲话音频),则注重从上海民俗的角度传达上海方言约定俗成的规范发音,用上海话介绍上海风情、编写例句,并采用例句教学、直录正音、介绍俗语的音频作为文本对照,介绍上海方言的发音与有关知识。全书以传授学讲上海话为主线,用历史音频资料介绍上海方言的变迁,分析上海话的基本特点,收录我教授上海方言的教材,并编制"带你游遍上海滩"和"上海八景",用上海话来介绍上海历史和人文景观。

三、如何学讲标准的上海闲话

(一) 讲准"入声"字

"入声"在北方语系中是没有的,而江淮官话、吴语、粤语、湘(新派湘语)、闽语、客家语、赣语六大方言均保留入声。

现在的北方语系和普通话都是阴、阳、上、去四声,没有入声。上海话是阴、阳、上、去、入五声,一直保留了入声字。用上海话读数字 1—10,有五个入声字(1、6、7、8、10)。

入声字的"韵母"是[ʌ] [i] [ɔ]。

入声字发音比较短促,例如,"入"北方话读(ru),上海方言中读[zʌ](用国际音标读);"骨"普通话读(gu),上海话读[guʌ];又如数字"七"北方话读(qi),上海方言中读[ci];"哭"普通话读(ku),上海方言读[kɔ]。

1. 辨别一句话里的入声字

(1) 立夏刚过,天气就热起来了。

(2) 现在交通老发达格,到徐家汇中百六店、鸭王、交大惠谷电脑城、国美电器,有地铁一号线,还有公交车。

2. 常用入声字举例

头子活络　看看准足　生青碧绿　投五投六　幺二角落　响勿落　饭泡粥　大约摸　爷叔　热络　蜡烛

七搭八搭　精光的滑　七嘴八搭　稀奇勿煞　的的刮刮　立时三刻　明白　一五一十　形形色色　进进出出　鲜格格

山崩地裂　粒粒屑屑　寻寻觅觅　甜甜蜜蜜　交关恶劣　干瘪瘪　做交易　事业　呼吸　规律　熟悉　消灭　经历

普通话里取消了入声字。古诗讲究平仄声,入声字都归入仄声。如果用普通话念古诗,因为没有了入声字,有时音韵、四声就会不对。例如,"白日依山尽,黄河入海流。欲穷千里目,更上一层楼。""白""日""入""欲""目""一",在上海话里都是入声字,是"仄声",念起来符合古诗平仄韵律,非常好听。用普通话念,"白""一",都变成了第二声和第一声,使古诗的韵律不符合古诗的格律了。

(二)注意上海闲话的习惯构词

上海闲话用前缀"阿"和"老"构成的名词特别多,经常用于表示称谓和人。如:阿哥、阿姐、阿大、阿囡、阿爹、阿婆、阿舅、阿富根、阿懋、阿乡、阿屈死、阿灵林……用作疑问有阿要、阿有啥、阿作兴、阿有、阿有介事……如:老公、老婆、老大、老底子、老酒、老交、老清老早、老面皮、老枪、老鬼(ju)、老三老四、老嘎(老茄)、老价钿、老户头、老古董……

除"老"外,"小"也常用,如:小毛头、小囡、小开、小瘪山、小阿弟、小鬼(ju)丫头、小滑头、小八辣子、小刁码子、小乐惠……

上海方言的名词,以"头"字为尾的特别丰富。如:肉头、名头、因头、花头、滑头、男囡头、有串头、梢梢头、滴滴头、粒粒(lei)头、后底头、门口头、边边头、床横头、角落头、年夜头、洋葱头、胸口头、隔壁头、勒末生头……

不管能否吃,都用"吃"字来表达。可以吃进嘴里的,有吃饭、吃糖、吃茶……不能"吃"的,也用"吃"来形容:吃红灯、吃老酸、吃侬、吃煞侬、吃得死脱、吃空心汤团、吃得开、吃香、吃豆腐、吃价、吃相、吃醋、吃慌、吃药、吃闷棍、吃牢、吃瘪、吃耳光、吃萝卜干饭、吃生米饭、吃闲话、吃赔账、吃牌头、吃轧头、吃戤饭(吃白饭)、吃生活、吃辣火酱(勿识相,请侬吃辣火酱)、吃火腿、吃白板、吃老米饭、吃夹档、吃三夹板、吃家生(遭到沉重打击、被捕)、吃官司……

(三)关于尖音、团音

上海话中留存了古汉语。清末民初就有人考证,在上海方言里找到了古代语言记载的同义词语。例如,上海人将闪电称为"霍显",与唐诗中使用一模一样。上海人至今还把每个月的上旬称作"月头",把明年讲为"开年",是沿用了古代宫词和铭文的用词等。此外,上海话还保留了古汉语发声的入声字和尖音、团音。用它来朗诵古诗,则更能体现古诗词应有的韵律和韵味。字分尖团,上海话讲起来更清晰,听起来更亲切,唱小调、戏曲则更有韵味,更能字正腔圆。

什么是"尖"音,什么是"团"音?尖音指 z、c、s 声母与 i、u 或 i、ü 起头的韵母相拼的音(字)。团音指 j、q、x 声母与 i、u 或 i、ü 起头的韵母相拼的音

（字）。有的方言中分"尖团"，如把"尖、千、先"读作 ziān、ciān、siān，把"兼、牵、掀"读作 jiān、qiān、xiān。普通话语音中不分"尖团"，如"尖＝兼"（jiān），"千＝牵"（qiān），"先＝掀"（xiān）。我曾经听过一些想说正宗上海话的上海人和我说，我们不是不想区分尖、团音，而是我们不会分尖、团音。听了这话后我有感触，为什么现在上海人讲话中不分尖、团音，不是他们不想区分，而是没人教他们如何区分上海话中的尖、团音，所以为了避免读错而出洋相，他们就不分尖、团音了。

（四）文读与白读

何为文读？外方言借入的读音称为"文读"，更接近普通话。专有名词、书名、古诗、人名、地名、成语等，应该用"文读"的方式。如：大世界、大头菜、红楼梦、泪水、中介、代驾、大木桥路、人民公园、出生入死、不耻下问。

何为白读？本方言的固有读音称为"白读"，更口语化。如：大人、小人、味道、争吵、眼泪水、价钿贵、花样经、交好运、乌贼鱼。有些读音约定俗成，如：浒墅关、古猗园、柜台、五脏六腑、困中觉。

外国名字的中文音译，可以参考原来的读音。如：坎贝尔（Campbell）、罗德里格斯（Rodriguez）、巴蒂斯图塔（Batistuta）、内马尔·达·席尔瓦（Neymar da Silva）、瓦尔特（Walter）。

（五）用上海闲话思维

现在不标准的上海闲话，大多是受普通话影响，我们称之为"普通话思维"。要讲好上海闲话，一定要用上海话思维，这样才能解决第一个难题。

用"沪普"读以下句子："这部片子好看得来"，"我弄不来的"，"你去不啦"，"这里有个洞洞眼"，"他不大开心，我倒老笃定的"等，北方人仍听得一头雾水。

四、上海闲话的特点

（一）新旧交杂语言跨越度远

上海人的历史可以追溯到青浦的崧泽遗址，距今已有 6 000 多年的历史。原江南地区语言中不少古老的语音、词语一直保留至今。比如上海话里"锯子"读"嘎子","五虚六肿"中的"虚"读"嗨",上海话里的"角落"就是"角","鸡壳落"中的"壳落"就是"壳"。还有,比如上海话里"龟、贵、鬼"白读都读[ju],而"举"就读[ju],"亏"[qu](吃亏)读"区",现都读成"吃奎","柜(柜台)、跪"[ju]都读如"距","围(围巾)"[yu]读如"雨","喂(喂饭)、圩"[yu]读如"迂",不读如"为""委"。

(二) 南北融会语言,宽容度高

上海成为商埠之后,全国各地的移民汇集上海,他们的语言势必对上海话产生一定的影响,特别是江浙人多,语言也和上海话相近,对上海话的影响最大。南北语言在上海交汇,在自由的交际中,不少词语在上海生根,融入上海话,使上海话里的同义词特别多。比如表示"合在一起"的副词有"一共、一总、总共、共总、统总、拢共、一共拢总、一道、一道辣嗨、一塌括子、亨八冷打、角落三姆"等。其中"一共、总共"来自北方话,"一道、一道辣嗨"则出自本土,"拢总、拢共"多用于浙江籍人,"亨拔冷打"来自粤语,"角落山姆"来自宁波腔的洋泾浜英语"grand sum"。

常用词的多样化是上海话宽容度高的一种表现,它使生活在上海的外地人容易听懂近于家乡话的上海话。再举几个例子:在上海话里,"一定"有"一定、肯定、准定、一准、板定、定计、定规"等同义词,"大约"有"大约、大概、作兴、大约莫、大约莫作、大约光景、约莫光景"等,"忽然"有"忽然、突然、突然间、突然之间、忽声能、着生头、着生头里、着末生头、辣末生头"等。又如方位词"后头"有"后头、后底头、后底、后面、后面头、后头起、背后头","外头"有"外势、外首、外头、外面、外面头、外底头"等。"慢慢地"有"慢慢叫、慢慢能、慢慢介、慢慢能介、慢慢能个"。在 20 世纪 60 年代以后,上海话渐渐放弃不少自己方言中较土气的常用词,一些吴语中的通用形式取胜,如放弃"户堂"和"场化"而通用"地方"。

上海方言词中可以包容不少别的方言用词。比如山东人来上海卖"大饼",上海话词汇中就加上一个叫"大饼"的词,而且"大"不读"度"音,而读如近山东音的"da"。又如苏北人在上海卖"油徹子",上海人就在自己的语言里加了个"徹"字,读如"散",苏北人把上海人叫"绞揿棒"的食物称为"脆麻花",上海人也叫它"脆麻花",就连"麻花"读音也跟作"ma hua",不读"mo ho"。广东人卖"鱼生粥""云吞面","鱼生"一词上海人叫"生鱼"的,原不读正偏式的"鱼生"、"云吞"与"馄饨"本是各地读音不同而形成的不同写法,上海人都把它们照搬来用。在上海的宁波人把"百叶"叫"千张",把"干菜"叫"菜干",上海人也拿来就用。上海话可以吸收其他方言的第一级常用词使用或取代自己的常用词,如吸收宁波话的"阿拉"替代了老上海话的第一人称复数"我伲","高头"也大有取代"浪向","窗门"取代"窗"之势,"老头""老太"的连读声调也用了宁波音。不是歧视或排斥,而是可以较随意地吸收来沪移民的生活用语,以至改造自己,这也充分说明上海人说话海纳百川的气魄。

外地方言尤以苏州话、宁波话、苏北话、北京话对上海方言影响最大。

苏州话的影响,如:"半、南、船""官、宽、碗",上海方言原读"ei"韵母,发音如"半"(bei)、"南"(nei)、"船"(zei)、"官"(guei)、"宽"(kuei)、"碗"(wuei)。受苏州话影响,向苏州话靠了后,都读"安"韵了——"半"(b—安)、"南"(n—安)、"船"(z—安)、"官"(gu—安)、"宽"(ku—安)、"碗"(w—安)。还有"牵丝攀藤"和"勒煞吊死"等词汇,都是苏州话……

宁波话的影响,如:阿拉、伊拉(剧拉)、老公(妻为"老绒")、的角四方、造孽(吵架)、骨骨抖、血红、蜡黄、石骨铁硬、天亮头、对百筋……

有趣的宁波话:"一个大大小晚(孩),坐高高矮矮凳,手里拿把厚厚薄刀,来概切硬硬耐(软)糕……""昨末夜里,风'嘟嘟'介来概吹,门'嗯嗯'介吹带开,阿拉阿爸'落落'介奔进来,其(他)对我'咪咪'介笑笑,我对其'逛逛'介跳跳……"前一段用正反词,后一段用象声词。

(三) 领异标新语言,自由度强

上海人领异标新的市民意识,善于吸收外来词语,造就了充满活力的上海话。19世纪末20世纪初的那些年代里,上海经济飞速发展,从国外来的新鲜事物层出不穷,当时只要出一个新事物,上海人就造它一个新名词,如"马路、洋房、书局、报馆、影戏院、卡车、三轮车、足球、高尔夫球、俱乐部、博物馆、幼稚园、自来水、雪花膏、橡皮筋、拍纸簿"等。随着书局报馆的兴起,很多音译或意译的外来词如"沙发、咖啡、啤酒、幽默、细胞"等也都通过在上海创办的书报杂志传播到全国各地,被各地接纳并使用。

民间用语也常常赶时髦,如上海最早通电车,有了"电车"一词,当时都是有轨道,紧接着上海人就把人脸部额上的皱纹叫"电车路",又把步行称作"十一路电车"(两条腿似11)。上海自从有了交易所后,从"算盘"上引申开来"开盘"和"收盘"两个词用于交易,定价格就成了定"盘子",即有"明盘"和"暗盘"之别,于是欺生加码的"客盘"(外地人)和"洋盘"(外国人)应运而生。再发展,花了冤枉钱的外国人被称为"洋盘",后来干脆把"外行不识货""上当不察觉"的"阿木灵"都叫成"洋盘"。这种灵活造词和用词的发散性思维,通过上海这个窗口向四处扩散,很多词条后来被《新华字典》所吸收。

从清末到民国,更有不少音译或音译加上汉语语素的词语,例如:那摩温(第一)、番司(脸)、派斯(证件)、哈夫(对半分)、扑落(插座)、大亨(有势力的大人物)、司的克(拐杖)、马赛克(瓷砖)、瘪三(乞丐)、老克拉(有腔调的人)、挖而势(办法、窍门),一度产生了闻名全球的"洋泾浜英语",现在在青年中说上海话时夹杂洋话词语的现象也时而可见。这种"拿来主义"的习惯使上海话总是走在新潮里,这种丰富自己词语的吸纳和造词,一直延续至今。而上海俗语、新的词汇又层出不穷,例如:套牢、托盘、掏浆糊、帮帮忙、马大嫂(买汰烧)、月光族、白骨精、有腔调、拗造型……

上海文化的另一个特点,传统和新潮并举,俚俗和正规同行,中西合璧,兼收并蓄。

(四) 统散并举语言,变通度大

许多上海人现在都会操双语,如又会说上海话,又会讲其原家乡话。如今不少上海人都会说普通话。会根据不同场合或不同对象,不断地转换双语或多语的现象,在上海社会交际中已司空见惯。这就为不同语言间的杂交和互相吸收长处形成了一个良性的环境。

上海的语言环境能分能合,人们在不同场合中"组装"着不同层面的上海话:跟祖父母说老派的,跟老朋友说俚俗的,跟年轻新朋友说新潮的,跟老师同事说"正宗规范"的,在会议上说书面化的,跟白领说带洋词语的,跟股民说带行情流行语的,在正式场合、媒体话筒前就说普通话。连公共汽车的报站中把"车儿拐弯了,请拉住扶手"说成"车辆要转弯,扶手请拉好",还有"体育场调头""开门请当心"等都是普通话的上海变体。不久前才来上海的外地人又说着刚学到不多的带上海词语的"普通上海话",如"赶明儿咱们去南京路白相!"但大家都可以听懂,可以交流。上海话就在此开放的环境中变革着,变得更有生气,在必要处更简化更公约化,在一些特别场合又更有区别更细腻,有统一,有分散,形成了一种有丰富层次的社会方言。

五、有没有标准的上海话？

上海话是有标准的……如果传承上海话没有标准，谈何传承。比较正宗、比较标准的上海闲话来自上海滑稽，上海滑稽戏、独角戏、沪剧里以上海方言作为自己的基本语言在舞台上表演。沪剧用中州韵，向普通话靠拢，"我伲""阿拉"不用了，都用"我们"，"我、侬、伊"改作了"我、你、他"。至少滑稽、沪剧里保留着尖、团音，还是比较标准的。

我的经验是："掌握上海方言的特点，注重听与讲。其中讲准上海闲话里的入声字是关键，掌握文读、白读的规律是钥匙，弄懂上海话的尖音、团音有必要。"

传承保护上海闲话要全社会达成共识，形成讲上海闲话的语言环境。不管是老上海还是新上海，大家侪是上海人。我们在上海这座城市繁衍生息，要融入上海、了解上海，就要讲好我们的母语——上海闲话。

我的昆曲+

赵津羽

赵津羽　昆曲澎派闺门旦传人
2023年2月16日演讲于沣溪中学

今天很高兴能够来到沣溪中学与老师和同学们一起分享我心中的美好。我觉得沣溪中学的同学就跟我当年一样的幸运，在最好的年纪遇见了昆曲，遇见了经典。曾经我还像你们一样年纪的时候，一位老师拿着一张剧照给我看，告诉我这是杜丽娘。照片中的杜丽娘满头珠翠，水袖翻飞。当时的我也像你们那样懵懂，并不知道昆曲是什么，但看到剧照的一刹那，我就被杜丽娘的扮相美所深深吸引。后来，我就进入了昆曲班。刚才那位同学也说到她参加了沣溪中学的昆曲社，开始学了一点念白。就和我当时一样，学习念白，吟唱昆曲。那时的我就为昆曲的诗篇歌赋而陶醉。原来，可以用这么美好的词语去描绘我们的生活，去抒发我们的情感。"袅晴丝吹来闲庭院"，春天来了，袅袅的游丝在轻轻地飞舞，一个美丽的女孩子在庭院中轻轻地悠闲地在那儿漫步。这就是我对昆曲最初且又最美的印象。

后来我发现自己又是一个特别幸福的人。在学习昆曲的过程中遇见了一位老人，他叫俞振飞。我想请大家一定要记住这个名字。在昆曲的发展史上，这位老人为昆曲的传承和传播做出了巨大的贡献。去年正好是这位著名表演艺术家、理论家、教育家、社会活动家俞振飞先生一百二十周年的诞辰。

回想起自己第一次见到俞振飞老师的情景，如今还历历在目。那天学校昆曲负责老师很严肃地找我谈话，说过几天俞老会来学校，让我准备表演一段《牡丹亭·游园》片段，这几天抓紧排练。对于刚学昆曲不久的我来说，内心既激动又紧张。当天，我们早早地就准备在大礼堂迎接俞振飞老师的到来。这时，有几位年纪与我相仿的同学走入大礼堂。他们穿着蓝色线衫线裤（属于我们那个年代的运动服），男孩俊俏，女孩甜美，女孩手中还握着一柄双剑，飒爽英姿。看着他们三人走进来时的那种精气神就让我心生羡慕。当时我就听老师介绍说，他们是戏校昆三班的学生，也是来给俞老表演的。这时门外一阵热烈掌声，一位儒雅的老人在大家的簇拥下进入礼堂，他就是俞振飞先生。他满脸含笑，向周围的老师打招呼。当看到我们穿着水袖，拘谨地站在边上时，亲切地朝我们招手，让我们到他跟前。那天，我是第一个表演。虽然内心非常紧张，但看着这位慈祥的老人不停含笑点头，立刻就给了我莫大的鼓励。第二个表演的那位唱花脸的男孩，在给俞老表演之前，俞老问他叫什么名字，他用洪亮的声音自信满满地说：我叫吴双，天下无双的无双。就他这个自报家门让我印象极其深刻。如今的吴双真的成了昆曲界青年辈净行中的无双。另外两位同学表演了《百花赠剑》片段。在一旁观看的我非常喜欢这出戏，暗自下决心将来要学这出《百花赠剑》。缘分这事就是那么奇妙，表演赠剑的那位漂亮女孩就是我的恩师国宝级昆曲表演艺术家张洵澎老师的外甥女邱晓洁。十年后我有幸拜入了张洵澎老师门下学习《百花赠剑》，算圆了我当年的心愿。当时一起表演赠剑的那位男孩是黎安，如今已经成为新一代昆曲表演艺术家，我有幸多次与他合作《百花赠剑》。

汇报表演结束，俞老给我们说了不少勉励的话，特别是在他脸上看到对幼苗吐新蕊的欣喜。现在回想起来当时的表演是那么青涩和稚嫩，但俞老和周围老师们的掌声给了昆曲一个未来。同时在我的心中也已经深深印下了这位慈爱的老人。

就像今天你们昆曲社的这些小朋友一样，也许你们还不知道学习昆曲到底为了什么，但是未来你们一定会感受到这段浓墨重彩的岁月有多么与众不同。

接下来我就要讲一讲昆曲到底是一个什么样的艺术。它是一门综合艺术，综合到什么程度，它集了多种艺术类型于一体，包括诗词、演唱、音乐、绘画、舞蹈、武术,很综合吧?

很多人都说昆曲听不懂,甚至有人说昆曲唱了半天,就在唱鸡鸭鱼肉几个字。其实昆曲并不是用某种地方方言在演唱。那么我们现在来看一段昆曲的唱词,看看昆曲到底在唱什么。《长生殿》是昆曲中很著名的一部戏,其中有一折叫《小宴》。下面我请一位同学来用普通话朗读一下。"天淡云闲,列长空数行新雁。御园中秋色斓斑。柳添黄,苹减绿,红莲脱瓣,一抹雕栏,喷清香桂花初绽。"她刚才把这段唱词朗读了一遍。我想问问大家,这段唱词讲的是什么季节?秋天。这短短的几句话里面,你看到了什么?桂花绽放,大雁在天空中往南飞,莲花花瓣脱落了。

请大家闭上眼睛,跟我一起在脑海中勾勒这样一幅画面:"天淡云闲",白云在那儿悠悠地飘荡。"列长空数行新雁",大雁排着队往南飞去。"御园中",御园不是一般的公园哦!皇家园林。"秋色斓斑",大家回想一下,我们看到的秋天里各种植物的各种色彩,枫叶的红,银杏的黄,色彩如此丰富,所以很多人都会用油画去描绘秋天的景色。"柳添黄,苹减绿,红莲脱瓣。一抹雕栏,喷清香桂花初绽。"在秋天的时候,我们经常会发现朋友圈里面不停地有人去拍桂花,我们隔屏都能闻到那个香气。这短短的几句唱词里,把天上的、地上的、水中的,把动物、植物、色彩、香气全写到了,犹如一幅色彩绚烂的画。这就是我们诗词艺术的魅力。用最简练的语言,去描绘你所看到的美,去抒发你此时的情感。

所以昆曲的文学性特别强,即使你不唱昆曲,也可以去读一读它的文本,去感受一下我们灿烂的语言文字。

我们中国有368个戏曲剧种,现在还剩348个。有人曾经问我,昆曲唱词太高雅了,能不能弄点接地气的?能不能弄点我们大家听得懂的?我说,越剧"天上掉下个林妹妹"听得懂吧?沪剧"为你打开一扇窗"接地气吧?我们已经有很多能听懂、接地气的戏曲艺术了,能不能保留一个,就一个,能代表我们中国文学高度的艺术——昆曲呢?

2001年5月18日,联合国教科文组织在巴黎宣布了第一批"人类口头和非物质遗产代表作"名单,其中就包括了中国的昆曲艺术,中国也因此成为首获此殊荣的19个国家之一。世界已经看到了我们的价值,难道我们自己还视而不见吗?

说到昆曲的音乐,在我们江南,有一种工艺叫水磨工艺。这种工艺在苏州江南水乡水多的地方,拿一种草叫木贼草,蘸了水以后拿它来打磨家具,把家具打磨得又光又圆又亮。老师有没有跟你讲过昆曲叫什么腔啊？水磨腔。始于元代末年,是昆曲的主要唱腔。它细腻婉转,就好像我们江南的水磨汤团,水磨年糕那样细腻软糯。

我们再来讲讲昆曲是个绘画艺术。我想问问同学,你们觉得绘画有哪几个要素？点、线、面、色彩构图。昆曲恰恰就是一幅流动的绘画,就包含了点、线、面色、彩、构图。

昆曲的服装化妆色彩非常丰富,非常靓丽。昆曲的舞台表演轻歌曼舞。很多画家都愿意用自己的笔墨去勾勒昆曲的人物形象和造型,一幅幅画,一朵朵花。

昆曲还是个舞蹈艺术,逢唱必舞,载歌载舞。

大家有没有看今年春晚,里面一个非常棒的节目《满庭芳·国色》,里面唱哪些颜色？凝脂、群青、桃红、缃叶。他们手里都拿了哪些道具啊？一把剑、水袖、伞、扇子。还有个什么？表演群青色的手里拿的是什么？翎子。他们所有拿的道具在昆曲里全部都有。像扇子啊,伞啊,你们平时经常见到,经常都会用的。对吧？有一样东西你们平时没有机会用到,这个叫翎子。它是一种雉鸡的羽毛,雉鸡是山间的野鸡。大家看它是非常具有灵动性的,它在舞台上也极具表现力。同学们看到群青中的演员用这两根翎子进行舞蹈。

接下来我们再来讲讲昆曲的行当。今天讲生行。生行就是男性的行当。根据年龄和性格特点的不同,分成小生、老生、冠(官)生、武生等行当。先来看这张照片,这位就是俞振飞先生年轻时候的剧照。因为那时候摄影技术的问题,照片没有那么清晰。但我们依旧能见到俞振飞先生当年的那种儒雅和书卷气。

随着年龄的增长我们来看PPT中的这张图,小生变老了,就成了老生行当。照片中的这位就是著名昆曲表演艺术家计镇华老师,今年已经82岁高龄,但是他依旧还在舞台上演出。今年还会上映他新拍的一部昆曲电影《邯郸梦》。届时同学们可以在大银幕上一睹计镇华老师的风采。你们看他的眼睛,他的眼睛是会说话的。我们一直说戏曲表演是一身之戏在于脸,一脸之戏在于眼。眼睛是心灵的窗户,我们要学会用眼睛去表达和诉说。

这张照片是大冠生也称大官生。这里饰演的是皇帝,《长生殿》中的唐明皇,这位也是著名的昆曲表演艺术家蔡正仁老师。他手上拿了一把道具。刚才我说过的昆曲里常用的道具是什么？扇子！

接下来我们就来讲讲扇子的学问。现代生活中，自从有了空调就很难看到用扇子了。除非是一些特定人群，喜欢手中把玩扇子。一是戏曲和曲艺演员，扇子是他们演出的道具，也是他们风雅的手伴；二是书画家，扇面上常有他们自己的书画作品；三呢，就是我们喜欢跳扇子舞、打木兰扇的文艺积极分子和养生达人。

扇子是中国历代文人雅士、仕女闺秀的怀袖之物。女士扇子的尺寸在6寸、7寸，男士在8寸、9寸。一把小小的扇子不仅有实用性纳凉拂暑，还承载着丰富的情感和艺术美学。扇子的种类很多，形状多样，有团扇、折扇等。材质各异，如羽毛扇、纸扇、蒲扇、檀香木的檀香扇、绫绢扇、象牙扇、铁扇公主的芭蕉扇。折扇的扇面工艺还有黑纸扇、洒金、泥金等。团扇也叫宫扇、合欢扇，是圆形有柄的扇子。这圆形也是形状各异，有长圆形、梅花形、苹果形、六角形等，扇面有纸、绢、绫、罗、缂丝等。加上扇柄下面的流苏，玉坠各种配饰，花样丰富。中国扇子的制作工艺精巧绝伦，品种繁多。就拿做一把高品质的竹折扇来说，做扇骨的竹子选材都极为讲究。新竹砍下来后要存放翻晒10年以上才开始使用。经过岁月磨砺的上等竹材韧性与强度已达到做扇骨的最佳状态，再要煮、晒、烤等十几步工艺流程后，才显出温润如玉的光泽。扇子在古代别称"摇风"，一摇生风，相传禹舜时期就有了。扇子的广泛运用逐渐传入日本、朝鲜和欧洲等国家和地区，特别是折扇礼仪曾成为一些西方贵族少女们的必修课程。在我国江西一带仍流行着每逢端午赠扇的习俗。这个习俗已有1300多年的历史了。古人认为好友之间互赠扇子是弘扬清风美德，扇面上的绘画和题诗表达了各自的情感和祝愿。那扇子在我们的戏曲舞台上，就是最常见的道具。它不单纯是演员手中的道具，它时而和剧中的情节发展相连，时而丰富演员的身段表演，尤其是在表达剧中人物的性格和喜怒哀乐的情绪方面，小小的扇子大有文章可做。一把折扇，可以代表柳枝，代表笔墨，除此之外还代表家书，代表刀枪，不仅能增添风流雅韵的气质，还能塑造娇俏可人的灵动，可以增加诙谐幽默的情趣，还可以寓意清风高洁的品格。例如茶博士手持黑纸扇，市井小人物也生动可爱；诸葛亮轻摇羽毛扇，从容淡定，运筹帷幄；杨贵妃轻舞牡丹泥金扇，身姿曼妙，万般风情；春香手持团扇，青春可人，娇俏灵动；唐明皇漫拂水墨丹青折扇，尽显风流帝王的才情。

我们请一些同学一起来学习几个扇子的动作。我先问一下，你们知道哪个是扇头,哪个是扇尾?接下来我教大家一个打开扇子的口诀:分清扇头与扇尾,右手握扇三分处,左手轻扶扇尾处,右手拇指轻轻推(右手大拇指、食指、中指捏住扇头三分之一处,无名指和小指微翘起,扇头贴掌心,左手兰花掌,轻扶扇尾,右手大拇指、食指轻拨,打开扇子),这就是开扇的动作。接下来我们把扇子开着做一个蝴蝶飞,大拇指和小拇指在前面,三个手指在后面,左右颤动,像振翅而飞蝴蝶。

最后我们要介绍的生行里的一个行当叫武生,大家看这张照片是非常英勇神气的,在昆曲里面常常扮演非常有男子气概的角色,如常山赵子龙赵云。下面我们用热烈的掌声请出今天的武生演员。

让这位演员给我们做一下自我介绍!

大家好,还认识我吗?我是傅老师。我自己都感觉这变化太大了!所以昆曲的魅力是无穷的。你看我虽然不会唱,但是被这么装扮,我的英雄感觉就出来了。这样的体验让我感觉到昆曲演员太不容易了。

刚才你们傅老师发表了他今天扮演武生的感言。的确,一位戏曲演员在台上表演,幕后有好多人在为他服务,所以昆曲艺术它一定是个团队艺术。你台上的光芒是由这么多人的帮衬才能发出的,这样才能让你获得观众的鲜花和掌声。

昆曲艺术无论台前还是幕后都有很多规矩,它是一个讲究的艺术,就是我们今天所讲的匠心呀!我对匠心的理解就是这几个关键词:持之以恒,精益求精,耐住寂寞,尊重自我。

今天,每一代昆曲人都在用自己的时代特点去守护这样一个经典艺术,守护我们中国戏曲百花园中的兰花。我相信未来的你们当中会有很多人走出国门,走向世界。当你面对世界的时候,我们凭什么有自信?对自己的文化艺术有了了解才会有认同,有了认同才能够有如数家珍的自信。

所以我希望同学们认认真真地去学好我们自己的优秀传统文化,去了解更多传统文化里的中国智慧。当你们走向未来,走向世界的时候,我相信你们一定会更有底气。

最后,把我在2020年与广西师范大学出版社合作撰写的一本昆曲入门级小书《我的昆曲+》赠给澧溪中学昆曲社的同学们。书中还有一首昆歌叫《昆曲六百年》,歌中并没有华丽的辞藻,只有朴素的情感。每个字,每个音符都记录下一段故事,一份情义。水磨悠悠六百年,以水磨腔为特色的昆曲好比一位命运多舛的老人,曾经奄奄一息,而如今却好似春日的花园,姹紫嫣红,开遍神州大地,处处都能听到《皂罗袍》的曲子。一代代昆曲人用梦想、坚守、热情支撑起了昆曲的未来。昆曲的老一辈艺术家们走过了昆曲的昨天,享受着昆曲的今天,培养着昆曲的明天。他们满腔热情只为一个信念,将昆曲艺术再传六百年。衷心希望澧溪中学昆曲社的同学们认认真真学好昆曲,让昆曲的种子在你们这里,开花结果。

都市文化摇篮的"海派木偶戏"

何筱琼

何筱琼　上海木偶剧团团长 2023年7月22日演讲于长宁区图书馆

在悠远的中国戏剧史长河中，木偶戏历来被诸多史家视为"百戏之祖"。

一、从木偶到木偶戏

木偶在古代也叫傀儡，是受人操控，没有自主意识的人或事物，2 000多年前中国的春秋时期就有了木偶俑。1978年，在莱西岱墅西汉木椁墓中出土了一件193厘米的大木俑，脸部有口、耳、鼻，全身除了头之外，由13段等距离的木段拼装组接而成，其肩膀可以360度转动，并呈现坐、立、跪等姿态，被认定为"当即后世的提线傀儡"之祖，莱西也因此成为公认的中国木偶戏重要发源地。大木俑的文物现陈列在成都的中国皮影博物馆里，而上海黄浦区南京西路388号5楼的仙乐斯木偶演展中心，也有该木俑的缩微复制品。

中国木偶起始于商周的图腾崇拜，那时是奴隶制社会，过去奴隶主死后需要用活人殉葬，非常地残酷。在周朝推出了"仁"政，以树草做成人形的稻草人取代了活人的殉葬方式，但稻草会有腐烂的弊端。到了春秋战国时期又进行了改良，出现了俑，我们最为熟知的是西安的兵马俑。木偶兴起于汉，发展于唐，提高于宋，繁荣于明，并逐渐演变成一种戏剧表演的形式。最早的傀儡、木俑服务于皇权和皇族祭祀，之所以会逐渐走向民间，走向社会，是和整个社会经济文明的发展息息相关。人民安居乐业，经济蓬勃向上，就有了高于物质的精神需求。因此，木偶剧的形式随着更代迭朝，社会经济文化的不断繁荣而变化发展。

无论是中国木偶还是外国木偶，发展至今均已有2 000多年的历史。在联合国教科文组织下面有两大组织，一个是世界卫生组织，另一个就是国际木偶联会。国际木偶联会成立于1929年，是联合国教科文组织属下的非政府国际组织和文化分支机构，也是世界上历史悠久、影响广泛的艺术机构。中国也是国际木偶联会会员国之一，2002年，经文化部批准，中国木偶皮影艺术学会正式加入国际木偶联会，并成立国际木偶联会中国中心。

中国的木偶主要由杖头木偶、提线木偶、布袋木偶和皮影这4个种类组成。尤其是皮影，它不是单列的，而是属于木偶大范畴的种类之一。

杖头木偶是中国最普遍的木偶表演形式，遍布中国大地的南北东西。杖头木偶有一根主杆，连接木偶的头、脖子、身体和四肢，也称为"命杆""枪杆"，是通过木偶演员的双手赋予它生命的，所以也称为"掌握生命的杆子"。

上海木偶剧团在20世纪70年代末创排了一台非常具有代表性的杖头木偶作品《孙悟空三打白骨精》。该剧最大的特点在于木偶"脚"的灵活运用，极大地丰富了角色的表演空间。孙悟空木偶由一个主杆、四根钎子组成，这是以往中国木偶戏的角色中不曾有过的操纵方法，由两位木偶演员同时操控，一位演员操控木偶的上半身，包括头、脖子、身体和两只手，另一位演员操控木偶的下半身即两条腿。孙悟空每个动作的亮相都是与脚密切相关，脚与主杆的配合及动作形成角度，需要操纵主杆演员和打脚的演员不断交换钎子，其动作之多、之快令人眼花缭乱，两个演员对人物的每个动作和节奏都需了如指掌。除孙悟空木偶以外，唐僧、猪八戒、沙和尚和白骨精等其他木偶均由一位演员操控。所以，木偶演员需要有一双灵活的双手，既要操控木偶的头以及眼睛、嘴巴等多个机关，还要操控木偶的两只手进行表演，演员在表演的同时还要为木偶配音。

提线木偶古代又称"悬丝傀儡"，由偶头、笼腹、四肢、提线和勾牌组成，高约两尺。各个机关由很多根线串联，并集中至一个线盘上，由演员自上而下地进行操控表演。常规的提线木偶有 30 多根线组成，最厉害的提线木偶有 100 多根线组成，需要 5 位演员配合操控，但凡搞错一根线，都会相互打结、彼此勾连，影响整体的表演，所以对提线木偶演员来说，手指灵敏度的需求非常高。

中国国宝级的提线大师黄奕缺当年特别出名的一个节目，就是操控背着百宝箱的小猴子，小猴子放下箱子，打开箱子拿出唢呐。操控小猴子吹奏唢呐、骑自行车等一系列的表演动作，都是通过黄奕缺大师灵巧的双手当场表演出来的。这个技术的绝活也被泉州木偶剧团的很多老师继承，成为提线木偶表演上最特别、最经典的代表性节目。

布袋木偶又称"掌中木偶"，非常小巧，以福建漳州、泉州最盛。偶高尺余，由头、中肢和服装组成。一个演员一双手可以同时操控两个木偶，演一台戏。譬如《武松打虎》的布袋木偶表演，一只手演武松，另一只手演老虎，进行左右对搏的表演。台湾的布袋木偶也是从福建流传过去的，经过革新和改良，形成了演绎仙侠、武侠人物和故事的艺术风格。

皮影又称"影子戏"或"灯影戏"，是一种以兽皮或纸板做成的人物剪影，在灯光照射下用隔亮布进行演戏。在古代，皮影大多数是用兽皮制作，比如驴皮、牛皮等。最常用的是驴皮，因为它特别有韧性，在表演的时候皮影不容易开裂。中国多地的皮影还是以表演传统的戏曲故事、戏曲人物为主体，表演的同时还会唱上当地的戏曲曲调。

在上海仙乐斯木偶演展中心的皮影展示区里有一张中国皮影的集锦图，陈列着中国各个省市最有代表性的皮影。其中，唐山的皮影色彩艳丽，人物的装扮、刀工都十分细腻。而受中西文化交融的上海七宝皮影，作为上海非遗文化已有 100 多年的历史，无论从人物造型还是色彩上，都与其他地域的传统戏曲人物略有不同，整片皮影为非镂空工艺，且低饱和度的色彩让皮影更显洋气。

二、海派木偶戏的诞生

众所周知，"海纳百川，有容乃大"是定义"海派"和"海派文化"的关键词，它的探索求新精神造就了古今并存、中西合璧、艺术交融的文化现象。这也正是海派木偶戏的形成与发展繁荣的文化基因。

海派木偶戏的形成要追溯到清代末年崇明的民间街头艺术"扁担戏"。当时,木偶扁担从乡村到城市走街串巷,深受民众的欢迎。在上海大码头最繁荣的时候,有100多家扁担戏在上海滩演出。随着城市经济的发展,以演绎传统戏曲为主的提线木偶和布袋木偶戏从江浙乃至全国纷至沓来,五彩缤纷的木偶样式决定了海派木偶戏在萌芽状态中就以多种木偶形式并举的发展方向。

在20世纪20年代至40年代期间,上海逐渐涌现出木人剧社、上海业余木偶剧社、上海木偶剧社以及中国木偶剧社等木偶团体,这些剧社中的表演者都是当年文化上的先进青年,很多人留洋接受国外文化教育,回国后引进西方的木偶样式,传播新的木偶观念,并将其融入中国传统的木偶戏曲的表演之中,逐渐改变了木偶戏仅沿用传统戏剧的表演方式,对此后海派木偶戏的发展起到极为关键的作用。

50年代是海派木偶戏多样化的发展时期。更多的市民已经不满足于过于简陋的扁担戏,上海老街的大棚戏、广场中的木偶戏表演应运而生,就连俱乐部的小剧场中也出现了木偶戏,它仍与扁担戏一样,一如既往地接近平民,以低廉的价格、丰富的样式、熟稔的曲目拉近与观众的距离。当时,江浙"四星五乐"九个木偶戏班闯荡上海,虽说演的都是木偶戏,但形式却不相同。四星是用传统的杖头木偶表演的四个带"星"字的剧团,而五乐则是由提线木偶形式见长的五个带"乐"字的剧团组成。

上海木偶剧团前身是1893年清末的戏班子,随着扁担戏的潮流到上海生根落地。1917年改名全福堂,1937年改名同福堂,1954年因其最具有创新力,被政府收编,取名为上海红星木偶京剧团,也就是20世纪50年代"四星"中实力最强的、来自江苏泰兴的红星木偶京剧团。他们的木偶戏更为观众所喜爱,在大上海打拼得风风火火,从路边"大棚戏"到俱乐部的舞台上都留下他们不倦的身影。为何政府会选择这个剧团?当年的上海大码头,有许多扁担戏、提线木偶、杖头木偶和皮影的剧团都是演绎传统的戏曲故事,为了能更好地吸引更多的观众来看戏,他们就对戏曲故事进行了创新。在《白蛇传》剧目中,他们参照连环画进行构思,付诸实践,制作了一条大白蛇,使白娘子喝了雄黄酒后立即变成一条白蛇,就是这一点点打破传统戏曲表演模式的创新,使得所有的观众都来看他们的演出。那时他们已经懂得掌握观众心理,审时度势,扬长避短,在不断地求索中,他们也以自身的发展得到这座城市的观众的认可,这也是为什么政府会看中他们的原因。

上海红星木偶京剧团改良传统木偶的制作与表演,引进正规的编导制度和各方艺术人才,借鉴其他艺术表现手段,挣脱了传统木偶戏的羁绊。当时收编后第一批的8位老艺术家各个木偶表演功底出色,一人能兼数个行当,戏曲文武场的表演信手拈来,我们俗称"老八个",成为一个时代的象征。其中,钱时信老师是国宝级的特技大师,《孙悟空三打白骨精》中火眼金睛、口吐仙气、瞬变金箍棒等很多的特技都是由他研发而成。

20世纪60年代起,海派木偶戏步入良性的发展阶段。随着上海文化新布局计划的出台,政府在"红星木偶京剧团"的基础上重新整合,于1960年6月1日成立上海市木偶皮影剧团,1966年更名为上海木偶剧团,在艺术发展中贯彻"为广大少年儿童服务"的神圣宗旨。

三、海派木偶戏的特征

海派木偶戏是独具艺术个性的剧种,它必须拥有独自发展的艺术空间。20世纪60年代末在中国的文艺舞台上唯有"八个样板戏"。上海木偶剧团却在搬演样板戏的同时,大胆地创作了以抗日战争时期儿童团为题材的英雄木偶剧《小八路》。该剧开创了海派木偶戏大型剧目的先例,在近一个半小时的演出中始终以扣人心弦的故事、丰富多彩的木偶特技表演,营造了辉煌的舞台效果。其中火柴、吸烟、吐烟都属于木偶特技表演,仅这些表演就让观众谈起时津津乐道,回味无穷。

自20世纪70年代中期至90年代末期,海派木偶戏进入飞速的发展盛期,在舞台艺术上进行全方位的探索,得到长足的发展提高。海派木偶戏最大的魅力在于特技,通过大量特技的运用,在舞台综合的呈现上最大化地挖掘和丰富整个表演。以往海派木偶戏舞台的特技表演仅仅是对故事表现起到辅助的作用,但到70年代的《孙悟空三打白骨精》这出戏后,特技表演就被提升到无可替代的重要位置。孙悟空拥有伸缩自如、能转能耍的金箍棒,剧中小猴子爬到树梢摘桃子还用上传统玩具猴子爬树的技术。同时,利用滑轮或马达带动橡皮筋和尼龙线的方法,在表现孙悟空追赶白骨精的情节中,让孙悟空急速地飞过观众席,先后钻入观众大厅的天花板内。全剧大约有十个形形色色的"掉包"孙悟空,在每个节骨眼上以不同的方法诠释孙悟空的形象,木偶的特技表演极大地丰富了这个戏的"神"气。

海派木偶戏在拓宽木偶品种、材料表现方法等方面的新探求表现出大胆的想法。20世纪80年代的《东郭与狼》造型设计采用了辐射式的折纸方式,使得木偶具有立体的直线几何平面特点。90年代的《太白醉书》在中国木偶艺术领域首次开创性地让杖头木偶表演书法,演员用握钎之手,用木偶拿起毛笔,在月亮上当场书写毛笔字《秋浦歌》诗篇,把杖头木偶表演发挥到极致,体现了演员的真功夫。

随着"走出去请进来",国外各种样式的木偶艺术通过交流活动进入海派木偶人的视野,大家看到了更多的不同于中国式的偶戏形式,由此而引起反思。如何更好地挖掘中华民族文化的瑰宝,如何更好地突破中国木偶戏一成不变的演剧方式,便在海派木偶人心中埋下迅速求变的种子。

1999年《春的畅想》挣脱了传统木偶戏创作思维的牵制,带着沁人心脾的视觉形象问世了。它是一台概念剧,讲述的是一个小女孩做了一个关于春天的梦。在这台剧目里,偶已不受具象表现的束缚,仅通过一块扎染的布料,围绕着一个"变"字展开无穷想象。一块"布"可以变成燕子飞翔,变成争食相斗的公鸡,变成孔雀开屏起舞,变成时装模特跳起劲舞,一块小小的"布"在海派木偶人的手中,赋予它艺术的想象、艺术的生命,释放出巨大的艺术魅力。

进入21世纪,海派木偶戏踏着时代的步伐突飞猛进。10余年来,对木偶概念的全新诠释,使得海派木偶戏舞台艺术活力四射,精彩纷呈。

《假面舞会》通过娴熟的操纵技术和对于国标舞蹈的驾驭,把人与偶的表演达到浑然一体的境界。其中舞者是由人扮演,他的舞伴是个真人大小的木偶,既没有暴露的操纵主杆和钎子,也不靠主杆操纵和钎子操纵的软体木偶,仅依靠演员的操纵来完成整个舞蹈表演。

横挑木偶的创意来自对铁枝木偶操纵技术的借鉴,演员以钎子的横向方法操纵木偶。《卖火柴的小女孩》中,木偶的表演从原先杖头木偶的半截身体表演变为全身的多方位表演,对表演者而言,木偶的结构改变了,操纵方法也随之改变,从原先的一个人操纵变化为三个人的合作操纵,但仍以主杆传递情感为核心,加上手和脚的配合,在表演人物形象上比杖头木偶更趋完整。此外,该剧将原本杖头木偶的1.7米台口降到0.7米,演员身着黑色演出服,利用隔离灯光的技术隐在木偶之后,这样的木偶表演很好地解决了以往木偶钎子暴露的弱点,从而使木偶形象更加完整动人,表演更为自由,推动了新木偶表演样式的完美呈现。

21世纪以来,海派木偶戏更是借鉴中外木偶形成了新型的木偶样式,以丰富多样化的题材和五彩缤纷的表现手段,在舞台艺术上紧随时代艺术潮流,不断追求卓越,在中国木偶戏领域中独领风骚,同时对中国当代木偶戏的发展起着不可忽视的引导作用。

2015 年的皮影戏《花木兰》是让木偶从量变到质变转化的关键剧目。首先它采用了水墨画风的舞美效果,在皮影制作上也不再选用传统的驴皮、牛皮,并引入一个皮影中的全新概念:多媒体。我们熟知的传统皮影是平面的,影布后的表演也是二维的空间,无法表现出三维的纵深度,所以多媒体技术的运用就将不可能变成了可能。《花木兰》解决了多媒体与皮影融合中最难的技术点,在反复实验中找到了多媒体的前投光与皮影灯的后投光对冲的平衡点,做到多媒体和皮影的无缝衔接,展示出传统皮影难以表现的宏大场面。也因为这个创新和突破,让《花木兰》在国内外获奖无数,受到了大朋友和小朋友的欢迎。

2018 年上海木偶剧团创排了一台非常震撼的作品《最后一头战象》。它是由中国著名的动物小说家沈石溪创作的同名小说改编而来,该小说的章节也收录在五六年级的课本中。舞台剧《最后一头战象》以中国云南的亚洲象为原型,主人公象偶高度为 3.4 米,剧目中还有一头象王高达 3.8 米,近 200 斤重,由 3 位演员同时操控,1 位演员操控大象的头和鼻子,另外 2 位演员藏在大象的身体里,1 位操控前腿,另 1 位操纵后腿和尾巴。创排期间,我们要充分考量 90 分钟里演员的体能,在象偶的制作材质上花费大量时间,既不能超出演员承重而无法表演,也不能太轻让象失去了厚重感。剧团的青年制偶师们经过 1 年半的反复研发,终于做到了巨型"偶象"栩栩如生的舞台呈现。

2020 年剧团又创排了另一部多媒体皮影戏《九色鹿》,与水墨画风的《花木兰》不同,《九色鹿》摒弃了传统皮影大红大绿的色彩,运用敦煌色系作为舞美的主基调。同时,它打破传统皮影白色灯光的固有概念,运用多色调的多媒体灯光随着情节的变化而变化,让敦煌的色彩铺满整个舞台,皮影色彩与多媒体色彩融为一体,使整个画面呈现的特别逼真和唯美,此外,还将荧光颜色用在皮影的材质上,通过紫外线灯光的照射,让观众在幕前也能看到荧光皮影的表演,打破了皮影只在影窗后表演的局限,给观众营造了"影、映、荧"的海派皮影新印象。

2021 年创作的木偶音乐剧《报童之声》,在杖头木偶的表演上又进了一步。撤去 1.7 米的台口,让演员身着与木偶相同的装扮,与木偶同台表演,仿佛两者融为一体。《神偶》《自由行走的大象》以及沉浸式体验剧《走进光影》《木偶馆奇妙夜》等创新剧目的一部部创排，让上海木偶剧团在创新之路上奋勇前进。

经过百年的探索和发展，如今的海派木偶戏成为当今中国木偶戏中最为重要的支派。在几代海派木偶人的共同努力下，2011年，海派木偶戏被列入国家级非物质文化遗产保护项目，更坚定了海派木偶人努力地传承、保护、发展这门古老艺术的决心。

海派木偶戏的兴盛，得益于上海这座大都市的文化营养，在特定的地理、社会、文化环境中，视野开阔，兼收并蓄，敢为人先，包容万象，糅合中外各种木偶样式，借鉴各式舞台表现手段，不断地求变、求新、求美，逐渐进入"无法而法，乃为至法"的艺术境界。同时，它也以自己日益新异的演出反哺广大观众，给一代又一代的小观众提供了丰富的精神食粮，培养了孩子们对戏剧的热爱、对美术的兴趣、对表演艺术的向往。海派木偶戏是孕育未来中国戏剧观众的摇篮。（录音整理：胡玉蓓）

求学·阅读·成长

求学十部曲

邓伟志

邓伟志 著名社会学家
2019年9月24日演讲于上海海洋大学

尊敬的老师们,亲爱的同学们!今天我在这里一坐,一股羡慕你们的激情涌上心头。我不只是羡慕你们年轻漂亮,你们的颜值固然值得羡慕,但我更羡慕的是你们的专业是高"学值"。你们选择海洋,说明你们的目光远大,理想远大,值得点赞、羡慕、欢呼。

为什么?理由有五点:一是因为海洋占地球面积的70.8%。你们的研究对象之大除了太空专业以外没人能比。地球称"地球"是历史传统,其实是欠妥的。按"少数服从多数"的原则,地球应改称"海球"。二是海洋中含有十三亿五千多万立方千米的水,约占地球上总水量的97%。随着海水淡化技术的普及,你们学成之后,就是世界上最大的地球自来水厂的超级工程师。三是火星上曾经有海洋,木星、天王星的冰层下面也可能有海洋。如果你们的专业壮大了,水声技术、遥感技术运用了量子学,你们学成之后就会成为征服宇宙、开辟新天地的先锋队。四是海洋的能量胜过地表。地表只能种植在表面一层,至多掘地三尺。而海洋深有几千米,最深的地沟有上万米。不同的深度生长不同的生物，可以分成很多层次，为人所用。海里最高的植物有五层楼那么高，海生动物的品种大大多于地表上的动物，千奇百怪。上海过去有位学者叫肖林，他 20 世纪 50 年代是上海市商业局局长，1960 年调任水产局局长。他为他的调动感到高兴。他给我们做报告时说："我层层都能生产。"人们常说"海量"，这个说法十分恰当。海洋的能量就是海量。现在海洋经济的增速远远大于 GDP 增幅。你们学成之后，你们就是让人富起来的超级大师。现在很多大学者、大人物在为"地球超载"而发愁。如果你们的专业壮大了，"地球超载"的困惑便会迎刃而解。你们是为人类解困的慈善家。海洋大学在为人类铺垫美好的未来。五是海洋能供给人类的蛋白质为陆地的几十倍。海洋是人类的蛋白质供应基地。因此，可以认为你们的专业是人类的保健专业。海生生物是最佳最多的制药的原料，因此，你们学成之后，就是人类的药剂师。你们会给人类提供长生不老药，说"不老"是艺术夸张，但是，你们会大大延长人的寿命。你们自己呢？海洋专业的莘莘学子也一定会成为寿比南山的老寿星。

我说这些，是在"关公面前舞大刀"。你们的海洋知识比我丰富得多。你们选择海洋学科说明你们是海洋的行家，熟悉海洋，热爱海洋。我也热爱海洋。1968 年底我进的"五七"干校，就在东海的内堤与外堤之间，大海的涛声时时在耳边回响。我从蓬莱仙岛乘登陆艇去过八仙过海歇脚的山东长岛。我去过葡萄牙的欧亚大陆尽头、大西洋起点，去过直布罗陀海峡，去过南非的好望角。通常讲好望角是非洲最南端，实际上好望角并不是非洲最南端。距离好望角东南约 150 千米，隔佛尔斯湾而望的厄加勒斯角才是实至名归的非洲最南端。我不顾劳累，去了非洲真正的西南端。站在真正的天涯海角上，心旷神怡，神清气爽，在那里把一切宠辱都丢在脑后了，却想着海洋的主人——我们上海的海洋大学。

海洋大学不仅学科水平高，地理位置也好，位于长三角龙头，是长三角龙头上的龙眼。长三角是百川归海之处，将是人类命运共同体的第一角。同学们！你们的父母放你们进海大是高明的，是放龙归海。海大把你们录取进来是蛟龙下海！舟行天下，真龙在海大。

同学们！看着你们胸前闪烁着光芒的校徽，我认为它不仅代表你们海大人的身份，更是海大人精神和使命的承载，别在胸前，提醒着你们不仅要身为海大人而自豪，更要为海大增光添彩，做一只迎风飞舞、受人喜爱的海鸥。海鸥的飞行技术和飞行方向也是学来的。下面对如何求学提几点想法,供大家参考。

一、上下求索

做学问要上下求索。屈原说:"路漫漫其修远兮,吾将上下而求索。"上,是读已出版的书籍、经典,这是站在前人肩上,攀登科学高峰;下,是下到源头,即深入实际。实践是检验真理的唯一标准。朱熹说:"问渠那得清如许?为有源头活水来。"活水是生动活泼的现实生活。"读万卷书,行万里路",不仅要读"有字之书",还要读"无字之书",既要有"书卷气",又要有"泥土气",还要有海水的咸味,三者任何一方面都不可偏废。你们知道中国近代有位教育家叫陶行知吗?他还有个名字叫"陶知行"。学以致用,知行合一。学生应在德智体美劳五个方面全面发展。不过,今天因时间关系,在这一个多小时里,我着重讲一讲读书的重要性。

先听听前人的教导。北宋大文学家欧阳修说:"立身以立学为先,立学以读书为本。"这就是说要学习好,必须以读书为本,本末不能倒置。孙中山说:"我一天不读书,便不能生活。"画家李苦禅说:"鸟欲高飞先振翅,人求上进先读书。"

再讲一个真实的故事来说明书的重要性。罗马尼亚的锡比乌市是800年前由日耳曼人建的城堡。因为每年都会在广场上举办国际性的爵士音乐节,被人称为"爵士之都"。这广场又称"席勒广场",席勒是德国18世纪的诗人。锡比乌怎么会以他的名字命名呢?是席勒来过这里吗?不是。是席勒有发了大财的后人在这里吗?也不是。那是为什么呢?是因为锡比乌有位与席勒既无血缘关系也无地缘关系的杀猪宰羊的屠夫,十分崇敬席勒的作品。为了报答席勒作品对他的感染、启发和教育,屠夫主动用自己的血汗钱在广场上为席勒塑像,盖了座以席勒名字命名的公寓,还办了家席勒外文书店。可见书的威力之大。

二、博览群书

什么叫博览?一是数量要多,二是正面的、反面的,不同学派、不同流派的书都要读。地学有五大学派,人学的学派更多,仅仅是人类起源就有很多说法。天文学家,对以其名字命名的行星,也有未知之处。谁都知道,冥王星天经地义地是太阳系九大行星的老九,可是近来有人提出冥王星不属于太阳系。不管这种说法正确与否,作为太阳系一员的我们,也应当有所了解。按照量子纠缠对立守恒定律,有正粒子就有反粒子,有强力就有弱力,有玻色子就有费米子,有核聚变就有核裂变,有叠加态就有确定态,有波动性就有粒子性,有高能粒子就有低能粒子,有强子就有轻子……我们不能只知其一,不知其二。过去有人讲"尽信书不如无书"就是从批评"只知其一,不知其二"的角度讲的。抓住鸡毛当令箭是很可怕的,射不出去是要误大事的,学无止境啊!

为什么要博览?先从消极方面讲,不博不行啊!不博,会开国际玩笑,会遭世人唾弃。一位商人出身的总统,读书甚少,他堂而皇之地讲"比利时是一座美丽的城市",遭人耻笑。别人笑时,他还不懂得别人笑什么,还以为是对他的点赞。他问别人:"阿尔巴尼亚在哪里?"这次因为有他们的外宾在场,没有人笑话他,只是笑在心里。他还公然说:"火星是地球的一部分。"他把无知的玩笑开到天上去了,逼得他们国家的媒体不得不出来纠正。落后就要挨打,无知会遭人瞧不起。这位总统患有愚蠢病。他这愚蠢病能不能治疗呢?!两千年前对提出二十四个节气有贡献的刘向早就为愚蠢病开出药方。刘向说:"书犹药也,善读之可以医愚。"

从积极方面讲,要为国家建设出力,总得拿出些高见来。不高于人家的见解算不上"高见"。不知道人家有什么高见,更谈不上自己能有高见,因此必须以牛角挂书、囊萤映雪的精神,博览群书,学到高人的高见,再把理论与实践相结合,更上一层楼,建树自己的高见,献给人民。

三、大胆质疑

博生疑,随着博览群书而来的一定是生疑。"只知其一,不知其二"是不会生疑的。歌德说:"经验丰富的人用两只眼睛看书时,往往是一只眼睛看到纸面上的话,另一只眼睛看到纸的背面。"看到背面难免提出疑问。马克思说:"凡人类建树的一切我都要怀疑"。生疑之后存疑,存疑之后质疑,反复质疑之后才能产生解疑的方法和力量。做学问要敢于挑战常识、挑战权威、挑战"不可能",敢入无人之境、敢闯未知领域、敢破"未解之谜"。做学问要善于对新问题、新发现进行研究,提出新解释,构建新理论。疑的结果可以是肯定,也可以是否定。疑后的肯定是进步,疑后的否定也是进步,很可能是更大的进步。"疑"是开花,"新"是质疑之花结出的硕果。研究海洋的人,要爱海洋,也要敢于对海洋的恶浪说"不"。希望大家以昂扬向上、励精图治的锐气,咬住青山不放松,一步一个脚印、一步一个台阶,日积月累,久久为功,就一定能实现自己的理想。

四、多方求教

学问是问出来的,有疑必去问,要以甘拜下风的求教姿态去问,充满诚意地向一切有识之士去问。别忘了,哈军工创办之初,靠的是一名死刑犯在哈军工编写有关导弹的教材。敏而好学,既要"不耻下问",更要努力"上问",在学校大量的是要问自己的老师。"传道、授业、解惑"是教师的本职工作,学生首先要求教于老师。老师对学生有恩山义海,因此要强调尊师。吕不韦认为炎帝、黄帝以后的"十圣六贤"个个尊师,他把尊不尊师与"国之强弱、族之兴亡、社会之治乱"联系起来。他主张"事师之犹事父",这就是"师父"的出典。他郑重指出:"背叛老师的人,贤明的君主不会重用他,君子们不会同他交朋友。"(恕我译成白话)

当然,教师不是万能的。任何人的认识都有一个过程。"真理是过程"这一命题本身就是真理。即便是大学者,晚年的学说不同于青年时代所述的也比比皆是。晚年的学说不同于青年时代的学说,多数是进步,也有少数可能是倒退。"弟子不必不如师"也是正常的,但是学生对老师的讲解有不同看法要当面提出,当面质疑。在课堂上公开讨论,切磋琢磨,大家受益。光明正大,光明磊落,襟怀坦白,开诚布公,是学风、校风,也是国家应有之优良作风。我曾给在课堂上不赞成我观点的学生打高分,这位学生的观点我始终不赞成,但我认为他从另一逻辑起点步步推理的做法是不错的。

我强调尊师,是有现实针对性的。学生千万不要背着老师打小报告,不要在背后"捅刀子"。我告诉大家:我这个普通教师,写过不少错误文章,在出全集时我尊重历史,不掩饰,不隐晦,敢于把错误文章收进去,让读者知道我没什么了不起。但我一直认为错误是正确的先导。对老师不要迷信,但要相信,要尊重。当前的主要问题是尊师不够。错不错,要公开讨论,切磋琢磨,千万不要打小报告。小报告是一面之词,公开讨论是多面之词,二者是有区别的。

五、逻辑思维

在多读、多问之后,包括在多读、多问的过程中,都会引发思考。读书而不思考,等于吃饭而不消化。孔子说:"学而不思则罔",意思是不思考就会陷入迷茫,一盆浆糊。知识分子不是"知'道'分子"。知道是第一步,经过思考,对所知道的进行过滤,去伪存真,去粗取精,加工制作,重新组合,才能变成自己的认识,才堪称知识分子。思考是人的大脑的功能,思考是让人脑中的 100 万万细胞动起来。现在国与国之间争来争去的芯片就是模仿大脑的产物。芯片再怎么高级,也比不上人脑聪明,至多比人脑快一点。

思考不会使人迷茫,这只不过是最低要求,思考的最佳效果是聪明、睿智。哲学家笛卡儿在他的《方法论》中写道:"意志、悟性、想象力以及感觉上的一切作用,全由思维而来。"学问起于感性,成于理性。要透过现象找本质,抓住本质剖析理性。殚精竭虑,举一反三,甚至于可以做到闻一知十。前面讲到博览,博览是为举一反三做积累,出新招。杨振宁的妹夫是学物理的,他把物理学原理移植到神经生理学上,在神经生理学上颇有建树。

思考不是胡思乱想,要讲究逻辑思维,把概念、判断、推理搞清楚,再从若干命题中直接得出一个新命题。这种命题形式和推理形式相结合的"思维形式",才容易做到"螺旋式上升",形成高超的新见解。

六、顺理成章

思路初步厘清楚以后,如果不写,会自以为差不多了;如写,会发现有不尽之处,仍有漏洞,会发现逻辑有点混乱。书到用时方恨少,一写方知读书少。但是觉得读书少,也要开始写初稿。画家讲究"搜尽奇峰打草稿"。实际上,没有一位画家是"搜尽奇峰"的,只不过是描绘奇峰多的画家比描绘奇峰少的画得更好而已。边写还要边搜集资料,写出初稿后,继续搜集资料,继续读书,继续思考,莫指望一蹴而就。

文字出门须检点。文章是给读者看的,在写的时候,要想到自己所写的读者会不会喜欢看。如果所写的是无病呻吟,脱离实际,或者是在把初稿征求意见时有人认为是"客里空",那就会促使作者自觉地深入实际生活中去。大家看看,如今报刊上有的文章读了味如嚼蜡,这都是上面提到的,没到源头上去,没有"活水"的缘故。到源头上去,写出的文章才有可读性、亲切感。要有的放矢,解决实际问题。

如果把目标定得更高一些,看一看自己的初稿是不是挑战了最前沿的科学问题,是不是树立了最高的研究标准,是不是直面了国家战略性需求,有没有挑战权威,有没有以创造性的方式对新问题、新发现提出新解释、构建新理论,那就会大大增强继续修改文章的决心。文章是改出来的,笔杆子是练出来的。多练笔定会成为大"秀才"。

七、勇于创新

求新是中国人的优良传统,两千多年来我们中华民族一直讲"苟日新,日日新,又日新"。如今我们在提倡创新驱动,这是正确的,不过只是一个方面;另一方面,还要驱动创新,这是当务之急。现在"学奴"在增加,不是好兆头。要知道拾人牙慧、吃人家嚼过的馍是没有味道的。爬行主义是爬不出创造、创业和原始创新的。爱因斯坦说:"若无某种大胆放肆的猜想,一般是不可能有知识的进展的。"在处理人与人、国与国的关系上要坚持求同存异,在学术之道上要坚持求异存同,要敢于挑战常识、挑战权威、挑战"不可能",敢入无人之境,敢闯未知领域,敢破"未解之谜",不人云亦云,不老生常谈。我们常说:"出类拔萃",只有跳出老掉牙的那一类,方能选拔出"萃"来。我们想超车,不换轨如何超车?在学术上要提倡换轨超车的创新精神。

而要换轨超车,必须胸怀大志。诸葛亮说:"非志无以成学。"在座的都是"小诸葛",请无论如何不要忘记老诸葛有关立大志的遗言。开创"贞观之治"的李世民在他论政的名著中写道:"取法于上,仅得为中,取法于中,故为其下。"什么意思呢?你想拿金牌,向拿金牌的方向努力,其结果可能是拿银牌;如果你只想拿银牌,那你肯定拿不到金牌,说不定只能拿个铜牌。可见,目标的定位很重要。卓越是你心中最强的力量,卓越是你身上最亮的光彩;希望你们绽放光芒,不要停留在眼皮底下的那片"小天地""小乐惠"。

从本质上来说正常人都是有创造发明基因的。我们人的内因决定我们有不断挑战自己极限的可能。从外因看,你们所在的大学就是一个让年轻人充分展示、尽情释放、激烈碰撞各种奇思妙想的集散地,是创新的源头、是 0→1 原创知识的基地。学术思想自由的大学校园使得每个角落都弥漫着创新的精神和创新的意识,新概念、新理论、新方法、新技术、新设计、新发明层出不穷。内因与外因决定大学生完全有可能把创新变成光辉的现实,干就干成一流,做就做到极致。

八、坚持真理

创新之路不像上海的磁悬浮那样笔直,创出新以后也不会平静。"新"与"旧"天然地是一对矛盾。旧是不会轻易退出科学史舞台的。避孕问题如今不仅没有争议,而且已进入书本,进入市场,可是一百年前,第一个提出避孕的护士美国要判她徒刑,接着有一百多名教授写信给总统表示反对。美国只好把徒刑改为驱逐。驱逐去哪里?日本表示接纳。护士立即乘轮船去日本,海上漂了一个多月时间,快到日本时,日本变卦了,认为接纳她丢人,不准她上岸。怎么办?她掉头来中国。中国接纳她,并请她来华讲避孕,可是开讲前没人愿意为她讲这见不得人的事情当翻译。最后是谁翻译的？大家猜猜看。是特大学者胡适。

我写过"付出→杰出"，看来在杰出前一秒钟还要为创新再付出。光辉和荣耀从来都是和荆棘共存的，"欲戴王冠，必承其重"。我在捷克参观时，经过特许戴了一下皇冠，不好受，大有紧箍咒的感觉。要创新，要夺冠，必须经得起来自"旧"那边的冲击。想想看，你开顶风船创了"新"，岂能不许守旧者从旧的角度撞你两下呢？

真理从初步提出经过反复验证，再上升为新理论、新方法、新技术有一个过程，真理的传播、推广也要有一个过程。马克思说："真理是燧石，越打越发光。"真理的发现者要义不容辞地做真理的捍卫者。沧海横流方显英雄本色。作为海洋大学的年轻人要以乘长风破万里浪的大无畏气概来对付来自方方面面的责难，直到真理战胜谬误。

九、集群效应

随着科学的进展，学科越分越细。20世纪80年代联合国教科文组织讲，文、理合计有三千多门，现在已有上万门学科。细化的好处是容易深化，不足之处是容易造成"攻其一点，不及其余"。而当今的科学难题恰恰需要综合治疗，来不得头疼医头，脚疼医脚，需要运用多学科的理论和方法点燃创新的火花，互补互动，思维共振，聚光成灯。做学问少不了联想，西方有位导弹专家发挥联想功能，制造出一种特效药。上海一位管地下道的环卫工人，在华东医院做肠镜手术，听姓项的医生讲述做肠镜的原理，便把肠镜手术运用到疏通地下道上，异想则天开，成功了，获大奖。团队创新是联合，联合促进联想，促进异想天开。说一个数据：世界上诺贝尔奖的获得者百分七八十来自大学。我国每年获国家科技奖的百分之七八十也来自大学，其实大学的硬件条件一般都比不上更加专业化的科研机构。为什么大学出成果？不是别的，是因为大学拥有多学科交叉的优势。同学们！大海在呼唤你们去治理，治理就需要大力推行团队创新。

成立团队也有副作用，那就是难免有矛盾。数论大家陈景润的研究对象不需要实验室，他是单枪匹马，矛盾较少。大家还记得前面提到在量子力学中，有共同来源的两个微观粒子之间存在着某种纠缠关系，因此科学家给它下的概念叫"量子纠缠"。量子纠缠固然复杂，人际间的纠缠更不简单。20世纪60年代中期上海搞出了人工合成胰岛素，拿诺贝尔奖是笃定的。只因诺奖只给有名有姓的一两位牵头人,而我们还纠缠在我们是没名没姓的集体成果中,错失良机。"五个指头都不一般长",在集体中怎么能分不出高下呢?

不消说,分高下是很难的。这就要求团队要有互帮互学、互谅互让,小我融入大我的团队精神。安徽桐乡流传着解决邻居纠纷的名言:"让他三尺又何妨?万里长城今犹在,不见当年秦始皇。"这话告诉我们要以创新贡献为重,个人得失是次要的。我们讲海纳百川,团队一般不会比百川多。有不同看法,完全可以通过交流实现交融。陈景润把数论研究第二阶段中的成果,送给一家杂志。哪知杂志社不识货,没给刊发。过一阵子,外国人发表了人家的成果。明明比外国早很多的陈景润这时完全可以跟杂志社打官司,跟老外比谁早,可陈"退一步海阔天空"。他把纠缠的时间用在对第三阶段的研究上,没多久他完成了第三阶段的研究,遥遥领先,轰动世界。在大千世界中,任何人都是沧海一粟。团结是力量,对学人来讲,这力量是创新的力量。

十、动机动力

求学的动机就是孜孜以求的目标,也是自强不息的动力。责任和担当的力度取决于动机的纯度。动机是读书、求教、思考、创新等上述九部曲的总开关。

专心致志、心无旁骛是对求学的起码要求。说实在的,如今有些人的求学动机不如20世纪50年代,至少有两个"旁骛":一是追求发财,二是追求当官。这两个"旁骛"严重妨碍了学习。以教子出名的颜之推说:"积财千万,无过读书。"在求学时期,在温饱问题已经解决的情况下,腰缠万贯进出图书馆很不方便,何必自找麻烦呢!近30年来,每年报考公务员的人数与可能录用人数之比为报考大学人数与可能录用人数之比的几十倍,有的岗位甚至达到上百倍,这很不正常。我曾模仿一所学校,为学者写了一副对联:"要想发财莫进来,追求当官走别路。"我这样写,是经过思考的。以色列曾请爱因斯坦当总统,被爱因斯坦拒绝。提出三定律的牛顿,后来当了厂长,从此在学术上一事无成,原来的学术成果也部分被颠覆。

真心求学的青年应当心系家国,甘于奉献,把论文写在祖国大地上,把创新的理想融入国家和民族的事业中,让自己闪耀的青春和国家发展同频共振,让自己的人生同民族的命运紧密相连。党中央号召我们:"坚持以人民为中心的研究导向,树立为人民做学问的理想。""为人民做学问",才是崇高的动机,才是高远的价值追求,才有无穷的力量,也才能在学术上做出巨大贡献!

同学们,大海呼唤你们去治理。"莫等闲,白了少年头。"时光宝贵,青春宝贵,希望大家珍惜韶华,用奋斗给青春涂上靓丽的底色,用勤奋绘就壮丽的人生蓝图,尽早成长为担当民族复兴大任的擎天之柱!

阅读的美好境界

赵丽宏

赵丽宏　著名作家、诗人
2018 年 12 月 11 日演讲于
上海海洋大学

今天讲座的题目是"阅读的美好境界",这不是一个学术报告,而是一个读书人谈自己的读书经验,谈那些和阅读有关的难忘往事,谈我所喜欢的书。

一、为什么要读书

为什么要读书？这个问题,我想每个人都可以回答。一个不崇尚读书、不爱读书的民族是没有希望的,一个不读书的人是没有前途的。我想起一件往事,20 年前在第十届全国政协第一次大会期间,我的好朋友朱永新拿着一份提案到我的房间,他说要提交一份提案,建议在中国设一个"阅读节",因为阅读对中国人来说太重要了。那时候我们非常担心阅读的空气越来越稀薄,整个社会崇尚金钱,物欲横流,大众话题谈书、谈阅读的非常少。朱永新做过一个调查,当时我国国民年均每个人读书不到一本,而且还包括孩子们的教辅书,很多中国人一年到头不读一本书,而那些发达国家的国民每年阅读书的数量是40本至60本，这是一个巨大的差距。

中国是一个崇尚读书的国家，中华民族是爱读书的民族，读书这件事情一直是被赞美、被崇尚的，但现状是中国人不读书，不爱读书，读书的人越来越少……我非常赞成朱永新的提案，这个提案不是简单的设一个"阅读节"，而是要提醒中国人：我们不要忘记读书！我们要警醒国民：再这样下去，令人担忧。

朱永新建议我再请一些作家朋友，一起来为这件事情呼吁，联署这一提案。后来，我找了王安忆、梁晓声、张抗抗、贾平凹，一起在提案上签了名，支持朱永新的这个建议。

朱永新是一个非常执着的人，之后每年都在全国政协、全国人大会议递交提案，提议要设"阅读节"，要重视全民阅读。他在各种各样的场合为全民阅读呼吁，现在这件事情终于成为国人的共识，每年会举办这样的全民阅读节，政府的工作报告中都会谈到全民阅读。

读书对一个人来说是非常重要的，不仅给人知识，让人认识世界的丰富宽广，认识人性的曲折，给人思想、给人力量，让人成为有独立思考能力的知识分子。读书还能美容，这并不是玩笑话，一个人如果爱读书会变美，会散发出一股书卷气，这种美是由内而外的一种优雅。

宋代有一个皇帝宋真宗，写过一首《劝学诗》，以前我们曾批判过这首诗，但这首诗很有意思，全诗共十句，千百年来一直在民间流传："富家不用买良田，书中自有千钟粟。安居不用架高堂，书中自有黄金屋。出门莫恨无人随，书中车马多如簇。娶妻莫恨无良媒，书中自有颜如玉。男儿若遂平生志，五经勤向窗前读。"

以前批判这首诗，说读书为了什么，是为了做官，为了发财，为了娶到年轻美貌的妻子。宋真宗这首诗的用意其实还是劝导大家多读书。其中两句我觉得非常有意思，"书中自有颜如玉"，我认为可以有另外一种解读：一个人多读书喜欢读书，他的容貌会变美。我给人题字经常写这句话。

说到这里，想起美国前总统林肯的一件趣事。一次有一个人向林肯推荐一个人才，说这个人可以当部长，但林肯看了这个人一眼，说这个人长相不好，我不喜欢。那个朋友非常惊讶，说你是总统，怎么能以貌取人呢？林肯总统的回答非常有意思，他说：一个人的容貌在30岁之前是父母给的，30岁以后的容貌是他自己塑造的。这是什么意思呢？如果你在生命的前30年里不读书，是一个庸庸碌碌的人，一个庸俗的人，那么你的容貌会变得很丑。如果你在30

年中一直是一个爱读书的人，一直与高雅、有价值的书陪伴，那么30岁以后，你的容颜就会散发出书卷气，你会变得优雅……

读书，对我们每个人来说都是一件非常重要的事。一本好书，是一个智者用他毕生的生命去寻找，去探索，去思考，去追求，把一生的经验浓缩成一本薄薄的书。作为一个读者，我们只要花几个小时或者一天时间，就可以读到一个人一生的追求。所以，我经常跟年轻的朋友们说，我们读一本书就可以多活一次。经由一本书，我们可以走进一个智者的生命，跟着他活一次。一个人在成长的过程中如果有无数次这样的经验，那么他一定会成为一个智者。

那么，怎样读书？每个人都有自己的读书方法。我们的先贤中有很多了不起的读书人，譬如清代的曾国藩先生，是一个真正的读书人，他终身读书，直到生命最后一刻。可以说他活一天就读一天，生命不止，读书不止。他的读书方法归纳为6个字，我觉得是我们现代人可以汲取的。这6个字是："有志""有识""有恒"。所谓有志，就是有理想，有目标，有远大的志向。有识，就是有见识，有思想，对任何事情有自己独特的见解与思考，而不是简单地接受书本的知识。阅读就是让自己逐渐成长为一个有独立思考能力、有独立见解的人。有恒，就是坚持读书。读书不是一天两天、一年两年的事情，应该是恒久的事情，陪伴自己的一生。我很欣赏曾国藩先生说的这6个字。

二、读有价值的好书

读什么书，是一个非常重要的问题。有一句谚语："读什么书，成什么人。"对书的选择，就是对人生的选择。生命是很有限的，我们能够自己运用的时间也是很有限的，我们读了这本书也许就没有时间读那本书。所以对书的选择是非常重要的一件事情，尤其是对孩子们，对年轻人，更是如此。

现在我们经常说有些人读书是一种功利性阅读，是浅阅读，是碎片化阅读，其阅读质量是不高的。真正有质量的阅读，是读有价值的书，是用心、安静地把一本书读到心里面去。古人有很多读书的经验，有一句话是这么说的："尽信书则不如无书。"这是经验之谈，不要认为那些装潢精美的书都是好书，都是"粮食"，都是"良药"，不一定。可能有很多是垃圾，甚至是毒药。读这样的书是浪费时间，浪费生命，甚至是对人生的一种误导。所以，对书的选择是一件非常重要的事情，一定要选择读研那些有价值的好书。

那么,什么是有价值的好书呢?

我跟一些读者朋友交流的时候,跟孩子们交流的时候,他们经常要求我为他们开列书单。我觉得这件事很难,什么是好书,尤其是问什么是我认为最好的书,我觉得我无法回答这个问题。在我的人生旅途上,不同的阶段,不同的年龄,我曾经喜欢过不同的书,你要让我推荐一本最好的书,我觉得非常难。

20多年前,有一家报纸要我推荐10本书,编辑请了很多人,有科学家、教育家等不同领域的人,每个人推荐10本书,他说没有人拒绝。我仔细想一想,觉得我可以推荐10种不同类型的书,每一本都是我读过且非常喜欢的书,都是我在不同的人生阶段喜欢过的、影响过我的书。而且,我觉得作为一个中国人,作为一个爱书的读者,这些书都是值得读一读、应该读一读的,所以我就推荐了10本书,还简单地讲了推荐这10本书的理由。

今天,我想再一次推荐这10本书,由此也引出我的一些阅读记忆,引出我对读书方式的一点思考。当时推荐的书目,我是再三斟酌,我想要推荐中国的、外国的、古代的、现代的,但是10本书不可能包罗万象。

这10本书中的第一本,是《唐诗三百首》,这是在中国家喻户晓、老幼咸知的经典读本。

在参加一些国际文学活动与外国作家交流的时候,我经常这么讲:作为一个中国作家,我很骄傲也很幸运,因为我的母语是汉语。我用汉字写作,汉字是人类语言中表现力最丰富、最奇妙的一种语言。我们的汉字是方块字、象形字,有人认为象形字是已经落后的文字,这完全是错误的看法,我们中国的文字三四千年一脉相承延续到现在,用到现在,这个文字的生命力从来没有中断过。我们中国的汉字,可以用最少的文字表达最丰富的情感,描绘最悠远辽阔的风景,表达人类最深刻的思想,这一特点充分体现在中国的古典诗词中,尤其是唐诗。唐诗最短小的五绝只有4句,每句5个字,一首诗20个字。20个字放在现在,作家有时候写一句话都不够,但是古人用20个字就能写出一首内涵丰富、思想深刻的诗。

我举一个例子,大家都知道李白的《静夜思》:"床前明月光,疑是地上霜。举头望明月,低头思故乡。"这首诗,现在读起来也是一首通俗易懂的诗,里面没有一个生僻的字,每一句话大家都懂。这首诗里有画面,有情景,有亮光,有人物形象,它表现的是一个游子在远离家乡的地方,看着天上的月亮,在月光中思念家乡,思念家乡的亲人。这个世界上只要有游子思乡,那么李白这首诗就能契合任何一个游子的心情,让人产生深刻的共鸣。仅仅20个字,表达如此深挚幽远的情境,这是中国汉字创造的奇迹。

作为一个中国人,应该多读我们的古诗,多背一点古诗,不仅是唐诗、宋词、元曲,还有更早的诗经、楚辞、汉赋等。我们的古诗,就是用最凝练的文字表达最丰富的情感,描绘最美妙的风景。中国人的书卷气和外国人不同的地方,就在于我们的阅读储藏里有这样精粹美妙的文字,它们可以在我们的精神中散发出美妙的气息。

我推荐的第二本书,是一部小说,中国人写的,曹雪芹的《红楼梦》。要推荐一部中国的长篇小说,这是不二之选,首先想到的一定是《红楼梦》。

我小时候曾经有过三个梦想,第一个梦想是当音乐家。我觉得音乐是人类艺术中最奇妙的一种,无形的音符可以把人类最丰富的感情表达得淋漓尽致。所以,小时候我喜欢听音乐,也梦想当音乐家,但我没有当成音乐家,不过直到现在我都是一个爱乐者,音乐陪伴我终生,只是没有成为我的职业。

第二个梦想也是关于艺术的。我喜欢绘画,梦想当画家。小时候一直迷恋绘画,直到现在依然喜欢,但我也没能成为一名职业画家。

第三个梦想,是一个不可能实现的野心,和阅读有关。我的阅读生活开始得比较早,在我三岁的时候,哥哥姐姐就教会我识字,到五岁的时候,我大概认识有两三千字,一个小学生要学的字,我都认识了。所以那时候出现的情况是,每一本书拿到手中,我发现自己都可以一行一行地往下读,一页一页地往下翻,可以走进书里,认识书中的人物,看到陌生的世界。这件事情的奇妙,是没有其他任何一件事情可以比拟的。那时候,脑子里产生了一个念头:我要把天下所有好看的书,都找来读一遍。但这是一个不可能实现的梦想。天下的好书浩如烟海,我穷尽一生,哪怕我能活十辈子,也不可能把每本好书都读一遍。但是因为有了这个念头,寻找好书、阅读好书,就成为我一生的爱好,成为我的生活方式。直到现在我还在为这个梦想花费时间和精力。

小时候读《西游记》《水浒》《三国演义》,读很多国外的小说,我都可以从头读到尾,尽管读不太懂,但是我可以读下去。唯独《红楼梦》,我曾经没读完。大概是上小学三年级的时候,我的一个上高中的姐姐从学校借了两本《红楼梦》,对我说:"这是很有名的书,看你会不会喜欢它。"我曾经向姐姐夸口,我能读完任何一本好看的书。但是,我拿到《红楼梦》后读了几十页就读不下去了,我觉得书中的男男女女、琐琐碎碎的故事和情节,不是一个我这样十来岁的小男孩喜欢的。我把书还给姐姐,催着姐姐去换别的书,受到了姐姐的嘲笑。她说:"《红楼梦》这么有名的书,你居然读不下去……"等我稍微长大一点,上了中学再读《红楼梦》时,感觉就不一样了。后来,到农村插队,在乡下一盏油灯下,把《红楼梦》读了好几遍。《红楼梦》确实是我们中国历史上最伟大的一部小说,里面塑造了多少人物,写了多少社会场景,多么丰富的人性和生活情景、细节,也关乎艺术,关乎诗,可以说是一部曹雪芹那个时代的"百科全书"。中国有很多非常优秀的小说家,但是没有一个作家狂妄到可以宣称自己的作品超过《红楼梦》。

  第三本书,我想推荐一部外国的长篇小说,也是很难选择。我脑子里出现很多作家的名字,第一个出现的是托尔斯泰。托尔斯泰是俄罗斯伟大的作家,也是人类历史上最杰出的小说家之一,他一生写过三部伟大的小说《战争与和平》《安娜·卡列尼娜》《复活》。三部长篇比肩而立,难分高下。我推荐的是《复活》,这是三部小说中篇幅相对较短的一部,但是也写得非常深刻,托尔斯泰对人性和道德的探索,在《复活》中得到了最充分的体现。小说写的是一个在生活中被侮辱被伤害的女性的人性复活,一个曾经放浪不羁、带着忏悔情绪企望救赎自己的贵族的道德复活。已经衰亡的过往和生命,复活很难,但文学还是可以为读者展现希望。这是一部让人感动,也引发思考的小说。

  我推荐的第四本书,还是一部外国小说,脑海里出现了很多作家的名字:雨果、巴尔扎克、马克·吐温、陀思妥耶夫斯基、狄更斯、司汤达、福楼拜、罗曼·罗兰、詹姆斯·乔伊斯、普罗斯特、卡夫卡、海明威、福克纳、马尔克斯、胡安·鲁尔福……最终我推荐的是西班牙作家塞万提斯的小说《唐·吉诃德》。这是我少年时代读过的书,一本让我难忘的奇特的书。离奇的故事,荒诞的人物,一个人在世界上追求不可能的事情。这种中世纪所谓的骑士精神很可笑,但是作品要表现的是人类一种高贵的精神追求,对理想的锲而不舍。我后来注意到很多国外的书单推荐100本最伟大的小说,榜单中都有《唐·吉诃德》,而且都名列前茅。我想这是许多读书人的共识。这是一部奇特的小说,也是一部伟大的小说,值得去读一读。

  第五本书,我想推荐一本散文集,因为我这四五十年中主要是写散文,也阅读了大量散文。第一本出现在我脑海里的书是《飞鸟集》,这是印度作家泰戈尔写的一本薄薄的散文诗集。

  小时候,因为有读遍天下好书的野心,所以追求读书的速度,读书非常快,常常是一本书拿到手,一口气读完,接下来就想换另一本书。这不是一个好的读书习惯。古人说读书要"三到":心到、眼到、口到。胡适先生说读书要"四到":眼到、口到、手到、心到。鲁迅先生说读书要"五到":心到、口到、眼到、手到、脑到。其实,意思都是差不多的。我小时候读书没有那么多到,以为只要眼到、心到,那么这本书就可以读到心里去了。那时的我不愿意做摘抄,不愿意做读书笔记,觉得这是浪费时间。读到《飞鸟集》,觉得这本书非常神奇,优美的文字里面,似乎隐藏着神秘的内容,每一段文字都吸引我,让我想猜测其中到底包含着什么,影射着什么。于是,我忍不住把《飞鸟集》抄了一遍。这是我在十几岁的时候,唯一一次把一本书抄写了一遍。《飞鸟集》的文字不多,都是短小的篇章,短的几十个字,长的也不过二三百字,我当时能背诵其中很多篇章,到现在,都还留存在记忆中:

"在黄昏的微光里,有那清晨的鸟儿飞进了我沉默的鸟巢。

"地上的兽喧哗着,天上的鸟歌唱着,水里的鱼沉默着,我的歌是兽的喧哗、鸟的歌唱、鱼的沉默。

"杯子里的水亮晶晶,大海里的水黑沉沉,小道理可以用文字说明,大道理只有沉默。"

这样的文字,对一个十来岁的孩子来说,真是太神奇了。读《飞鸟集》,让我记住了一个印度作家的名字——泰戈尔。

小时候我有这样的习惯,每读到一篇好文章,或者看到一本好书,就会牢牢记住这个作家的名字,然后再去寻找他的别的书,这是一个非常好的寻找好书的路径,不会把你引入歧途,因为读这本书感动了你,打动了你,再读作者的别的书,常常是一样得好,甚至更好。我从《飞鸟集》认识了泰戈尔,然后去找泰戈尔的诗集、散文、小说、戏剧……可以说我读遍了泰戈尔被翻译成中文的书。《飞鸟集》虽是一本很薄的书,但值得读。

第六本书,我想推荐一本中国作家的散文。第一个出现在我脑子里的名字是鲁迅。鲁迅先生是中国现代文学史上最伟大的作家,他是一座高峰,至今还没有人逾越这座高峰。鲁迅先生一生写作的主要文体是散文、杂文,以前我们谈鲁迅的杂文谈得多,在很多人的印象中,鲁迅就是斗士,它的杂文如匕首和投枪,掷向敌手的心脏。其实,鲁迅先生不仅思想深刻,情感也非常丰富,人类所有的情感在鲁迅先生的作品中都得到了表达。我想推荐鲁迅的散文集,一本是《朝花夕拾》,鲁迅写故乡写童年的一本书,其中很多文章被收入孩子们的语文课文。另一本是鲁迅先生的《野草》,也是一本散文诗集,非常薄的一本书,是鲁迅比较年轻的时候写的。那时他处在苦闷中,在黑暗中寻找光明,但看不见光明在哪里,他把挣扎、寻找的过程用幽邃独特的文字表达了出来。《野草》是一本非同寻常的书,是鲁迅先生身处于那个时代他的思想和情感的极富个性的表达。

第七本书,我再推荐一本外国作家的散文,想到的是美国作家亨利·戴维·梭罗的《瓦尔登湖》。这本书在我的少年时代、青年时代没读到,因为那时它还没有被翻译成中文,在20世纪80年代初我读到了这本书,译者是徐迟先生,写《哥德巴赫猜想》的诗人,他的译笔非常优美。这本书是19世纪的美国作家梭罗写的,他是一个哲学家,一个有才华、有思想的睿智的知识分子。他在乡间隐居了几年,就在瓦尔登湖边上亲近自然,谛听天籁,跟农民、渔夫、樵夫交朋友,跟天地间各种各样的植物、动物、鸟儿交朋友,他把这种感受写成优美的文字。这是一本非常奇妙的大自然笔记。

美国人是喜欢读书的,他们经常做国民阅读调查,《瓦尔登湖》很多年来一直居于美国国民阅读调查表上的前三位。这样的书可以让人沉静,使人懂得在天地之间人类是渺小的,微不足道。人类面对大自然要有敬畏之心,大自然浩瀚博大,它哺育了万物,哺养了人类,人类不应该对大自然有亵渎冒犯之心。记得在读这本书的时候,我家住在浦东,上班要坐一辆公交车穿过隧道,每天上午从浦东到浦西,傍晚从浦西回到浦东,那时候黄浦江上只有一条隧道路,非常拥挤,经常会堵车。隧道里面有一辆车抛锚的话,那么整个隧道就堵塞了。公交车也是我读书的地方,坐隧道车,我通常站在售票员的边上,那儿有一盏灯,我就在这盏灯下读书,每天如此。有一次,我坐在车上过隧道的时候,手里拿的书就是《瓦尔登湖》。那天隧道里有一辆车抛锚,整个隧道就堵了车,堵了一个多小时,车上一片喧哗声,乘客们都觉得无法忍受,有些人甚至想推开车门从隧道里走出去。这时,我却沉浸在《瓦尔登湖》向我描绘的奇妙情境中,对周围发生的事情竟然毫无所知,堵车一个多小时,我感觉只有几分钟。

第八本书,我想到的是巴金先生的《随想录》。巴金先生是一个非常真诚的人,是一个伟大的作家,他年轻时代写的"激流三部曲"——《家》《春》《秋》影响过好几代读者,很多人是读着这些书离开家庭去追寻真理,去投奔革命的道路。巴金在晚年写的《随想录》,也是那么真诚,那么真实,那么深刻。我觉得《随想录》是巴金著作中最有价值的作品。

我认识巴金的过程，非常有意思。大概是上小学三年级的时候，我读到一本爱尔兰作家王尔德的童话《快乐王子》，非常喜欢。《快乐王子》的故事，可以说家喻户晓，一个早夭的王子，被雕成一座石头雕像，但他有感情，会流泪，心里充满爱和同情，想着帮助那些受苦受难的人。这个童话把人类的爱和同情，用这么奇特的故事表现出来，让我感动，也让我难忘。我记住了王尔德的名字，想去找他的书，可在那个年代，我无法找到王尔德的书。我发现这本书的封面上还有一个作家的名字，就是翻译这本书的中国作家，他的名字叫巴金。于是我去找巴金的书。巴金的书，我一找就找到了。20世纪60年代，我上小学和初中时，基本上读遍了可以找到的巴金的书，他的长篇小说、中篇小说、散文、随笔，还有他在法国留学时写的那些日记，他于50年代初到朝鲜去慰问志愿军回来写的散文、报告文学和小说，我都读了。我小时候读书有一个习惯，一边读书，一边在心里问为什么。为什么作家要写这本书？为什么会写得这么生动？为什么会让我忍不住流泪？又或者，为什么这本书我读不下去？有些书会读不下去，但不是巴金的书。我一边读书，一边揣摩作家的心思，想象他是一个什么样的人……读完一本书，我往往会觉得自己认识了这位作家，尽管没有见过面，有些也不可能见面。因为作者是古代的，或是外国人，早就不在人世了，但是我读了他的书，就觉得我好像已经与他认识了。巴金的书，巴金的小说，那时候不是我最爱读的文字，不是说他的文字写得不好，而是因为巴金的小说都是写苦难时代、黑暗年代，写知识分子追寻真理、追求幸福，但是到处碰壁，大多是悲剧。这样的悲剧故事，对一个十几岁的孩子来说太过沉重了。读巴金的书时，我也揣摩他的心思，也想象他是一个什么样的人。巴金的作品，给我的感觉是，这个作家是一个善良的人，他想驱除世间的黑暗，让人间变得更美好，但他也很无奈。他对这个世界，对人，充满了善意。"文化大革命"期间，巴金被打倒，被批判，有些人用世上最恶毒的言辞批判谩骂他，说他的作品都要把人引向黑暗和死亡，但是那些批判和谩骂，并没有将我心里的那个作家打倒，因为我读过他写的文字，我相信他是一个善良的作家，有一颗善良的心，他并不是人们用恶语涂抹的那个样子。

"文化大革命"结束，巴金重新开始写作，他以真诚的态度和巨大的勇气，回顾反思历史，把历史的真相展示给后人，也把一个知识分子的心路历程真实地展现在读者面前。巴金晚年写下的《随想录》，是一个正直的知识分子对历史的回顾，对历史的真实描述。更令人感动的是他那种反思精神，他对自己灵魂的解剖是那么无情那么深刻,这样的反思在作家里面是非常少的。巴金也在书中写亲情,写对妻子的怀念,对朋友的怀念,对他年轻时经历过那么多荒诞的事情进行反思。他对自己灵魂的解剖,读来让人心灵震撼,这种震撼,在我小时候读法国作家卢梭的《忏悔录》时曾经有过。一个作家的真诚、坦率,就像鲁迅先生讲的,真正的现实主义就是把自己的灵魂亮出来给别人看。这是需要勇气的。巴金的《随想录》,就是一本把自己的灵魂亮出来给别人看的书。中国的读者,尤其是年轻一代的读者,应该读一读巴金的《随想录》,读这样的书,可以知道近现代中国曾经有过怎样的历史,我们在走向现代化的旅途上,曾经发生过多少荒诞的事情。从中也可以看到一个作家的赤子之心,看到中国知识分子的良心。

第九本书,我想推荐一本传记。有很多传记是值得年轻人读一读的,看看那些历史上的风云人物,伟大的人物,如何创造人类的历史,看看那些改写了历史的伟大先行者、先贤们,是怎么走过来的,是怎么成功的?我觉得读这样的书不仅是励志,也可以从中感悟到很多人生哲理。有很多这样的书可以推荐,我推荐的是《马背上的水手》,是美国作家杰克·伦敦的传记,这本书的作者是美国的传记作家欧文·斯通。

欧文·斯通是一位非常优秀的传记作家,一生写了二三十部世界文化名人的传记,其中最打动我的还是这本《马背上的水手》。杰克·伦敦是美国一位非常重要的作家,他的人生富有传奇色彩,他进过监狱,做过苦工,当过水手,有过各种各样的探险经历。欧文·斯通在《马背上的水手》这本书里,把杰克·伦敦的人生故事写得跌宕起伏,引人入胜。欧文·斯通和杰克·伦敦是同乡,大概欧文·斯通13岁的时候,杰克·伦敦离开人间。欧文·斯通从小就崇拜杰克·伦敦,收集了很多杰克·伦敦的故事,以及有关他的各种材料和文字,所以这本书写得详尽,真实,生动。杰克·伦敦写过一部自传性质的长篇小说《马丁·伊顿》,也是他的一部重要作品。当年我在读《马背上的水手》的时候,同时读杰克·伦敦的《马丁·伊顿》。这两本书对照着阅读,非常有意思,一本是一个传记作家写他的人生故事,一个是作家自己写自己的人生故事。对一个作家的了解,因为这两本不同体裁作品的对照阅读而不断深入。那时候我还是一个少年,现在还记得当时阅读的那种愉悦感。我们读传记,当然不只是读《马背上的水手》,还有很多优秀的传记作品,那些对人类有贡献的伟大人物的传记,都值得我们读一读。欧文·斯通晚年还写过一本非常有影响的书,在 20 世纪八九十年代曾风靡中国,就是他写画家凡·高的传记《渴望生活》。

  第十本书,我想推荐一本与哲学有关的书。两本书放在我的面前,令我犹豫不定。一本是英国哲学家罗素的薄薄的哲学小册子《西方的智慧》。罗素是一位哲学家,他用文学的笔触阐述介绍西方的哲学,赢得大量读者,因此获得诺贝尔文学奖。他曾经花很多精力写过一部《西方哲学史》,是一部篇幅浩繁、专业性极强的巨著。书出版后,因为是阳春白雪,曲高和寡,应者寥寥,没有出现预期的轰动效果。罗素不甘心,又写了一本小册子,用极富个性的文学语言介绍西方哲学,即《西方的智慧》,写得文采斐然,生动耐读。这本小册子获得了极大的成功,被翻译成很多种语言,成为他一生中被人阅读最多的一本书。读过这本书,对西方的哲学源流和各种哲学流派会有非常清晰的了解。

  另外一本书,是冯友兰先生的《中国哲学简史》。冯友兰先生写这本书的时候不到 30 岁,当时他在美国读博士,这本书是他的博士论文,是用英文写的。用英文出版后,他自己再把这本书翻译成中文。一个年轻的中国学者,在美国用英文写中国古代哲学史,真是了不起。他把中国哲学从春秋战国一直写到近代,介绍得非常清晰。历来有一种说法就是"中国没有伟大的哲学家",特别是近 200 年来,中国没有出过一个影响人类的大哲学家。伟大的哲学家、新的哲学思潮都出现在西方。外国人这么说,有很多中国人也这么认为。如果你读一读冯友兰先生的《中国哲学简史》,就会明白不是这样的。2001 年我访问欧洲,在德国接待我们的一个德国哲学家,这么跟我说:现在美国的文化像洪水一样泛滥,几乎没有一个地方能够阻挡这洪水的冲击,世界上只有一个国家有可能阻挡这洪水的泛滥,这个国家就是中国。我问他为什么这么看,他说:"因为你们中国有古老而生生不息的文化,有自己的哲学,中国 2 000 多年前就出现了人类历史上最伟大的哲学家。"听他这么说,我很感动,一个西方哲学家对我们中国的哲学有这么高的评价,当时我心里也觉得有点悲哀,因为在中国,大部分人都没有这样的认识。现在,情况有了改变,中国人大谈文化自信,其中很重要的内容就是我们的历史文化。我们中国的文化在人类历史上,有着非常崇高的地位。我们中国 2 000 多年前就出现了一大批哲学家,在当时达到了人类哲学思考的一个巅峰,孔子、庄子、老子、墨子、韩非子、孟子、孙子……这些哲学家,用诗的语言,阐述了人类对世界、对天地万物的思考,这种思考到现在还没有过时,还没有被超越。

那么,是推荐一本中国的书,还是推荐一本外国的书?我犹豫了很久,最后推荐的是罗素的《西方的智慧》。其实这个推荐书单发表后,我是有点后悔的,我觉得第十本书应该推荐冯友兰先生的《中国哲学简史》。但是我说过,推荐这10本书,只是一些不同类型的书,可以举一反三,再寻找到其他的好书。

这就是我推荐的10本书。这些书,只是我个人阅读经验极小的一部分,世界很大,值得我们去读的好书浩如烟海,穷尽一生也不可读完。但一个真正的读书人,不会面对着茫茫书海束手无策,我们可以用自己的眼光,挑选其中有最价值的好书,用我们有限的时间,阅读尽可能多的佳作。文明人类的历史、智慧和情感,凝聚在无数经典的书籍中,生而为人,如果不去寻找这些书,不去阅读这些书,那是多么遗憾的事情。

三、阅读照亮了我的人生

我的人生,我的生活,大半辈子和书连在一起,找书,读书,写书,成了我的人生方向,成了我的生活方式。如果没有书,没有对阅读的热爱和坚守,我不会有今天。50多年前,我中学刚毕业,一个人到故乡崇明岛插队落户,那是我人生的第一课,也是这一生中最迷惘无望的时刻。在贫穷偏僻的乡村,物资匮乏,生活艰苦,劳动繁重,曾经觉得自己很孤独,生不逢时,没有前途。但是,有一件事情改变了我的心情,使我有了活下去的希望和勇气。那是什么?是书。我带去农村的书很少,但我非常幸运,在那个没有电灯、吃不饱饭的小村庄里,我居然得到很多书。善良的农民知道我喜欢读书,他们把家里所有的书都找来送给我,在一个被废弃的乡村学校图书馆,我找到了很多书,其中有不少古今中外的经典名著。有了这些书,我插队的日子不再那么无望,我的精神状态发生了变化,渐渐告别颓丧,变得振作。为什么?因为,生活变得有了期盼。白天在田野也干活,从早到晚,干得精疲力竭,还忍着饥饿,但是,只要想到收工后,可以回到我的那间简陋的草房,点燃一盏油灯,在昏黄跳动的火光中,有一本我喜欢的书在那里静静地等着我,心里就会充满喜悦,觉得所有的苦和累,都可以忍受。我的写作生涯,也是从那个时代开始的。我经常会回想起年轻时代的这段经历,这种回忆,使我更加珍惜作为一个读书人所拥有的机会和权利。这机会和权利,就是寻找好书,阅读好书。20世纪90年代初,我曾经写过一首诗,题目为《你们不会背叛我》,这首诗有一个副标题:致我读过的好书。

我朗读一下这首诗,作为这次讲座的结尾吧。

你们不会背叛我
——致我读过的好书

是的,假如有一天
所有的朋友都离我而去
你们不会背叛我
永远不会,永远不会
你们已经铭刻在我的心里
已经沉浸在我的记忆中
在我思想的每一个角落
在我情感的每一根血管
你们无所不在,无时不在
任何力量无法驱赶
你们博大美妙的形象啊
……

在黑暗的夜间
你们是灿烂的星辰
照耀我漫长的旅途
崎岖道路上哪怕只剩我一个人
被你们的光芒引导着
我不会寂寞,不会迷失
我的患难与共的朋友啊
怎能忘记在黑暗中
我们亲密无间交谈
远离了那些仇恨的眼睛
只要一束油灯的微光
就足以载我随你们远走高飞
去寻找我憧憬的境界

我梦中奇妙的美景
　　　　……

　　是的，你们不会拒绝
　　任何人的求援和邀请
　　不管是豪华辉煌的宫殿
　　还是简朴寒酸的茅屋
　　你们都乐于访问
　　如果遇到知音
　　便敞开襟怀，一吐心曲
　　绝不会有丝毫保留和矜持
　　如果只是虚伪地敷衍
　　视你们为附庸风雅的装饰
　　可有可无的门客
　　你们就永远紧闭心扉
　　成为千古不解的迷津
　　　　……

　　当世界喧嚣不安
　　浮躁的人群如碌碌蝇蚁
　　如采蜜的蜂群飘飞不定
　　你们却沉静如无风时的秋水
　　让我在澄澈的水面上
　　照见自己孤独的身影
　　我可以投身于你们的怀抱
　　在浩渺的碧波中奋臂远游
　　洗尽身上的尘埃
　　充实虚空的心灵
　　当我被颓丧的烟雾笼罩
　　你们也会化作轰鸣的惊雷
　　把我从消沉中震醒

你们是我的路，我的航道
　　我的生生不息的绿洲啊
　　　……

　　我用目光默默地凝视你们
　　我用思想轻轻地抚摸你们
　　我用心灵静静地倾听你们
　　我的生命因你们的存在而辉煌
　　我的生活因你们的介入而多姿
　　岁月的风沙可以掩埋我的身骨
　　却永远无法泯灭你们辐射在人间的
　　美丽精神啊
　　　……

童心浪漫耀诗坛
——圣野百岁与童诗创作八十年

周晓波

周晓波(右) 浙江师范大学教授
2021年5月30日演讲于杨浦区图书馆

我是周晓波,圣野先生的三女儿,浙江师范大学人文学院儿童文学专业教授(已退休)。非常荣幸受邀参加上海炎黄文化宣讲团与杨浦区图书馆原本专为圣野先生举办的百岁庆典会,因故延期至今。会议特别邀请我给大家讲讲关于圣野先生和他的童诗创作的经历,作为他的女儿也是唯一继承他儿童文学事业的后代,我责无旁贷。

一、父亲童年与诗的缘分

1922年2月16日圣野出生在浙江东阳一个普通的农家,全家靠父亲开的一家小卖部和租种几亩薄田为生。父亲曾说:

记得我家房门口,常年挂着一张"诗礼传家"的斗方。我的父母养了我们六个男孩子,让每个孩子,至少要读到小学毕业。有这点传统文化做基础,即使在家种田,也会显得比别人家的孩子有出息。

他曾回忆:

小时候最早接触到的诗是来自妈妈的口耳相传,其实妈妈并不认识字,但她记性很好,一边摇纺车,一边听着隔壁私塾的孩子念书,就唱会了《三字经》。在还没有去上学之前,妈妈就拿《三字经》来教他认,但她只会按着顺序往下念,如果把《三字经》上的字,一个个拆开来,她可是一个字也不认识的。

但父亲跟着他妈妈念呀念,就能够一口气背下去了,背了好多段,他妈妈夸他记性真好。至于《三字经》中的意思,他妈妈和他,其实都是一无所知的。父亲说这带韵脚的《三字经》,帮助他妈妈,也帮助不识字的他,学习上第一次长了翅膀,也让他第一次领略到了诗歌的魅力。

后来父亲进了小学,教音乐的王老师教他们唱的第一首歌,是登在《小朋友》创刊号上的、由陆费逵写歌词的《小朋友》,歌词是这样的:

小朋友,我的小朋友!
我们都是好朋友。
哥哥弟弟一齐来,
大家挽着,大家挽着,大家挽着手,
一步一步向前走,
求学不要落人后。

小朋友,我的小朋友,
我们都是好朋友。
姐姐妹妹一齐来,
大家挽着,大家挽着,大家挽着手,
一步一步向前走,
求学不要落人后。

这一首柔情婉转、充满小同学之间友好情谊的歌,唱熟了,后来就成为他们的放学歌。大家排着整整齐齐的队伍,一个紧跟一个,一步一步向前走,一边唱着歌,一边离开学校回家去。过了些日子,王老师又教他们唱了一首黎锦晖先生创作的《可怜的秋香》,不知道为什么,每当唱到"金姐,有爸爸爱;银姐,有妈妈爱;她呀,每天只在草场上,牧羊,牧羊……"这段凄婉动人的歌词时,他的鼻子里总是有点酸酸的,眼眶里总是有点湿湿的,好像一个没爹没妈,从小得不到人间温暖的、孤苦伶仃的小秋香,已经活生生地出现在他的眼前。

再想想他的周围,不也生活着一些到了入学年龄依然上不了学的孩子吗?像跟他同年龄的福新姐姐,每天除了要抱弟弟、哄弟弟之外,还得"蓬得,蓬得"地跟她妈妈一起织草鞋,有时忙得织到夜深还不停。隔壁的茂中小哥哥,一早不是背着书包去上学,而是得背起一只小粪筐,手拿一只小粪叉,到处拾狗粪。这些被贫困的生活拒绝在学校门外的小伙伴,不就是他眼前的值得同情的"小秋香"吗?

后来当他积蓄了一些重复出现的心爱的小画片时,为了带给从小失学的小伙伴些许心灵的安慰,他首先想赠送的,就是这些怪可怜的小朋友。

在夏收季节,忙了一整天抢种和抢收,到了傍晚时分,一村的男男女女,老老小小,都拖着疲惫的脚步回来了。

打谷场上,还堆着许多稻草,扇谷的一辆辆风车,在晒谷场上晾着,还来不及撤离,晚风吹过,能闻到一股谷黄时的芬芳。

父亲说,他常常会端起一只木脸盆,从宅边的水塘里舀水,给晒得发烫的门前广场泼上许多水,来赶走一天的热气。这时候他妈妈和他嫂嫂便会搬出长凳矮凳,铺上一块光溜溜的门板,为月光下的家庭纳凉音乐晚会做好准备。附近的怀相哥哥,是一个拉胡琴的好手,晚饭一吃好,用不着他们去叫,会自动过来凑热闹。领头吹起来的是他庭哥的笛子,一支笛子一把琴,就做了这个月下音乐会的主角。

庭哥进了中学后,从音乐老师那里抄来了一些江南丝竹的曲谱和昆曲的唱段。父亲记得他最爱唱的是这样一段:"忆昔去年春,江边曾会君,今日重来访,不见知音人。"这写的是古代音乐家俞伯牙,因看不见砍樵的知音钟子期,感伤万端,泪尽毁琴的故事。他拉响清亮亮的童音,一边唱,一边想着两位古人这种高尚纯真的情谊,不禁沉浸在深深的怀恋之中了。

父亲说他的爷爷也是一个昆曲迷,不仅乡村里演戏要他点戏的时候喜欢点一些昆曲,也喜欢自己的孩子吹唱昆曲给他听。这种月光下的家庭音乐会,远远近近,会吸引来很多的听众,不仅给劳累一天的农忙人起了消除疲劳的作用,也带给白发渐添、日夜为孩子们忙碌的爷爷些许精神上的安慰。

父亲童年听得最多的是乡村中舂米的声音,打草鞋的声音,和"胡胡胡,胡胡胡……"纺线的声音,这些声音天天催着他早起。到了夜晚,又像一支甜甜的催眠曲,催着他入睡。

在月色分外光亮的秋天的夜晚,他家的门前和门后,都堆满了玉米和高高的柴火。他和他二哥、三哥,就在散发着收获芳香的禾草堆上,唱歌谣,做游戏:"初一初二眉毛月,初七初八像只鸭……十五十六月团圆……"孩子们大着声,每人唱完一句,就往禾草堆"嘭咚"一声倒过去一次。新剥的玉米壳,新割的稻草,软绵绵,越摔打,越感到一种收获的快乐。

凭着歌谣的节奏,哥哥和弟弟的协同游戏动作,竟是配合得这样和谐,这样地好,使父亲甜美地接触到了童年的诗,诗的童年。长大之后,每当他写起儿童诗时,童年的节奏、音乐和诗韵常常会萦绕在他的脑海中令他着迷。

二、父亲童诗创作八十年之路

父亲在谈到自己的童诗创作之路时曾回忆道:

我的中学时代是在敌机的空袭警报和轰炸声中度过的。那时的金华中学,因为逃避敌机的空袭,搬迁到乡下去了。他们的教室叫经堂,原是乡下人求神拜佛的地方,这时却成了我们的教室。我们依然安静地读着书,而且读得很专心。那时我读初中,我哥哥读高中,他经常借一些五四以后的作家们写的新书给我看,我看得最起劲的除了冰心的《寄小读者》和叶圣陶、夏丏尊合著的《文心》外,还有朱光潜的《谈美》《给青年的十二封信》和徐志摩的许多诗集,最使我爱不释手的是一本叫《雪朝》的诗选集,这里面选录了五四以后诸多名作家的新诗代表作。看着,看着,我觉得我写的作文里,似乎有了一股诗的泡沫在浮涌。那时的《东南日报》和《浙江日报》的副刊上,时不时发表一点二三百字的散文诗,篇幅短小,我读起来津津有味。初中毕业那年,我大着胆子参加了《战时中学生》报刊题名为"故乡"的征文比赛,我那篇具有一定写作激情的散文,竟然一举夺得初中组的第一名。

父亲高中时金华一中搬到了金华乡下的蒲塘村,这一时期他遇到了一些爱写诗的同学,便志同道合地组织了一个"蒲风诗社",经常在一起交流写诗的心得。他们还自编自印了一个名为《蒲风》的油印诗刊。第一期写得最好的是蒋寿五的《落雪的日子》。父亲问他为什么写得这么好,他说他曾读过堂哥蒋海澄(即艾青)写的许多诗。不久,父亲在蒲塘的民智书局里买到了桂林出版的《诗创作》,那里面就有艾青和田间写的像火把一样明亮的诗。后来他又从青年诗人畸田处得到了艾青的一些名作的手抄本,这使他欣喜若狂。每天一早,都要爬上山头高声朗诵艾青的《大堰河》《透明的夜》《黎明的通知》等许多诗作,这也让他渐渐迷上了诗歌创作。

高中一年级时,《前线日报》的"学生园地"上刊出了他投稿的第一首诗,名为《怅惘》,由此确立了他一生的努力目标:"想做一个能发出生命之光的诗人。"诗作发表之后,《前线日报》给他寄来一元钱的稿费,他拿了这一元钱去买了一本萧红的自传体小说《呼兰河传》。萧红用她忧悒悲凉的笔调,写出了她的苦难的童年。读了之后,引起了父亲强烈的共鸣。在这之前,他是冰心《寄小读者》的热心的读者,这两位女作家的像散文诗一般优美的作品,激起了他少年时代无数感情的涟漪。

当然,父亲说:"带我走上诗这条路的老师远不止一个,而是好多个。因为我从小就喜欢读诗,就喜欢背诗,在诗的世界里我寻找着,找到了带我上路的老师,也找到了我自己。"

1945年秋,父亲和高中同学鲁兵一起考进了浙江大学英语系,同读一个专业,同住一个宿舍。次年暑假,鲁兵和《中国儿童时报》建立了联系,为它翻译介绍外国儿童小说和童话,给它写诗、写童话、写剧本。鲁兵也常常带父亲一起到报社编辑部去。这年底,父亲也积极为该报编稿、写稿。最早试写的是以《认识我吗?》为题的诗谜。1947年元旦这一期,他写了《清道夫》《更夫》《啄木鸟》《向日葵》四首诗。《清道夫》和《更夫》,写的都是普通的劳动人民;《啄木鸟》和《向日葵》中,则写出他心中的爱和憎。这些他最早为儿童写作的小诗谜,后来大都收进了他的第一本诗集《啄木鸟》中,他给这个诗谜专辑起了个名,叫《小我集》,因为都是以第一人称来写的。

从这些咏物言志的诗谜中,他也给自己的诗创作提出任务:诗应该是战斗的，是匕首，是投枪，它热诚地歌颂一切光明美好的事物，反对一切邪恶与黑暗。

1946年7月，石云子接编《中国儿童时报》。从编稿到排校，就他一个人，显然，他是忙不过来的，欢迎有更多的人义务帮他的忙。他办公的宿舍离大学路很近，石云子看到圣野和鲁兵这两张乐呵呵的年轻的面孔，诚恳地提出，要他们各包一版。让圣野专看小作者的来稿，编《自己的岗位》。他们感到英雄有用武之地了，立即欣然答应。自从他俩进了《中国儿童时报》，刊物的文艺性，刊物和大作者小作者之间的联系，得到了明显地增强。

1947年11月间，于子三事件以后，因父亲参加的一个杭州市的文艺团体，有两个成员被国民党逮捕。在一片白色恐怖中，父亲怕被牵连就逃到临安乡下同乡家里去躲避了几个月，而鲁兵则到上海流浪了好几个月。在临安乡下的日子里，父亲除了看书学习，也不忘写诗，练练手。他住的那家同乡的隔壁，有一个小妹妹，天真烂漫，十分可爱。他们朝夕相处，他渐渐喜欢上了这个可爱的小女孩，于是就以她为模特儿，结合自己对童年生活的回忆，写下了他的第一本以儿童生活为题材的儿童诗集《小灯笼》。他说：

《小灯笼》这个集子，题材比较广泛：有的写劳动，有的写友谊，有的写母爱，有的写爱憎，有的写饥寒交迫的国统区人民的苦难生活和对解放区的向往，有的写孩子们勤学好问的优良品质，也有的写小妹妹对自然美的欣赏。我从自己的创作实践中体会到，文学作品除了对孩子进行思想品德教育和知识教育以外，还有个美学教育的任务。让孩子看一些怡情养性的作品，从作品所展现的诗情画意中，得到一份很好的艺术享受。这种美感教育，对于培养和陶冶儿童优美的情操和崇高的品质，无疑是有好处的。

1949年3月，出于对浙东游击区的传奇进步生活的向往，也由于在浙大读书越来越感到压抑，父亲终于告别了浙大，也告别了《中国儿童时报》，悄悄地跟随中国共产党的地下交通员参加了共产党领导的金萧支队（鲁兵比他早走三天）。到金萧支队以后，父亲主要做宣传文化工作，但他并没有忘记孩子们，忘记童诗创作，而是利用业余时间继续给孩子写了反映游击队生活的《枪的故事》《姆妈同志》《小杨同志》《小小理发员》等许多童诗。这是他的诗生活的新的开始。

新中国成立以后,父亲很想回到杭州、上海去,继续给孩子们编报刊、写东西,可当时江南刚刚解放,部队文教工作正需要人,他服从组织的安排在部队安定下来,只是抽一部分业余时间,搞一点儿童创作。他的爱人我母亲在地方党组织的关怀下,很快找到了工作,在部队机关附近担任小学教师,他的几个孩子也跟着来到了身边。于是,爱人和孩子所提供的学校、家庭生活,成为他写作儿童诗的主要源泉。

1955年,少年儿童出版社出版了他的儿童诗集《欢迎小雨点》。这个集子的大部分作品,曾发表在《儿童时代》和《新少年报》上,但也有些诗,如《欢迎小雨点》《小灯笼》《肥皂球》《捉小鱼》《捉迷藏》等,是他在1949年之前写的作品。这部集子后来在浙江省军区1956年的部队业余文学创作评奖中,获得了一等奖。

1957年,父亲终于从部队转业去少年儿童出版社,年底从鲁兵手中接编了《小朋友》刊物,之后除了在"文化大革命"中被调离接受审查,就没有再离开过《小朋友》杂志,直到1986年他离休。离休之后他有了更多的时间来写作儿童诗,也有了更多的时间深入小学、幼儿园去给孩子们讲诗,指导孩子们写诗。他还参与很多童诗活动,为推广童诗不遗余力。

三、关于父亲写诗的有趣故事

关于父亲写诗有很多十分有趣的故事,比如他和鲁兵一同梦见安徒生的故事。那是1980年初春,他和鲁兵一同住在上海曹杨九村30号,他住503室,鲁兵一家住隔壁505室。有一天,在同一个夜晚,他们居然都梦见了安徒生。异床同梦,竟然连梦见的题材也相同,都是在为安徒生的《皇帝的新衣》写续篇。

鲁兵梦见的是写了篇《一篇没有写完的童话》(后来收入少年儿童出版社出版的《鲁兵作品选》),写的是他梦见安徒生打电报给他,说他那篇《皇帝的新装》并未写完,最近才写了末尾的一节。说游行大典举行完毕,冻得面皮发青、嘴唇发白的皇帝,赶快叫臣子拿衣服给他穿上。皇帝气得发疯,立即下令缉捕那两个骗子归案。皇帝秘密开庭审判时,并不服输的两个骗子说:"如果没有相信说谎的皇帝,也就没有骗人的我们。坏就坏在那个戳穿谎言的小孩。"于是皇帝命令手下去找到那个小孩,竟判他一个"说真话罪"。当鲁兵在梦里惊醒后,打趣地问自己:"天下哪有个说真话罪啊?"

而父亲在同一夜做的是一个叫《竹林奇遇》的怪梦。说的却是这两个骗子,继续受到皇帝的重用,竟然追到乡下来,追捕那个说了"皇帝光屁股"的小孩。小孩没办法,逃进了竹林里。等骗子走了以后,妈妈叫篾匠剖开一根竹子,才把这个敢说真话的小孩子,从竹子里救出来。问他躲在里面干什么?小孩的回答很幽默:"这里叫虚心国,安全地住着,不说谎的公民。"父亲后来把这个梦写成了一篇《竹林奇遇》的童诗。

著名童话作家金近觉得他这篇《竹林奇遇》,构思新奇,有深刻的现实意义,就把它选入《中国新文学大系·儿童文学卷》。1986年苏联出版《中国文学专号》,也把这首《竹林奇遇》同艾青、李发模的诗一同选进专号里。

说真话容易得罪人,说真话的确要有点勇气。一二百年前,安徒生创作的这个敢说真话的小孩,的确给千千万万的后来人带来伟大的力量与有益的启示。父亲和鲁兵都非常爱读安徒生的经典童话,竟然在同一个夜里,一同梦见了安徒生创作的这个敢说真话的小孩,写出了两篇不同风格的作品,不能不说是童话创作中的一个奇遇吧!

再比如父亲和小露露通信的趣事。露露,本名翁钦露,她在虹口区第三中心附属幼儿园时,她的妈妈黎佩德就教她学拼音,学汉字,写日记,曾出版过一本《露露的日记》,由父亲给该日记写序,少年儿童出版社出版。进小学后,她的《小学生日记》,由柯岩奶奶给该日记写了很长一篇序,中国少年儿童出版社出版,第一版就印了55万册。父亲和小露露的通信,从露露上幼儿园开始,直到她大学毕业当上了上海市白玉兰中学的英语教师,一直未间断,她写给圣野爷爷的信,依然充满着童心。以下是父亲和露露通信中的几篇:

1. 寄给露露

　　露露,你好吗?我在梦里面喊你,你听见吗?昨晚上我在梦中,给你写了一封信,而且投到信箱里去了,你也能收到这封信吗?

　　露露,我已经好久没看到你写的日记了,大概现在你的日记像春天的柳丝一样,写得更长、更好看了吧?

　　朱阿姨告诉我,你总是长不大,回家就抱布娃娃,妈妈看见你,一点也没有办法。你爱和花儿亲嘴,你爱和星星说话,小娇凤鸟飞过来,你就和它一块儿叽叽喳喳。妈妈笑你,说你有一个像童话一样的傻脑瓜。

我说小露露,快到安徒生爷爷那儿去做客吧,他就是喜欢像你这样的傻娃娃。

圣野　1982年7月24日

露露复信:

公公,你好哇! 我在梦里看见您,您知道吗?

您在梦里给我的信,我一大早就收到了,而且马上就拆开,捧在手里,读了又读。公公,我读信的声音,您也能听见吗?

我已经好久没见到您了。我的日记正在向您招手,它就像春天刚发芽的柳绿,需要阳光雨露的滋润。

朱阿姨说我长不大,说真的,我是不愿意长大,但我还要告诉公公,有个孩子跟我一样,总是长不大,我天天和她说话,天天和她玩耍,可她总是含着个奶头,一拿掉就哇啦哇啦,她不吃饭,不吃菜,永远长不大,她就是我的布娃娃,也是一个小傻瓜。我要带着她,一起到安徒爷爷那儿做客,让她也喜欢这个小傻瓜!

露露　1982年8月3日

2. 关于成立家庭出版社的通讯

露露,我曾经设想,我和你的诗的通讯,应该在家庭出版社出版。

请青蛙来当编辑,请萤火虫来当校对,请蟋蟀管印刷,请布娃娃来管发行。

而诗集的全部发行数,也许只有三本:一本给你,一本给我,一本送给朱阿姨,你说好不好呀?

圣野　1982年9月22日

露露复信:

公公,今天我接到通知,我和你的诗的通讯,已经在家庭出版社出版。

我也有一个设想,我们应该在中秋节,开一个诗的演唱会,请蝈蝈来谱曲子;请蝉儿来当乐师;请金铃子来演唱新歌,我的小布娃娃呢?请她当售票员。

　　会场上的听众,也只有三个:一个是你,一个是我,一个是朱阿姨*。

　　啊,不对,不对,听众应该是四个,还有一个顾老师。

露露　1982年中秋前夕

　*朱阿姨指《露露的日记》的责任编辑朱庆坪,顾老师指的是露露的班主任顾家璋老师,曾被评为全国特级教师。

3. 关于回归童年的两封信

露露,我想回去

　　露露,跟你说,我想回去,到那儿去呀?回到故乡去。

　　我想脱掉袜子,到小沟沟里去捉鱼,我想做个小网兜,去捕捉会飞会叫的昆虫。

　　我想找一根长长的透明的麦秆,让萤火虫一个一个住进去;我想拿一根钓竿,轻轻地钓起一个童年的梦。

　　啊,露露,说真的,我想回去……

圣野　1984年1月8日

露露复信:

再见了,金色的童年

　　公公,十月份的《儿童时代》,我已经看到,刘叔叔的几句话,概括了我儿童时代的全貌。

　　现在,我还是和过去一样,喜欢的是童话、散文和翠绿色的诗,可是,目前我不能喜欢,因为,一大堆做不完的作业,压得我气也透不出。

　　我天天的生活枯燥无味,上课,开会,做作业,还要应付那没完没了的测验。

　　我的布娃娃感到寂寞,在橱里哭泣。可怜的小鸟天天挨饿,已奄奄一息,小花猫见了我理也不理,它说:"你不是我的好朋友!"

进了中学,我没有童年的欢乐,再这样下去,我大概要变成戴着眼镜的奶奶了。

公公,还有什么办法,让我再得到童年的欢乐,再去爱那童话、散文和翠绿的诗?

露露　1983年10月23日
(原刊《儿童时代》)

四、父亲与家人的写诗故事

我永远不会忘记正是老爸悉心把我引上儿童文学这条道路的。记得上小学的时候在父亲耳濡目染的影响下,我也特别热衷于儿童文学的活动,我和我的姐姐、邻居好友共同发起组织了一个楼道演剧队,每周为我们楼道里的小朋友演出节目。我们拉起一块床单,用玩具手操木偶自编自导演出木偶剧;用废弃的玻璃片自制成幻灯片,放映童话故事;遇上重要节日还组织有表演才能的孩子排练文艺节目,演给楼道里的孩子们看。20世纪60年代那时普通家庭都还没有电视机、电脑等新兴媒体,因此我们的演出自然很受小朋友的喜爱,经常是楼梯上坐满了楼上楼下的小观众,不仅有我们楼里的孩子,还有隔壁其他楼洞的孩子。父亲对我们自发性的演出活动总是很支持,还时常乐呵呵地当一名忠实的老观众。后来我才知道老爸的好多充满了儿童情趣的诗,就诞生在我们无拘无束的快乐的童年生活中,比如《扮老公公》《楼梯上》等儿童诗。

而我对儿童文学爱好的种子也就在这快乐的童年生活中悄悄地埋下了。初中毕业后,正赶上响应毛主席的号召,知识青年上山下乡,我报名去了黑龙江支边。那时候,北大荒的生活十分艰苦,差不多天天黑馒头就冻白菜汤、咸菜疙瘩。好多知青家长就经常寄些咸肉、鱼干肉松之类的食品给自己的孩子补充营养。而我爸妈却很少寄这些吃的东西,却是经常从图书馆里借一些中外文学名著寄给我。每当干完一天的活,躺在热炕上休息时,就着昏暗的小马灯津津有味地品读这些美味的精神食粮,便是我最大的享受了,它使我忘记了一天的疲劳和艰苦,常常迷恋到深夜。看完这些书后,我又给老爸寄回去,老爸又再借一些给我寄来。这样几年下来,我就读了不少书,文学底子也主要是在那时打下的,恢复高考后的第一年,我就以初中毕业生的身份考上浙江师范大学中文系,这与老爸对我长期的文学关爱不无关系。

不过,我真正爱上儿童文学是在大学三年级的时候。那时候蒋风老师给我们开儿童文学选修课,并组织了儿童文学兴趣小组。我担任了课代表和兴趣小组的组长,开始对儿童诗创作产生了兴趣,经常把一些"涂鸦"之作寄给老爸看。老爸总是细心地在我的习作中圈圈点点,指出我习作中好的和不足之处,还将一些比较好的作品推荐给儿童报刊。记得我第一篇发表的儿童诗就是在《小朋友》上发的《"鲤鱼"姑娘》,这篇作品后来还入选了《〈小朋友〉70周年文选集》中。我从儿童诗写作起步,逐步培养起了对儿童文学的浓厚兴趣,后来虽然因为工作性质的关系,我的兴趣逐渐转移到了儿童文学的理论研究上,但老爸仍然尽力给予我很多的帮助。

我在金华工作,老爸每次来金华看我们,几乎都要留下一些诗作给我们。那一年,我生儿子,老爸老妈特意从上海赶来金华。当老妈为我产前产后忙得不可开交时,老爸也忙得不亦乐乎,他坐在一旁忙着为又一个即将诞生的小生命抒写赞美诗。他给小外孙子起名叫天天,在组诗《新生集》里,老爸写道:

> 生命,以号哭开路。
> 小天天,用大喊大叫。
> 威武地宣布,自己的来到。

半个月后老爸回上海时,已给他新生的小外孙留下了几十首"新生集"诗。后来每次他来金华看外孙或是我们去上海探亲,我们也都不会空手而归。调皮的小外孙给了他无穷的创作灵感,使他的儿童诗充满了童心童趣,比如《我是2》:

> 1+1=2,爸爸是1。
> 妈妈是1,我是2。
> 爸爸加妈妈,等于我。

再如《客人到》:

叮咚，叮咚，
小天天，把门铃一揿，
他成了自己家的小小客人。
爸爸好，妈妈好，
今天有个客人到，
就是你家小宝宝。

在老爸和我的影响下，我儿子上小学之后天天也开始写日记、写童话，写得多了，我想给他的童年留一个文学的纪念，于是我把老爸写天天的诗，我写天天的故事，以及天天写的日记、童诗、作文和童话故事合成一本三代人的文学梦，梦里开出了五彩缤纷的花朵。我们一家人，用甜甜蜜蜜的亲情和文字串写成了一部《三代人的梦》（由文汇出版社出版）。我们合出这部书，目的倒并不是要培养一个未来的作家或诗人，而只是希望我们的下一代，能成为一个爱他人、懂礼貌、有当代文化教养的人。

老爸的确是个童心十足的纯粹的儿童诗人，我们几个子女小时候以及我们的下一代几乎都进入过他的诗里边。当然，几乎每一个与他亲密接触过的孩子也都进入过他的儿童诗。老爸是个随时随地都能够写诗的人，而且越热闹，越能够激发起他的写诗欲望。他心无旁骛，唯有诗的激情和捕捉诗的敏锐的眼光在燃烧。坐上嘈杂的公共汽车和哐当哐当的火车，他能够坐一路写一路，有时候甚至写得忘了已到站，而错过了下车，不得不从下一站再往回坐。和我妈一起去公园早锻炼，他也能够走一路想一路，想到好句子就立刻摸出随身携带的小本子记下来。他甚至在吃饭的时候灵感来了，都会马上放下碗筷记下诗句；晚上睡梦中梦到好诗都会立即醒来，披上衣服写下梦里梦到的诗。几十年来他积累下来的大大小小的记诗笔记本就有上百本，写下的诗也有几万首。他是一个最勤奋的儿童诗创作者。

以下就是几首他源于家庭生活的小诗：

小阿姨

周阿姨，李阿姨，
我们来做好阿姨。
小阿姨，样样会，

会做米饭会烧菜。
煮豆腐,炒青菜,
一盆一盆桌上摆。
一边做,一边吃,
大家吃得笑起来。

我是春天一只鸟
一只手,
爷爷牵着,
一只手,
奶奶拉着。
我是春天一只鸟,
两脚离地,飞得高。

会叫的鞋子
我的鞋子真好笑,
走起路来叽叽叫,
小猫把我当老鼠,
跟在后面喵喵喵。

勇敢的孩子
摔一跤,宝宝笑。
勇敢的孩子不怕摔,
骨碌一下爬起来。

雷公公与啄木鸟
我装雷公公,轰轰轰!
去敲奶奶的门,敲了老半天,
敲得越是响呀,里面越是没有声音。

我做啄木鸟,笃笃笃! 请奶奶给我开开门。

奶奶奔出来,像闪电一样,欢欢喜喜接小孙。

奶奶,奶奶,
雷公公声音大,为什么听不见?
啄木鸟声音小,为啥倒听得见?

奶奶告诉我,当我像小强盗的时候,她的耳朵就聋了。
当我像小客人的时候,她的耳朵就不聋。

八十年来,父亲以他对童诗无比的热爱和勤奋留下了一笔笔珍贵的童诗财富,如今因为年事已高不能继续创作了,但他仍然时刻关心着中国童诗事业的发展,衷心希望童诗创作后继有人,好作品不断涌现,让优秀的童诗永远伴随着一代又一代孩子们健康快乐地成长!

我是世界的："新青年"的"新"境界

黄向辉

黄向辉　上海海事大学副教授
2024 年 3 月 3 日演讲于 1925 书局

"青年"一词在古汉语中并不是常见词汇,最早出现在南北朝时期梁朝诗人李镜远创作的乐府诗《蜻蝶行》。诗中的"青年"横空出世:"青年已布泽,微虫应节欢。朝出南园里,暮依华叶端。"梁朝诗人李镜远是已知创造"青年"词语的第一人。300 年后,唐人段成式在志怪小说中再次创作新义词"青年"。该词再次出现时,见于北宋进士强至的诗中:"今岁同升客,如君有几人。青年登一第,白首具双亲。"实际上,对于年轻人,中国古语一般称"少年",譬如宋朝词人辛弃疾的"少年不识愁滋味,爱上层楼,爱上层楼,为赋新词强说愁",宋朝词人蒋捷的"少年听雨歌楼上,红烛昏罗帐"。此外,还有"后生"和"郎"的称呼,譬如,出自《论语》的"后生可畏,焉知来者之不如今"? 李白呼应孔子:"宣父犹能畏后生,丈夫未可轻年少",刘禹锡的"杨柳青青江水平,闻郎江上踏歌声",苏东坡的"故垒西边,人道是,三国周郎赤壁"。

"新青年"一词出现于近代"中华民国"时期,见于 1915 年创刊 1916 年改版《新青年》杂志。1915 年的 9 月 15 日,陈独秀在自己主编的《青年杂志》上发表创刊词《敬告青年》，以笔为枪，以纸为旗，以新思想新观念为先锋，率先举起科学和民主两面旗帜，大声疾呼"新青年"，奋力唤醒"新青年"。《青年杂志》一经面世，仿佛暗夜的天空劈开一道夺目闪电，继而平地炸响一声惊雷。翌年，为了顺应潮流，自第二卷起，《青年杂志》更名为更有力量、更朗朗上口的《新青年》。一个"新"字，主题鲜明，立意高远，竭其所能地将《新青年》推向所有旧的、所有腐朽的、所有毫无生气的旧青年、旧思想、旧文化、旧中国、旧世界的对立面。《新青年》不折不扣地成为中国近代史新文化运动的急先锋。

青年一旦觉醒，就渴望跳到愚昧之外，从麻木不仁中体会到死灭的痛苦与绝望，开始将目光投向更广阔的世界，在新旧文化的对抗和东西文明的碰撞中，从旧的桎梏中发出大呼吸与大呐喊，最终拥有"我是世界的"大胸襟。在乱世之凄风苦雨中，梁启超、陈独秀、鲁迅、俞秀松等无数新青年胸怀大志，都曾发出过"我是世界的"这一豪气干云的宣告。在《新青年》上，李大钊发表《青春》《庶民的胜利》和《我的马克思主义观》，青年毛泽东以"二十八画生"笔名发表《体育之研究》，胡适发表《建设的文学革命论》，提倡白话文。鲁迅发表《狂人日记》《孔乙己》和《药》，周作人发表《人的文学》，刘半农发表《我之文学改良观》等。总之，《新青年》毫不留情地撕扯掉几千年来蒙住青年头颅上的遮羞布，一针见血地告诫中国青年，老祖宗那儿代代相传的玩意儿，比如奴性，比如保守，比如中庸，比如许许多多曾被视为圭臬的压箱底的旧俗礼教、孔孟之道、黄老之术，若不打翻在地，若不踏上千万只脚，就不会有希望，就不会有明天，更不会有光明的未来。与此同时，更需要赋予青年新的禀赋，比如进取，比如务实，比如科学，比如平等，青年只有如此这般，才能肩负起民族复兴国家兴旺之使命。

正如所有的新事物并非横空出世的奇迹，而是有迹可循的因果。天下大势，浩浩汤汤；顺之者昌，逆之者亡。《新青年》的问世以及新青年群体崛起背后的原因，首先归因于孕育新思想的土壤与外部环境。20世纪初的中国，仿佛一张绷紧的大画布，浓墨重彩也好，平淡无奇也罢，任凭一支支画笔，天南海北胡乱涂抹，犹如开场锣响起，各色脸谱西皮二黄，你方唱罢我登场的大戏台，或如幺五幺六投骰子，围坐轮盘推牌九的大赌场。简而言之，中国正处于战事连绵，内有旱涝饥荒，外有丧权屈辱的民族危亡之际。1900年5月八国联军对中国发动侵略战争，与中国签订《辛丑条约》。而这场战争的导火索还要追溯到1899年至1900年爆发的义和团运动。这场运动打着"扶清灭洋"的口号，带有强烈的排外色彩,加剧了中国与列强国家之间的矛盾。

如果再朝前追溯到1840年至1942年的鸦片战争,追问国门之所以被坚船利炮打开,除了落后就要挨打的自然法则,除了帝国主义瓜分中国的野心,更应该反思的是自身民族的致命缺陷,即闭关自守,自豪和傲慢的大国优越感。美国学者哈罗德·伊萨克斯在《美国的中国形象》中写道:"中国是所有国家之王,是文明之中心,将所有的外国人看作野蛮人。"学者刘禾在《帝国的话语政治》里引用普鲁士人郭实腊日记里的一段话。1832年,郭实腊受英国东印度公司派遣到中国沿海摸查是否存在经商口岸可能性,被上海官员驱逐后,愤愤不平地在日记里写道:"我们努力说服他们不要使用夷字来称呼我们,支那人不分青红皂白,对所有外国人使用这个字,当我们是 barbarians,对等'夷'字。"郭实腊的遭遇说明西方列强通过正规的外交手段和途径不能打破中国的闭关自守,最终诉诸武力入侵,自此引发了在中国一系列民族战争,1840年的鸦片战争只是其中的第一幕。由此中国的国际形象和地位一落千丈。伊萨克斯在《美国的中国形象》中提及,"总体上,19世纪的中国渐渐被西方人看作是劣等民族、牺牲品和臣民,可以获取利润的源泉、蔑视和可怜的对象"。

西方列强用大炮轰开了古老中国的大门,东西方两种文明的激烈撞击正式拉开了帷幕。伴随着风起云涌的洋务运动,沿海省份陆续建立起许多新式学堂,一改往日陈腐的教学内容和教学方式。国门打开了,越来越多的中国青年去国外接受外国式的教育。起初,规模巨大的出国人流涌向日本。为什么是日本?日本经过明治维新开始崛起,1895年击败清王朝,1905年又战胜沙俄,令人震惊地取得了现代亚洲对西方武力的胜利。因而,中国的很多青年学生留学日本,如有陈独秀、鲁迅、秋瑾、周作人等。事实上,由于日本对俄国的胜利在国际舞台上获得极大声望,因而引发美国人的担心,唯恐只有日本、德国和英国从中国的"苏醒"中获得利益,加之其他一些原因,最后促成美国免除义和团赔偿,即庚子赔款,以利教育。这笔钱本为中国人的钱,是以惩罚性赔款的方式被强取横夺来的。它提供了大约1 100万美元用以资助对在中国和留美中国学生的教育。此外,美国的私人资金也源源而出,用以支持在中国的传教事业。这一时期,几十个新的传教团体进入中国,建立教会学校、医院还有大学。胡适、宋美龄、宋庆龄、林语堂就是在这个背景下留学美国的。《美国的中国形象》中引用胡适的美国导师约翰·杜威在文章中的一段记录。中国留学生给他留下的深刻印象:"他们有一种对学问的急切渴望,我坚信超出了存在于地球上任何其他国家的年轻人之中的任何渴望程度。"

此时,以陈独秀、李大钊、胡适、鲁迅、周作人为代表的现代中国知识分子站起来了,他们以改造民族生活,推进民族进步为己任,为青年呐喊,为未来呐喊,为多灾多难的中国呐喊。实际上,在他们之前,中国出现了以严复、康有为、梁启超、章太炎、谭嗣同为代表的近代知识分子。在这些过渡性近代知识分子心中,老祖宗传下来的圣人之学和西方经世致用之学杂糅相处,国学和西学分别具有不同的分量与用法,即中学为体,西学为用,何谓主,何谓辅,一目了然。他们认为只有依靠皇帝,获得朝廷的支持方能实现变革社会和改造民生的远大政治抱负,但在严酷现实里,却无法摆脱保守的桎梏。在他们的思想深处,仍旧深陷读书人心性之泥淖而不自觉。一旦他们的政治主张与改革举措稍显激进,直接或间接威胁到皇权治下的社会秩序和切身利益,必然会遭到方方面面毫不留情的致命打击。

相比之下,以陈独秀为代表的一批现代知识分子几乎全都留洋接受过现代西方教育,熏陶过西方先进文明,譬如科学、民主、自由、博爱等诸多思想资源。虽然他们同康有为、梁启超等同样意识到启蒙的重要性和艰巨性,同样具有强烈的耻辱感以及启蒙民众的心志,但他们不想重蹈前辈覆辙,而是以前所未有的独立意识和蓬勃朝气走向大众,开始了崭新一轮神圣的新的"思想启蒙"。他们和当下年轻人一样,非常重视传播手段,依靠的是传统媒体。那时候,不曾有万维网,不曾有光纤,也没有QQ和微信,只有报纸和杂志。

自古英雄出少年。古往今来,谁团结了青年,谁就拥有了未来;谁征服了青年,谁就拥有了世界。早在1900年,针对青年的思想启蒙,梁启超曾发表《少年中国说》:"少年强则国强,少年独立则国独立。少年自由则国自由,少年进步则国进步。"同样,陈独秀将新青年紧紧团结在《新青年》周围,振聋发聩,警钟长鸣,以期开创时尚先锋,引导舆论方向,抨击传统旧俗,宣传新的思想,向旧时代开炮,与旧时代决裂,做旧时代的掘墓人,带领新青年拥抱新时代,甘做新青年。

这里,无论说新还是道旧,总要面对一个不可回避的问题:如何定义青年?新青年的"新"究竟"新"在哪里?除了称呼的变化,多大才算是青年?联合国将青年年龄划定为15—24周岁,世界卫生组织将青年年龄划定为15—44岁,国务院将青年年龄划定为14—35岁,中国共青团将青年年龄划定为14—28岁。相比当下,中国古典表达更加富有诗意,且男女有别。男子13—15岁期间,为舞勺之年,15—20 岁为舞象之年,20 岁为弱冠,30 岁为而立之年,40 为不惑之年。女子 13—14 岁为豆蔻年华,15 岁为及笄之年,16 岁为碧玉年华,20 岁为桃李年华,24 岁为花信年华,花信之年至出嫁为摽梅之年,30 岁为半老徐娘。总之,"青年"的概念是新的,"青年"的年龄划定也在因时而变,更重要的是,"新青年"的定义有了新的标准。

《新青年》提出新青年的六条标准:"自主而非奴隶的,进步而非保守的,进取而非退隐的,世界而非锁国的,实利而非虚文的,科学而非想象的。"这六条标准对症下药,条条方向明确,条条贯通地气,而且直击思想启蒙的要害处,率先向中国几千年的封建文化传统发起持续猛烈的攻击,批判封建文化中最为落后、最为保守的糟粕,譬如儒家三纲五常、老庄与佛教的退隐思想和迷信思想,以及为这些学说、思想、观念服务的旧教育、旧文学。其次深揭猛批封建婚姻制度,力图彻底打破束缚新青年思想的封建枷锁。另外积极倡导体育运动,希望新青年一改往日白面书生的谦谦娇姿、手无缚鸡之力的旧形象,增强身体素质,强健体魄。

所谓不知旧物则不可言新。中国几千年来的封建文化传统,不是三言两语可以说得透,讲得清,中国近代"旧"青年生存成长的境遇究竟"陈旧"在哪里。

首先,近代旧青年生存的环境和条件极度贫困和单调。近代中国是一个农业大国,农民占全国人口的绝大多数。社会学家费孝通在《乡土中国》中开篇就指出"中国社会是乡土的。——那些被称为土头土脑的乡下人,他们才是中国社会的基层"。中国农村各地的孩子多得不计其数,其中绝大多数孩子一年中大部分时间都要忙着帮父母种地。即使冬天里的活忙完了,也不能闲着,还要拾柴和积肥。那些没有土地的佃农生活极其贫困,经常挨饿。美国传教士明恩溥在《中国乡村生活》中写道:"在山东,为别人扛一年的活所挣的钱合计不到五美元。对于贫困压力下勤劳的人们来说,一年四季不断的婚礼和葬礼,附近镇上的集市、唱戏、说书、耍把戏,以及长达半个月的春节,才算是快乐的解脱。"由此,更别奢望年轻人去外面的世界增长见识,开阔眼界,能在恶劣的环境中生存下去才是王道。

其次,年轻人的奴性与迷信。若要追究中国人奴性与迷信的历史渊源,需要一直追到儒家鼻祖孔夫子和道家鼻祖老庄那里。鲁迅笔下的"阿Q"正是中国人奴性的代表。鲁迅认为,"我们这个民族的奴性,就决不是一朝一夕养成的",并在《狂人日记》中借"狂人"之口指出,"我翻开历史一查——才从字缝里看出字来、满本都写着两个字是'吃人'"。而年轻人的奴性,最明显的表现为愚忠和愚孝。探索中国人孝心,最直接的方法是了解包含在四书和《孝经》中关于孝心的教导。《孝经》处处把孝摆在突出的地位:"子曰:五刑之属三千,而罪莫大于不孝。"美国传教士明恩溥在《中国人气质》中总结道:"在中国人道德的任何缺陷,归根结底是不孝引起的。违反礼节,是缺乏孝心的行为。为君服务而不忠诚,是缺乏孝心。官吏不尽职也是缺乏孝心。对朋友不诚实,还是缺乏孝心。在战场上不诚实,也是缺乏孝心。"服孝三年的理由是成立的,按照孔夫子的说法,"三年无改于父之道,可谓孝矣"。《二十四孝图》更是一本世代流传的普及性小书。鲁迅认为《二十四孝图》中的故事将"肉麻当作有趣","以不情为伦纪,污蔑了古人,教坏了后人"。因为孝道,就必须服从父母的包办婚姻。即便是胡适和鲁迅,最终都被迫接受父母的包办婚姻,不仅自己深受其害,也给女方带来终生的痛苦。另外孟子的"不孝有三,无后为大",使得所有人都必须尽早结婚,一个中国人,36岁当爷爷不足为怪。而且生不出男孩,是七种与妻子离婚原因的第一条。生不出男孩,就不可避免地带来蓄妾制度,伴随着各种不幸。这也铸成中国大量存在溺婴现象的重要原因。再说,女性身上的封建枷锁使得众多女性过着非人的生活。妇女缺乏教育、卖妻卖女、普遍早婚、溺死女婴、纳妾、缠足、童养媳、妻女自杀等,都是社会普遍现象。文学作品中可见众多女性的悲惨命运,譬如萧红《生死场》,鲁迅《祝福》中的祥林嫂、《家》中的梅表姐和瑞珏。现实中,鲁迅的妻子朱安,林风眠的母亲,比比皆是。

再就是旧式教育模式与科举制度对年轻人的毒害。近代中国的教育体制依然沿袭几千年来的陈旧方式。《三字经》《百家姓》和《千字文》合称"三百千",成为中国传统的启蒙读物,如今添加了《千家诗》的"三百千千"演变为中国台湾省的一个成语。读书人手头第一本书可能就是《三字经》,全文1 000多字,他们一个汉字都不认识,即不知道它的发音,也不懂它的意思,只管跟着老师一遍一遍地大声朗诵。读书人的注意力全部集中在前后顺序和背诵两件事上。虽然不计其数的读书人学过这本书,但对它的作者和写作年代却知之甚少。读书人掌握"三百千"后,接着学习"四书",即《论语》《大学》《中庸》《孟子》,学习方法依然是死记硬背,将一本接一本的书存进大脑中。读完"四书",接着读"五经",即《诗经》《尚书》《礼记》《周易》《春秋》。要记忆和理解这些书卷,毫无疑问需要十年寒窗苦。其间还要承受教师的体罚,戒尺就摆在教师的桌子上,因为《三字经》前面几句就提出"养不教,父之过;教不严,师之惰"。

如果学生明确了人生目标——"学而优则仕",那就继续读下去,依然是大规模的死记硬背,以便在科考中提取长期记忆的文献库存。一个人能够通晓古人的智慧,能够拿到命题就写出一篇华章,那就有希望成为士大夫。科考的题目均选自四书五经,作文字数不超过 600 个汉字。这种教育模式和科举制度存在的弊端显而易见。一方面在死记硬背的内容上花费的时间之久足以扼杀年轻人的"童真"和创造力。另一方面,整个青年时期,整个民族的读书人一心只读圣贤书,无论是在汉语使用上,还是知识层面都严重脱离日常生活。一旦读书人在科举中失败,他们就很容易变成"百无一用是书生"。《儒林外史》中"范进中举"的丑态,以及《孔乙己》的迂腐和悲惨人生都揭示了旧式教育与科举制度的弊端与缺陷。

长期以来,年轻人淹没在残缺的教育所造成的愚昧中,然而,在新文化、新思想和新力量的氛围中,新兴的新式学堂不仅开设国文、修身、外文、历史、地理、音乐、美育、体操,还增设了许多近代科学技术方面的课程,譬如数学、物理、化学、博物,甚至商业学、经济学、簿记、打字等工商实用课程。入读新式学堂学习先进的西学,成为当时的一种社会潮流,备受有识之士的重视和期待。青年人的知识结构逐渐转型,在新式学堂里既学到了走上社会谋生的一技之长,也积累了广博的、以往闻所未闻的通识知识储备。而更为关键的则是思想观念随之潜移默化,一步步建立起一套独立自主发现问题、观察问题、思考问题并解决问题的方法论。

此外,女性的生存状况也在潜移默化中发生改变。越来越多女性拒绝缠足,冲破包办婚姻的枷锁,和男子一样受教育等。其间,秋瑾是中国女权运动的开创者和女学思想的倡导者。1904 年秋瑾不顾家人反对,冲破封建束缚,变卖首饰,自费东渡日本留学。彼时,孙中山、鲁迅和黄兴等人都在日本留学,志同道合的一群新青年汇聚在一起。秋瑾就义时年仅 32 岁,她用鲜血唤醒麻木的民众,照亮中国近代化的路程,让中国妇女的地位也大大提高。

不可否认的是,中国新青年融入世界是一个双向流动的过程。中国青年走向世界,同时也意味着世界走向中国。当中国青年远渡重洋,以好奇的双眼观察世界时,外国人特别是西方的青年人也漂洋过海,源源不断地来到中国。除了传教士外,他们中大致可以分为三大类:一类是"老中国通"。通常它用来描述"二战"以前生活在中国的英国老商人,许多后来到达中国的美国人趋于效仿他们的生活方式和习惯。第二类,"北京人",主要体现在移居中国的非传教士、非商人殖民团。他们中间有医生、外交官、外国学者和教育家等。还有来到北京的艺术品收藏家、漫游作家、新闻工作者,以及冒险家等。第三类,出生在中国的外国传教士家庭的孩子。这些人中的一些人把他们对中国的印象传播到更广大的范围中。最著名的一位,是出生在美国,三个月时被带回中国的小说家赛珍珠。她的代表作《大地》,以同情的笔触和白描的手法,塑造了20世纪初一系列勤劳朴实的中国农民形象,跨越了东西文化间的鸿沟,有力改变了不少西方读者眼中劣等的中国人形象。

正如钱锺书先生所言:"咱们开门走出去,正由于外面有人推门,敲门,撞门,甚至破门跳窗进来。"十月革命一声炮响,为中国送来了马克思主义,给苦苦探寻救亡图存出路的中国青年指明了前进的方向,提供了全新的选择。

再说《新青年》杂志编辑部,1920年从北京迁移到上海编印,即环龙路老渔阳里2号,今南昌路100弄2号。南下的《新青年》立刻吸引了上海滩大批活跃的新青年,他们在老渔阳里2号,集聚在陈独秀身边,纵论古今,比照中西,聚焦于马克思主义,并成立了中国第一个共产主义小组。星星之火,足以燎原。一位不老青年打头阵,率领一众新青年,义无反顾,点着一抹亮红,红遍全中国。

从《新青年》激荡而出的一抹亮红不该被遗忘,不该被青年们所遗忘,最不该被当下的青年们所遗忘。

古今名人逸事

解构与重塑
——司马懿历史形象再思考

朱子彦

朱子彦 上海大学教授
2021年8月17日演讲于周浦镇桃园社区中心

三国时代有个奇怪现象,诸葛亮、司马懿这两位具有雄才大略的政治家、军事家,在历史舞台上叱咤风云,在治国理政、用兵谋略上难分伯仲的历史人物,最终的历史评价反差之大,犹如云泥,人们将诸葛亮捧到天上,九霄云外,诸葛大名垂宇宙,而将司马懿视为老奸巨猾的野心家、阴谋家。司马懿及其子孙在国人意识中是一个负面形象。阴险,狡猾,诡诈,篡位,甚至有狼顾之相、三马同槽、"司马昭之心,路人皆知"等成语流行于世。作为一代人杰的司马懿几被"层累地"做成了"大白脸"。去年6月,人民出版社出版了《司马懿传》,我写这本书就是要打破因循传统的思维定式,将司马懿放在社会历史发展的大局中去重新定位,还原一个作为生存在风云际会三国时代政治家的司马懿。以下我分几个方面来进行论述。

一、二律背反

历史人物往往功过同在,功过集于一身,例如秦始皇、汉武帝、曹操、唐太宗、武则天、宋太祖、萧太后、成吉思汗、朱元璋、雍正帝。又比如近代的曾国藩、李鸿章、袁世凯，甚至是蒋介石，到底怎么评价。古人常说盖棺论定，现在的问题是盖棺能论定吗？我们对历史人物不要过早下结论。在传统的史学研究模式下，忠奸好坏的判断模式严重地束缚着人们的视野和思维，对诸葛亮、曹操、司马懿的评述就是如此。长期以来，我们都习惯于将历史人物脸谱化，以好坏区分之。历史人物身上充满了二律背反现象，就像许劭评论曹操："治世之能臣，乱世之奸雄。"

司马懿的评价为何会如此负面，我认为最关键的是两点，即司马篡魏与不讲诚信。魏晋以降的不少人都认为司马氏弑主篡逆，得天下不正。后赵君主石勒曾云："大丈夫行事当光明磊落，终不能如曹孟德、司马仲达父子，欺他孤儿寡妇，狐媚以取天下也。"最具代表性的是唐太宗为《晋书·宣帝纪》所撰的制书，他对司马懿的欺伪之行进行了严厉的批评。作为曹魏的四朝元老、两代托孤重臣的司马懿竟然篡夺政权，就很难洗刷儒家伦理道德中至关重要的不忠的指责。所以司马篡魏几乎成了"层累"的历史结论。古代有识之士云："天下非一人之天下。天下乃天下人之天下。"时至今日，人们还喜欢区分忠臣（关羽、诸葛亮）与奸臣（王莽、曹操），但是唐太宗、宋太祖都是篡位，难道他们都是坏皇帝？我们现在来评判曹操、司马懿等人的历史功过，难道还要以是否篡位作为是非的标准？

以儒家伦理道德来看，忠孝、仁义、诚信是衡量君子与小人的标杆。立身处世，当以诚信为本。比如古人常说"君子一诺千金"，"人无信则不立"，为人必须做到言而有信。司马懿被后人诟病的原因之二就是他不讲诚信，发动高平陵之变后，司马懿对曹爽说"惟免官而已"，只要曹爽交出兵权，便可保留爵位，而且还派人告诉曹爽，他"指洛水为誓"，断然不会失信。蒋济也写信给曹爽，称司马懿只是剥夺他的兵权，绝不会伤害他们。在司马懿保证自己生命安全的前提下，曹爽打消疑虑，决定放下武器，然而司马懿出尔反尔，大开杀戒，"诛曹爽之际，支党皆夷及三族，男女无少长，姑姐妹女子之适人者皆杀之"。凡曹爽兄弟、心腹及曹爽支党中的男女老少，包括已出嫁的姊妹和女儿全被诛杀。

二、"卡里斯玛"特质

中国的儒家思想包括孔子学说，其实也有迂腐愚蠢的一面。过分强调伦理道德恐怕将难以成就大事,更遑论治国平天下。如何看待诚信?有作为的政治家是否要讲诚信?德国社会学家马克斯·韦伯提出"卡里斯玛"型的权威和人格。卡里斯玛原意为"神圣的天赋",来自早期基督教,初时指得到神帮助的超常人物,后来引申为具有非凡魅力和能力的领袖。

在中国历史上,具有"卡里斯玛"品质的人,大都是开国之君,他们为了能夺取江山社稷,往往采取一切可以采取的权术和谋略,本来只是带兵将帅在军事上运用的"兵不厌诈"和《孙子兵法》中的各种谋略,到了具有"卡里斯玛"品质的帝王那里,已经将兵不厌诈的权术广泛地运用到政治斗争层面。

在你死我活的政治与军事斗争中,仁义诚信几乎成了装饰品,谁若过分强调仁义与诚信,就成了书呆子,刘邦、朱元璋最讨厌专讲仁义道德的儒生。中国文人有两种,一种是书呆子,如马谡,纸上谈兵;一种是智勇兼备,如王阳明、曾国藩。卡里斯玛型的人物需要具备智勇双全的政治品质。所谓"智",即足智多谋、善于权变、善于用人、纳谏如流、豁达大度,也动辄杀人,也嫉贤妒才。所谓"勇",并非是指匹夫之勇,而是指杀伐决断,善于韬晦,翻手为云,覆手为雨,心狠手毒,绝不施行宋襄公那种不击半渡、不杀二毛,蠢猪式的"仁义"。

为了消灭政敌,须不择各种阴谋手段,决不能心慈手软。高平陵事件,司马懿指洛水为誓决不杀曹爽,却诛其三族,历来为人所诟病。但开拓历史视野来看,此类事多矣。楚汉战争进入相持阶段时,刘邦、项羽在鸿沟议和,平分天下,休兵罢战。项羽将刘邦老父妻子等人质放还,撤军退回楚地,但刘邦却毫不犹豫地撕毁了墨迹未干的鸿沟之约,率兵追杀项羽,最终逼项羽自刎。汉高、明祖诛杀开国功臣,阴狠歹毒,无情无义,流氓行径,但他们却开创了大汉、大明王朝。

为了争夺最高统治权,即使父子兄弟亦反目成仇,李世民发动玄武门之变,诛兄杀弟,逼父退位,手段凶狠。王夫之从儒家伦理道德对李世民痛加斥责,认为:"穷凶极恶,而人心无毫发之存者也。不可复列于人类。"然而,王夫之终究带有些书生气,如果李世民拘泥于父慈子孝、兄友弟恭的儒家亲情,不发动政变,哪里会有后来被万代称颂的"贞观之治"。卡里斯玛具有超乎常人的强大能力,正所谓行非常之事,需有非常之人也。被后人诩为一身正气,集忠孝、廉洁自律、公正严明、赏罚分明的诸葛亮身上也有卡里斯玛的气质。蜀汉诸多良臣勇将,如魏延、杨仪、刘封、孟达、彭羕、李严、廖立都直接或间接地死在诸葛亮手中。

意大利历史学家马基雅维利深谙卡里斯玛的品格。他在《君主论》谈到"君主必须兼有狮子和狐狸两种兽性"。狐狸虽然狡猾，但体形较小，敌不过虎豹；狮子虽然凶猛，但有时不免掉入猎人设下的陷阱。聪明的帝王就必须兼有狮子和狐狸两种气质，即既要凶猛，又要狡猾，也就是将凶残嗜杀和阴谋权术融为一体。古代诸多具有雄才伟略的君主，比如秦皇、汉武、唐宗、宋祖、成吉思汗身上都具备了狮子和狐狸（又称虎气与猴气）的两种气质，司马懿也具备卡里斯玛的品质，他的身上兼有狮子和狐狸的两种习性。

三、人民迫切要求统一

三国时代整个社会最迫切需要解决的问题是什么？毫无疑问，就是恢复正常的社会秩序，拯民于水火，将四分五裂的天下统一起来。自公元184年黄巾起义至公元280年三国归晋，整个天下动乱分裂了将近百年，因此谁能把分裂了将近一个世纪的天下重新统一起来，谁就是那个时代当之无愧的英雄。东汉末年群雄割据，天下分崩，因战争、饥荒、疾疫所带来的灾难，以及导致的人口大幅度的锐减已达到了令人难以想象的程度。董卓之乱，民不聊生，长安城内"人相食，白骨堆积，二三年间，关中无复人迹"，两京成为废墟。曹操《蒿里行》："白骨露于野，千里无鸡鸣。生民百遗一，念之断人肠。"三国是中国历史上第二次大分裂（长达百年），对社会破坏极其惨烈，汉代人口近六千万，三国仅有七百六十七万，损失人口百分之八十多。

人民迫切要求统一绝非空话。作为三国时期最杰出的政治家、军事家的曹操，其最主要的功绩就是统一中国的北方，结束群雄割据的局面。虽然曹操也有滥杀无辜、凶残暴虐的一面，但这对于很多帝王将相而言是常见现象，看待历史人物应该看其主流，特别是在乱世之中。当今学界对曹操的评价完全适用于司马懿，评价司马懿也必须看其主流。司马氏父子最主要的功绩就是结束了三国鼎立的局面。三国鼎峙虽较之东汉末年军阀割据的局面稍优些，但三国之间干戈不止，天下无一日之宁。司马昭说"唯华夏分裂，六十余载，金革驱动，无日不战，暴骸郊野"，严重阻碍了生产力的发展，给人民带来了极大的痛苦。

虽然司马父子是曹魏政权的掘墓人，但从汉魏时代民众的呼声、时代的主旋律来看，司马懿又是"曹操事业的继承人"。下面我们做具体分析。司马懿入仕后不久,曹操就已基本上扫平了北方各路诸侯,三国鼎立的局面业已初见端倪。曹操南征北战,一手开创了曹魏王朝。然而,曹操一生中遇到的最强劲的对手,就是刘备与孙权。刘备、孙权虽实力不及曹操,但也是一代雄才英杰,是汉末三国时期数一数二的英雄人物。曹操说"今天下英雄,唯使君与操耳","生子当如孙仲谋"等语,绝非谬赞之词,而是从心底里发出来的赞叹。曹、孙、刘能够三分天下都有各自的优势与实力,三者之间保持着一种大体的均衡,短时间内谁都"吃"不掉谁。世人皆对曹操晚年不登皇位而感到困惑不解,其实曹操不是不想称帝,而是惧怕刘备与孙权,夏侯惇对曹操说:"宜先灭蜀,蜀亡则吴服,二方既定。然后遵舜、禹之轨。"曹操思虑再三,"从之"。曹操还是顾虑自己没有能力统一天下,一旦代汉称帝,终究是底气不足!

四、历史选择了司马懿

曹操死后,留下了一个最大的难题,就是谁能做他事业的继承人,完成统一天下的大业。正如世人皆知的,历史最终选择了司马懿。是司马懿及其子孙继承了魏武的未竟之业,历经数十年的奋斗,才于公元263年灭蜀,265年代魏,280年灭吴,扫平四海,完成统一大业。司马氏家族原先是儒生文人,司马懿若秉承家风,至多只能成为如文坛才子曹植或建安七子一类的文人。然而,汉末魏晋之际为乱世,群雄争霸,干戈不止,整个社会崇尚的是武功。俗语云:乱世出英雄。此"英雄"的含义非同一般,只有具有雄才大略,拨乱反正,建立非凡战功,统一天下之人才能成为治乱世的英雄。

司马懿掌握兵权时,三国鼎立的格局已经完全形成,魏虽略强,但吴、蜀二国的实力也未可小觑。自公元229年起,吴、蜀又重新结盟,对曹魏东西夹击,构成相当大的威胁。对于司马懿而言,不能仅仅满足于治国理政,而必须继承魏武的未竟之业,统率兵马,应对吴、蜀二个强劲的对手。司马懿虽未像曹操那样,一生戎马倥偬,征战不已。但其亲自指挥的几次战役,也是十分重要,极为成功的,为西晋统一天下奠定了基础。例如当司马懿得知孟达欲叛魏投蜀,当机立断,不请示魏明帝曹叡,而是星夜起兵,日夜兼程,以最快的速度赶赴上庸。结果只花了八天时间就到达了,仅用十六天就攻克上庸,斩了孟达,取得完胜。司马懿的用兵方略可谓"静如处子,动如脱兔"。司马懿攻克上庸,收复东三郡,巩固了曹魏的西南边境,粉碎了诸葛亮从汉中、上庸两路北伐的计划。

司马懿平辽东既是他一生军事生涯中的得意之笔，也是曹魏立国以来取得的最为辉煌的胜利。曹魏除了有孙吴和蜀汉两大劲敌外，辽东公孙氏政权名义上虽然隶属于曹魏，但其割地自守，父子相袭，自置官署，不纳赋税，俨然是个独立王国。曹操、曹丕、曹叡祖孙三代都对其采取羁縻政策，辽东成了曹魏政权长期未能解决的一大隐患。公孙渊叛魏，自立为燕王，置百官有司，改年号为"绍汉"，意谓其要继承汉朝。若公孙渊图谋一旦得逞，就将改变三国鼎立的局面，而成为四国并列，曹魏就要遭到来自西南、东南、东北三个方向的军事威胁。司马懿平辽东前，魏明帝询问此战需多少时日，司马懿回答："往百日，还百日，攻百日，以六十日为休息，一年足矣。"精确算出平定辽东作战的时间表。司马懿平辽东，料敌如神，声东击西，迂回穿插，批亢捣虚，擒斩公孙渊，堪称经典战例，表现了卓越的军事才能和智慧。

五、司马懿是杰出的军事家与政治家

汉末三国历史上，群贤云集，英才辈出，但真正才兼文武者仍然屈指可数。曹操帐下，猛将如云，谋士如雨，但皆非文武全才。蜀汉政权中，唯有诸葛亮既能理政，又能带兵打仗，是三国时期最杰出的人才之一。诸葛亮攻魏，曹魏诸将皆非其敌手，连身经百战的五子良将之一张郃也被诸葛亮射杀。即使曹操在世，亲自挂帅，同诸葛亮交锋，亦未必能胜之。汉中之役，曹操甚至败于自己多年来的手下败将刘备即是典型一例。诸葛亮死后，司马懿称他是"天下奇才"，表示他同诸葛亮是惺惺相惜，英雄识英雄。面对诸葛亮北伐时咄咄逼人的凌厉攻势，司马懿采取了深沟高垒、坚守不战的战略战术，是非常正确的。

司马懿的过人之处，就是他能够审时度势，知己知彼，料敌先机。他知道诸葛亮是天下奇才，不好对付。碰到诸葛亮这样的对手，他岂敢轻敌，在没有十足把握的情况下，司马懿只能凭险据守，以防御战抵御诸葛亮，以求不战而屈人之兵。诸葛亮无可奈何，情急之下，采用了激将法的计谋，他派人将妇女穿戴的衣服、首饰赠送给司马懿，将魏国主帅比作女流之辈。司马懿却坦然受之。魏营将士见此无不义愤填膺，所谓"士可杀而不可辱"，诸葛亮赠送女子服饰，不仅羞辱了司马懿，也同样羞辱了魏军将士，曹魏将领纷纷要求出战。司马懿虽然愤怒，但仍然神色自若，非常冷静。他坦然接受"巾帼妇人之饰"，忍常人不能忍之辱，导致诸葛亮请战不得，最终病逝于五丈原。

司马懿虽然没有击败诸葛亮,却消耗了蜀汉的国力、财力、军力,并导致一代人杰诸葛亮积劳成疾,含恨离世。诸葛亮病故是蜀汉政权无法弥补的巨大损失。诸葛亮之后,虽有姜维的小规模北伐,但已构不成对曹魏的威胁。从这个意义上看,司马懿是最终的胜利者。诸葛亮和司马懿都是那个时代的天下奇才,他们的军事谋略,用兵才能旗鼓相当,难分伯仲。两人联袂演奏了一幕波澜壮阔、惊心动魄的历史活剧,其精彩程度足以彪炳千秋,垂范后世。杜甫咏颂诸葛亮云:"诸葛大名垂宇宙,宗臣遗像肃清高。三分割据纡筹策,万古云霄一羽毛。伯仲之间见伊吕,指挥若定失萧曹。运移汉祚终难复,志决身歼军务劳。"诗中"伯仲之间见伊吕,指挥若定失萧曹"之句可以为诸葛司马两人共享,他们都是杰出的政治家、军事家。

司马懿不仅善于领兵打仗,而且很懂得治国之道。他善于发现人才,慧眼识英雄,其拔擢邓艾之例最为典型。邓艾出身寒微,原是屯田客,其自幼丧父,替人放牛,不为时人所重,去洛阳上计时,见到太尉司马懿。经过交谈后,司马懿很赏识他的才能,遂辟为太尉府的官员。被司马懿破格选用后,邓艾果然表现出卓越的军事才能,其深谙兵法,是三国后期杰出的军事家。他与钟会率军攻打蜀汉,由于姜维据剑门关,魏军久攻不克,寸步难进,钟会已萌生退意。然而邓艾绕过蜀军的正面防御,偷渡阴平。

魏攻蜀之战从公元263年8月开始至10月,蜀国灭亡,整个战争过程只持续了三个月左右的时间。魏能这么快地灭亡蜀汉,邓艾起到至关重要的作用,"艾自阴平道行无人之地七百余里,凿山通道,造作桥阁。山高谷深,至为艰险,又粮运将匮,频于危殆。艾以毡自裹,推转而下。将士皆攀木缘崖,鱼贯而进",直插蜀国心脏。出奇制胜,直捣成都,迫使蜀主刘禅投降。他的奇兵大纵深穿插迂回战术,已作为军事史上的奇迹而载入史册。邓艾不仅出身贫寒,而且口吃,不是司马懿,邓艾绝不可能得到重用。

司马懿重视军事,注重发展经济。他强调"灭贼之要,在于积谷",而要积谷,就必须加强水利建设,开塘筑陂。司马懿开创的兴屯田(曹操民屯、司马军屯)、修水利的经济措施为三国的统一奠定了坚实物质基础。在司马懿等人的主持和倡导下,全力兴修水利(如成国渠,陕西省渭北平原上的古代著名灌溉工程),从淮水流域挖掘了三百多里长的水渠,灌溉农田两万顷,从而使淮南、淮北连成一体。几年之后,从京都到寿春,沿途兵屯相望,鸡犬之声相闻,出现了一派繁荣富庶的景象。发展经济,曹魏国力不断增强。司马懿不战而屈人之兵，完全达到了战略目的。据正史记载，当时全国人口不超过七百七十万，但魏国的人口数却超过了吴、蜀两国的总和。魏国登记在户口簿上的人口有四百四十三万，是蜀汉的四至五倍。尽管曹魏占有一定的优势，但统一三国的道路仍然十分艰巨，曹魏不仅要发展经济，增强国力，而且要有打长期持久战的思想准备，平定天下的任务绝不可能由一二代人来完成。

司马懿长寿，他有生之年仍未能完成统一大业，统一天下实际上是司马家族三代接力棒所致。司马懿死，司马师、司马昭执政，进一步巩固了司马氏的权力，在统一天下的历史进程中司马师、司马昭起到了承前启后的关键作用。以往，有些学者在分析西晋统一原因时，特别强调客观条件，即认为三国后期，北方地区经济的发展已超过南方，所以西晋的统一是必然的。其实，即使北方经济实力强大，但如果不发挥人的主观作用，要迅速实行统一也绝非易事。如同战国后期，如不出现秦始皇，要迅速统一天下也不可能。对司马氏统一全国的功绩，习凿齿做出了高度评价："除三国之大害，静汉末之交争，开九域之蒙晦，定千载之盛功者，皆司马氏也。"毛泽东说："司马懿出身士族，多谋略，善权变，为魏国重臣，是个了不起的人物，历来都说他坏，我看比曹操高明。"总之，我们要从大历史观来分析历史人物，不可拘泥于小节，或过分强调道德品质。

虽然晋武帝后期昏庸，择嗣不当，武帝之后，出现了晋惠帝这样的白痴皇帝，导致永嘉之乱和衣冠南渡，中华民族蒙受巨大灾难，但这笔账不能算到司马懿头上。难道北宋靖康之耻要宋太祖赵匡胤来负吗，明末崇祯皇帝亡国之罪要开国之君朱元璋来承担吗？最后要强调的是写司马懿并非写他一个人的传记，而是论述一个时代。如果将三国时代分成前后两个部分，那么前三国时代的诸多风云人物应以曹操为核心，后三国时代就应以司马懿为核心。

从上海圣约翰走出的文化名人

汪 澜

汪澜　上海炎黄文化研究会会长，上海作家协会原党组书记、专职副主席
2023年7月1日演讲于普陀区图书馆

　　保存完好，风情样貌别具一格的上海圣约翰大学校园旧址，是苏州河沿岸重要的文化教育遗存，也是今日苏州河经典历史风貌区域之一。了解圣约翰大学的历史，对于我们了解近现代上海高等教育的起源和发展，了解那个年代高端人才的成长，具有非常重要的价值和意义。

　　上海圣约翰大学（英文名：Saint John's University，以下简称约大）由美国圣公会于1879年创建，其前身是上海圣约翰书院。约大存续了73年，是在华办学时间最长的一所教会大学，也是我国最早出现的高等学府之一。该校师生具有反清、反殖民主义的光荣传统，上海历次的学生爱国运动，都有约大学生积极参加。

　　约大曾是20世纪上半叶上海乃至中国最优秀的大学之一，被誉为"东方剑桥"和"东方哈佛"。它不仅创造了高教史上众多"中国之最"，还培育出一大批社会精英，包括教育家张伯苓、陶行知，法学家史久镛，外交家唐绍仪、施肇基、顾维钧，出版家邹韬奋，科学界的钱绍祯、萧孝嵘，医学界的颜福庆，经济学家潘序伦，作家林语堂、张爱玲，作曲家瞿希贤，建筑家贝聿铭、沈祖海，政界的宋子文、宋子良、严家淦,实业界的吴仁基、经叔平、荣毅仁、刘鸿生,宗教界的丁光训等,其中一些校友成为我国多个领域的泰斗级、大师级人物。

这里讲述几位有代表性的约大杰出校友的故事。

一、董健吾:"红色牧师"的传奇人生

董健吾(1891—1970),我党早期隐蔽战线的卓越一员。在其极富传奇色彩的人生经历中,有两段跟圣约翰大学相关,前一段是他作为学生在此求学,后一段则是他作为教职人员在此工作,前后有10多年的时间。

董健吾是上海青浦人,由于自小受寄住家中的传教士鲍小姐的影响,能说一口流利的英语。1911年,少年董健吾进入约大附中学习,继而升入大学。他英语纯正、性格开朗、思维活跃,不仅功课好,还是运动健将,因此深得卜舫济校长的赏识,有意将他培养为接班人。卜校长将他从理科院调到神学院,毕业后又派他去扬州、西安等地的教会学校执教。1924年,董健吾被召回约大,任校长助理。

其间上海发生了"五卅惨案",约大也爆发了著名的"六三"壮举——数百名师生为反抗校方阻挠声援"三罢"及悼念"五卅"英烈的行为,发起"永不回校"的签名,并降下美国国旗,升起中国国旗。卜校长万万没想到,活动的领头人,竟是他最为赏识、最为信任的接班人董健吾。

董健吾从此离开了约大。但客观说来,约大前后10多年的经历,对他思想、学术、人格的提升,产生了巨大的影响,他不仅学到了科学知识,而且增强了爱国主义意识,他的英语口语和演讲才能,以及强健的体魄,为日后从事党的地下工作,打下了坚实的基础。

离开约大之后,董健吾先是在上海圣彼得堂担任住持牧师,受约大老同学浦化人的影响,于1928年革命低潮之时,经刘伯坚和浦化人介绍秘密加入中国共产党,后进入冯玉祥部队成为军中牧师,其间遭国民党通缉,对中共有好感的冯玉祥将他护送到武汉,然后回到上海。

回沪后,董健吾成为中央特科的一员,在陈赓的直接领导下,参与了多个铲除叛徒、转运党的重要人物、抢救秘密文件(包括周公馆文件)的重要任务,同时用牧师和古董商人的身份做掩护,将所执掌的圣彼得堂和松柏斋古玩店,作为上海地下组织的秘密聚会点和联络站。其间,周恩来同志曾多次到圣彼

得堂召集重要会议,对董健吾周到细致的安排给予很高的评价。

1930年,董健吾奉命创办了大同幼稚园,主要用以收容抚育遇难英烈、被捕入狱同志及部分中共领导人的后代。为了补充办园经费的不足,董健吾卖掉了祖母赠予的田产。他亲任园长,还请国民党元老于右任题写了园名。幼稚园的孩子中有彭湃的儿子彭小湃、蔡和森的女儿蔡转、李立三的女儿李力,以及毛泽东和杨开慧的三个儿子毛岸英(8岁)、毛岸青(7岁)和毛岸龙(不到4岁)。1931年因顾顺章叛变,幼稚园遭遇到危险,为安全起见,孩子们被疏散到各自的亲友或可靠的同志家中寄养。毛岸英和毛岸青则被董健吾接回自己家中。5年之后在张学良的帮助安排下,孩子们辗转去了苏联。

董健吾与张学良有很深的友情,张曾两度派私人飞机送董健吾去陕北根据地。第一次是1935年,董受宋庆龄之托,把一封传递蒋介石有意联共抗日重要信息的信函递交给中共中央;第二次是1936年,护送美国记者斯诺进苏区采访,途中两人成为无话不谈的知心朋友。斯诺后来在《西行漫记》中,对于这位"王牧师"有多处描述,足见董健吾给他留下的深刻印象。

1970年,斯诺到北京拜访毛泽东主席,提出想见见老朋友"王牧师"。毛主席不知党内有这样一个人,遂让人调查,才知道"王牧师"就是当年在上海收养自己两个儿子的董健吾,也是帮宋庆龄联络国共两党共同抗日的"周续吾"。

遗憾的是,这时的董健吾已经卧病在床,同年12月12日,这位为党做出卓越贡献的红色特工在上海离世,享年80岁。

二、邹韬奋:新闻出版事业的一面旗帜

邹韬奋(1891—1970)是我国著名的新闻出版家、社会活动家,一生创办、主编过六刊一报,其中最著名的是《生活周刊》《生活书店》,堪称我国进步新闻出版事业的一面旗帜,被周恩来称为"出版事业模范"。

邹韬奋出身于福建永安县一个官僚地主家庭。父亲从"实业救国"思想出发,将他送入上海南洋公学(上海交通大学的前身)读书,想把他培养成为一名工程师。读至上院电机工程科二年级时,邹韬奋发现自己对数学、物理全无兴趣,遂转考约大,于1919年9月进入约大文科学习。

邹韬奋自称是约大的"穷小子",因为此时他家道中落,家里已无力支付昂贵的学费。于是他凭借做家教、到图书馆打夜工和给报刊写稿勤工俭学,完成

了约大的学业。

邹韬奋在回忆录《经历》中写道,在约大两年间,他除了学到社会科学知识,重要的收益还有两个,一是训练出"快读的能力",为日后从事编辑工作打下了基础;二是收获了"诚挚的友谊"。书中提到一位同级学友刘威阁给他送过棉衣和蚊帐,还多次在经济上接济他。后来成为中国会计学泰斗的潘序伦也是邹韬奋约大时的同班同学,在其早期的编辑生涯中,曾给予他重要的帮助。

1926年,邹韬奋接任《生活》周刊的主编。《生活》周刊原是一个教育类刊物,邹韬奋逐渐将其改变为社会时事类刊物,全方位地报道和评论社会政治、经济、文化生活,受到读者的欢迎,发行量从1926年接手时的2 800份左右,到1929年的8万份,后来发展到15万份,创下中国杂志发行的一个奇迹。

九一八事变后,马占山将军领导东北义勇军抗日。不久,一·二八淞沪抗战爆发,全国民众爱国热情高涨。邹韬奋在《生活》周刊不断推出抗日爱国文章,还在周刊上载文号召读者捐款抗战,得到社会各界的热烈响应。

邹韬奋在《经历》中有这样一段回忆:

> 当时我们的周刊社的门口很小,热心的读者除邮汇捐款络绎不绝外,每天到门口来亲交捐款的,也挤得水泄不通,其中往往有卖菜的小贩和挑担的村夫,在柜台上伸手交着几只角子,或几块大洋,使人看着发生深深的感动,永不能忘的深深的感动!

这次捐款的总额达12万元,编辑部将所有捐款者的姓名、钱款全数公布在报刊上,接受社会监督(信息公开)。即便如此,还是传出一些流言蜚语,有说马占山将军没有收到全部捐款的,还有人怀疑邹韬奋出国考察,是否挪用了这笔捐款。这让邹韬奋和编辑部同仁有口难辩。

就在此时,潘序伦挺身而出,组织他所创立的立信会计师事务所的同仁,核查了全部捐款账目,并将证明书昭告天下,从而消除了关注公众的疑虑,维护了《生活》周刊的信誉。之后,两人又有多次互助和合作。抗战时期,邹韬奋创立的生活书店接受党的领导,立信与生活书店合资办企业,其中的中兴造纸厂为重庆《新华日报》社提供了充足的纸张。周恩来评价说:"中兴纸厂就好比我们前线作战的一个兵工厂。"在民族危难之际,两位约大校友的相互扶持和合作,成为一段佳话。

1932年,邹韬奋参加中国民权保障同盟并任执行委员。1936年,邹韬奋任全国救国联合会执行委员,同年被国民党政府抓捕成为"七君子"之一。1937年出狱后,他大力宣传抗战。1941年,他受国民党迫害出走香港,后秘密潜渡到东江根据地,再辗转进入华中新四军军部,1943年,因病情恶化赴上海治疗,1944年7月病逝。中共中央追认他为共产党员。

1951年,约大将其历史最悠久的怀施堂更名为韬奋楼,以纪念这位杰出的校友。

三、周有光:通达智慧的语言学大师

周有光(1906—2017),我国著名的语言学大师。因主持制订汉语拼音方案,被誉为"汉语拼音之父"。

2014年,先生108岁时,人民日报出版社出版了《超越百年的人生智慧——周有光自述》一书,封面上印有黄永玉的推荐语:

> 周有光是文人,他什么都懂,家里叫他"百科"、"周百科",百科全书的意思。他有非常开阔的胸怀。在学问上,人生态度上,他是很了不得的。

这段话,极其准确地为周有光画了像。

在这本《自述》里,有一个章节专门叙述了他在圣约翰大学求学的经历。

周有光出生于江苏常州。中学毕业后,先后报考过两所大学,先报考了约大,被顺利录取。考虑到约大学费较高,他又报考了南京的东南高等师范学校(后来的中央大学,今天南京大学的前身),也被录取了。周有光担心家里出不起学费,准备放弃约大去读东南高等师范。他姐姐的一位同事听说之后觉得实在可惜,说"考圣约翰比考状元还难呀",并回家跟母亲说了这件事。老太太也是常州人,见过周有光,很喜欢这个小同乡,就对女儿说,你去里屋拿一个皮箱去当了。皮箱里是老太太的嫁妆,当了200多块钱,帮助周有光付了学费,这样他才如愿进了约大。

周有光在《自述》里还说了一件轶事:圣约翰大学报名需要照片,他在上海的同学关照他最好拍一张西装照片,可周有光没有西装。幸好照相馆备有西装,但摄影师也没穿过,不知道怎么打领带和领结。结果闹了一个笑话:摄影师给周戴上一条领带,再戴上一个领结。照片寄到上海,同学大笑,命周有光赶紧重拍一张寄过去。

书中周有光对约大的教学模式和校园生活有很详细的描述。他说,约大一年级不分文理,到二年级才分文科和理科。一年级学基础课(类似于今天的通识教育),三面墙都是黑板,学生可以上去发表观点、做题目。他的数学比较好,一位外国老师说"你就读理科吧",可一位同学说,约大的文科更好,你不读文科读理科亏啦,于是他选择了读文科,但实际上是偏重经济学方向。

为什么选经济学?周先生在广西师范大学出版社的《周有光百岁口述》中有回答。他说:"中国是一个大国,要做国际贸易,要办银行,要有一套学问……国际贸易要有一套技术,我主要是学这方面的东西。"从约大毕业后,周有光很长一段时间都是在金融界任职,20世纪50年代,他出任复旦大学经济研究所教授和上海财经学院教授,从事经济学教学和研究工作。

但早年约大的教育启蒙,注定他会走出一条不寻常的人生之路。

约大有一本介绍学校的小册子,里面说,我们大学不是培养专家的,是要培养完美人格,在此基础上可以发展成为专家。约大每一门课都有课外阅读的要求,要求学生学会自学,学会独立思考。周有光记得有一位英文老师教他们如何读报,老师说,看报时要问自己三个问题,第一个问题:"今天哪条消息最重要",第二个问题:"为什么这条消息重要",第三个问题:"这条消息的背景你知不知道",如果不知道就去查书,首先去查百科图书。

这样的学习训练养成了周有光好学多思的习惯,他对语言文字方面的兴趣,也是在课外阅读中产生的。在校期间,他曾参加拉丁化新文字运动。20世纪40年代,周有光被新华银行派往欧洲工作,在那里他发现欧洲人对字母学很重视,于是买了许多字母学的书自学,这些为他日后转行从事语言文字工作打下了一定的基础。

周有光视野开阔,善于不断学习新知识,尝试新事物。85岁以后,他又另辟蹊径开始研究文化学问题。这种终身学习的习惯和能力的养成,跟他当年在约大所受的训练和熏陶有着密不可分的关系。

四、林语堂:"圣约翰给了我健康的肺"

林语堂(1895—1976)是中国现代文学史上学贯中西的文学大师,因其倡导幽默文学,赢得"幽默大师"的雅号。

林语堂于1895年出生在福建龙溪的一个小山村,身为乡村牧师的父亲受"百日维新运动"影响,希望儿子读英文,接受西方教育。林语堂因此6岁就进了教会办的学校,大学本科就读于上海圣约翰大学。

林语堂在80岁时写了一本《八十自述》,其中关于在约大的求学经历占了完整的一章。他写道:

> 我很幸运能进圣约翰大学,那时圣约翰大学是公认学英文最好的地方。由于我刻苦用功,在圣大一年半的预备学校,我总算差不多把英文学通了……我学英文的秘诀就在钻研一本袖珍牛津英文字典上。这本英文字典,并不是把一个英文字的定义一连串排列出来,而是把一个字在一个句子里的各种用法举出来,所以表示意思的并不是那定义,而是那片语,而且与此字的同义字比较起来,表现得生动而精确;不但此也,而且把一个字独特的味道和本质也显示无遗了。一个英文字,或是一个英文片语的用法,我不弄清楚,决不放过去。

林语堂"从字典中学到精妙的片语",这为他日后用英文写作,打下了扎实的基础。

先生学贯东西,尤在向世界传播中国文化方面,有着突出的贡献。他最负盛名的《吾国吾民》《生活的艺术》,以及《孔子的智慧》《老子的智慧》《苏东坡传》《京华烟云》等,都是先用英文写作出版,之后再翻译成中文。1976年先生去世时,有媒体发表社论称:"林氏可能是近百年来受西方文化渲染极深而对国际宣扬中国文化贡献最大的一位作家和学人……若干浅识的西方人知有林语堂而知有中国,知中国而后知中国的灿烂文化"(据《中国时报》)。

约大给予林语堂的另一"好处",用他自己的话说,"那就是给了我健康的肺"。

> 我若上公立大学,是不会得到的。我学打网球,参加足球校队,是学校划船队的队长……最出色的是,我创造了学校一英里赛跑的纪录,参加了远东运动会……

约大对体育的重视,在当时高校中是出了名的。它引入了诸如棒球、板球、网球等体育项目,举办了中国近代教育史上第一个运动会,拥有我国第一个大学体育馆……更重要的,约大校园还是我国奥林匹克运动的发祥地。

今天约大旧址的26、27号楼,就是中国奥委会的前身——中华全国体育协进会当初的办公地点。其初创时期的核心人物王正延、沈嗣良等都是约大校友。1932年洛杉矶奥运会刘长春作为第一位参加奥运会的中国运动员,领队就是后来成为约大第一位华人校长的沈嗣良。王正延则是我国出任世界奥委会委员的第一人,被誉为"中国奥林匹克之父"。在这样的氛围下,约大校友酷爱体育运动就不足为怪了。

回忆约大的校园生活,在《林语堂自传》中,林语堂称自己"从来没有为考试而填鸭死记硬背"。

> 在大家拼命死记准备考试得高分时,我则去钓鱼消遣。因为圣约翰大学濒苏州河湾,所以可以去捉死鳗鱼、鲦鱼和其他小鱼,以此为乐而已。在二年级时,休业典礼上,我接连四次到讲台上去接受三种奖章,并因领导讲演队参加比赛获胜而接受银杯,当时全校轰动。邻近的女子大学圣玛丽大学的女生,一定相当震动。这与我的结婚是有关系的。

林语堂所说"这与我的结婚是有关系的",是指他接连四次上台领奖的消息传到家乡,让他这个乡村穷牧师的儿子赢得了鼓浪屿一位钱庄老板千金的仰慕,这位叫廖翠凤的女子后来成为他的妻子,两人相濡以沫数十载的爱情传奇,成就了那个年代文坛上的一段佳话。

五、顾维钧:敢对列强说"不"的杰出外交家

顾维钧(1888—1985)是民国时期著名的外交家,曾在巴黎和会上就山东主权归属问题慷慨陈词,据理力争,最后拒绝签字。这是中国近代以来,中国外交家第一次对列强说"不"。

1901年3月,13岁的少年顾维钧考进圣约翰书院预科学习。此时正是中国面临严重的民族危机和近代民族主义意识形成之时。他曾在《维钧回忆录》第一部分"圣约翰书院"中写道:

> 我记得当时校内外到处谈论改革,即实行宪政和社会改革……由于清政府在对外关系方面处理不当给中国带来了巨大灾难,如八国联军强行向中国索取大量赔款作为对义和团起义时出现排外暴乱的惩罚,举国上下对清政府怨声载道。
>
> 公众舆论不止主张改革还主张成立洋学堂,对外国知识、西方技术给予更多的重视……

在上海租界中长大的顾维钧,对外国人在中国享有的特权有切身的体验和感受。在上海读书时的一个周六,他像往常一样坐黄包车从学校回家。从外白渡桥上桥时,车夫拉得很慢,跟在后面的一辆马车上的英国人嫌黄包车挡了他的道,举起马鞭抽打了黄包车夫。顾维钧气愤地用英语斥责这个英国人:"Are you gentleman!"(你是绅士吗)。顾维钧知道对英国人来说,这是很严厉的斥责。

还有一次,顾维钧骑自行车去学校。为了避开马路上的车辆,他在静安寺路上跟着一个英国男孩骑上了人行道。英国警察放过了前面的男孩,却将他扣下了。同样骑车,却面临不同的处理。这件事也深深刺痛了少年顾维钧。

晚年顾维钧在接受记者采访时将这两件事视为在上海读书期间"不能忘记"的两件事,"这让我觉得一定要收回租界,取消不平等条约"(据金光耀《顾维钧传》)。

他后来成为外交家,在多个重要的国际场合挑战列强,维护国家利益,跟少年在沪上读书期间的这些经历不无关系。

综观圣约翰大学对这些名家大师的影响及他们的成才之道,归结起来有如下几点:一,受到良好的新学教育,素养全面;二,大多出身贫寒,自强不息;三,受时代大潮影响,有志有为。

一方面,他们就读于教会学校,对西方文明持开放、向往的态度;另一方面,他们耳闻目睹被列强倾轧欺凌的现实,激发了强烈的民族主义意识和爱国热情。可以说,向往社会变革,追求新生事物,期盼国家强盛,成为这些圣约翰杰出校友,也包括那个时代有志青年共同的思想底色。

海上名人趣谈

王晓君

王晓君　著名文史掌故作家
2020年4月24日演讲于浦东图书馆

人生苦短,弹指一挥,我已近耄耋。

我喜写作,且喜写当代文化名人的掌故。年轻时,我骑着破旧的"老坦克"(自行车),走街串巷,直面采访上海文化名人及其家庭,如唐云、钱君匋、刘旦宅、程十发、凌虚、陆春龄、邓散木夫人张建权、白蕉夫人金学仪等。我为他们写些散失的人生小故事,如胡松华为陆春龄摁手印的书法,沈利群与《三笑姻缘》的幕后故事,唐云的绝笔壶、饶宗颐的紫砂情结……几十年来,林林总总也出版了11本书,其中7本便是"名人掌故逸事"。我以为,这些过眼烟云的小故事,恰恰是这些艺术家艺品的结晶。拾遗补阙本来就是乐事,何况还能"流芳百世",何乐而不为呢?

在采访过程中,我为不少文化名人牵线搭桥,帮他们解决了一些意想不到的事,这些事都是我亲力亲为,故而是他们一生难忘的事,也是我一生中最值得骄傲的事,现与大家分享。

一、林鹏：与徐锡麟志同道合

在闵行企业家金三益《金石缘》一书的首发式上，我认识了上海交大农学院教授林家宝，得知其祖父林鹏与刺杀安徽巡抚恩铭的徐锡麟是密友，曾共同策划了刺杀恩铭的活动，我便追踪采访了林家宝。

林鹏(遂初)，生于1868年。故居在南汇横沔老镇河西街，一幢砖木结构的两层楼小屋，黑瓦灰白墙，门匾上刻有"遂初小筑"。故居背靠横沔港，环水拥抱，清静养心。据说，老屋建于1935年，是林鹏自己设计，自己监制的。

林鹏家共有弟兄三个，其父是撑船的，林鹏排行老二，他常随父撑船送货，生活在船上。林鹏不甘寂寞，在船上挑灯夜读。后经人介绍，林鹏去了浦东大团镇一大户人家教书，结识了不少豪门。他一边教书，一边读书，终于在光绪二十四年(1898)中了举人，中举之后，应江苏学政之邀，赴江苏南菁书院任教。南菁书院重视经史词章教学，林鹏在从教的同时也不弃理化。寒暑假，他回上海制造局理化馆曹家渌研究会进修学习。休业期间，经人介绍，林鹏认识了刚从日本回来的徐锡麟。也许是接受外来新思想的缘故，两人言语十分投机，终成志同道合的好友。在上海，徐锡麟与林鹏由陶成章介绍，加入了光复会，光复会成员还有马宗汉、陈伯平。由于林鹏性格内向，不善抛头露面，徐锡麟便托他管理内务，从此，林鹏当起了徐锡麟的后勤管家。过了一年，林鹏随徐锡麟到绍兴创办了大通学堂。学堂开设了体育专修科，灌输反清思想，发展光复会成员，意在伺机干一番大业。

徐锡麟，浙江绍兴人。他倡体育，讲武事，宣传反清思想，是清末资产阶级革命派的重要人物。在办大通学堂时，他对学员进行短期的革命教育和军事训练，积极培训干部。他还规定："本学校学生，都当成为光复会会友。"1906年，徐锡麟赴安徽办学。为掩护革命活动，徐锡麟集资捐了安徽候补道，在赴安庆参见巡抚恩铭之前，徐锡麟决定将绍兴大通学堂交与鉴湖女侠秋瑾主持，自己与林鹏、马宗汉、陈伯平一起去安庆。临行时，秋瑾一身男装，与四人一样身背马刀，一字排开拍了个照。他们说，一为纪念，二为饯行，更为以誓信念。他们约定，在适当的时候，于绍兴、安庆同时起义。

徐锡麟到了安庆，得恩铭重用，先任武备学校副总办，继任巡警处会办，后兼任巡警学堂会办、陆军小学监督。其间，徐锡麟嘱托深谙化学、物理的林鹏自制炸药和操办枪支,准备借巡警学堂举行毕业典礼之时,除掉恩铭。他们本计划1907年7月19日,在绍兴、安庆同步起义,不料,有人走漏了风声,徐锡麟匆匆于7月6日在安庆起事,虽亲手击毙了恩铭,终因寡不敌众,失败被捕,以身殉志。秋瑾也被清政府抓捕,1907年7月15日在绍兴轩亭口就义。

此时的林鹏正应命来上海商务印书馆印《光复军告示》等传单。林鹏得知起事失败,上海街面也传说纷纷,捕捉四起,便化装登船,奔逃去日本避难。待辛亥革命推翻清政府以后,林鹏回到上海,在上海交通大学任教博物生理课,校长是唐文治。

在抗日战争艰难之时,林鹏通过南京的高官学生及自己特殊的学者身份为地下游击队发放通行证,把军火、盐、药品偷运至苏北新四军根据地。那里的"三五支队"游击队称其为"老革命"。新中国成立后,林鹏参加上海知识界耆老会,历任南汇县人民代表。1965年,林鹏终老于家乡横沔老屋,享年97岁。

这里补充一小插曲:在采访过程中,我曾去过交大校史办公室寻求资料,他们一无所有。然在林家宝的协助下,我找到了不少稀有的材料并写成文章。文章一经披露,交大校史室十分重视,他们请来林家宝,林家宝捐赠了其祖父的实物照片。校史办负责人十分高兴地说:"林鹏史迹的发现,将我交大的革命历史提升了一个台阶,也改写了只有徐锡麟、秋瑾、马宗汉、陈伯平四人刺杀恩铭的历史。"

二、程十发:重续童年梦

2019年12月18日,程十发纪念馆在虹桥路上开馆,程十发可谓"海派文化"的代表人物。我曾在程老吴兴路"三釜书屋"采访过他。程老十分幽默,他说:"程氏有个老祖宗,名'咬金',有三斧头之誉。斧,人家看了吓丝丝,故改为三釜,釜是锅的解释,三釜就兼顾了集体、个人、国家,大家有饭吃。"

程十发出身于江南水乡松江的中医世家。杨柳春风,麦浪翻滚;涡涡涟漪,赤膊摇橹,白云蓝天,哼哼纤夫,都给程十发留下深刻的印象。一次,程家请来了一位灶壁师傅,一支笔,一块炭,几瓶颜料,却在灶上画出奇妙的山水画来。程十发佩服极了,从此萌发了学画的念头。谈到此时,程老风趣地说:"我家三代行医,可我却成了画画的:我九岁丧父,这使我失去了学医的近水楼台。

我家对面,有个画家叫张定九,他是清末工部尚书张祥河的后代。他十分喜欢我,教我笔墨,并收我为继子。因此,我走上了画画之路。"

张定九的女儿张祉琬也随父学画。当时,张祉琬十一岁,程十发八岁,两人以姐弟相称,相处十分和谐。不料日寇在上海扔下炸弹,张家八深九院的老宅被日本人一把火烧尽。大难临头,各自奔命,张祉琬与程十发也被战火冲散,张祉琬奔青浦,程十发奔上海,两人一别就是一个甲子,从未见面。

张祉琬之子谢天祥乃我好友,他告诉我情况之后,我便投书给程老,告知张祉琬的近况。程老即刻来了回信:"蒙赐大札,谢谢。顷获悉童年旧事,于六十年前故乡旧谊,散佚无多,会将续童年乡亲旧梦,不胜高兴,请约拜张祉琬女士具体日期。"

1993年一个风和日丽的冬日,我陪程老先生赴青浦会见张祉琬。车上,程老幽默地说:"年轻人盼过年,可增岁;而我们老人盼减岁,恨不得时光倒流,我与祉琬一别就是一个甲子多,正是时光飞逝。"在谢天祥家中,两位分别已六十五年的老人相见了。程老操着浓重的松江话:"老阿姐,我无时不想找你啊!可六十年沧桑巨变……"两位老人很激动地将话题转入回忆之中,他们说起先辈张定九和程欣木的莫逆之情。程老说:"继爹为我先父画的《深山采药图》,我仍记忆犹新,他们在花园中饮酒赏月,持螯采菊,吟诗作画,其乐融融的情景,我也历历在目。"

在子女的安排下,两位老人游览了青浦曲水园。他们约定在明年春暖花开时,重返松江探望旧宅。不料,不到一个星期,程老便约我去松江故居并游张祥和旧宅。程老故居毗邻醉白池公园。登上阳台,园内的香樟、蟠槐、紫藤及池周的廊、亭、舫尽收眼底。接着我随程老、张祉琬一行便去张祥和旧宅寻找六十五年前的欢乐了。

张家旧宅根基虽在,但已今非昔比,人口之多,颇有"七十二家房客"之嫌。草木虽多,但杂乱无章,已非旧时百草园之貌。他们来到旧宅,见旧座厅堂上方"松风草堂"匾还在,程老激动地说:"要保护好这些文物,请当地政府千万千万不要失落。"他们忆到了"谊笃宗旨大厅",他们忆到了厅园内的假山亭榭,他们忆到了张大千举家到松江住在隔壁赵家时的情景,也忆到了佣人"阿和尚"背着程十发,老妈子牵着张祉琬正月十五赏灯之情景……当两位老人沉浸在回忆中时,突然有个老太迎了上来,冲着程老说:"这不是儿时喜欢在包药纸上画关公的'神童'吗?(程十发原名叫程潼)"老屋遇故人,倍加亲切,彼此拍照留念,不知不觉已到晌午。

在松江红楼宾馆用饭时,程老特地点了家乡的土特名菜:"咸菜独脚蟹""四鳃鲈鱼汤""红菱烧肉"……服务员端上一碗菱多肉少的"红菱烧肉",程老说:"这是西草浜的水红菱,色泽鲜红,个大味美,夏秋季节,松江到处有卖。现在是冬季,菱藏冰柜,味自然要逊色些。小时候,'阿和尚'、老妈子陪着我们去河塘采菱玩耍,那开心的情景,老阿姐,你可记得否?"过了一会儿,厨师亲自端上一盆"鲈鱼氽鸡汤"。金黄色的鸡里浮现着肚如雪脂的鲈鱼,催人食欲。程老回忆道:"此乃东南佳味,肉鳃鲈,雪松酥腻千丝缕。继爹家有大庆时才上这道菜。我们小孩,只能偷着吃几调羹汤汁而已,鲜美爽口,吃它,打耳光都不肯放。"程老接着说:"四鳃鱼很少见,现在的四鳃鲈鱼有假冒之疑,吃它无非是想勾起童年美好的回忆。"饭局将要结束时,服务员端上一碗"咸菜发芽豆",说是清清口的,程老见之高兴地说:"这独脚蟹(蚕豆发芽只一根,故名)就是我们儿时常用的早晚菜。记得还有松江的甜酱瓜,泡饭过过,味道美极。"程老完全进入了童年的回忆之中,如丝的乡梦,甜甜的,惆怅的。

程老与张祉琬即将分手,彼此依依不舍。谈何时再能故地重游,看一看老屋的风貌,进一进育他养他的书房,摸一摸儿时玩过的大石……谁也说不准。程老感慨地对张祉琬说:"我会将此次故地重游深深地嵌在心里的,老阿姐你当保重。"回家不久,程老便创作了水墨画《梦屋》,他不仅将故乡牢牢地刻在心里,还制成画页,大力扬之。

此事已过去了27年,当我回忆起这段成人之美的往事时,心里总是甜滋滋的。

三、邓、谢两家:一泯恩怨情更深

邓散木是当代著名书法篆刻家,其书法气雄力健,深厚流丽,富有金石韵味;其篆刻沉雄朴茂,清新古拙,老辣奇倔,在印坛上独树一帜。

邓散木脾气很怪,怪得似乎有些不通理性。国民党反动派"四一二"反革命大屠杀后,邓散木对社会上的丑恶看不下去,于是将自己名字改为"粪(糞)翁""海上逐臭三夫",并制一铜牌"厕简楼"挂在门前。有个国民党中央委员母亲死了,请邓散木写墓志铭,提出了一个条件即署名必须弃去"粪"字,润例费可从优。邓散木顿时来气:"既然讨厌粪字,又何必来找我粪翁,我虽贫穷,宁可无米下锅,也不改'粪'字。"

抗战胜利之前,邓散木先后办过11次个展、合展,人称他江南祭酒首席,将他和齐白石并列,有"北齐南邓"之誉。邓散木得知后,深感不安。他以为抗战期间,在国家民族存亡之中,自己无能,出不上力,如一节无用的废木,故改名为"散木"。

他第三次更名是在他63岁时因血管堵塞症而截肢左足,故改为"一足夔"(一条腿的怪兽)。

邓散木与白蕉是好友,他们个性脾气相似,常有孤芳自赏不合时宜之癖,但有良知、有爱国之心,两人被戴上了"右派"之帽。邓散木摘帽后,章士钊出面请邓散木给毛泽东治印。当时邓散木已病入膏肓,然他一口答应,硬撑病躯,寻觅金石,刻就"毛泽东"一印。印为"明黄色,石制立方体,顶部镂空琢双龙"。"毛泽东"白文二字,线条横不平,竖不直,似欹斜荒疏,然而读来大有"自然天成""返淳归朴"之感。印的一侧有"1963年8月,敬献毛主席,散木缘时六十有六"字样。章士钊见之赞曰:"好个龙纽大印,刀力非凡。"(这一"文物极品"的印章现已被湖南韶山毛泽东同志纪念馆收藏陈列)邓散木于1963年10月8日5时与世长辞。

也许有人要问,邓散木1963年已故,你怎么会知道这些过往呢?此事当追溯到白蕉夫人金学仪,是她介绍我认识了邓散木夫人张建权。以上所记都是我采访张建权时得知的。那么,我为邓家做了些什么呢?说来有趣,此事又要提及上文的好友谢天祥。在谢天祥家,我发现他藏有不少邓散木的遗墨及金石印章,一轴邓散木临长二米有余的兰亭集序,更是飞逸俊秀,我不禁惊讶。

原来谢天祥的父亲谢兰轩与邓散木既是同好,又是挚友,两家过往密切,胜如一家,谢兰轩喜诗,善于收藏,又好结交书坛名流。邓、谢两人唱诗作画,互为知音。1955年,邓散木要离开上海,迁居北京,两人挥泪惜别。以后鸿雁传书,南北唱和,切磋书艺,乐在其中。1963年,谢兰轩得知邓散木病逝,自己患病在身,无法赴京瞻仰遗容,只得面北凄楚,以泪洗面。

劫后,谢兰轩之子谢天吉负笈京师,攻读中国音乐学院研究生。行前,谢兰轩再三叮嘱儿子时常去邓家探望并照顾好邓老夫人张建权。谢天吉与邓散木女公子邓国治志相近,年相仿,相处弥笃,情同手足。邓国治家学渊源,耳濡目染,文笔功底深厚,在中国新闻社任记者时,已初露头角。谢天吉曾协助邓国治,先后在北京、天津、杭州、青岛举办了"邓散木金石书法展"。随后,邓国治与天吉及其大哥谢天福拟定为邓散木作传。自此，邓国治收集原始素材，谢天福着手整理。同时，他们对邓散木遗作进行系统的校订、补缀、编辑。

其间，邓国治一直视谢天吉为心上人，对其无话不说，无事不商。邓散木夫人张建权深知爱女之心，也倍加喜欢谢天吉，而天吉却一直把国治视为妹妹，未领国治之爱。不久，天吉相上了自己的意中人。这一举动大大刺伤了邓国治的心，她忍受不了这个打击，悄悄地走上了绝路，去世时年仅39岁。

邓国治临走之前，将一部分弥足珍贵的邓散木遗墨、印章及她本人所撰写的部分作品移至谢家，其中不乏未曾面世之作，如《书谱序译注》《倭事记略》，竹画以及友人书简。邓国治英年早逝，使张建权饱受痛失爱女之苦，一气之下，与谢家不复往来。她将邓散木的遗作和收藏凡1 600余件作品悉数捐给了黑龙江。当时黑龙江省省长陈雷接收并为此建立了邓散木艺术陈列馆，而《邓散木传》的草稿却被张建权压在箱底。

谢天吉的弟弟谢天祥得知此事后，深感负疚。1994年冬日，谢天祥和我商量，拟办"邓散木艺术研讨会"，在其大哥天福的协助下，我们假上海太原别墅举办了规模较大的"邓散木艺术研讨会"。我们请来了中共上海市委宣传部副部长贾树枚以及钱君匋、苏渊雷、刘旦宅、吴青霞、邵洛羊、高式熊等书画名家，会上展示了邓国治赠予谢家的书画印章。大家缅怀邓散木其人其事，并高度赞誉邓散木的艺术成就及其爱国思想。会后，我感触万分，很想促使两家通好。我知道邓散木生前挚友有白蕉夫妇，如今白蕉夫人金学仪仍健在，且与张建权如同亲姐妹一般，来往频繁。在拜访白蕉夫人时，我讲了这个意愿，金学仪深表赞同，并同意出面致函张建权。金学仪信至北京详述了天福、天祥之诚意，并请老人谅解天吉。张建权为谢家之真挚所感动，顿消前怨，并将深藏10年的《邓散木传》原稿草本寄给谢氏兄弟，由他们重新整理。在我牵线搭桥下，由上海人民出版社出版。

1976年7月10日，上海人民出版社为《邓散木传》举办签名仪式。寓居北京、年已90高龄的张建权和白蕉夫人金学仪均出席了该书的首发式。记得这天正值暴雨，绍兴路上涨着大水，我们正愁无人来签名，不料来了诸多邓散木迷，仪式在众多热情书迷签名中结束。天祥告知邓伯母："国治送来的邓散木书画、印章、遗作也在整理之中，待适当的时候出版。"张建权会心地笑了。

此事已过去了20多年，好事的我，敬请白蕉夫人金学仪，促成邓、谢两家冰释前嫌，一泯恩怨情更深，现在想想，不亦乐乎！

四、苏局仙：新声竞赋为仁寿

苏局仙,享年110岁,周浦牛桥村人,晚清末科秀才。他曾是上海年龄最大的老人,是全国年纪最大的书法家。他8岁习字,一直写至110岁,有102年的书法创作史,也是写书法年龄最长的人,同时他还是全国最高龄的文史馆馆员、全国最高龄的诗人……

1979年,《书法》杂志举办全国群众书法比赛,98岁高龄的苏局仙挥毫创作行书《兰亭序》全文应征,在15 000名作者中获一等奖;结果一经报端公布,这位乡间的百岁老秀才引人注目,拜访者、索墨者络绎不绝。时任上海海潮诗社副社长兼秘书长的我,自然仰慕不止,便组织了海潮诗社的全体同仁,驱车赶往周浦拜访苏局仙。苏局仙居室是江南别具一格的平房,四周是绿树、修竹,门前还有小河;庭院内有棵大芭蕉树,春夏之际,碧绿可人。我们每次前往,都是苏局仙儿子苏健侯接待的。一次,我和蝴蝶收藏家陈宝财共去苏局仙老家,谈及蝴蝶收藏之艰辛,不一会儿,苏局仙脱口吟诗一首:"人间有此一奇观,尽态极妍看不完。莫说区区玩好事,几年忘寝义忘餐。"通俗易懂地说出了收藏家的心里话。很快苏局仙书以条幅相赠,陈宝财兴奋不已。

与苏局仙和苏健侯熟了之后,我便请他父子俩担任海潮诗社的顾问。1987年,苏局仙107岁,由我诗社发起,向海内外墨客骚人征诗,为其做大寿。我的老师、海潮诗社社长陈玉清序曰:"征诗祝寿,自古已然,德望年高,尤宜如此。丁卯岁暮,曾为本社顾问南汇寿星苏局仙先生百零七岁览揆之辰,作启征诗,荷蒙海内外贤达,骚坛巨子,词宗诗伯,惠以鸿文。宠锡丹青,曷胜雀跃。新声竞赋,犹如戛玉敲金,旧调重弹,不减铜琶铁板,等珠玑之灿明光,俨珊瑚之缀宝网,为垂竹帛,爱付枣梨。冀人手一篇,传千秋佳话。岂仅添东阁之芸香,亦实溢西国之兰氛也。"征诗一出,美国、新加坡、北京、黑龙江、新疆、广西、湖南、四川、广东等上千诗人齐发唐音,纷纷祝贺。贺诗上千首。苏局老激动不已,当即赋诗二首,奉酬海内诸名家宠锡珠玉介吾百零七寿:其中一诗曰:"当今名士尽风流,恬淡清宁物外流,檀板高歌作曲客,金声掷地并诗闪。雅怀有类沧洲笔,逸趣横生北固舟。岁月优游人不老,同居盛世历千秋。"我们选了近400首,汇编成小册子,大红封面,由社长陈玉清题"仁寿"二篆字。

苏局仙饱读四书五经,得过科举功名,但一生淡泊名利。他相信科学,不讲迷信。1983年10月,104岁的苏局仙首批申请逝世后将遗体捐献给祖国医药事业。经过公证,二军大受理登记并发给了证书。苏局仙终生侍奉"人类来自自然,死后应该回归自然"的人生准则,他诗曰:"四大化来四大去,生生死死亦寻常。不应傻占尺寸土,妨碍农田种稻粱。"

1991年12月30日下午4时,110岁的苏局老因急性肺水肿与世长辞。子女遵嘱,将苏局老遗体赠予二军大。解剖结果,令人十分诧异:主要器官无明显病变,心脏良好,胃无溃病,胆囊通畅……

苏局老遗体经解剖后火化,遵嘱,子女将其骨灰一部分撒在养育他的故居东湖山庄的竹林和小河里,一部分撒在芦潮港以东的东海海面上。

中国有句老话,叫"为他人作嫁衣裳"。为人作嫁,非常辛苦。就拿我来说吧,不管风吹雨打,寒冬酷暑,我总是骑着一辆破旧自行车走街串巷,颇为艰辛,但一旦事情办成后,那成人之美的乐趣,就甭说了。从大的方面说,可谓立天地之心,传民族之魂;从小的方面来说,叫心境天地宽,厚德泽福吧。

作家小故事　文学大情怀

修晓林

修晓林　上海文艺出版社编审
2021年3月30日演讲于上海海洋大学

今天我演讲的题目是"作家小故事，文学大情怀"，意在让在座的同学们多一点了解和感受我国著名作家尤其是上海作家在人民的文学事业中，饱含家国情怀、彰显时代脉搏的读书创作经历和丰富内心世界，同时也知晓文学编辑行业的特点与不易。让"文学伴我人生，精神滋润内心"成为激励自己终身学习、不断感悟的比较重要的生活内容。

我想从自己的著作《文学的生命——我和我的作家朋友》说开去，以我与多位作家心贴心、面对面的交往、交谈，从切身感受出发，采取"多点、浓缩"的方法，并配以与各位作家的合影照片，看看这些作家对于生活、读书、写作的态度与体会，从而使我们有所思，有所感，有所得。

巴金，2013年被国务院授予"人民作家"称号。最让我们心灵受到震撼的，是巴老的"说真话的大书"《随想录》和《再思录》。

1992年4月的一天，上海华东医院，安静的病房中，大家都用最深的敬意，看着这位将热情、忧患和良知,贯穿于生命和文字的伟大作家。这时,巴金突然说话了,他用略带颤抖的声音问作家王西彦:"西彦,白羽今年好多岁了?"我们都为巴老清晰又活跃的思维,以及病中仍然挂念老友的深情所感动。坐在侧边沙发上的王西彦立即回答:"白羽比你小十二岁,今年八十了。"此时的巴金,已经陷入了很深的回忆之中……值得一提的是,当年的 6 月 12 日,当我到京拜访刘白羽时,说到这动人的一幕,刘白羽的眼眶湿润了,他显然非常激动,立即为我书写了"以生活的真实燃烧人的心灵"的宝贵赠言。刘白羽老师还对我说:"读巴金,不仅是读他的作品,更重要的是读他的人品,读他奋斗的一生。"在武康路的巴金故居纪念馆,我们可以缓步参观、细致感受,那一件件巴老生前使用的物品,在特殊年代所写的信件,那安放在床头的、陪伴巴老 33 年的、巴老夫人萧珊的骨灰盒等,都在无声地向我们诉说巴金先生的真诚内心和人生故事。巴老之所以能写到 95 岁,是因为他时刻怀着一个作家的责任感,怀着对国家、人民的满腔热忱。巴老生前说,我唯一的心愿是"化作泥土,留在人们温暖的脚印里"。

钱谷融的名作《论"文学是人学"》对中国文坛产生了重要影响,也使得钱先生的人生遭遇了风浪颠簸、命运起伏。钱先生称自己是一个犹如光风日月一般自由散淡的人,想怎样就怎样,不喜欢人家限制自己,否则就不开心,甚至说:"我爱好忧郁,我不能没有愁,我酿造哀愁的养料来折磨自己","我爱好优秀的文学作品给我的凄楚的快感"。先生还对我说:"淡泊人生,是人世的一种境界。我这个人,在同龄人中,从不与他人争什么,名利地位,我视之如浮云。但是你们还年轻,不能向我学,你们应该去竞争,是合理的竞争,在竞争中出人头地,在学术水平和工作能力被社会认可后,才能做点事情,才能有所作为。""艺术之所以可贵,正在于它能为我们创造出生活中所欠缺的、比生活更高的东西,正在于它能为我们提示一种值得我们向往、追求的美好理想。"钱谷融先生的一番体会和教诲,让我在提升文学编辑的审稿眼光、提高自己的文艺理论修养方面,受益匪浅,得益终生。先生还说:"文学作品本来主要就是表现人的悲欢离合的感情,表现人对于不幸遭遇的悲叹、不平的。文学不能缺少人道主义精神。我们这个世纪的作家,似乎是理智远胜于情感,那令人憧憬、惹人向往、永远使人类灵魂无限渴望的美,现在已是很少看到了。"钱门弟子,大多术有所成,先生培养出了杨扬、王晓明、陈惠芬、王雪瑛、许子东、殷国明、吴俊等一大批中国现当代文学评论家。有人对此感叹"名师出高徒",而钱先生却是乐呵呵的像个老顽童地说:"应该倒过来说,是这些名徒把我抬高了。"

王元化是我国思想文化界的著名学者和大师。20世纪50年代初,在"胡风事件"中,上级说,只要王元化承认胡风是反革命分子,就可将他作为人民内部矛盾处理。但王元化认为缺乏有说服力的证据,予以拒绝。上级领导给了他逃出"阶级敌人"厄运的机会,他居然不接受,结果他被戴上"胡风反革命分子"的帽子。这在当代中国学人中极为少见,许多人为之惋惜,而有人却为之一惊!文艺评论家李子云曾说:"这是什么样的骨气!这种傲骨真有一种遗世独立的悲壮!人是需要骨气的,这样才能在突发的灾难面前保住自己起码的尊严。"厄运到来时,王元化先生如饥似渴汲取先哲的思想营养,他的精神世界在阅读中得到升华。他把艰难岁月压迫在身上的痛楚,转化为平时所不容易获得的洞察力。他的读书心得,是在平静的远离人间烟火的书斋中永远无法获得的。正是基于对历史和现实的深沉思考,造就了他深刻的忧患意识。元化老师在几所大学讲学,特别强调地讲,五四除了个性解放、人的觉醒,值得在中国思想史上大书特书外,独立思想和自由精神是中国知识分子的精神遗产。一天下午,元化先生的屋内坐着上海图书馆的几位领导和中国文化名人手稿馆的同志,他们都以恭敬、崇敬的神态,静静地听着元化老师说话。"人世间,许多东西都会随风而去,只有勇敢和真诚是永恒的。"坐在一旁的我,听了此话,心中受到极大的震动,永远地记住了这位非凡思想者博大的胸襟和穿透历史眼光的淡定处世态度。他也将自己的诗句"呕血心事无成败,拔地苍松有远声"赠送给我,他将其视为自己一生追求的精神境界,也是作为坚定、平和与乐观人生道路的总结。

我在初中年代,就阅读峻青先生的《黎明的河边》《欧行书简》,觉得作品真有一种吸引人的魔力。小说、散文中的故事和场景,充满战斗激情、生活气息和悲壮色彩,生动又都很有气势,他们感染着我年轻的情感,给我以思想上的震撼。文学的力量,通过峻青先生的著作,传递到我的心中,影响着我们的人生之路。峻青说起自己的人生经历,一是他的祖父和父亲都是名驰乡里的丹青妙手,从小就受家庭影响,爱好读书和绘画,且是私塾"十年寒窗下,苦读圣贤书";二是因为黑暗旧社会的家乡生活,给了他幼小的心灵多么深的伤感和创痛！峻青有一位叔叔，给他讲故事，叫他认字，带他上山掏鸟窝，可是不知什么原因，这么好的一个人却被捆绑到家族的宗祠里，族长命人用木棍打断他的双腿，再逼迫他的亲戚将其背到山上活埋了！他说："多么地悲惨！"峻青的家乡有一支"红枪队"，支持和拥护为苦难民众求解放的中国共产党。那个冬天，他们为解救被反动派逮捕的共产党员，未能成功，"红枪队"的成员被敌人枪杀后，头颅被割下，挂在村口的树枝上，在寒风中摇摆。封建的专制和百姓的苦难，激起峻青投身为民族大众解放壮丽事业的决心。2015年，作为一名90岁的抗战老兵，峻青大声说道："真正的抗日战争是非常残酷、壮烈、英勇的，这段历史一定要好好记住，不要看那些以娱乐为主、把战争演化为'逗你玩'的武侠化影视剧。我痛恨抗日雷剧！"他还激愤地说："现在的年轻人虽然没有参加过这场民族救亡图存的战争，但应该去了解这段历史，我一个九十岁的老人，还以'不惜此身将就木，位卑未敢忘忧国'的诗句自勉，年轻人更应该有激情和热血。"

1998年3月的九届全国人大一次会议，朱镕基总理在作大会讲话时说：上海有一位心系群众、政绩显著的厅局级干部，同时还是一位热爱文学、作品不断的作家，希望我们的党政干部，都能像李伦新同志一样走进文艺、贴近文学，这会使我们的视野更广阔，情感更丰富，内心更坚强。朱总理说的，就是曾任上海南市区区长、上海文联党组书记、上海大学海派文化中心主任李伦新。李老师非常感念胡耀邦在"实践是检验真理的唯一标准"大讨论和彻底平反极"左"年代、"文化大革命"冤假错案，拨乱反正，支持邓小平复出，解放思想，全面推进改革开放事业的伟大功绩，他曾在江西省德安县共青城鄱阳湖畔的胡耀邦墓前，长久默默静坐，这是一种多么深切的回顾与总结，是一种多么深厚的感恩之情和对于一个伟大时代到来的盼望和欣喜！

2011年春节前夕，好几位曾在上海南市区担任领导的友人，时隔二十多年，还去看望这位德高望重的老同事、好领导。俗话说"美丽的彩霞在雨后，真正的友情在别后"。一位领导，在他退位之后，还有那么多人在想着他的情、他的好，这也是令人称道的感动人心之事。这使我想起李老师所说："领导的魅力和威信，不在于他的职务高低，而在于他的人格魅力和为人民服务的政绩。领导不是以官取人，而应是以心取人，以真诚善意的服务姿态取人。"李老师在他的文章中，多次写到"不老的时间老人，不知疲倦地一直在走……""公正的时间老人记得最清楚……",这就是他对于沧桑生活的贴切感受和对于生命意义的深刻理解。2018、2019 年,李伦新先生还接连出版了《我在上海当区长》《我在文联那些事》两本著作,一位八十多岁的长者,心中仍是燃烧着为着党的事业工作和文学创作的激情,多么的难能可贵!

彭瑞高是一位率真、开朗、充满正义感的朋友。他的小说、散文和纪实文学,在广大读者的心目中,有其特殊的地位。我们单位的小车司机,看瑞高的小说,看得神思飞扬,欲罢不能,说:"这样的小说好看。"从他的作品中,我们能够感受到富有张力的精彩语言、丰富生动的好看故事和尖锐直率的思想火花。尤其令我强烈感受到的是,在他身上,天然有一种犹如岩浆般喷涌的生活热情。

从 2004 年起,瑞高就在上海洋山深水港挂职,他认为自己在城里待的时间太长了,心灵处于缓慢失血状态,对生机勃勃的生活,触角已经不再那么敏感,在写作上的创造力也下降了。他发现自己的创作脉息越来越微弱,这对于一个作家来说,不是好兆头。在这个闻名中外的国际大港,瑞高既是挂职工作的干部,又是体验生活的作家,还是现场采访的记者。他看惯了大海和港口、巨轮和桥吊,闻惯了钢铁和柴油的味道,与工人和技术人员也相处惯了,在岛上写东西,就像有什么东西支撑着自己,心里有底。在现代化建设第一线的火热生活中,他寻找到了丰富生活的大量细节,也寻找了比细节更加重要的精神富矿。瑞高这种对于文学创作质量高标准严要求的负责态度,对经济建设、民心民生的关注与热情,在上海的老中青作家中,有口皆碑。他于 2008 年出版了 34 万字的长篇小说《东方大港》,引起社会广泛关注,并被拍摄成电影。可以说,坚持"三贴近"原则,深入改革开放第一线,获取丰厚底气和创作灵感,是作家写出文学精品的前提所在。

我有时会想,叶辛的成功之道是什么?与叶辛相识交往几十年,我感觉,他对事对人对生活对创作都有着既是敏感又是敏锐的思考。在知青年月里,叶辛就养成了独立思考的习惯,蹉跎岁月让他开始摆脱一个城市人的更多偏见,真正理解生活在山乡里普通农民的心情,开始懂得中国是怎么回事。他从小生活在上海,从未接触过农村。知青生活让他学会用两副眼光来观察生活。一副眼光是他经常用都市人的目光来观察偏远、古朴、传统的农村生活,看到那里很多与城市不一样的东西,同时他也常常用山里人的目光来看待都市里的一切,并总能发现都市里的人发现不了的东西。当两种目光交织在一起的时候,对他的创作来讲是非常重要、弥足珍贵的。叶辛起念创作长篇小说《客过亭》,缘起于他看到一本当年偏远山区某县上海上山下乡知识青年花名册。这本花名册虽然只有二十多页,但他看了四个多小时,当年的知青从十几岁的年龄到现在,这些人的面貌全部在这本花名册里体现出来了,从中可以看出上山下乡知青的命运。叶辛边看边陷入深深的思索,看着看着,突然冒出想法,觉得可以用这样的一个形式,写一帮老知青,约好了回归当年插队山寨的长篇小说。近年出版的、反映城市务工人员"临时夫妻"现象的长篇小说《问世间情》受到广泛关注,也是叶辛深入生活和反复思考的创作成果。叶辛现在已经出版有90多部文学作品,这著作等身的后面,可说是勤于思考、善于思考给他带来创作的激情与灵感。正如他所说:"我只写我真切体验思考过的生活。"

陈村的散文和随笔杂感,具有极其鲜明、一看便知的"陈氏"风格——沉重的话语在幽默的言说中化解,悲剧的意识在轻松的思维中升华。文章说的是关乎旧事回忆、名利纠结、荣辱在心、沉浮失落、生命神秘、寿期长短的事情,是每个人都会遇见又不得不正视面对的敏感话题。通过陈村的文字表述,你撞见的以上烦心忧心闹心的人生问题,至少会解决一半以上。在陈村特有的具有生活真谛穿透力的眼光照射下,你会得到非同一般的启悟和解惑。陈村的感觉是敏锐的,思维是独特的,眼力是深邃的,文字是干净的,语言是有弹性的,遣词造句又是准确精到的,情趣又是盎然坦诚的,在上海话说的"冷面滑稽",或调侃,或逗噱,或打诨的言语表述中,你会"因他"而进入一种清静纯净的"自我"禅境,从而会心一笑,连呼"过瘾过瘾""有劲有劲"。陈村的智慧和幽默,还有他的坚强意志,在"老三届"知名作家中,实为少见。

陈村有一个常人难以比就的硕大脑袋,玩电脑、网络玩得早,玩得精。从三十几年前的榕树下网站,到这些年他在99读书论坛"农夫山庄"版块开设的"小众菜园",都显示了一位当代著名作家,与社会与友人的紧密联系接触,以及作家内心的充盈自信。作为"小众菜园"的园主,陈村将这片园子耕耘打理得生机勃勃、硕果累累。在这个文艺沙龙里,作家、记者和民间写手踊跃登场"劳作",各种思潮、各种趣闻在这里汇集,信息量很大,人气聚集,影响广泛。一位行动不便,有时还要挂双拐走路的作家,面对电脑屏,点击键盘,就能在海量信息交换、复杂动向分析方面,耳聪目明,机灵应对,这只有在网络时代才能做到。

……

以上多位作家的人生道路和创作追求的故事,我们可以从"一滴水看出太阳的光芒",见微知著,由小见大,看到他们内心的坚定意志和温暖情怀。我觉得,这是一种热爱生活,以文学为第二生命,激情澎湃、热血沸腾的情怀,是一种立定青山、坚韧不拔、孜孜以求、不获成功绝不罢休的情怀,更是一种与国家和人民命运心连心、不畏艰难却始终不改创作初心、终于享受到文学高原无限风光的情怀。

最后,我想以央视《中国诗词大会》的开篇语作为本次演讲的结束语:优秀的文学作品,道尽人间一切悲欢,给我们恒久的力量。祝愿同学们,从前辈作家的光彩风范中,从古今中外优秀的文学作品里,汲取人生的智慧和经验,获取丰富多彩和真善美的心灵滋养,做一个有温度、懂情趣、会思考的人。

附录

上海炎黄文化宣讲团讲座一览表
(2020—2024 年)

2020

  1. 文史掌故作家王晓君：《海上名人趣谈》(4 月 24 日演讲于浦东图书馆)

  2. 上海大学教授朱子彦：《江南市镇的兴起与审美——聚焦上海为龙头的长三角》(5 月 22 日演讲于浦东图书馆)

  3. 滑稽表演艺术家钱程：《方言中的传统文化》(5 月 29 日演讲于中建八局上海分公司)

  4. 上海市委宣传部原副部长陈东：《海派文艺的前世今生》(6 月 5 日演讲于中建八局上海分公司)

  5. 上海社会科学院历史研究所研究员马军：《上海名媛与海派生活》(6 月 12 日演讲于中建八局上海分公司)

  6. 上海师范大学教授杨剑龙：《江南文化秘籍与上海文化发展》(6 月 29 日演讲于浦东图书馆)

  7. 华东师范大学教授张冰隅：《易经——用易学家的眼光看世界》(7 月 3 日演讲于中建八局上海分公司)

  8. 艺术人文频道主持人阎华：《透过旗袍看上海》(7 月 10 日演讲于中建八局上海分公司)

  9. 华东师范大学教授仲富兰：《传统节庆的当代传承意义》(7 月 24 日演讲于中建八局上海分公司)

  10. 儿童文学作家唐池子：《儿童教育——童话不说谎》(8 月 7 日演讲于中建八局上海分公司)

11. 华东师范大学教授陈卫平:《让礼仪回归家教》(8月21日演讲于中建八局上海分公司)

12. 上海大学教授胡申生:《生活的艺术——中国传统文化中的处世和社交智慧》(9月4日演讲于中建八局上海分公司)

13. 上海电影译制厂资深导演孙渝烽:《声音的魅力——漫谈译制配音》(9月18日演讲于中建八局上海分公司)

14. 上海人民广播电台节目主持人洪韵:《那么远,这么近——古典并不遥远》(10月9日演讲于中建八局上海分公司)

15. 中共上海市委党史研究室研究一处处长吴海勇:《初心·奋斗——毛泽东确定七一建党纪念日的历史回顾》(10月20日演讲于海洋大学图书馆)

16. 上海师范大学教授杨剑龙:《上海文学与二十世纪中国文学》(10月27日演讲于海洋大学图书馆)

17. 上海社会科学院文学研究所研究员潘颂德:《鲁迅对中国现代文学的伟大贡献及其时代意义》(10月28日演讲于上海商学院奉浦校区)

18. 昆曲表演艺术家张军:《你的加入决定我们的未来》(10月29日演讲于中建八局上海分公司)

19. 上海师范大学副教授张凤池:《传统文化与大中小学德育一体化建设》(10月30日演讲于华东师范大学第一附属中学)

20. 上海浦东作家协会副主席朱少伟:《不忘初心 砥砺前行——上海独特的红色记忆》(10月31日演讲于上海文庙)

2021

1. 上海文艺出版社编审修晓林:《作家小故事,文学大情怀》(3月30日演讲于上海海洋大学)

2. 原二军大政治部主任、少将田仕明:《中国共产党的成立及其伟大意义》(5月14日演讲于上海杨浦凯慧初级中学)

3. 中国作家协会会员陈晨:《新渔阳里六号与中国共产主义青年团的起点》(5月26日演讲于上海海事大学)

4. 海派民俗文化专家秦来来:《闻道上海城,起步石库门——中共建党时期的故事》(5月27日演讲于崇明区向化镇)

5. 浙江师范大学教授周晓波:《童心浪漫耀诗坛——圣野百岁与童诗创作

八十年》(5月30日演讲于杨浦区图书馆)

  6. 上海党史学会副会长陈挥:《从党的百年历史看中国共产党为什么"能"》(5月31日演讲于黄浦区明复图书馆)

  7. 原南京军区空军副参谋长、少将齐路通:《学好党的百年历史,坚定信仰砥砺前行》(6月18日演讲于周浦小学)

  8. 华东师范大学教授陈勤建:《中国人日常生活中的智慧》(6月23日演讲于育才学校)

  9. 中国作家协会会员陈晨:《新渔阳里六号与中国共产主义青年团的起点》(6月25日演讲于沥溪中学)

  10. 华东政法大学研究生教育院原党委书记常永平:《学习中共党史,增强理想信念》(6月29日演讲于周浦小学)

  11.《新民晚报》高级记者俞亮鑫:《老渔阳里——建党伟业的红色源头》(6月30日演讲于沥溪中学)

  12. 滑稽表演艺术家钱程:《闲话上海闲话》(7月15日演讲于傅雷图书馆)

  13. 上海大学教授朱子彦:《解构与重塑——司马懿历史形象再思考》(8月17日演讲于周浦镇桃园社区中心)

  14. 复旦大学华商研究中心主任徐培华:《传统文化的智慧》(9月15日演讲于上海百金化工集团股份有限公司)

  15. 滑稽表演艺术家钱程:《怎么讲标准的上海闲话》(9月18日演讲于周浦第二小学)

  16. 华东师范大学教授陈勤建:《传统民间吉祥图像里的中国智慧》(9月18日演讲于周浦小学)

  17. 上海市朗诵协会会长陆澄:《汉语的乐律性和现代诗文朗诵》(10月11日演讲于周浦第二小学)

  18. 华东师范大学教授陈勤建:《中国传统节庆的当代承续的意义——解读传统节庆中的文化密码》(10月15日演讲于周浦实验学校)

  19. 上海炎黄文化宣讲团副团长王佩玲:《知书达理与当代家文化》(10月15日演讲于傅雷中学)

  20. 海派民俗文化专家秦来来:《红色题材的上海戏剧表达》(10月18日演讲于周浦第二小学)

21. 上海市静安区作家协会理事吴越:《老上海大学与现代名人》(10月21日演讲于沣溪小学)

22. 中共上海市委党史研究室助理研究员赵菲:《上海的城市精神与改革开放40年创造的奇迹》(10月22日演讲于傅雷小学)

23. 上海吴昌硕纪念馆执行馆长吴越:《金石力,草木心——谈吴昌硕先生治学精神和在上海的艺术成就》(10月22日演讲于沣溪中学)

24. 上海市大学书法教育协会会长瞿志豪:《刍议汉字表达的四个界域——谈谈我对当前书法现象的看法》(10月25日演讲于周浦第二小学)

25. 上海大学教授朱子彦:《三国演义的魅力及历史影响》(11月5日演讲于周浦育才学校)

26. 中共上海市委党史研究室青年讲师团成员沈洁:《给你一个喜欢上海的理由》(11月5日演讲于周浦第三小学)

27. 东华大学副教授潘文焰:《腊月初八,粥香天下》(11月8日演讲于周浦第二小学)

28. 滑稽表演艺术家钱程:《学讲上海闲话的规律》(11月12日演讲于周浦育才学校)

29. 上海浦东新区作家协会副主席朱少伟:《红色文化润申城》(11月15日演讲于周浦镇桃园社区中心)

30. 上海人民广播电台节目主持人洪韵:《钢琴诗人肖邦》(11月19日演讲于沣溪中学)

31. 上海炎黄文化宣讲团副团长王佩玲:《知书达礼中的"孝悌"文化》(11月22日演讲于周浦第二小学)

32. 华东师范大学教授陈勤建:《中国传统节令里的生存智慧》(11月29日演讲于周浦第二小学)

2022

1. 上海社会科学院历史研究所研究员马军:《铁门内外:上海租界时代的故事》(1月16日演讲于上海市杨浦区图书馆)

2. 上海社会科学院历史研究所副研究员段炼:《上海与海派文化》(9月16日演讲于上海百金化工集团股份有限公司)

3. 上海市委宣传部原副部长陈东:《城市更新中的文化建设——海派文艺

的前世今生》(9月26日演讲于长宁区图书馆)

  4. 上海社会科学院历史研究所副研究员江文君:《近代上海的咖啡馆与海派文化》(10月17日演讲于长宁区东方收藏艺术馆)

  5. 上海海事大学副教授黄向辉:《南昌路上话古今:关注"南昌"变迁,钩沉奇闻趣事》(11月18日演讲于上海百金化工集团股份有限公司)

2023

  1. 华东师范大学教授仲富兰:《老上海过年的那些传统习俗》(1月24日演讲于长宁区图书馆)

  2. 昆曲澎派闺门旦传人赵津羽:《我的昆曲＋》(2月16日演讲于澧溪中学)

  3. 滑稽表演艺术家王汝刚:《海派滑稽的前世今生》(2月26日演讲于长宁区图书馆)

  4. 海派民俗文化专家秦来来:《大世界的前世今生》(3月25日演讲于长宁区图书馆)

  5.《文汇报》高级编辑王雪瑛:《阅读是心灵之旅》(4月4日演讲于上海思博职业技术学院)

  6. 上海师范大学教授杨剑龙:《上海文化、上海文学与二十世纪中国文学》(4月8日演讲于杨浦区图书馆)

  7. 同济大学教授汤惟杰:《看电影:上海公共观影空间的前世今生》(4月16日演讲于长宁区图书馆)

  8. 上海大学教授胡申生:《荣氏家族的苏州河印记——荣宗敬荣德生见证中国民族工业的发展》(4月28日演讲于普陀区图书馆)

  9. 上海海事大学教授左飚:《儒学精粹与现代管理》(5月12日演讲于上海百金化工集团股份有限公司)

  10. 东华大学教授陈祖恩:《上海咖啡:历史与风景》(5月21日演讲于愚园雅集)

  11. 上海社会科学院历史研究所研究员马军:《追寻烈士足迹:顾正红战斗过的地方》(5月30日演讲于普陀区图书馆)

  12. 复旦大学教授葛乃福:《如何学习语文——从阅读视野谈起》(6月2日演讲于上海杨浦凯慧初级中学)

13. 上海社会科学院历史研究所研究员李志茗:《九转丹成:从上海机器织布局到申新九厂》(6月10日演讲于普陀区图书馆)

14. 作家、城市文化评论人王唯铭:《壮丽的蝶变——百年上海惊艳建筑》(6月23日演讲于长宁区图书馆)

15. 上海博物馆原馆长陈燮君:《上海文脉与都市创新》(6月24日演讲于复旦大学科技园大厦)

16. 上海市作家协会原党组书记、专职副主席汪澜:《圣约翰大学走出的文化名人》(7月1日演讲于普陀区图书馆)

17. 上海社会科学院历史研究所研究员马军:《苏州河桥上的铁门故事》(7月15日演讲于普陀区图书馆)

18. 上海木偶剧团团长何筱琼:《都市文化摇篮里的"海派木偶戏"》(7月22日演讲于长宁区图书馆)

19. 上海政法学院编审汤啸天:《宝成桥,有温度的城市景观》(7月29日演讲于普陀区图书馆)

20. 原南京军区空军副参谋长、少将齐路通:《听党指挥为战育才,赤胆忠心报效祖国》(8月5日演讲于1925书局)

21. 华东师范大学教授阮清华:《大上海的前世今生:近代都市的形成》(8月26日演讲于长宁区图书馆)

22. 上海市作家协会创联室副主任杨绣丽:《"我们为什么叫伊平民女学"——红色起点丛书〈巾帼的黎明〉创作分享会》(9月8日演讲于民办新复兴初级中学)

23. 上海社会科学院历史研究所副研究员段炼:《吴江、松江、虹江——苏州河的前世今生》(9月17日演讲于普陀区图书馆)

24. 中共四大纪念馆馆长童科:《"回首红色起点 探寻力量之源"——中国共产党第四次全国代表大会》(9月19日演讲于五角场街道人人讲堂)

25. 中国作家协会会员朱惜珍:《从信和纱厂到M50创意园》(9月23日演讲于普陀区图书馆)

26. 上海社会科学院历史研究所副研究员江文君:《触及城市的经络——艺术与城市街区更新》(9月28日演讲于三七民众夜校旧址)

27. 华东师范大学研究员沈榆:《强国图志——从宣传画看新中国发展之路》(9月30日演讲于1925书局)

28. 上海政法学院编审汤啸天:《捕光捉影苏州河——用照片见证苏州河"两湾"的今昔巨变》(10月7日演讲于普陀区图书馆)

29. 上海博物馆原馆长陈燮君:《元代水闸考古挖掘背后的故事》(10月13日演讲于普陀区图书馆)

30. 专栏作家王岚:《咖啡和革命者:党史中真实而隐秘的细节》(10月16日演讲于澧溪中学)

31. 中共上海市委党史研究室征编处副处长刘捷:《国旗国歌国徽与上海》(10月21日演讲于杨浦区图书馆)

32. 文汇出版社副编审鱼丽:《海派文化视野观照下的才女风景》(11月11日演讲于长宁区图书馆)

33. 中共上海市委党史研究室研究二处处长吴海勇:《五星红旗冉冉升起:五星红旗诞生的历史经过》(11月12日演讲于上海书城福州路店)

34. 学者、作家、书画篆刻家王琪森:《艺术苏河:吴昌硕在核心现场》(11月18日演讲于静安区图书馆)

35. 上海新闻出版局原副局长祝君波:《上海收藏的前世今生》(11月26日演讲于长宁区图书馆)

36. 上海大学教授徐建融:《漫谈海派绘画与海派文化精神》(12月4日演讲于长宁区图书馆)

37. 上海社会科学院历史研究所研究员马军:《光芒与阴影:上海百乐门的创办与经营》(12月8日演讲于上海百金化工集团股份有限公司)

38. 上海交通大学马克思主义学院副院长、教授周凯:《重大工程与中国精神》(12月9日演讲于上海书城五角场店)

39. 上海社会科学院历史研究所研究员马军:《90诞辰:上海百乐门的轨迹》(12月16日演讲于长宁区图书馆)

40. 上海作家协会签约作家王萌萌:《努力去打破我们前途的荆棘——工运先驱的故事及其精神传承》(12月23日演讲于上海书城九六广场店)

2024

1. "城市考古"文化项目创始人徐明:《静安与苏州河地名》(1月13日演讲于静安区图书馆)

2. 上海市浦东新区作家协会副主席朱少伟:《文化自信与编辑出版工

作——党的早期出版机构回》(1月13日演讲于新华书店日月光店)

3.《文汇报》高级编辑王雪瑛:《分享〈繁花〉,体验上海》(1月27日演讲于上海市机电工会)

4. 上海社会科学院文学研究所研究员陈占彪:《鲁迅的七条遗嘱》(2月25日演讲于1927鲁迅与内山纪念书局)

5. 滑稽表演艺术家钱程:《标准上海闲话》(3月2日演讲于长宁区图书馆)

6. 上海海事大学副教授黄向辉:《"新青年"的"新"境界:我是世界的》(3月3日演讲于1925书局)

7. 复旦大学副教授田芊:《女性成长和友好家庭课堂》(3月8日演讲于1925书局)

8. 东华大学教授陈祖恩:《上海慈善家王一亭》(3月9日演讲于静安区图书馆)

9. 作家、城市文化评论人王唯铭:《苏州河与华阳的多彩画卷》(4月22日演讲于华阳路街道图书馆)

10. 人民文学出版社副总编辑孔令燕、巴金故居常务副馆长周立民、复旦大学中文系教授张业松:《文学对谈——巴金的读书之缘》(4月23日演讲于长宁区图书馆)

11. 中共一大纪念馆原副馆长徐云根:《开天辟地大事变——中国共产党第一次全国代表大会背后的故事》(4月26日演讲于1925书局)

12. 上海师范大学教授杨剑龙:《青春言说,图像阐释——巴金小说〈家〉的连环画改编》(5月4日演讲于长宁区图书馆)

13.《联合时报》高级记者潘真:《我写〈心动苏州河〉》(5月7日演讲于上海商学院奉浦校区)

14.《新民晚报》高级编辑曹正文:《听戏剧家于伶谈"孤岛文学"与三十年代上海电影明星》(5月18日演讲于静安区图书馆)

15. 华东师范大学教授张冰隅:《传统文化中的"养生观"》(5月19日演讲于静安区图书馆)

16. 上海交通大学教授朱丽霞:《陆家嘴与上海文化》(5月21日演讲于上海交通大学)

17. 上海市档案馆原副馆长邢建榕:《档案里的红色故事》(5月30日演讲于瑞金二路街道)

18. 上海市文史研究馆馆员曹伟明：《红色牧师董健吾的传奇人生》(6月20日演讲于江南书局·青溪之源)

19. 设计师姜庆共、同济大学副教授汤惟杰：《海派招牌的繁花时代》(6月22日演讲于长宁区图书馆)

20. 上海社会科学院历史研究所副研究员江文君：《中共早期历史中的法国因素》(6月29日演讲于徐家汇书院)

21. 上海社会科学院历史研究所研究员李志茗：《上海总商会：苏州河畔的城市记忆》(7月7日演讲于静安区图书馆)

22. 中共虹口区委宣传部副部长、虹口文旅局党组书记、局长童科：《数字赋能新时代 红色发展新征程》(7月10日演讲于瑞金二路街道)

23. 上海交通大学历史系副教授任轶：《震旦大学与法国文学的译介》(7月14日演讲于徐家汇书院)

24. 新闻出版及金石印学传人沈宽：《海派启端：兼谈140年前上海点石斋画报的诞生和运行》(7月20日演讲于长宁区图书馆)

25. 上海市银行博物馆馆长黄沂海、中国作家协会会员马尚龙：《滑稽戏单里的大上海》(8月11日演讲于长宁区图书馆)

26. 上海报业集团原高级记者沈嘉禄、中国作家协会会员孔明珠：《舌尖上的阅读："家庭教育大家谈"》(8月18日演讲于长宁区图书馆)

27. 上海文史馆原副馆长沈飞德、上海档案馆原副馆长邢建榕、上海交通大学东方艺术中心原副总干事兼书画部主任崔绍柱：《施翀鹏〈中国名画观摩记〉新版首发式》(8月19日演讲于上海展览中心)

28. 徐汇区非物质文化遗产保护办公室馆员张晓依：《法国人禄是遒笔下的江南民俗与传说》(9月7日演讲于土山湾博物馆)

29. 上海社会科学院历史研究所副研究员江文君：《红映两岸：静安苏河湾的红色印记》(9月21日演讲于静安区图书馆)

30. 苏州大学教授徐翀：《法国人的近代上海旅行攻略》(9月21日演讲于徐家汇书院)

31. 上海社会科学院历史研究所研究员马军：《长征：中国革命的伟大转折》(9月27日演讲于长宁区图书馆)

32. 上海广播电台原一级文学编辑陆澄：《七十五载光辉路,诗情激扬颂祖国》(10月19日演讲于上海市机电工会)

33. 南开大学讲师贺梦莹:《百年前法国汉学家沙畹的中国考察及其对近世中国的观察》(10月19日演讲于徐家汇书院)

34. 上海广播电台原一级文艺编辑王琪森:《我所认识的木心》(11月16日演讲于长宁区图书馆)

35. 上海社会科学院历史研究所研究员马军:《毕果将军和上海土山湾孤儿院的木偶》(11月23日演讲于徐家汇书院)

36. 华东师范大学出版社副编审李金凤:《海派作家施蛰存》(11月24日演讲于长宁区图书馆)

37. 中共上海市委党史研究室助理研究员张鼎:《上海:光荣之城的党史记忆》(12月9日演讲于上海市第十人民医院)

38. 上海海事大学副教授黄向辉、上海大学教授谭旭东、文汇出版社副编审鱼丽:《"山海有心,日月有缘"三人谈——〈九头鸟传奇〉新书分享会》(12月14日演讲于长宁区图书馆)

39. 上海师范大学副教授蒋杰:《新旧帝国主义的博弈:抗战时期上海日法关系的演变》(12月14日演讲于徐家汇书院)

40. 上海社会科学院历史研究所研究员马军:《上海北市场:粮食集散地的来龙去脉》(12月21日演讲于静安区图书馆)

41. 中共一大会址纪念馆副研究馆员陈晓明:《李白烈士与"永不消逝的电波"》(12月24日演讲于瑞金二路街道)

42. 上海评弹团一级演员周红:《苏州评弹 江南韵味》(12月30日演讲于沪溪中学)

本卷编后记

上海炎黄文化宣讲团是上海炎黄文化研究会下属机构。2014年4月26日,炎黄研究会第四届第四次理事会决定成立炎黄文化宣讲团。会长周慕尧指出,炎黄文化宣讲团要健康地发展,充分发挥我会人才资源的优势,除了开展学术研究活动之外,还有一项很重要的任务便是通过讲座的形式普及传承优秀传统文化。同年11月17日,在炎黄会学术年会上,上海炎黄文化宣讲团正式成立,向首批20位宣讲师颁发了聘书。宣讲团创办至今,先后由本会副会长、著名学者陈卫平、陈勤建、杨剑龙教授担任团长。

10年来,宣讲团一方面根据社会基层单位的需要,深入学校、社区、乡镇、企业、部队、机关,进行了上百场宣讲活动,使优秀传统文化走进大众,成为他们日用常行的精神滋养。如2015年下半年,根据静安乐龄讲坛引导中老年"做健康、快乐、智慧、风范长者"的要求,宣讲团成员做了"知书识礼,长者自强""中国书法绘画篆刻艺术欣赏"等讲座。宣讲团每年积极参与市社联"东方讲坛"科普周活动,如2016年以"家风家训中的文化传承"为主题,分别在9个街道办讲座,听众总计逾千人;2017年以"历史与当下:中国传统文化的智慧"为主题,承担了10场讲座。宣讲团与炎黄会青少年教育专委会合作,持续开展"炎黄文化宣讲团进校园"活动,面向中小学教师和学生普及传统文化,尤其是日常生活中的文化传统,如传统节气、传统节日、上海话的今昔等。2021年宣讲团在浦东新区周浦镇举办"浦江红韵——中国共产党百年奋斗史"系列讲座25场,历时半年,走进周浦9所中小学的11个校区、1家图书馆和1个社区,线上线下听众达到14 329人。

另一方面则主动出击,积极寻求与市社联、市文联、区文旅局、市区级图书馆等机关、企业、文教单位合作,策划主题系列讲座。主要有"炎黄论坛:追寻上海历史文脉""新上海70年文化面面观""古今文化之旅""海派文化的前世、今生与未来""话说苏州河""1925红色经典阅读沙龙""东西互见：中法文化交流"等系列讲座。讲座主题以"炎黄特点、时代特征、上海特色"为宗旨，侧重传统文化、海派文化。目前拥有炎黄文化大讲堂、海浪花讲坛两大品牌，前者对应传统文化主题，后者突出海派文化特色。

据统计，仅2020年到2024年，宣讲团就举办了139场讲座。其中2023年共举办40场讲座，四个系列主题同时展开，有25位"新面孔"走上讲坛，现场收视率最高一场达到5.5万人。2024年共举办42场讲座，创历年之最。讲座遍布黄浦、虹口、长宁、静安、普陀、杨浦、浦东各地，宣讲社会影响力不断提升，上观新闻、东方网、澎湃新闻、文汇App、青年报等予以关注和报道，受到社会公众的热烈欢迎。

2024年，既是炎黄文化研究会成立30周年，也是炎黄文化宣讲团成立10周年，为表庆祝，研究会决定编辑出版纪念文集，演讲集为其中一卷。10年间，宣讲团进行了数百场宣讲活动，如何编选这本演讲集呢？我们颇为踌躇，最后决定从近几年的演讲稿中挑选。因为经过多年的摸索实践，宣讲团近年来逐渐确定了工作流程，管理更趋规范，也建立了档案管理台账，保存了历次宣讲的相关文件与电子版资料，便于查找利用。因丛书篇幅有限，"演讲集"的版面字数也有限定，因此无法将所有演讲稿悉数纳入，只能挑选部分有代表性、典型性的结集出版，在此对未能入选的各位宣讲师深表歉意，以后若有编选续集的机会再予弥补。

编选文章的时候，一开始我们并没有考虑篇数，只是不时地选一些放进来，并进行分类，将近定稿时统计篇数，发现共29篇。30年30篇更有意义，于是再选一篇进来，这就是本书现在30篇的样子。其中2017年1篇，2018、2019年各3篇，2020、2021年各5篇，2023年11篇，2024年2篇。这30篇大致分成五大板块，分别是"儒家与传统文化""海派文化及其传衍""精彩纷呈的海派艺术""求学·阅读·成长""古今名人轶事"。在每一篇演讲稿前面，我们配发了一张宣讲师现场演讲的照片，并辅以讲者身份，宣讲题目、时间、地点等说明文字。从中可以看出，宣讲师有大学教授、学者、机关干部、艺术家、编审、作家等，演讲地点有学校、企业、机关、图书馆以及社区街道文化中心等，基本能反映出炎黄文化宣讲团秉承的"走进基层民众开展普及教育，弘扬中华优秀传统文化以振奋民族精神"的宗旨理念。

由于我们水平、能力有限，本卷编选难免有不当之处，敬请读者不吝批评指正,以便我们学习提高。最后我们还要说明的是,本卷中的图片均来自演讲单位,特以致谢!

编　者

2024 年 4 月 3 日

图书在版编目(CIP)数据

而立回眸：上海炎黄文化研究会三十年 / 上海炎黄文化研究会主编. -- 上海 : 上海社会科学院出版社, 2024. -- ISBN 978-7-5520-4601-4
Ⅰ. K203
中国国家版本馆 CIP 数据核字第 2024DB6041 号

而立回眸：上海炎黄文化研究会三十年

主　　编	上海炎黄文化研究会
书名题签	张　森
责任编辑	陈如江　邱爱园
封面设计	周清华
出版发行	上海社会科学院出版社
	上海顺昌路 622 号　邮编 200025
	电话总机 021 - 63315947　销售热线 021 - 53063735
	https://cbs.sass.org.cn　E-mail：sassp@sassp.cn
照　　排	南京理工出版信息技术有限公司
印　　刷	上海万卷印刷股份有限公司
开　　本	720 毫米×1000 毫米　1/16
印　　张	108
插　　页	16
字　　数	1757 千
版　　次	2024 年 12 月第 1 版　2024 年 12 月第 1 次印刷

ISBN 978 - 7 - 5520 - 4601 - 4/K · 741　　　　　　　　定价：398.00 元

版权所有　翻印必究